hänssler

ARMIN MAUERHOFER

Gemeindebau nach biblischem Vorbild

Dr. Armin Mauerhofer, Jahrgang 1946, Schweizer, verheiratet, drei Kinder. Nach der Tätigkeit als Lehrer Theologiestudium an der Staatsunabhängigen Theologischen Hochschule Basel (STH); Pfarrer der Freien Evangelischen Gemeinde in Langenthal (1974 – 93); zur Zeit Dozent für Praktische Theologie an der STH und Lehrer im Bund Freier Evangelischer Gemeinden (Schweiz). Spezialfach: »Biblischer Gemeindebau«.

hänssler-Paperback
Bestell-Nr. 392.935
ISBN 3-7751-2935-9

Umschlagillustration: Daniel Kocherscheidt
Satz: AbSatz
Druck und Weiterverarbeitung: Ebner Ulm
Printed in Germany

Inhalt

5 Gemeindegründung

Vorwort

Während meines Dienstes als Verkündiger in der Freien Evangelischen Gemeinde Langenthal (1974-1993) setzte ich mich intensiv mit dem Thema des Gemeindebaus auseinander. Je gründlicher ich mich in die biblischen Ausführungen vertiefte, umso mehr musste ich staunen über die Gemeinde, das geniale Meisterwerk Gottes. Die Beschäftigung mit der Gemeinde führte mich immer wieder zu Jesus Christus. Er hat durch sein vollbrachtes Erlösungswerk die Gemeinde überhaupt möglich gemacht. Er ist es, der als der erhöhte Herr heute seine Gemeinde baut und schließlich mit seiner Wiederkunft vollenden wird.

In der Zeit in Langenthal war es mein Wunsch, ganz praktisch umzusetzen, was die Bibel über die Gemeinde lehrt. Wir begannen, den biblischen Richtlinien entsprechend Älteste einzusetzen. Diakone und Diakoninnen unterstützten die Ältesten in den verschiedenen Aufgabenbereichen. Später teilten wir die Gemeinde in verschiedene Hauskreise auf.

Es war mein Anliegen, mit Hilfe der Gemeinde alle Menschen in Langenthal und Umgebung mit dem Evangelium zu erreichen. Ein besonderes Schwergewicht legte ich auf eine christozentrische Verkündigung des Wortes Gottes im Gottesdienst am Sonntagmorgen. Es war mein Verlangen, so zu predigen, dass sich Menschen bekehren können. Ein weiterer Schwerpunkt war eine evangelistische Kinderarbeit. Es entstanden viele Hauskinderstunden. Auch regelmäßig durchgeführte Evangelisationen erschienen mir wichtig. Gott schenkte es, dass sich viele Menschen bekehrten, und die Gemeinde wuchs erfreulich.

Die verantwortlichen Brüder der Gemeinde in Langenthal gaben mir auch den nötigen Freiraum, dass ich in der näheren Umgebung und in den katholischen Regionen der Schweiz neue Gemeinden gründen konnte. So entstanden Gemeindeaufbauarbeiten in der Innerschweiz, im Kanton Wallis und im Kanton Graubünden. Diese

Tätigkeit mündete später in die inlandmissionarische Gemeindegründungsarbeit des Bundes der Freien Evangelischen Gemeinden in der Schweiz ein.

An dieser Stelle danke ich besonders meiner Frau Christine und den Ältesten der Freien Evangelischen Gemeinde Langenthal, dass sie mir bei der Verwirklichung dieser verschiedenen Anliegen ermutigend und unterstützend zur Seite gestanden sind.

Heute bin ich Lehrer innerhalb des Bundes der Freien Evangelischen Gemeinden in der Schweiz und Dozent an der Staatsunabhängigen Theologischen Hochschule (STH) Basel für Praktische Theologie. Seit mehreren Jahren unterrichte ich auch das Fach »Biblischer Gemeindebau«. Das vorliegende Buch ist das Ergebnis dieser Vorlesungen. Vieles, was ich in Langenthal selbst praktiziert habe, ist in dieses Buch eingeflossen. Ebenfalls habe ich wertvolle Anregungen aus anderen Gemeinden und aus Büchern aufgenommen. Mir scheinen die Ausführungen dieses Buches dringend nötig, weil heute in vielen Gemeindeleitungen und unter den Mitarbeitern eine allgemeine Verunsicherung darüber besteht, wie Gemeinde in unserer Zeit gebaut werden soll.

Es ist mein Anliegen, all denen zu danken, die Teile dieses Buches gründlich eingesehen und mir hilfreiche Hinweise und Korrekturvorschläge gegeben haben. Ganz besonders danke ich meinem Bruder Prof. Dr. Erich Mauerhofer, Dozent für Neues Testament und Dogmatik an der STH Basel. Weiter danke ich Klaus Aeschlimann (Inlandmissionar des Bundes der Freien Evangelischen Gemeinden in der Schweiz), Gerald Häde (leitender Mitarbeiter der Deutschen Missionsgemeinschaft), Manfred Krone (Pfarrer der Freien Evangelischen Gemeinde Thusis), Siegfried Nüesch (Vorsitzender des Bundes der Freien Evangelischen Gemeinden in der Schweiz) und Andreas Pfeifer (Leiter der Gemeindeberatungsstelle des Chrischona-Werkes in der Schweiz).

Ferner danke ich Pfr. David Gysel, der das Manuskript gründlich durchgesehen und Pfr. Andreas Hahn, der es sprachlich überarbeitet hat.

Es ist mein Wunsch, dass dieses Buch einen Beitrag für den dynamischen Bau der Gemeinde Jesu in Europa leisten darf. Ich bin mir bewusst, dass manche Fragen offen bleiben und manche Themenbereiche zwar angerissen, aber noch nicht zu Ende gedacht sind. Wenn jedoch dadurch Anlass zum Weiterdenken, zu Diskussionen und spontanen Reaktionen gegeben ist, so würde mich das freuen. Je mehr Mitarbeiter das geistliche Wohl ihrer Gemeinde suchen, je mehr sich Gemeindeglieder beteiligen an der Suche nach den Antworten auf die Fragen, die unsere Gemeinden an der Schwelle zum 3. Jahrtausend bewegen, desto besser.

Im März 1997 Muttenz

Armin Mauerhofer

1 Einleitung

Der Bau der Gemeinde ist das eigentliche Ziel unserer heilsgeschichtlichen Epoche

Wir gehen davon aus, dass die Heilige Schrift heilsgeschichtlich zu verstehen ist, denn nur eine heilsgeschichtliche Auslegung kann der Fülle der biblischen Aussagen gerecht werden. Nur wenn wir die Bibel heilsgeschichtlich verstehen, öffnet sich der Blick für ihre Einheit, da so der Spannungsbogen von Verheißung und Erfüllung ernst genommen werden kann.[1] Kein Teil der Schrift ist in ihrem heilsgeschichtlichen Ganzen entbehrlich. Die Mitte der Heilsgeschichte ist Jesus Christus. Alle heilsgeschichtlichen Linien des Volkes Israel, der Gemeinde, des kommenden Reiches Gottes (Millennium) und der Erschaffung eines neuen Himmels und einer neuen Erde laufen in Jesus Christus zusammen.[2] Jesus ist der Brennpunkt und zugleich der Wendepunkt in der Heilsgeschichte. Nur auf ihn hin und von ihm her kann die in der Bibel geoffenbarte Heilsgeschichte verstanden werden.[3]

Wenn wir nun die Bibel heilsgeschichtlich lesen, bemerken wir, dass das Ziel der heilsgeschichtlichen Epoche, in welcher wir leben – zwischen Pfingsten und der Wiederkunft Jesu – der Bau der Gemeinde ist.[4] Seit dem Pfingstereignis setzten die Apostel, insbesondere Paulus, all ihre Kräfte zur Gründung, Konstituierung und Festigung von Gemeinden ein (Apg 2,37-47; 8,14-25; 10,25-48; 13-14; 15,35-20,38). Paulus wusste sich von Jesus dazu beauftragt

---

1 Maier, G., Geleitwort, in: Epochen der Heilsgeschichte. Beiträge zur Förderung heilsgeschichtlicher Theologie, hg. v. H. Stadelmann, Wuppertal 1984, S. 9

2 Schrupp, E., Die Heilsgeschichte bei Erich Sauer, in: Epochen der Heilsgeschichte, S. 16-17

3 Künneth, W., Mitte und Struktur biblischer Heilsgeschichte, in: ebd., S. 34

4 Peters, G., Die Theologie des Paulus im Rahmen seines Missionsauftrags, in: ebd., S. 73

(Apg 9,15; 22,15; 26,17-18). Er hatte erkannt, dass *Gott »jetzt den Gewalten und Mächten in der Himmelswelt durch die Gemeinde«* die mannigfaltige Weisheit Gottes kundtun will (Eph 3,10; Hervorhebung von mir).

Auch wir sind aufgerufen, unsere ganze Kraft für den Bau von Gemeinden einzusetzen, weil dies in unserer heilsgeschichtlichen Zeit der Gemeinde das Allerwichtigste ist. Dies ist nur mit Hilfe evangelistischer und missionarischer Anstrengungen möglich, zu denen uns Jesus selbst beauftragt hat (Mt 28,18-20; Mk 16,15.16; Joh 17,18; 20,21).[5] Der Einsatz für das Wachstum bestehender Gemeinden und das Gründen neuer Gemeinden fußt in der Überzeugung, dass die Bibel das autoritative Wort Gottes ist. Weil wir die Bibel als Offenbarung Gottes ernst nehmen, muss meines Erachtens das wichtigste Ziel einer theologischen Ausbildung – sei es an Bibelschulen, Predigerseminaren oder bibeltreuen Hochschulen – darin bestehen, die zukünftigen Pfarrer, Prediger und Missionare zum Gemeindebau nach den neutestamentlichen Vorgaben anzuleiten.[6] Die Weiterbildung im Bereich des Gemeindebaus sollte später im Dienst einen vorrangigen Platz einnehmen.[7]

Es ist dringend nötig, gerade in Europa die Gemeinde Jesu zu bauen. Die Landeskirchen täuschen ein christliches Europa vor, doch prägen vielfach hinter einem Fassadenchristentum Pluralismus und Säkularismus die Menschen. Der Umstand, dass die Kirche – und gleichzeitig auch die Bibel – für viele Menschen keine Bedeutung mehr hat, zeigt sich in der ständig wachsenden Zahl der Kirchenaustritte.

---

5 Beyerhaus, P., Er sandte sein Wort. Theologie der christlichen Mission, Bd. 1: Die Bibel in der Mission, Wuppertal; Bad Liebenzell 1996, S. 359

6 Mauerhofer, A., Der Bau der Gemeinde Jesu – Ziel des Theologiestudiums, in: Fundamentum, Zeitschrift der Staatsunabhängigen Theologischen Hochschule Basel, Festschrift zum 25jährigen Bestehen der Staatsunabhängigen Theologischen Hochschule Basel (bisher FETA Basel), Riehen, Nr. 3/1995

7 Schwarz, F.; Schwarz, Ch.A., Theologie des Gemeindebaus. Ein Versuch, Neukirchen-Vluyn 1987[3], S. 304

Der säkularisierte Mensch ist auf sich selbst, auf seine eigenen Möglichkeiten und Grenzen zurückgeworfen. Er muss die Probleme seines Lebens und der Gesellschaft mit Hilfe seines Denkens bewältigen. Er spürt heute sehr deutlich seine Grenzen. Gerade das Wissen um diese Grenzen führt zu einer neuen Religiosität, die aber mit dem Gott der Bibel nichts zu tun hat.[8]
Europa ist somit zu einem Missionsfeld par excellence geworden.[9] Es sollten deshalb in den nächsten Jahren in Europa Tausende von neuen Gemeinden gegründet werden.

Weiterführende Literatur

Stadelmann, H. (Hrsg.), Epochen der Heilsgeschichte. Beiträge zur Förderung heilsgeschichtlicher Theologie, Wuppertal 1984

8 Weth, R., Kirche in der Sendung Jesu Christi. Missionarische und diakonische Existenz der Gemeinde im nachchristlichen Zeitalter, Neukirchen-Vluyn 1993, S. 126

9 Lukasse, J., Gemeindebau im nachchristlichen Europa, Greng-Murten 1994, S. 17-20

2 Die Gemeinde

Was unter Gemeinde zu verstehen ist, darüber hat seit der Reformation bis heute nie Klarheit bestanden. Das Verhältnis der Gemeinde Jesu Christi zur Institution Volkskirche ist unklar.[10]

Es ist deshalb dringend notwendig, dass wir uns darüber Klarheit verschaffen, was die Bibel unter der neutestamentlichen Gemeinde versteht.

2.1 Der Begriff »Gemeinde« (Ekklesia)

Das Wort, das wir mit Gemeinde übersetzen, heißt auf Griechisch ἐκκλησία *ekklēsia*.

- Die etymologische Bedeutung von *ekklēsia* kommt von ἐκ-καλέω *ek-kaleō* und heißt »die Herausgerufene«.[11]
- Dieser Begriff wurde außerbiblisch seit dem 5. Jh. v. Chr. für die Vollversammlung der rechtsfähigen Vollbürger, der πόλις (*polis* – »Stadt, Bürgerschaft«), gebraucht.[12] Die politische *ekklēsia* war nur den freien Bürgern einer Stadt zugänglich, die sich durch ihr Bürgerrecht von den übrigen Einwohnern (z. B. Sklaven) abhoben.
- In der Septuaginta wird *ekklēsia* etwa hundertmal als Übersetzung des hebräischen קָהָל *qāhāl* verwendet. Mit *qāhāl* ist die Gemeinde-Versammlung des auserwählten alttestamentlichen Gottesvolkes gemeint.[13]

---

10 Brunner, E., Das Missverständnis der Kirche, Stuttgart 1951, S. 7

11 Kuen, A., Gemeinde nach Gottes Bauplan, Frutigen 1975, S. 208

12 Coenen, L., Kirche, in: Theologisches Begriffslexikon zum Neuen Testament, Bd. 2., hg. v. L. Coenen; E. Beyreuther; H. Bietenhard, Wuppertal 1972^3, S. 784

13 Coenen, L., Kirche, a a O., S. 785

– Im Neuen Testament kommt der Begriff *ekklēsia* 114-mal vor. An 109 Stellen wird mit *ekklēsia* die am historischen Pfingsttag durch den Heiligen Geist begründete neutestamentliche Gemeinde bezeichnet, zu der nur Menschen gehören, die sich durch die Botschaft des Evangeliums aus ihrer Sündhaftigkeit und Verlorenheit herausrufen ließen, indem sie Jesus Christus im Glauben als ihren Retter annahmen.
Mit diesem Begriff kann sowohl die universelle als auch die örtliche Gemeinde bezeichnet werden.[14]
Das begriffsmäßig nahe stehende Wort συναγωγή *synagōgē* wird nur ein einziges Mal für die Versammlung der an Christus Gläubigen gebraucht (Jak 2, 2), sonst steht es immer für die jüdische Synagoge (Gebäude) oder die jüdische Synagogen-Gemeinde.[15]

2.2 Von der Entstehung bis zur Vollendung der Gemeinde

Nicht Menschen, sondern Gott selbst hat die Gemeinde ins Dasein gerufen. Das Erlösungswerk Jesu Christi – sein Leiden, Sterben, Auferstehen und seine Himmelfahrt – bildet die Grundlage dafür, dass Gemeinde überhaupt werden konnte. Vater und Sohn sandten den Heiligen Geist (Joh 14, 16.26; 16, 7; Apg 1, 4.5), und so wurde die Gemeinde vor bald 2000 Jahren am Pfingsttag ins Dasein gerufen (Apg 2). Das ganze Heilshandeln Gottes zielt letztlich auf Gemeinde.[16]

---

14 Mauerhofer, E., Die neutestamentliche Ekklesia in der heutigen Universitätstheologie und an der FETA Basel, in: Fundamentum, Zeitschrift der Freien Evangelisch-Theologischen Akademie Basel, Riehen, Nr. 3/1991, S. 44

15 ebd., S. 44

16 Stadelmann, H., Gemeindebau nach dem Neuen Testament als Ziel der Mission, in: Werdet meine Zeugen. Weltmission im Horizont von Theologie und Geschichte, hg. v. H. Kasdorf; F. Walldorf, Neuhausen-Stuttgart 1996, S. 124

Das Geheimnis (μυστήριον *mystērion*) der Ekklesia war den alttestamentlichen Propheten verborgen. Es wurde erst den Aposteln durch den Heiligen Geist geoffenbart (Eph 3, 5). Daher ist die Gemeinde des Neuen Testaments keine Fortsetzung der alttestamentlichen Heilsökonomie, auch nicht eine erneuerte Weiterführung der jüdischen Synagoge; sie ist in der Heilsgeschichte etwas völlig Neues.[17]

Zur Gemeinde gehören Juden und Heiden (Gal 3, 28.29), die sich aus ihrem verlorenen Zustand haben herausrufen lassen und das in Christus angebotene Heil angenommen haben; alle die, die durch den Empfang des Heiligen Geistes zu einer Wiedergeburt gelangt sind. Das Kommen des Heiligen Geistes macht Gemeinde überhaupt möglich, denn der Heilige Geist fügt wieder geborene Menschen in die Gemeinde Jesu ein (Apg 2, 38-41; 1. Kor 12, 13). Zugleich offenbart er uns, den Glaubenden, das Geheimnis der Gemeinde, so dass wir verstehen können, was Gemeinde Jesu eigentlich ist. Ohne den Heiligen Geist ist es unmöglich, das Geheimnis der Gemeinde zu erfassen.

Dadurch, dass Gott die Gemeinde ins Leben gerufen hat, wird den *»Gewalten und Mächten in der Himmelswelt«* die Größe der Weisheit Gottes vor Augen gestellt (Eph 3, 10). Die Gemeinde ist sowohl für die Engel als auch für die Dämonen ein Zeugnis der göttlichen Weisheit. In der Gemeinde wird nämlich der umfassende Sieg Jesu am Kreuz und seine jetzige Herrschaft als erhöhter Herr sichtbar (Eph 1, 22.23).[18]

Jesus wurde bei der Himmelfahrt zum Haupt der Gemeinde eingesetzt (Eph 1, 20-23). Seit der Geburtsstunde der Gemeinde ist er ihr Herr und Mittelpunkt. Er ist es auch, der die Gemeinde baut (Mt 16, 18).

---

17 Mauerhofer, E., Die neutestamentliche Ekklesia in der heutigen Universitätstheologie und an der FETA Basel, in: Fundamentum, Zeitschrift der Freien Evangelisch-Theologischen Akademie Basel, Riehen Nr. 3/1991, S. 44

18 Kuen, A., Die Gemeinde. Neutestamentliche Lehre und heutige Praxis, Wuppertal 1996, S. 27-28

Die Gemeinde ist einerseits universell und überzeitlich; sie umfasst alle Gläubigen seit Pfingsten aus allen ethnischen Gruppen und Staaten der Welt (Eph 1,22.23; Kol 1,18.24; Offb 7,9). Andererseits ist die Gemeinde örtlich und zeitlich gebunden. Die Gläubigen einer bestimmten geografischen Region einerseits und der Zeit zwischen Pfingsten und der Wiederkunft Jesu andererseits sind, wenn sie zusammenkommen, Gemeinde Jesu (Röm 1,7; 1. Kor 1,2; Gal 1,2).[19]

Jesus heiligt die Gemeinde durch sein Wort (Eph 5,26) und bewahrt sie bis zum Zeitpunkt der Vollendung. Jesus wird die Gemeinde zu dem von Gott festgesetzten Zeitpunkt zu sich in den Himmel holen (1. Thess 4,16-18). Wenn die Gemeinde dann vollendet wird, steht die sichtbare Vereinigung des himmlischen Bräutigams mit der Gemeinde bei der *»Hochzeit des Lammes«* (Offb 19,7) im Zentrum. Die Gemeinde wird an vielen Stellen als Braut des Lammes bezeichnet (2. Kor 11,2). Sie ist schon jetzt mit dem Herrn im Geist eins (Röm 8,16.17; 1. Kor 6,17), und sie wird sich mit ihm in Ewigkeit sichtbar vereinigen.

Wir sehen: Nicht Menschen, sondern Jesus Christus hat durch die Sendung des Heiligen Geistes die Gemeinde ins Leben gerufen. Er ist es auch, der die Gemeinde durch die Entrückung vollenden wird. Jesus ist Anfang und Vollender der Gemeinde. Er ist also gerade im Blick auf die Gemeinde *»das Alpha und das Omega«*, der Anfang und das Ende (Offb 1,8).

In der Zwischenzeit, in der wir heute leben, will Jesus als weiser Baumeister seine Gemeinde bauen (Mt 16,18). Dazu hat er sie durch den Heiligen Geist mit göttlichen Gaben für ihr Leben und ihren Dienst ausgerüstet. Mit ihrem Dasein und ihrem Dienst soll die Gemeinde zugleich Gottes Brücke zu den verlorenen Menschen sein.[20]

---

19 Kuen, A., Gemeinde nach Gottes Bauplan, S. 48-49

20 Peters, G. W., Gemeindewachstum. Ein theologischer Grundriss, Bad Liebenzell 1982, S. 88

2.3 Wer gehört zur Gemeinde?

2.3.1 Der innere Vorgang

In Apg 2,44 werden die zur Gemeinde Gehörenden als *»alle, die glauben«* bezeichnet.

An vielen Stellen im Neuen Testament werden sie *»Heilige«* genannt (Apg 9,13.32.41; Eph 4,12; Kol 3,12). Die Heiligkeit betont die Absonderung von allem Unheiligen, Unreinen und die Aussonderung für Gott.

Sie werden sogar als *»Gerechte«* bezeichnet (Röm 5,19; Gal 3,11; 1. Tim 1,9). Es sind Menschen, die die göttliche Gerechtigkeit empfangen haben (Röm 9,30; 10,4; 1. Kor 1,30; Phil 3,9).

Weiter werden sie *»Geliebte Gottes«* genannt (2. Thess 2,13; Röm 1,7).

Diese Bezeichnungen bringen deutlich zum Ausdruck, dass kein Mensch von Natur aus zur Gemeinde gehören kann, da jeder Mensch seit dem Sündenfall von Adam und Eva (1. Mo 3) im Machtbereich Satans lebt (Röm 5,12; Kol 1,13) und Gott durch sein sündiges Verhalten kränkt.

Um zur Gemeinde zu gehören, muss ein Mensch das Heil annehmen, das ihm Christus anbietet. Jesus hat durch sein stellvertretendes Leiden und Sterben am Kreuz und durch seine Auferstehung alles in die Wege geleitet, damit die gefallenen Menschen zur Vergebung, Erlösung, ja sogar zu einem neuen Leben gelangen können (Röm 6,4; 1. Petr 1,18.19; 2,24).

- Weil er alle Sünden der Menschen als das eigentliche Lamm Gottes getragen hat (Jes 53), kann er heute allen Menschen die Vergebung der Sünden anbieten (1. Joh 1,7.9).
- Jesus hat am Kreuz von Golgatha auch den Zorn Gottes, der über jedem Menschen steht und in die ewige Höllenstrafe ausmündet, stellvertretend über sich ergehen lassen (Röm 5,8-10). Er wurde deshalb so grausam misshandelt, weil er unsere Strafe trug (Jes

53, 3-12). Aus diesem Grund musste er als Verfluchter am Kreuz sterben (Gal 3, 10-13) und schließlich von Gott verlassen werden (Ps 22, 2; Mt 27, 46). Nur Jesus kann uns die Befreiung vom Gericht Gottes anbieten, denn er hat an unserer Stelle den Zorn Gottes getragen (Joh 5, 24; 1. Thess 1, 10 b).

- Als Jesus am Kreuz starb, entriss er dem Teufel die Macht (Hebr 2, 14). Er ist deshalb in der Lage, jeden Menschen aus dem Machtbereich des Teufels zu befreien, zu erlösen (Kol 1, 13).
- Nach seinem Sieg über Sünde, Tod und Teufel (Kol 2, 14.15; 2. Tim 1, 10) kann er als Auferstandener den Menschen ein neues, ewiges Leben anbieten (Joh 3, 16).

Wenn ein Mensch gläubig annimmt, was Jesus getan hat, zeigt sich das zunächst in der Bereitschaft, sich zu bekehren.

Das Neue Testament verwendet für »bekehren« vor allem zwei Wortstämme:

1. ἐπιστρέφω *epistrephō*: Es kommt 36-mal im NT vor, davon 18-mal in profaner Bedeutung als Verb der zielgerichteten Bewegung für »umwenden, sich zurückkehren, sich abkehren, hinwenden« und 18-mal im theologischen Sinn für »bekehren, sich bekehren« (z. B. Apg 15, 19; 2. Kor 3, 16; Jak 5, 19.20); ἐπιστροφή *epistrophē* »Bekehrung« wird im NT einmal verwendet (Apg 15, 3).
2. μετανοέω *metanoeō* 34-mal: »umdenken, neudenken, bekehren, Buße tun« (Apg 20, 21; 19, 4; 26, 18); μετάνοια *metanoia* 22-mal: »Buße, Umkehr, Sinnesänderung«.[21]

Metanoeō und *epistrephō* (und die entsprechenden Substantive) werden synonym verwendet. Beide Worte betonen die Abkehr vom Bösen, von der Sünde und die Hinkehr zum Retter Jesus Christus.

---

21 Goetzmann, J.; Laubach, F., Bekehrung, Buße, Reue, in: Theologisches Begriffslexikon, Bd. 1, Wuppertal 1970², S. 69-75

Wenn sich also ein Mensch bekehrt, muss er sich bewusst von seinem sündigen Leben abwenden – und Jesus zuwenden. Dieses Abwenden wird im Bereuen und Bekennen der Sünden sichtbar (vgl. Hos 14, 2.3; Mk 1, 4.5 u. a.). Das Zuwenden zu Jesus zeigt sich in der gläubigen Annahme der Vergebung, die Jesus ihm ja deshalb anbieten kann, weil er alle Sünden am Kreuz getragen hat (1. Joh 1, 9). Nimmt ein Mensch diese Vergebung an, darf er wissen, dass er von allen Sünden gereinigt ist. Als Gereinigter ist er frei vom Gericht Gottes und erlöst aus dem Machtanspruch Satans (Kol 1, 12-14; 1. Thess 1, 9.10).

Im gleichen Atemzug darf er den auferstandenen Christus bitten, in seinem Leben Wohnung zu nehmen (Joh 1, 12). Jesus wird gewiss bei ihm eintreten (Offb 3, 20). In dem Augenblick, da Jesus in sein Leben eintritt, ist er von neuem geboren. Er hat nun ein neues, ewiges Leben (Joh 3; 10). Im Akt der Wiedergeburt wird der Mensch *»eine neue Schöpfung«* (2. Kor 5, 17; Eph 2, 10) und *»ein neuer Mensch«* (Eph 4, 24; Kol 3, 10). Die Wiedergeburt erfasst alle Bereiche des Menschseins – das Denken, Fühlen, Wollen und den Umgang mit dem Körper.

Bekehrung und Wiedergeburt haben daher ganz praktische Konsequenzen.

Einige Beispiele:

- Ein junges Paar, das unverheiratet zusammenlebt und miteinander schläft, wird sich entweder räumlich trennen oder heiraten.
- Gestohlenes wird zurückgebracht werden.
- Betrügerische Manipulationen in Steuerfragen werden richtig gestellt werden.
- Pornografische Literatur oder Videos, okkulte Bücher und CDs oder Kassetten mit satanischer Musik werden vernichtet werden.[22]
- Man ist bereit, Menschen um Verzeihung zu bitten, die man durch seinen sündigen Lebenswandel verletzt hat.

22 Watson, D., Ich glaube an Evangelisation, Wiesbaden 1994, S. 83-84

Wer erlebt hat, dass Jesus ihm die Sünden vergeben hat und in ihm Wohnung genommen hat, bricht ganz – auch äußerlich – mit der Sünde (Spr 28,13).

Was ändert sich nun für den Wiedergeborenen, nachdem Gott bei ihm Wohnung genommen hat?
- Er ist nun heilig, d.h. Gott geweiht; deshalb können Christen als Heilige bezeichnet werden.
- Jesus schenkt ihm seine Gerechtigkeit (1. Kor 1,30).
- Er ist ein Geliebter Gottes, ein Kind Gottes (Kol 3,12).

Wer immer durch die Innewohnung Christi ein Gotteskind, ein Heiliger und ein Gerechter geworden ist, dem gilt die Zusicherung, dass er nach seinem Tod im Himmel bei Jesus sein darf (Joh 14,1-3; 17,24; Röm 5,1.2; Kol 1,27). Er wird bei der Wiederkunft Jesu ganz gewiss mit einem neuen Leib auferstehen und ewig in engster Gemeinschaft mit Jesus zusammen leben (1. Kor 15,42-57; 1. Thess 4,13-17).[23] Natürlich wird sich die Wiedergeburt auf sein Reden und Benehmen (Röm 12,1.2; Jak 2,14-17) und auf seinen Umgang mit den Nächsten auswirken.[24]

Bekehrung und Wiedergeburt gehören unzertrennlich zusammen. Auf menschliches Handeln folgen die Taten Gottes, wie sie uns in der Bibel zugesagt sind. Der Mensch bekennt in Reue seine Sünden und Gott vergibt sie ihm (1. Joh 1,9). Der Mensch bittet Jesus, in sein Leben einzutreten, und Jesus kehrt durch den Heiligen Geist bei ihm ein und nimmt in seinem Leben Wohnung (Joh 1,12; Röm 8,10.11).[25]

In Bezug auf die Gemeinde ist nun zu beachten, dass Jesus eben durch den Heiligen Geist bei der Wiedergeburt (Joh 3,6.8) in das

23 Getz, G. A., Die Gemeinde aus biblischer Sicht, Kreuzlingen 1981, S. 70-71

24 Kasdorf, H., Die Umkehr. Bekehrung in ihren theologischen und kulturellen Zusammenhängen, o. O., 1989, S. 19

25 ebd., S. 70

Leben der Glaubenden einkehrt (Joh 14,17.18). Dieser Heilige Geist nimmt uns bei der Bekehrung und Wiedergeburt mit hinein in den Tod und die Auferstehung Jesu (Röm 6,2-6). Durch den Vorgang des Mitsterbens und Mitauferstehens werden wir in den Leib Jesu, in die Gemeinde, eingefügt. Vgl. 1. Kor 12,13a: *»Denn in einem Geist sind wir alle zu einem Leib getauft worden, es seien Juden oder Griechen, es seien Sklaven oder Freie.«*

Wir sehen: Der Heilige Geist ist es, der Menschen auf Grund des Erlösungswerkes Jesu Christi zu Gliedern des Leibes Jesu, der Gemeinde, macht.[26] Glieder am Leib Jesu sind deshalb keine Einzelgänger. Sie leben in der Gemeinschaft mit den anderen Gliedern.[27]

Weder ein gläubiges Elternhaus, noch die Wassertaufe (Säuglings- oder Erwachsenentaufe), noch ein Glaubensbekenntnis machen einen Menschen zum Glied der Gemeinde Jesu. Nur der Mensch, der sich bekehrt, eine Wiedergeburt erlebt und den Heiligen Geist empfangen hat, ist ein Glied der Gemeinde Jesu.

2.3.2 Der äußere Vorgang

Es ist nun klar, wer zur Gemeinde gehören darf. Wie aber wird man ganz praktisch Glied einer Gemeinde? Jeder Bekehrte braucht ja die verbindliche Gemeinschaft in einer örtlichen Gemeinde. Menschen, die der Heilige Geist innerlich schon zur Gemeinde hinzugefügt hat, sollen deshalb auch äußerlich den Zugang zu ihr finden. Es geht bei der Aufnahme von Gemeindegliedern nur um eine Bestätigung dessen, was der Heilige Geist schon getan hat.

- Bei den meisten Gemeinden findet mit denen, die gerne zur Gemeinde gehören möchten, ein Aufnahmegespräch statt. Das Aufnahmegespräch wird meist vom Verkündiger geführt. Es geht

26 Kuen, A., Gemeinde nach Gottes Bauplan, S. 76

27 Knöppel, K. H., Wozu ist Gemeinde gut? Fragen und Antworten zur Gemeindepraxis, Wuppertal; Zürich 1995, S. 56

darum abzuklären, ob die betreffende Person wirklich bekehrt und wieder geboren ist. Jeder Wiedergeborene weiß, dass er ein Kind Gottes ist (Röm 8, 16) und kann es bezeugen; diesem Zeugnis sollen wir Glauben schenken. Neubekehrten sollte empfohlen werden, vor der Aufnahme einen Glaubensgrundkurs zu besuchen, in dem ihnen wichtige Wahrheiten im Blick auf die ersten Glaubensschritte und über das Wesen der Gemeinde aufgezeigt werden. Viele Neubekehrte haben heute leider durch Pluralismus und Individualismus verzerrte Vorstellungen von der Gemeinde. Deshalb sollen sie erst nach der Teilnahme an einem Grundkurs in die Gemeinde aufgenommen werden.[28]

– Bei einigen Gemeinden beschließt die Gemeindeleitung oder die Gemeindeversammlung über die Aufnahme.
– Bei anderen Gemeinden wiederum wird die Aufnahme durch den Taufakt vollzogen. Sie suchen von der Apostelgeschichte her zu zeigen, dass die Taufe schon immer Kennzeichen der Aufnahme in die Gemeinde war (Apg 8, 12-16; 9, 18; 10, 44-48).
– Dagegen betonen andere, dass der Heilige Geist die Menschen in die Gemeinde einfügt und dass dies nicht durch den Taufakt bestätigt werden müsse. Die Taufe wird in diesen Gemeinden durchaus als Glaubenstaufe praktiziert, doch wird sie nicht mit der Aufnahme in die Gemeinde in Zusammenhang gebracht. Diese Gemeinden nehmen ihre neuen Mitglieder entweder in Gottesdiensten oder an Mitgliederversammlungen auf.

Wie die Aufnahmepraxis auch aussehen mag, so soll doch jeder, der in die Gemeinde aufgenommen wird, vor der ganzen Gemeinde bezeugen, wie er zum Glauben an Jesus Christus gekommen ist. Die Gemeinde hat das Recht zu hören, wie der Mensch, der nun auch zu ihr gehört, Jesus im Glauben als seinen persönlichen Retter und Herrn angenommen hat.[29]

---

28 Erdlenbruch, E. W., Gemeindestrukturen für die neunziger Jahre, in: Gärtner-Forum Nr. 52, Witten 1990, S. 3

29 Weyel, H., So stell' ich mir Gemeinde vor. Kennzeichen der Gemeinde Jesu Christi, biblische Strukturen und modernes Profil, Gießen; Basel 1997, S. 174-175

Zur Aufnahme gehört in den meisten Gemeinden, dass man eine Mitgliederkarte ausfüllen muss. Neben den Personalien sollte auf dieser Karte stichwortartig ausgeführt werden, wie man sich bekehrt und eine Wiedergeburt erlebt hat. Zugleich sollte das neue Gemeindeglied auf dieser Karte auch bestätigen, dass es bereit ist, soweit es ihm möglich ist, treu die Gemeindeanlässe zu besuchen. Des Weiteren sollte es die Bereitschaft zur Mitarbeit erklären.

Mir scheint es sehr wichtig, dass eine äußerliche Aufnahme in die Gemeinde stattfindet, damit für alle klar ist, wer zur Gemeinde gehört und wer nicht. Eine unklare Aufnahmepraxis führt in unserer Zeit zum Zerfall einer Gemeinde. Michael Griffiths schreibt:

> »Wo keine gültigen Regeln über Mitgliedschaft und Verantwortung vorhanden sind, ist es schwer, denen gegenüber einen festen Stand zu haben, die die Gemeinde verführen.«[30]

Eine saubere Mitgliedschaft in einer Gemeinde ist auch deshalb zu befürworten, weil so für alle klar ist, wer an den Gemeindeversammlungen mitreden und mitentscheiden darf und wer nicht.
Die Mitgliedschaft endet, wenn jemand wegzieht, austritt oder bei Ausschluss.
Diese formelle Aufnahmepraxis hat – meiner Meinung nach – einen hohen Stellenwert. Jedoch ist es noch wichtiger, dass die Gemeindeglieder den Neubekehrten mit Liebe und Wärme begegnen, damit sie sich bald in der Gemeinde angenommen fühlen.

30 zit. nach Griffiths, M., Gottes herrliches Volk. Auftrag, Aufbau und Erneuerung der Gemeinde, Gießen; Basel 1985[3], S. 47

2.4 Bilder der Gemeinde Jesu

Um das Wesen der Gemeinde noch besser erfassen zu können, haben Jesus und die Apostel Bilder gebraucht. Die verschiedenen Bilder ergänzen sich, da jedes einen wichtigen Aspekt der Gemeinde zu verdeutlichen sucht.

Einige Bilder:

- Hirt und Herde: Mt 18,12-14; Lk 12,32; Joh 10
- Weinstock und Rebe: Joh 15,1-17[31]
- Die Gemeinde als Haus oder Tempel: 1. Kor 3,9.16.17; 2. Kor 6,16; Eph 2,20-22; 1. Petr 2,5
- Die Gemeinde als Braut und Gattin: Mt 9,15; Joh 3,29; 2. Kor 11,2; Eph 5,22-33; Offb 19,7.8; 21,9.10.11a; 22,17
- Die Gemeinde als Leib und Christus als Haupt: Röm 12,5; Eph 1,22.23; 4,4.12.15-16; Kol 1,18.24; 2,19[32]

---

31 Weil die Bibel Analogien aus der Natur verwendet, um das Wesen der Gemeinde zu beschreiben, hält Christian A. Schwarz seinen biokybernetischen Ansatz für legitim. Er versucht in Anlehnung an Frederic Vester die Natur, die ja Gottes Schöpfung ist, nach Prinzipien zu durchforsten, die über die Biologie hinausreichende Bedeutung haben. Diese herausgearbeiteten Gesetzmäßigkeiten sucht er dann auf die Gemeinde zu übertragen (vgl. Schwarz, Ch. A., Die Dritte Reformation. Paradigmenwechsel in der Kirche, Neukirchen-Vluyn; Emmelsbüll 1993, S. 275-282). Er gelangt von diesem Ansatz her zu sechs gemeindekybernetischen Grundregeln (vgl. ebd., S. 291-293). Diese sechs Grundregeln enthalten sicherlich interessante Aspekte für den Gemeindebau, doch greifen sie aus folgenden Gründen zu kurz: 1. Die Bibel braucht noch ganz andere Bilder, um das Wesen der Gemeinde zu beschreiben. Sie redet vom Tempel, von der Braut und vom Leib. Die in diesen Bildern enthaltenen Aspekte werden in diesem Ansatz nicht berücksichtigt. 2. Die biblisch-dogmatischen Ausführungen über die Gemeinde finden in diesem Ansatz zu wenig Beachtung. Aus diesem Grund befriedigt mich der biokybernetische Ansatz von Christian A. Schwarz nicht.

32 Kuen, A., Gemeinde nach Gottes Bauplan, S. 82-86; Lukasse, J., Gemeindebau im nachchristlichen Europa, Greng-Murten 1994, S.159-163; Mauerhofer, A., Bilder der Gemeinde Jesu, Frutigen 1979; Mauerhofer, E., Die neutestamentliche Ekklesia, in: Fundamentum, Nr. 3/1991, S. 45-46

Beim Betrachten dieser Bilder bemerken wir, dass Jesus Christus immer im Mittelpunkt steht. Die Gemeinde hat ihren Ursprung in Christus und lebt aus der ständigen lebendigen Verbindung mit ihm. Jesus ermöglicht, baut, erhält und bewahrt die Gemeinde.
Die Bilder machen deutlich, dass Jesus die Gemeinde zuerst zu einer freiwilligen Hingabe führt. Die Gemeinde ist dann beauftragt, den Willen Jesu zu tun. Er will durch sie in dieser Welt seine Ziele verwirklichen.

Weiter wird in diesen Bildern auch das Verhältnis der Gemeindeglieder zueinander verdeutlicht. In der Ausrichtung auf Jesus bilden sie eine verbindliche Einheit (Herde, Leib). Unter den Gemeindegliedern spielen Stellung, Beruf, Reichtum, Rasse und Nationalität keine Rolle. Jedes Gemeindeglied hält sich treu zur Gemeinde, damit ein harmonisches Gemeindeleben möglich ist. Unverbindlichkeit einzelner Gemeindeglieder stört das Gemeindeleben.

Die Bilder machen bewusst, dass Gott mit der Gemeinde eine innige Gemeinschaft pflegen will. Er wohnt in ihr (Eph 2, 22). Wenn sie zusammenkommt, ist er in ihrer Mitte (Mt 18, 20). Er beschenkt sie als seine Braut ununterbrochen mit Liebe und Treue.[33]

Diese innige Gemeinschaft der Gemeinde mit dem Herrn führt zu einer verbindlichen, von der göttlichen Liebe getragenen Zusammengehörigkeit unter denen, die zur Gemeinde gehören. Jeder weiß sich von den anderen Gemeindegliedern geliebt und angenommen (Röm 15, 7). Dies zeigt sich in einem respektvollen Umgang miteinander.[34] Man hilft und ermutigt sich gegenseitig; man nimmt Anteil aneinander, gerade im Leiden und in der Trauer (1. Kor 12, 26). Keiner beneidet den anderen, sei es wegen seiner Bildung, seiner sozialen Stellung oder wegen seines Reichtums. Keiner braucht in der Gemeinde die Liebe des anderen zu verdienen. Es wird als Selbstverständlichkeit empfunden, dass man miteinander und füreinander betet.

33 Nitsche, W., Verbindliche Gemeinschaft. Eine Einführung in den biblischen Gemeindebau, Berneck 1994, S. 22-24

34 Müller, H., Gemeinde im Umbruch. Was ich von meiner Gemeinde erwarte, Neuhausen-Stuttgart 1995, S. 51

Und doch kommt es immer wieder vor, dass man sich innerhalb der Gemeinde, oft aus belanglosen Gründen, die Liebe entzieht (Röm 12, 9-16). Dieses Versagen der Liebe ruft in denen, die dabei ausgegrenzt werden, Schmerz hervor.[35] Es kommt unter Gemeindegliedern manchmal auch zu unberechtigten Schuldzuweisungen. Dies wirkt sich destruktiv auf das Gemeindeleben aus.[36] Leider belasten immer wieder Missverständnisse, Verletzungen und Spannungen das Zusammenleben in der Gemeinde. Sie können aber mit Hilfe von Jesus, der ja die Gemeinschaft ermöglicht und erhält, in Gesprächen und in einer ständigen Vergebungsbereitschaft überwunden werden (Kol 3, 12-15). Gerade im Blick auf solche Gespräche ist es nötig, die richtigen Worte, den richtigen Ton und den richtigen Zeitpunkt zu wählen. Dazu brauchen wir von Jesus geschenkte Feinfühligkeit.[37]

In der Gemeinde leben Männer und Frauen in Harmonie miteinander. Sie respektieren die von Gott gesetzten, sich ergänzenden Funktionen von Mann und Frau.[38] Sie achten darauf, dass diese Ergänzung von Mann und Frau im Gemeindealltag in der Erfüllung der verschiedenen Aufgaben zum Tragen kommt.[39]

Wichtig ist, dass wir diese von Jesus geschenkte Gemeinschaft pflegen:

– Der Besuch der Gottesdienste, wo man vorher kurz einen Händedruck wechselt und hinterher ein kurzes Gespräch führt, ist dafür zu wenig. Durch den Besuch der Gemeindebibelstunden und Gebetstunden kann die Gemeinschaft wesentlich vertieft werden.

---

35 Mains, D., Hoffnung für Gemeinde. Wie Beziehungen in der Gemeinde heilen können, Marburg a. d. Lahn 1994, S. 21

36 ebd., S. 24-26

37 Müller, H., Gemeinde im Umbruch, S. 101

38 Prime, D., Frauen in der Gemeinde. Dienst und Stellung der Frau in der Gemeinde, Erzhausen 1993, S. 59

39 ebd., S. 124

- Damit die Gemeinschaft wirklich gepflegt werden kann, sollten die Gemeindeglieder in einen Hauskreis eingebunden sein, in dem sie mit anderen Gemeindegliedern den Austausch und das Gebet pflegen können. In einem solchen Hauskreis ist es möglich, am Ergehen der anderen Anteil zu nehmen, sich gegenseitig praktisch zu helfen und sich zu ermutigen.
- Auch in den einzelnen Dienstgruppen der Gemeinde – in der Sonntagschularbeitsgruppe, im Jungscharteam, Jugendgruppenteam, in den Chören – ist das Praktizieren dieser Gemeinschaft mit den anderen von entscheidender Bedeutung. Aus dieser liebenden Gemeinschaft in der Gruppe erwächst ein vollmächtiger Dienst.
- In jeder gläubigen Familie sollte diese gottgeschenkte Gemeinschaft im Alltag – im gegenseitigen Umgang mit dem Ehepartner und mit den Kindern – gepflegt werden.[40]

Eine Gemeinde lebt von dieser verbindlichen Gemeinschaft der einzelnen Gemeindeglieder untereinander. Gerade dieses harmonische Miteinander überzeugt verlorene Menschen von der Echtheit der Botschaft des Evangeliums (Joh 17,20.21).

In unserer Zeit des Individualismus ist es oft schwierig, von den einzelnen Gemeindegliedern Verbindlichkeit zu verlangen. Und doch ist eine solche Verbindlichkeit unverzichtbar, da sonst die Gemeinde zerfällt. Die Verbindlichkeit innerhalb der Gemeinde ist die Voraussetzung, dass sie den Willen Jesu in dieser Welt erfüllen kann. Die einzelnen Gemeindeglieder werden sich erst dann verbindlich zu einer Gemeinde halten, wenn ihnen klar geworden ist, dass sie für die Festigung, Auferbauung und Entfaltung dieser Gemeinde vor Gott mitverantwortlich sind.

40 Griffiths, M., Gottes herrliches Volk, S. 59-61

2.5 Die Grundlage der Gemeinde

In Eph 2,20 wird uns gesagt, dass Jesus der Eckstein (ἀκρογωνιαῖος, *akrogōniaios*) der Gemeinde ist. Gott der Vater hat ihn der Gemeinde geschenkt. Er ist der *»lebendige, auserwählte, kostbare Stein«* (1. Petr 2,4-7), von dem in Psalm 118,22 und Jesaja 28,16 prophetisch die Rede ist.[41]

Zugleich ist Jesus auch das Fundament (θεμέλιος, *themelios*) der Gemeinde (1. Kor 3,11). Nur auf diesem einzigartigen, tragfähigen Fundament kann die Gemeinde gebaut werden.

In Eph 2,20 wird darauf hingewiesen, dass die Apostel und Propheten das Fundament der Gemeinde bilden (vgl. Offb 21,14). Die Apostel hatten als von Jesus bevollmächtigte Zeugen seiner Auferstehung eine heilsgeschichtlich grundlegende Funktion bei der Gründung und dem Aufbau der Gemeinde.[42] Jesus hatte diese Männer durch den Heiligen Geist in ganz besonderer Weise ausgerüstet, so dass das, was sie getan (vgl. Apostelgeschichte) und geredet haben (vgl. Evangelien, Briefe, Offenbarung), für die Gemeinde aller Zeiten bleibende, ja kanonische Bedeutung hat. Die Apostel haben ihre Lehre vom Alten Testament her entfaltet, weil sie erkannten, dass das Alte Testament von Jesus Christus spricht (Lk 24,44-47; Apg 26,22-23; 1. Petr 1,10-12). Deshalb bildet die ganze Bibel, Altes und Neues Testament, das Fundament der Gemeinde.

Wenn die Bibel sagt, dass einerseits Jesus und andererseits die *»Apostel und Propheten«* (d. h. Apostel, die auch Propheten sind) das Fundament der Gemeinde bilden, meint sie nicht, dass die Gemeinde zwei Fundamente habe, oder dass die *»Apostel und Propheten«* das Fundament Jesus Christus ergänzt hätten.

---

41 zu »Eckstein« vgl. Mauerhofer, E., Der Brief an die Epheser, 24. Teil: 2,20, in: Fundamentum, Zeitschrift der Staatsunabhängigen Theologischen Hochschule Basel, Riehen Nr. 4/1995, S. 23-24

42 Mauerhofer, E., Die neutestamentliche Ekklesia, in: Fundamentum, Nr. 3/1991, S. 50-51

Das Fundament der *»Apostel und Propheten«* ist identisch mit dem Fundament von Jesus Christus; die Apostel haben dies in Wort und Schrift aufgezeigt. Paulus formuliert diese Tatsache so: *»Denn nach der Gnade Gottes, die mir gegeben ist, habe ich als weiser Baumeister das Fundament gelegt ... Denn einen anderen Grund kann niemand legen, außer dem, der gelegt ist, welcher ist Jesus Christus«* (1. Kor 3, 10 a-11).

Die ganze Bibel macht uns deutlich, dass Jesus heute das Fundament der Gemeinde ist. Zugleich ist die Bibel selbst Fundament der Gemeinde, denn sie gehört über die Apostel heilsgeschichtlich untrennbar zu Jesus und seinem Werk dazu, und nur sie zeigt uns, wer Jesus eigentlich ist und was sein Werk bedeutet.

Die Gemeinde lässt sich nur bauen von ihrem Fundament her, nämlich von Jesus und der Bibel her.

– Wir glauben, dass die ganze Bibel das inspirierte Wort Gottes ist (2. Tim 3, 16). Gott hat bestimmte Menschen – darunter auch die Apostel – gebraucht, um uns sein Wort zu vermitteln. Er hat diese während des Vorgangs der Inspiration nicht entpersönlicht und willenlos gemacht, sondern hat sie als Persönlichkeiten mit ihren Fähigkeiten und Geisteskräften in Dienst genommen. So wird heute noch der Sprachstil, die Ausdrucksweise, der Bildungsstand der Schreiber im vorliegenden Text der Bibel deutlich. Der Heilige Geist hat aber die Schreiber geleitet, indem er ihre Gedanken und Worte überwachte, sodass sie Worte Gottes geschrieben haben, die göttliche Autorität beanspruchen. Zuweilen hat der Heilige Geist Worte eingegeben, deren letzter und tiefster Sinn ihnen selbst – jedenfalls zum Teil – verborgen blieb (1. Petr 1, 10-12). Die Bibel ist somit ganz Menschenwort und zugleich ganz Gotteswort (Mt 15, 6; Röm 3, 2; Hebr 4, 12).[43]

---

43 Stadelmann, H., Grundlinien eines bibeltreuen Schriftverständnisses, Wuppertal 1985, S. 30-32

– Als Wort von Gott ist sie unfehlbar und irrtumslos.[44] Gerade weil Gottes Offenbarung eine fortschreitende, eine heilsgeschichtliche Offenbarung ist, bildet sie eine Einheit. Jeder Gedanke in der Bibel ergibt sich logisch aus dem vorhergehenden. Die ganze Offenbarung redet, gewirkt durch den Heiligen Geist, von ihrer Mitte Jesus Christus. Im Blick auf diese Mitte ist nichts in der Bibel entbehrlich. Die Prophetie und ihre Erfüllung unterstreichen die Einheit und Zuverlässigkeit des göttlichen Wortes.[45] Wir sind davon überzeugt, dass jeder, der den Heiligen Geist hat, dieses Wort versteht, wenn er sich gehorsam seiner Leitung anvertraut (Joh 16, 13).[46] Wer den Heiligen Geist hat, versteht sich auch als Glied der Gemeinde Jesu und ist deshalb bereit, dieses Wort in Fragen des Gemeindebaus als letztgültige und ausreichende Autorität anzuerkennen.[47] Leider gibt es Gläubige, die die Bibel als Autorität respektieren, aber in den Fragen des Gemeindebaus der Tradition den Vorzug geben.

Gerade im Blick auf den Bau der Gemeinde sind demzufolge hermeneutische Überlegungen von entscheidender Bedeutung:

– Sicherlich gilt es zunächst, den Text philologisch-historisch ernst zu nehmen. Dabei konzentriert sich die Auslegung erst einmal auf die einfache, normale Wortbedeutung, wie es der jeweilige Kontext in Prosa, Poesie usw. nahelegt.[48] Was im vorgegebenen Text offensichtlich buchstäblich so gemeint ist, wird als buchstäblich angesehen, was offensichtlich bildlich gemeint ist, wird bildlich verstanden.[49] Weiter wird bei der philologisch-historischen

44 Schnabel, E., Inspiration und Offenbarung. Die Lehre vom Ursprung und Wesen der Bibel, Wuppertal 1986, S. 174

45 Maier, G., Biblische Hermeneutik, Wuppertal; Zürich 1990, S. 164-167

46 Beyerhaus, P., Er sandte sein Wort. Theologie der christlichen Mission, Bd. 1: Die Bibel in der Mission, Wuppertal; Bad Liebenzell 1996, S. 325-326

47 Stadelmann, H., Grundlinien eines bibeltreuen Schriftverständnisses, S. 14

48 ebd., S. 106

49 Ramm, B., Biblische Hermeneutik, Asslar 1991, S. 135

Auslegung der Text auch historisch ernst genommen. Was die Bibel erzählt, ist wirklich so geschehen. Die Wunder werden als historische Tatsachen akzeptiert und die Prophetie wird als wirkliche Voraussage betrachtet.[50]

- Weiter gilt es, den biblischen Text heilsgeschichtlich richtig einzuordnen. Wir gehen davon aus, dass die Heilsgeschichte in Epochen voranschreitet,[51] und dass jede dieser Epochen ihre besondere Bedeutung in der göttlichen Heilsökonomie hat.[52] Wir denken hier an die heilsgeschichtlichen Epochen des Volkes Israel, der Gemeinde, des kommenden Reiches Gottes auf dieser Erde (Millennium) und an die Erschaffung eines neuen Himmels und einer neuen Erde.[53] Diese heilsgeschichtlichen Epochen gilt es bei der Auslegung zu beachten. Der Ausleger muss berücksichtigen, dass er heute in der Zeit der Gemeinde lebt, sonst kommt er bei der Auslegung der Bibel zu ganz falschen Schlussfolgerungen.
- Da alle heilsgeschichtlichen Linien in Jesus Christus – in seinem Erlösungswerk – zusammenlaufen, ist er die Mitte der Heilsgeschichte (Eph 1,9; 3,11). Heilsgeschichtliche Bibelauslegung ist demzufolge immer auch christozentrische Auslegung. Deshalb haben wir bei der Auslegung eines jeden Textes, ob er nun im AT oder NT steht, zu fragen, in welcher Beziehung die vorgegebenen Aussagen zur Person und zum Erlösungswerk Jesu und seinen Auswirkungen stehen. Dies führt, wie Bernhard Ramm in seiner Hermeneutik ausführlich darlegt, zu einer typologischen Auslegung des AT. So weisen z. B. die Opfer des AT typologisch auf das eigentliche Opfer Jesu Christi hin (Hebr 9,11-28) und Mose,

50 Maier, G., Biblische Hermeneutik, S. 66-67

51 Pflaum, L., Mission in heilsgeschichtlicher Perspektive, in: Bilanz und Plan: Mission an der Schwelle zum Dritten Jahrtausend, hg.v. H. Kasdorf; K. W. Müller, Bad Liebenzell 1988, S. 149

52 Neufeld, A., Fatalismus als missionstheologisches Problem. Die Kontextualisation des Evangeliums in einer Kultur fatalistischen Denkens. Das Beispiel Paraguay, Bonn; Asuncion 1994, S. 495

53 Beyerhaus, P., Er sandte sein Wort, S. 358-359

der Mittler des alten Bundes, ist ein Typus für Jesus, den Mittler des neuen Bundes (Hebr 8,3-13).[54]
Gerade im Blick auf den Bau der Gemeinde ist diese christozentrische Auslegung der Bibel entscheidend wichtig, denn nur von Jesus und von seinem Erlösungswerk her ist die Gemeinde denkbar. Nur in ihm hat sie ihren Bestand und ihre Entfaltungskraft. Er ist es auch, der sie vollendet. Wir dürfen nicht vergessen, dass der vorgegebene Text, das geschriebene Wort Gottes, untrennbar verbunden ist mit dem lebendigen Wort Gottes, Jesus Christus (Joh 1,1-14; Offb 19,13). Nur eine konsequente christozentrische Bibelauslegung ermöglicht einen dynamischen, missionarischen Gemeindebau.
Zu lange hat man nur die soteriologischen Ausführungen der Bibel christozentrisch ausgelegt. Es ist an der Zeit, auch die ekklesiologischen Ausführungen der Bibel christozentrisch auszulegen. Der heilsgeschichtlich-christozentrische Ansatz erlaubt es, die Ausführungen des NT über die Gemeinde als sich ergänzend zu betrachten. Die in den Evangelien, in der Apostelgeschichte, in den Briefen des Paulus, Petrus, Johannes, Jakobus, Judas und in der Offenbarung gemachten Ausführungen über die Gemeinde ergänzen sich. Nur wenn wir alle Aussagen berücksichtigen, erhalten wir ein klares Bild von der Gemeinde und ihrem Auftrag in der Welt. Zugleich haben diese Aussagen im Blick auf den Bau der Gemeinde normativen Charakter. Jesus, der jetzt lebende und erhöhte Herr der Gemeinde, steht hinter diesen Aussagen. In der Verbindung mit ihm, geleitet durch den Heiligen Geist, leisten diese normativen Aussagen, wenn sie heute berücksichtigt und gehorsam in die Tat umgesetzt werden, den eigentlichen Beitrag zu einem dynamischen Bau von missionarischen Gemeinden.
Es gilt zu beachten, dass die Bibel fast überall in bestimmte historische und kulturelle Situationen hineinspricht. Doch genau dieser

---

54 Ramm, B., Biblische Hermeneutik, S. 229-245; vgl. Beyerhaus, P., Er sandte sein Wort, S. 364-367

von einer bestimmten Situation und von einem kulturellen Kontext geprägte Text hat für uns heute normative Bedeutung. Die Kultur- und Situationsbezogenheit gehört zur Offenbarung Gottes im Wort untrennbar dazu, und das Wort Gottes will auch Kultur prägen. Nur die Schrift selbst kann uns bei genauer Beobachtung zeigen, ob die Gültigkeit einer Anordnung oder Aussage einer Einschränkung unterliegen soll.[55]
Gerade im Blick auf die Gemeindeordnungen und -strukturen wird oft ohne genaue theologische Untersuchung behauptet, dass es sich da und dort lediglich um situationsbedingte und kulturell geprägte Aussagen handle, die für unsere Zeit nicht mehr gültig seien.[56] Durch das Einführen von kulturellen und situativen Kriterien neben der Schrift sind leider vielfach wichtige Lehraussagen und klare Anordnungen des Wortes Gottes außer Kraft gesetzt worden. Es gilt hier noch einmal zu betonen, dass für uns die von der Bibel beabsichtigten Aussagen grundsätzlich immer verbindlich sind.

Wenn wir zu einem dynamischen Gemeindebau gelangen wollen, sind die Bibelhaltung und die hermeneutischen Überlegungen, die von einer heilsgeschichtlich-christozentrischen Bibelauslegung ausgehen, von größter Bedeutung.[57] Das Verhältnis der Gemeinde zu diesen Grundelementen entscheidet über ihren Niedergang oder ihr

55 Umfassende Ausführungen zu diesem Thema siehe McQuilkin, J. R., Problems of Normativeness in Scripture: Cultural Versus Permanent, sowie seine Rezensenten Johnson, A. F. und Knight, G. W. in: Hermeneutics, Inerrancy and the Bible, Papers from ICBI Summit II, hg. v. E. D., Radmacher; R. D., Preus, Grand Rapids 1984, S. 217-282

56 de Boor, W., Der erste Brief an die Korinther. Wuppertaler Studienbibel, Wuppertal 1974, S. 248; Kiermeier, G., Den Frauen aber sage ich ... Die Stellung der Frau in der Gemeinde, Marburg 1993, S. 62-64

57 Genau diese Ausrichtung auf ein klares Bibelverständnis und eine bestimmte Hermeneutik hält Wolfgang J. Bittner im Blick auf den Bau der Gemeinde leider nicht für nötig. Vgl. Bittner, W. J., Kirche wo bist Du? Plädoyer für das Kirche-Sein unserer Kirche, Zürich 1995², S. 149, Anm. 63

Wachstum.[58] Die heilsgeschichtlich-christozentrische Auslegung des göttlichen Wortes distanziert sich grundsätzlich von jeder historisch-kritischen Betrachtungsweise, weil diese Betrachtungsweisen die Bibel als bloß menschliches Wort über Gott behandeln.[59]
Eine Gemeinde, die vom Wort Gottes her gebaut wird, ist *»der Pfeiler und die Grundfeste der Wahrheit«* in dieser Welt (1. Tim 3, 15).

2.6 Das Verhältnis Volkskirche – Gemeinde

Fritz und Christian Schwarz erkennen ganz richtig, dass die institutionelle Kirche nicht Gemeinde ist und auch nicht Gemeinde werden kann.[60]

Es ist ihnen klar: Die Säuglingstaufe macht niemanden zum Mitglied der Gemeinde, sondern nur die gläubige Aneignung dessen, was Jesus in seinem Heilshandeln für uns getan hat.[61] Sie vertreten aber die Auffassung, dass die institutionelle Volkskirche der eigentliche Ermöglichungsgrund der Gemeinde sei. Sie betrachten die institutionelle Kirche als das missionarische Forum, in dem und aus dem Gemeinde werden könne.[62] Deshalb sollte nach ihrer Meinung die Kirche nicht verlassen werden, selbst wenn sich der Aufbau der Gemeinde in ihr nur mühsam verwirklichen lässt.[63]

---

58 Knöppel, K. H., Wozu ist Gemeinde gut? S. 17. Es ist also nicht zuerst der Kampf »zwischen Monismus und Dualismus, Objektivismus und Subjektivismus, Heteronomismus und Autonomismus, Technokratie und Spiritualismus«, der sich hemmend auf das Gemeindewachstum auswirkt, wie dies Chr. A. Schwarz meint, sondern ein gebrochenes Verhältnis zum Wort Gottes (zit. nach Schwarz, Chr. A., Die natürliche Gemeindeentwicklung nach den Prinzipien, die Gott selbst in seine Schöpfung gelegt hat, Rothrist 1996, S. 94).

59 Beyerhaus, P., Er sandte sein Wort, S. 334

60 Schwarz, F.; Schwarz, Ch. A., Theologie des Gemeindeaufbaus. Ein Versuch, Neukirchen-Vluyn 1987³, S. 201-202

61 ebd., S. 36-37

62 ebd., S. 183

63 ebd., S. 197-199

Doch muss man hier bedenken, dass das Werden der Gemeinde innerhalb der Volkskirche ganz von der Einstellung des Pfarrers abhängig ist, da ihm in der Volkskirche eine Schlüsselposition zukommt. Ein wieder geborener Pfarrer kann in der Kirche durchaus Gemeinde bauen. Jörg Stolz ist sogar der Überzeugung, dass bekehrte Pfarrer in der Kirche optimale Voraussetzungen haben, Gemeinde Jesu zu bauen. Alle Kasualanlässe (Taufen, Trauungen, Beerdigungen) und den Konfirmandenunterricht könne ein gläubiger Pfarrer als evangelistische Möglichkeiten nutzen.[64] Genau dies bestreitet Georg Huntemann. Er weist nach, dass die Behauptung, kirchliche Amtshandlungen könnten als volksmissionarische Gelegenheiten genutzt werden, gegen alle Erfahrung im kirchlichen Alltag spricht.[65] Außerdem wird der Bau der Gemeinde auch durch die Strukturen der Volkskirche stark erschwert, wie Bernd Schlottoff ausführt.[66]

Ein toleranter Pfarrer kann werdende Gemeinde gewähren lassen. Wenn sich aber ein Pfarrer dagegen wehrt, ist der Aufbau der Gemeinde nicht möglich. Ferner kommt es immer wieder vor, dass ein liberaler Pfarrer die von einem wieder geborenen Vorgänger aufgebaute Gemeindearbeit innerhalb kurzer Zeit zerstört oder aus der Kirche hinausdrängt.[67]

Die Kirchengeschichte bezeugt leider, dass die institutionelle Kirche die Entfaltung der Gemeinde immer wieder behindert hat.[68] Noch heute halten viele Pfarrer werdende Gemeinde für störenden Separatismus, dem es zu wehren gilt. Werden nicht oft die, welche

---

64 Stolz, J., Evangelikalismus und Bekehrung in der deutschen Schweiz. Eine theoretische und quantitativ-empirische Untersuchung, Zürich 1993, S. 54

65 Huntemann, G., Diese Kirche muss anders werden! Ende der Volkskirche – Zukunft der Bekenntniskirche, Bad Liebenzell 1979, S. 41

66 Schlottoff, B., Den Aufbruch wagen. Zehn Thesen zur Zukunft der Kirche, Wuppertal; Zürich 1994, S. 46

67 Kuen, A., Gemeinde nach Gottes Bauplan, S. 255

68 Siehe dazu die Ausführungen von Kuen, A., ebd., S. 153-204

den Aufbau der Gemeinde in der Kirche fördern wollen, als »Heuchler« abgestempelt, als solche, »die besser sein wollen als die anderen«?[69] In vielen Kirchengemeinden wird gerade den erwecklich eingestellten Christen nur eine Nischenexistenz zugebilligt.[70] Manchmal hat man sogar den Eindruck, dass in der heutigen Kirche alles Platz hat – außer wachsende Gemeinden. Dies zeigen die Dokumentationen von Rudolf Möckel und Wolfgang Nestvogel. Sie verdeutlichen an Beispielen von Pfarrern, die innerhalb der Kirche an der verbindlichen Wahrheit der Bibel festhalten und bewusst Gemeinde bauen, wie unerwünscht diese sind; man drängt sie aus dem kirchlichen Dienst heraus, wenn sie nicht selbst gehen.[71]

S. Külling weist in seinem Aufsatz »Für die sog. historisch-kritische Schultheologie gibt es kein reformatorisches Schriftprinzip mehr« darauf hin, dass sich die Kirche unter dem Einfluss der historisch-kritischen Schultheologie von ihrer Grundlage, der Heiligen Schrift, gelöst hat. Die historisch-kritische Methode vermag eben dem vorgegebenen biblischen Text nicht gerecht zu werden, weil der Theologe der von Gott geschenkten Offenbarung mit Kritik begegnet. Diese Kritik hält man deshalb für legitim, weil man die Bibel als ein Produkt der menschlichen Geistesgeschichte betrachtet. Durch die kritische Betrachtung der Bibel kommt es zu religionsgeschichtlichen Fehleinschätzungen, zu willkürlicher Sachkritik und schließlich zur Auflösung ihrer Botschaft.[72] Durch die konsequente Anwendung dieser Methode half und hilft die Kirche mit, ihre eigene Grundlage, nämlich die Bibel, gänzlich in Frage zu stellen. Deshalb kennt die Kirche

69 ebd., S. 218

70 Hempelmann, H. P., Gemeindegründung. Perspektive für eine Kirche von morgen? Gießen; Basel 1996, S. 39

71 Volkskirche am Abgrund? Eine Dokumentation über evangelikale Pfarrer und die bibeltreuen Christen in der Volkskirche, hg. von R. Möckel, W. Nestvogel, Neuhausen-Stuttgart 1996, S. 11-84

72 Beyerhaus, P., Er sandte sein Wort, S. 178-189

heute kein Schriftprinzip mehr.[73] Es lassen sich daher folgende Mangelerscheinungen beobachten:

In erster Linie entstehen Defizite in der Christologie und Soteriologie. Es ist nicht verwunderlich, dass die biblische Lehre über Jesus Christus und sein vollbrachtes Erlösungswerk in weiten Teilen der Kirche ihrer eigentlichen Aussagen entleert worden sind. Jesus wird nicht mehr als der ins Fleisch gekommene Sohn Gottes ernst genommen. An die Stelle der Erlösung durch Jesus Christus treten heute verschiedene Selbsterlösungslehren.[74]

Es fehlen der Kirche letzte Normen in der Ethik. Dies zeigt sich heute vor allem in der Diskussion um die Segnung homosexuell lebender Menschen[75] sowie ihrer Zulassung zum Pfarramt. Es wird innerhalb der Kirche die Ansicht vertreten, dass homosexuelle Praktiken dann legitim und evangeliumsgemäß seien, wenn sie Ausdruck von Liebe seien. Heinzpeter Hempelmann zeigt in seinem Aufsatz »Kirche und Homosexualität. Sieben Perspektiven«, wie abwegig eine solche Auffassung ist, wenn wir die Aussagen der Bibel über die Homosexualität ernst nehmen.[76] Hempelmann vertritt in diesem Aufsatz weiter die Überzeugung, dass durch eine kirchliche Anerkennung der Homosexualität als gleichberechtigter Lebensform der

73 Külling, S., Für die sog. historisch-kritische Schultheologie gibt es kein reformatorisches Schriftprinzip mehr, in: Fundamentum, Zeitschrift der Staatsunabhängigen Theologischen Hochschule Basel, Riehen Nr. 2/1995, S. 8

74 Gassmann, L., Evangelische Kirche wohin? Ein Ruf zur Besinnung und Umkehr, Uhldingen 1995, S. 93-94

75 Die Synode der Nordelbischen Evangelisch-Lutherischen Kirche hat sich an ihrer Tagung vom 6.-8. Februar 1997 in Rendsburg für eine Anerkennung auch eheähnlicher und homosexueller Partnerschaften ausgesprochen, sofern sie verbindlich und auf Dauer angelegt seien. Schwule und Lesben in »ethisch verantworteten« Lebensgemeinschaften können gesegnet werden. (vgl. idea Spektrum, Nachrichten und Meinungen aus der evangelischen Welt, hg. v. Informationsdienst der Evangelischen Allianz, Wetzlar Nr. 7/1997, S. 7)

76 Hempelmann, H. P., Kirche und Homosexualität. Sieben Perspektiven, in: Betrifft: Kirche und Homosexualität, U. Eibach; K. Haacker; H. P. Hempelmann u. a., Wuppertal; Zürich; Dillenburg 1995, S. 31-32

Wille zur Veränderung mit der Hilfe Gottes behindert oder gar verhindert wird.[77] Wenn Menschen Befreiung von homosexuellen Empfindungen suchen, werden sie tragischerweise von der heutigen Kirche immer mehr ausgegrenzt.[78]

Es fehlt der Kirche eine Dogmatik, in der die ekklesiologischen Fragen klar entfaltet werden.[79] Viele heutige Theologen haben große Mühe, die Ausführungen des Neuen Testaments über die Gemeinde zu verstehen.[80] O. Michel, E. Schweizer[81], H. G. Pöhlmann[82] u. a. haben nachzuweisen versucht, dass es innerhalb der neutestamentlichen Ekklesiologie gleich von Anfang an ein pluralistisches Gemeindeverständnis gab.[83] Diese Behauptung hat dazu beigetragen, dass es innerhalb der Kirche zu einem theologischen Pluralismus kam, der den theologischen Inhalt der Verkündigung verkürzte. Die Unmöglichkeit, eine biblische Lehre über die Kirche und ihren Auftrag zu entfalten, führte in den Landeskirchen zu Subjektivismus und Individualismus.[84] Daraus resultierte wiederum eine fatale Anpassung an

---

77 ebd., S. 38

78 Werner, R., Homosexualität und die Vollmacht der christlichen Gemeinde, in: Betrifft: Kirche und Homosexualität, S. 105

79 Külling, S., Für die sog. historisch-kritische Schultheologie gibt es kein reformatorisches Schriftprinzip mehr, S. 6-9

80 So ist z. B. Otto Michel davon überzeugt, dass die Ausführungen des Neuen Testaments über die Gemeinde stark ergänzungsbedürftig seien. Er meint, um das Wesen der Gemeinde besser verstehen zu können, auch den Strom apokrypher Erzählungen und die Ausführungen über die Qumrangruppen mit berücksichtigen zu müssen. Vgl. Michel, O., Das Zeugnis des Neuen Testaments von der Gemeinde, Gießen; Basel 1986³, S. 35.106-116. Klaus Schwarzwäller vertritt die Meinung, dass uns die Kirche entzogen bleibe, dass wir sie nicht kennen können, da sie als Domäne des Heiligen Geistes unsichtbar sei. Vgl. Schwarzwäller, K., Um die wahre Kirche. Ekklesiologische Studien, Frankfurt a. M., 1966, S. 259-260

81 Schweizer, E., Gemeinde und Gemeindeordnungen im Neuen Testament, Zürich 1962²

82 Pöhlmann, H. G., Abriss der Dogmatik. Ein Kompendium, Gütersloh 1985⁴

83 Mauerhofer, E., Die neutestamentliche Ekklesiologie in der heutigen Universitätstheologie und an der FETA, in: Fundamentum Nr. 1/1991, S. 29-58.

84 Welker, M., Kirche im Pluralismus, Gütersloh 1995, S. 75-76

den Zeitgeist in den Bereichen der Theologie und der Politik.[85] Im Blick auf die Anpassung der Kirche an den Zeitgeist schreibt Wolfhart Pannenberg, der selbst eine bibelkritische Haltung vertritt, in seinem Aufsatz »Angst um die Kirche?«:

> »Eine Kirche, die ihrer eigenen Sache nicht mehr gewiss ist, kann nur noch untergehen. Sie wird den Herausforderungen des Zeitalters durch die säkularistische Kultur, aber auch durch die Anziehungskraft anderer Religionen, nicht gewachsen sein.«[86]

Die Auflösungstendenz der Kirche kündet sich in den vielen Kirchenaustritten an. Heinzpeter Hempelmann schreibt dazu:

> »In den vergangenen 20, vor allem aber in den letzten fünf Jahren, sind ca. vier Millionen Menschen (in Deutschland, A. M.) aus der Kirche ausgetreten. Besorgniserregend ist, dass der Trend anhält und eine weithin hohe latente Bereitschaft vorhanden ist, die Kirche zu verlassen.«[87]

Wie groß die Bereitschaft vieler Deutscher ist, die Kirche zu verlassen, macht auch der Artikel »Glauben ohne Kirche« in der Zeitschrift FOCUS deutlich. 23 Prozent der evangelischen Christen haben nach einer FOCUS-Umfrage des Meinungsforschungsinstituts INRA schon einmal ernsthaft an einen Austritt gedacht. Ein Viertel von ihnen will in nächster Zeit Taten folgen lassen.[88]

Ein weiteres Problem der Volkskirche besteht darin, dass man nicht sagen kann, wie sich Gemeinde und die übrigen Mitglieder der

85 Gronemeyer, R., Wozu noch Kirche? Berlin 1995, S. 30

86 zit. nach Pannenberg, W., Angst um die Kirche, in: Angst um die Kirche?, hg.v. K. F. Daiber; M. Karrer; D. Mendt; W. Pannenberg, Weimar; Jena 1994, S. 61

87 zit. nach Hempelmann, H. P., Ein Geist, ein Glaube, eine Gemeinde? Gemeindegründungen als Herausforderung und Modell der Volkskirche, idea-Dokumentation, Wetzlar Nr. 4/1995, S. 18

88 Kistenfeger, H.; Robers, N., Glaube ohne Kirche, in: FOCUS, München Nr. 15/1996, S. 52-54

Kirche zueinander verhalten. Die Spannung zwischen Gemeinde und Kirche möchte ich an dieser Stelle noch etwas verdeutlichen:

Die Gemeinde:	**Die Kirche:**
– Grundlage der Gemeinde ist das Wort Gottes	– Die pluralistischen theologischen Überzeugungen bilden die Grundlage der Kirche
– Die Gemeinde besteht aus wieder geborenen Menschen	– Zur Kirche gehören die Getauften
– Sie braucht die erweckliche Verkündigung, damit sich Menschen bekehren und geistlich wachsen	– Sie lehnt weithin die Verkündigung ab, die Menschen zu einer Bekehrung führen will
– Sie kennt das allgemeine Priestertum. Jeder Gläubige hilft seinen Gaben entsprechend mit	– Sie ist eine Pfarrkirche
– Sie wird von Ältesten geleitet, die die Kriterien von 1. Tim 3, 1-7 erfüllen	– Oft sitzen im Kirchenvorstand keine Wiedergeborenen
– Die Gläubigen der Gemeinde bilden durch den Heiligen Geist eine Einheit	– Die Kirche kennt keine Einheit, da sowohl Gläubige als auch Ungläubige zu ihr gehören
– Sie kennt Gemeindezucht	– Sie kennt keine Gemeindezucht

Es ist auch für einen gläubigen Pfarrer unmöglich, diese Spannung befriedigend zu lösen. Deshalb schlägt Bernd Schlottoff vor, innerhalb der Kirche unabhängige Gemeinden aufzubauen, zu denen nur an Christus glaubende Menschen gehören dürfen, die frei sind von den Zwängen des volkskirchlichen Systems. Ob dies allerdings möglich ist, weiß er selbst nicht.[89] Der Vorschlag von Klaus Eickhoff geht

89 Schlottoff, B., Den Aufbruch wagen, S. 102-104

in dieselbe Richtung, wenn er innerhalb der Kirche die Bildung von »Hauskirchen« vorschlägt.[90] Heinzpeter Hempelmann plädiert dafür, dass die Landeskirchlichen Gemeinschaften innerhalb der Volkskirche zur eigentlichen Kirche werden sollten.[91]

Es ist an dieser Stelle bemerkenswert, dass in Ländern ohne volkskirchliche Strukturen die Gemeinde zu einer viel umfassenderen Entfaltung gelangt ist, als dies hier in Europa der Fall ist. Ich denke hier vor allem an die USA, Kanada, die Länder Südamerikas, Südkorea usw.[92]

Deshalb kann ich die Auffassung, dass die institutionelle Volkskirche sozusagen das Werden von Gemeinde gewährleiste, nicht teilen. Ich bin vielmehr davon überzeugt, dass sich Gemeinde Jesu besser in der Alternative zur Volkskirche verwirklichen lässt.

Ich teile mit Alfred Kuen die Auffassung, dass es äußerst schwer ist, in der Volkskirche Gemeinde Jesu zu bauen. Viele eifrige Christen, die innerhalb der Kirche Gemeinde auf biblischer Grundlage aufzubauen suchten, sind zutiefst frustriert, weil sie gescheitert sind.[93]

Gemeinde und Kirche haben letztlich verschiedene Zielrichtungen. Deshalb ist es heute so schwer, in der Kirche Gemeinde zu bauen. Die bibelkritische Theologie hat der heutigen Kirche die theologischen Grundlagen für ein evangelistisch-missionarisches Anlie-

---

90 Gassmann, L., Evangelische Kirche wohin? S. 106.
Die Notwendigkeit, innerhalb der Kirche für die ernsthaften Christen »Hauskirchen« ins Leben zu rufen, sah schon der Reformator Martin Luther. Er schreibt dazu: »Aber ich kann und mag eine solche Gemeinde oder Versammlung noch nicht ordnen oder anrichten. Denn ich habe noch nicht die Menschen und Personen dazu, ...« Zit. nach Luther Deutsch. Die Werke Martin Luthers in neuer Auswahl für die Gegenwart, hg. v. K. Aland, Bd. 6, Suttgart; Göttingen 1966^2, S. 90.

91 Hempelmann, H. P., Ein Geist, ein Glaube, eine Gemeinde, S. 24

92 Weyel, H., So stell' ich mir Gemeinde vor, S. 60

93 Hempelmann, H. P., Wie kann heute evangelisiert werden? Wie ist Gemeindegründung möglich? idea-Dokumentation, Wetzlar Nr. 1/1994, S. 12

gen entzogen.[94] Deshalb setzt sich die Kirche heute im politischen Bereich für Friede und Gerechtigkeit ein. Sie kümmert sich um ökologische Probleme und ist stark mit ökumenischen, feministischen und weltgesellschaftlichen Fragestellungen beschäftigt.[95] Die Gemeinde dagegen sucht – da sie die Bibel als Wort Gottes ernst nimmt – mit aller Kraft den von Jesus gegebenen evangelistisch-missionarischen Auftrag zu erfüllen. Dies führt zwangsläufig zu Konflikten. Bernd Schlottoff bringt dies auf den Punkt, wenn er schreibt:

> »Wer kann schon missionarisch arbeiten und ein ›antimissionarisches‹ System am Leben halten und repräsentieren?«[96]

Alfred Kuen belegt sehr ausführlich, dass bis heute alle Versuche, die Volkskirche zu beleben und in ihr bleibend Gemeinde Jesu zu bauen, gescheitert sind.[97] Heinzpeter Hempelmann schreibt im Blick auf die heutige Situation:

> »Trotz jahrzehntelanger Anstrengung fristet das erwecklich-missionarische Anliegen in der Volkskirche – zunehmend mehr – ein Nischendasein. Für viele Christen wird es immer fragwürdiger, ihre Kraft und Gaben aufzubrauchen im Ringen mit einem institutionell wie geistlich für die missionarische Dimension nicht geöffneten Kirchentum.«[98]

Davon abgesehen gilt es heute zu prüfen, ob man sich nicht durch das Bleiben in der Volkskirche an ihren Sünden mitschuldig macht.

---

94 Beyerhaus, P., Er sandte sein Wort, S. 195
95 Welker, M., Kirche im Pluralismus, S. 125
96 zit. nach Schlottoff, B., Den Aufbruch wagen, S. 93
97 Kuen, A., Gemeinde nach Gottes Bauplan, S. 264-267
98 zit. nach Hempelmann, H. P., Wie kann heute evangelisiert werden? S. 12

2.7 Das Zueinander von Ekklesia (Gemeinde) und Basileia Gottes (Königsherrschaft Gottes)

Warum ist es denn überhaupt nötig, das Verhältnis der Basileia Gottes zur Ekklesia zu klären? Die Klärung dieser Frage ist notwendig, weil erst dann klar wird, welches der eigentliche Auftrag der Gemeinde ist und wie sie sich gegenüber Gesellschaft und Staat verhalten soll?

2.7.1 Die heutige Situation

Wenn in der zweiten Hälfte des 20. Jahrhunderts vermehrt vom Reich Gottes gesprochen wird, liegt dies nicht in neuen biblisch-theologischen Erkenntnissen begründet, sondern wurzelt in der Überzeugung, dass das Evangelium in der Gesellschaft zu sozialpolitischen Veränderungen führen müsse.[99]

2.7.1.1 Die radikalen Evangelikalen

Der Argentinier René Padilla und der Peruaner Samuel Escobar wiesen 1974 auf dem Kongress in Lausanne darauf hin, dass sich Jesus nicht nur mit der Erlösung von Individuen befasse, sondern als Messias und Kyrios auch Einfluss auf Gesellschaft und Politik geltend mache. Sie setzen sich deshalb für die soziale Dimension der Evangelisation ein.[100]

An einer Konferenz in Grand Rapids, USA 1982, die vom Lausanner Komitee und der World Evangelical Fellowship einberufen

---

99 Schnabel, E. J., Das Reich Gottes als Wirklichkeit und Hoffnung, Wuppertal; Zürich 1993, S. 66

100 ebd., S. 30-31; vgl., Padilla, R., Geistliche Auseinandersetzung, in: Zukunftsperspektiven. Evangelikale nehmen Stellung, hg. v. R. Padilla, Wuppertal 1977, S. 195-210

wurde, wurde zwischen der de-facto-Herrschaft (tatsächlichen Herrschaft) Christi über sein erlöstes Volk und seiner de-iure-Herrschaft (rechtmäßigen Herrschaft) über die Welt als König aller Könige unterschieden. In diesem Zusammenhang wies man aber darauf hin, dass der Begriff Reich Gottes nur für die de-facto-Herrschaft Christi gebraucht werden sollte. Im Blick auf die de-iure-Herrschaft Gottes über die Welt sollte besser von seiner Souveränität gesprochen werden.[101]

Der Amerikaner Ronald Sider und der Engländer Chris Sugden setzen sich für eine evangelikale Sozialethik ein. Evangelikale sollten sich den Problemen Armut, Hunger, Ungerechtigkeit, Gewalt, Ökologie usw. stellen. Chris Sugden lehnt die Vorstellung ab, dass die Nachfolger Jesu die Maßstäbe der Königsherrschaft Gottes nur innerhalb der Gemeinde verwirklichen sollen, quasi als Modell für die Welt. Nach seiner Überzeugung soll die Gemeinde die sie umgebende Gesellschaft diesen Maßstäben entsprechend gestalten.[102] Er ist davon überzeugt, dass das Königreich Gottes die geistliche und materielle, die persönliche und gesellschaftliche Dimension mit einschließt. Gott handelt als König eben nicht nur im Kontext der Gemeinde, sondern auch außerhalb von ihr. Deshalb fordert er die Gemeinde auf, sich für Wirtschaftsreformen, Umweltfragen und mehr Gerechtigkeit einzusetzen.[103]

Am II. Lausanner Kongress wurde 1989 in Manila sehr zurückhaltend über die sozialpolitische Veränderung des Evangeliums gesprochen.[104]

Im Manifest lesen wir:

> »Unsere fortwährende Verpflichtung zu sozialem Handeln ist nicht eine Verwechslung des Reiches Gottes mit einer christianisierten

101 Schnabel, E.J., Das Reich Gottes als Wirklichkeit und Hoffnung, S. 39

102 ebd., S. 45

103 vgl. Imhof, F., Wir müssen von der Zwei-Drittel-Welt lernen, in: idea-magazin, Nr. 10/1992, Luzern, S. 3-5

104 Schnabel, E.J., Das Reich Gottes als Wirklichkeit und Hoffnung, S. 61

> Gesellschaft. Sie ist vielmehr eine Anerkennung der Tatsache, dass das biblische Evangelium unausweichlich soziale Folgerungen hat.«[105]

Was bei den radikalen Evangelikalen auffällt, ist die schwach ausgebildete Eschatologie. Es ist kaum mehr von der kommenden Königsherrschaft Gottes die Rede.

Bei der hier sichtbaren sozial-ökonomischen Umwertung des Evangeliums besteht die Gefahr, dass der Kreuzestod Jesu seiner zentralen Bedeutung entleert wird. Zugleich wird der Machtbereich Satans bagatellisiert.[106]

Die radikalen Evangelikalen scheinen die ökumenische Auffassung zu teilen, dass Sünde auch strukturell definiert werden kann.

Das eigentliche Problem der radikalen Evangelikalen liegt im Bereich der Hermeneutik. Aus narrativen Texten (Erzählungen) des AT und NT werden ohne Begründung normative Aussagen abgeleitet. Anordnungen an das Volk Israel werden auf die Gemeinde übertragen. Ab und zu werden sogar Argumente der sozialgeschichtlich-materialistischen Bibelinterpretation übernommen.[107]

2.7.1.2 Die restaurativen Evangelikalen

Der führende Mann dieser Bewegung ist der amerikanische Methodist Howard Snyder. Er ist zutiefst davon überzeugt, dass Gottes Handeln nicht nur den Kreis der Gläubigen betrifft, sondern sich auf die ganze Schöpfung erstreckt.[108] Die Gemeinde werde zur Heilung der Welt mithelfen, wenn sie wieder die urchristliche Form respektiere.[109]

---

105 zit. nach Das Manifest von Manila (1989), in: Evangelisation mit Leidenschaft. Berichte und Impulse vom II. Lausanner Kongress für Weltevangelisation in Manila, hg. v. H. Marquardt; U. Parzany, Neukirchen-Vluyn 1990, S. 337

106 Schnabel, E.J., Das Reich Gottes als Wirklichkeit und Hoffnung, S. 75

107 ebd., S. 76-78

108 ebd., S. 100

109 ebd., S. 101-102

Die Vertreter des »restoration movement« von England versuchen das neutestamentliche Gemeindebild wiederherzustellen. Sie sind überzeugt, dass wir heute in der Endzeit leben, die nach ihrem Verständnis von einer Ausgießung des Heiligen Geistes gekennzeichnet ist. Diese Ausgießung werde zur Aufrichtung der Königsherrschaft Gottes führen. Durch die Verwirklichung der Königsherrschaft Gottes erlange die Gemeinde den Zustand der Bereitschaft, der für die Rückkehr Jesu notwendig sei. Die Wiederherstellung der Urform der Gemeinde Jesu erfordere charismatische Gemeinden, die gemäß den Ordnungen und Regeln Gottes leben.

Das Besondere an den durch das »restoration movement« gegründeten Gemeinden ist die Forderung nach überörtlichen apostolischen und prophetischen Diensten. Gott manifestiere eben seine Herrschaft durch »delegierte Autoritäten«, die er als seine Instrumente erwähle und durch die er Autorität ausübe. Jeder, der zu einer solchen Gemeinde gehört, ist beauftragt, sein Leben einer »delegierten Autorität« zu unterstellen.[110]

> »Eine Gemeinde, die zum Königreich Gottes gehört, unterwirft sich einem Apostel sowie Propheten und Hirten. Die Apostel sind als ›theokratische Architekten des Königreiches‹ die Gott verantwortlichen Leiter der Gemeinde. Jeder steht unter der Autorität eines anderen: Frauen und Kinder unter der Autorität des Ehemannes und des Vaters, die Väter unter der Autorität der Gemeindeältesten, die Ältesten unter der Autorität von Aposteln und Propheten, die ihrerseits untereinander Verantwortlichkeit und Gehorsam praktizieren. Wer ›im Herrn‹ über einem anderen steht, hat das Recht, alle Lebensbereiche und Verhaltensweisen anzusprechen.«[111]

Mit Verweis auf Apg 3,21 und 15,16-18 sagt man, dass diese »kingdom churches« Teil der für die Endzeit verheißenen Wiederherstellung des Königreichs durch Gott seien.

---

110 ebd., S. 105-106

111 zit. nach ebd., S. 106-107

Besonders bedenklich erscheint mir am »restoration movement«, dass die Entscheidungskompetenzen der Gemeinde in unbiblischer Weise an Autoritäten außerhalb derselben abgegeben werden (Apostel, Propheten). Auch wird die Freiheit der Gläubigen, die ihnen durch die Innewohnung des Christus geschenkt ist, autoritär beschnitten. Die echte Bruderschaft unter den Gläubigen scheint somit gefährdet. Weiter spielt die umstrittene postmillennialistische Position in allen Überlegungen eine wichtige Rolle.

2.7.1.3 Die charismatischen Evangelikalen

Nach John Wimber ist Evangelisation erst dann in rechter Weise wirksam, wenn Gottes Reich durch Zeichen und Wunder sichtbar den Ungläubigen demonstriert wird. Gerade diese Erfahrung des göttlichen Reichs, die durch eine *imitatio Christi* (Nachahmung Christi, hier in Zeichen und Wundern) möglich werde, mache die Menschen bereit zu einer Entscheidung für Jesus.[112] Der Missiologe Peter Wagner sucht in vielen seiner Bücher aufzuzeigen, dass die Gemeinden weltweit dort am schnellsten wachsen, wo durch Zeichen und Wunder das Reich Gottes proklamiert wird.[113]

Dass Zeichen und Wunder nicht zwangsläufig zur Rettung von Menschen führen, zeigt u. a. die Erzählung von der Heilung der zehn Aussätzigen (Lk 17,11-19). Nur einer der zehn Geheilten wurde durch den Glauben an Jesus gerettet (Lk 17,19).[114]

Ich gebe weiter zu bedenken, dass das größte Zeichen und Wunder die Rettung eines verlorenen Menschen ist, der durch den

---

112 Wimber, J., Vollmächtige Evangelisation, Hochheim 1986, S. 56

113 Wagner, C. P., Gemeindegründung – Die Zukunft der Kirche, Mainz-Kastel 1990, S. 53-54; Wagner, C. P., Lektionen aus der weltweiten Erweckung. Geistliche Vollmacht im Gemeindeaufbau, Mainz-Kastel 1986, S. 96-101; Wagner, C. P., 9 Strategien für den Gemeindeaufbau. Schlüsselerkenntnisse der wirksamen Gemeinde- und Missionsarbeit, Frankfurt a. M. 1991, S. 197-199

114 Beyerhaus, P., Er sandte sein Wort, S. 567

Glauben an das Erlösungswerk Jesu ein neues, durch Jesus Christus verwandeltes Leben empfangen hat. Dieses veränderte Leben ist die primäre Quelle der Glaubwürdigkeit des Evangeliums (1. Thess 4,12; 1. Petr 2,12; 3,1-2).[115] Es gilt weiter zu beachten, dass der Glaube in erster Linie aus der Verkündigung des Evangeliums kommt (Röm 10,17) und nicht durch Zeichen und Wunder.[116]

2.7.2 Theologische Überlegungen im Blick auf die Entfaltung des Reiches Gottes

Jesus verkündigte immer wieder die Königsherrschaft der Himmel (Mt 13,11.24.31.44.45.47) oder die Königsherrschaft Gottes (Mk 1,15; Luk 17,21), die seit seinem Kommen auf dieser Erde angebrochen ist (Mt 12,28; Luk 17,21). Sein Erlösungswerk bildet die Grundlage zur Entfaltung der Basileia Gottes. Weil diese Entfaltung allein in Jesus möglich ist, verschob sich bei den Aposteln die Betonung vom Königreich auf den König selbst, auf Jesus Christus (Kol 1,13.14). Das Reich Gottes entfaltet sich in zwei Phasen:

2.7.2.1 Phase 1: die Entfaltung der Basileia Gottes

Es gibt heute zwei Bereiche der Basileia Gottes. Es gibt die für uns unsichtbare Königsherrschaft Gottes im Himmel und die begrenzt sichtbare Herrschaft auf dieser Erde.

- Die Basileia Gottes im Himmel zeigt sich darin, dass dort uneingeschränkt der Wille Gottes geschieht (Mt 6,10).
- Zugleich aber befindet sich die Basileia Gottes auch auf dieser Erde. Alle Menschen gehören zu ihr, die durch den Glauben an

115 Shenk, D. W.; Stutzman, E. R., Neue Gemeinden. Gemeindegründung im Neuen Testament und heute, Lörrach 1992, S. 87

116 Schnabel, E. J., Das Reich Gottes als Wirklichkeit und Hoffnung, S. 114

das Erlösungswerk Jesu aus dem Machtbereich Satans herausgerettet und in die Basileia Jesu Christi versetzt worden sind (Kol 1,13). In seiner Basileia wird er als König anerkannt (1. Tim 6,15). In ihr wird sein Wille ausgeführt. In ihr gelten seine moralischen Grundnormen, die dann eingehalten werden können, wenn man mit Hilfe des Heiligen Geistes lebt (Gal 5,16-26). Jeder, der zur Basileia Jesu gehört, muss lernen, sich selbst zu verleugnen (Mk 8,34-38). Er muss auch bereit sein, um Jesu willen Leiden, Verfolgung auf sich zu nehmen (Apg 14,22).

- Die Verwirklichung der Basileia Jesu Christi auf dieser Erde ist in dieser heilsgeschichtlichen Epoche identisch mit der Gemeinde (Ekklesia). Die Gemeinde ist also die sichtbare Gestalt des Reiches Gottes. Sie ist somit ein Zeichen für die Gegenwart des Reiches Gottes auf dieser Erde. Zugleich ist sie für alle, die zu ihr gehören, ein Angeld des kommenden Reiches Gottes, das nach der Wiederkunft Jesu im Millennium und dann in vollendeter Weise im neuen Himmel und der neuen Erde seine Entfaltung findet.[117] Liebe zur Gemeinde ist somit auch Liebe zur kommenden, umfassenden und vollendeten Herrschaft Gottes.[118]
- Der König Jesus Christus will, dass seine Basileia – seine Gemeinde – auf dieser Erde wächst. Er will alle gebrauchen, die zu seiner Gemeinde gehören, um dieses Reich zu bauen (Mt 6,33). Die Gleichnisse von den Arbeitern im Weinberg (Mt 20,1-16), von den Knechten mit den anvertrauten Talenten (Mt 25,14-30) und den anvertrauten Pfunden (Lk 19,11-27) verdeutlichen das. Er beauftragt sie, das Evangelium allen Völkern weiterzusagen (Mt 28,18.19). Dieser Auftrag wird kurz vor der Wiederkunft Jesu von seiner Gemeinde erfüllt sein (Mt 24,14; Mk 13,10).

117 Stott, J. R. W., Reich Gottes und Gemeinschaft, in: Das Himmelreich hat schon begonnen. Reich Gottes in unserer Zeit, hg. v. K. Runia; J. R. W. Stott, Wuppertal 1977, S. 46-47

118 Neufeld, A., Fatalismus als missionstheologisches Problem, S. 516

- Es gilt aber zu beachten, dass in dieser heilsgeschichtlichen Phase die Basileia Jesu in einem gewaltigen Machtkampf mit dem Machtbereich Satans steht (Eph 6,12.13; Kol 1,13; 1. Petr 5,8.9). Die Gemeinde muss diesen Kampf auf der Grundlage führen, dass Jesus gesiegt hat, und ihr Feind deshalb ein besiegter Feind ist. Die Bedrängnis, in welcher die Gemeinde steht, wird Gott zwar nicht plötzlich wegnehmen; nein, sie wird sich noch verschärfen (Mt 24,21). Jesus, der Herr der Gemeinde, bewahrt sie aber in dieser schweren Situation (Mt 24,13; Offb 3,10).[119] Der Kampf zwischen Gemeinde und Satan wird sich im kommenden antichristischen Reich bis aufs Äußerste zuspitzen. Der Antichrist wird die Gemeinde Jesu mit ganzer Kraft bekämpfen (Offb 13,7). Jesus wird dann durch die Entrückung seine Gemeinde aus dieser extremen Notsituation herausreißen und zu sich in den Himmel holen (Offb 7,14). Die schon verstorbenen Gläubigen werden auferstehen und die noch lebenden verwandelt werden (1. Kor 15,23.51-53; 1. Thess 4,13-17).[120] Nach der Entrückung wird das Gericht Gottes über diese Erde hereinbrechen (Offb 14,6-20; 15; 16).
- Die Bibel lehrt uns außerdem – sofern wir sie wörtlich und nicht allegorisierend auslegen – dass Jesus in Macht und Herrlichkeit für alle Menschen sichtbar auf diese Erde kommen (Offb 1,7; 19,11-18) und den Antichristen von seinem Thron stürzen wird (Offb 19,19-21).[121] Dann wird er seine Basileia in umfassender Weise für 1000 Jahre auf dieser Erde entfalten. In dieser neuen Zeit erwartet er von den Menschen die Anerkennung seiner Herrschaft.

---

119 Maier, G., Er wird kommen. Was die Bibel über die Wiederkunft Jesu sagt, Wuppertal; Zürich 1995, S. 36-39

120 Scheunemann, V., Licht am Horizont. Weltuntergang oder Weltvollendung – was geschieht mit uns? Neuhausen 1995², S. 49

121 Pentecost, J. D., Bibel und Zukunft. Untersuchung endzeitlicher Aussagen der Heiligen Schrift, Dillenburg 1993, S. 407-409

- Ganz Israel wird Jesus als Retter annehmen (Joel 3; Sach 12,10; Röm 11,26) und Gott wird mit ihnen einen neuen Bund schließen (Jer 31,31-34; Hes 36,26-27; Röm 11,27).[122]
- Der Teufel wird für 1000 Jahre im Abgrund gebunden (Offb 20,1-3) werden.
- Israel kommt dann die besondere Aufgabe der Missionierung der ganzen Welt zu (Sach 8,13.23). Auf diese Weise wird Israel für alle Völker der Erde zu einem großen Segen werden.[123] Durch die Erfüllung des Missionsauftrags wird es unter allen Völkern zu einer gewaltigen geistlichen Erweckung kommen (Röm 11,15). In Zef 3,9 wird uns gesagt, dass *»Gott den Völkern andere, reine Lippen geben wird, damit sie alle den Namen des Herrn anrufen und ihm einmütig dienen.«*
- Jesus wird in Gerechtigkeit von Jerusalem aus über alle Völker herrschen (Ps 2; Jes 2,3-4a; Sach 14,9).
- Durch seine gerechte Herrschaft wird dieser Erde der lang ersehnte Friede geschenkt (Jes 2,4) werden.
- Er wird auch den Fluch des Sündenfalls von der Natur und der Tierwelt wegnehmen (Röm 8,21-23; Jes 11,6-8).

---

122 E. J. Schnabel sucht in seinem Aufsatz »Die Gemeinde des Neuen Bundes in Kontinuität und Diskontinuität zur Gemeinde des Alten Bundes« aufzuzeigen, dass die Hermeneutik Jesu und der Apostel für die Vorstellung einer nationalen Wiederherstellung Israels keinen Platz habe (in: Israel in Geschichte und Gegenwart. Beiträge zur Geschichte Israels und zum jüdisch-christlichen Dialog, hg. v. G. Maier, Wuppertal; Gießen; Basel 1996, S. 202-207). Als einer, der die Hermeneutik Jesu und der Apostel ebenfalls ernst nimmt, gelange ich genau zur entgegengesetzten Überzeugung. In Lk 1,32.33.54.55; 2,11; Röm 11,26.27 ist von einer zukünftigen nationalen Wiederherstellung und geistlichen Erneuerung Israels durch Jesus Christus die Rede (vgl. Godet, F., Kommentar zu dem Evangelium des Lukas, Gießen; Basel 1986, S. 66.75-76; Godet, F., Kommentar zum Brief an die Römer, 2. Teil, Hannover 1893², S. 225-226). Eine sorgfältige Beschreibung der Wiederherstellung Israels macht D. Prince (vgl. Prince, D., Die Zukunft Israels und der Gemeinde, Solingen 1994², S. 39-41)

123 Pache, R., Die Wiederkunft Jesu Christi, Wuppertal 1968⁵, S. 312-313

Die verklärte Gemeinde Jesu, also die Gläubigen, die zur heutigen Basileia gehören, werden an der königlichen Herrschaft Jesu in dieser Zeit Anteil haben (Offb 2,26-28; 5,10).

Die Basileia Gottes wird aber selbst im 1000-jährigen Reich noch nicht vollendet sein. Menschen müssen noch sterben (Jes 11,4), und die Sünde ist noch nicht ausgerottet. Die Lebenserwartung wird außerordentlich hoch sein (Jes 65,20).[124] Schließlich wird am Ende dieser 1000 Jahre der Teufel noch einmal für kurze Zeit losgelassen (Offb 20,3.7). Es wird ihm gelingen, viele Menschen zur Auflehnung gegen die Herrschaft Jesu zu verführen (Offb 20,7-9). Nach diesem Aufstand des Teufels werden Himmel und Erde vergehen, und Jesus, der König aller Könige, wird das Weltgericht halten (Joh 5,22.27). An diesem Gericht rechnet Gott als Sieger von Golgatha endgültig ab mit dem Bösen, das durch den Sündenfall in die Welt kam. Alle Menschen werden auferstehen – außer denen, deren Leiber schon bei der Entrückung auferweckt oder verwandelt worden sind – und vor dem Richter Jesus Christus stehen (Offb 20,11-15). Die Sünder, deren Namen nicht im Buch des Lebens stehen, werden gerichtet werden und in den ewigen Feuersee geworfen – dies ist der zweite Tod (Offb 21,8). Diejenigen, deren Namen im Buch des Lebens stehen, werden zum ewigen Reich Gottes Zugang haben.

2.7.2.2 Phase 2: die Entfaltung des Reiches Gottes

Nach diesem Gericht schafft Gott einen neuen Himmel und eine neue Erde (Offb 21,1). Durch diesen Schöpfungsakt Gottes gibt es nur noch einen Bereich der Basileia Gottes. Der unsichtbare und der sichtbare Bereich des Reiches Gottes fallen zusammen. Erst hier kommt es zur uneingeschränkten Entfaltung der Basileia Gottes, weil hier die Folgen des Sündenfalls endgültig überwunden sein werden (Offb 21,4-8). Der Satan hat jegliche Einflussmöglichkeit verloren.

124 Maier, G., Er wird kommen, S. 55

Der dreieinige Gott ist uneingeschränkter Herr. Deshalb wird es kein Leid, keinen Schmerz und keinen Tod mehr geben (Offb 21, 4). Alle Menschen, die Jesus im Glauben als Retter angenommen haben, werden ihm dienen und mit ihm herrschen in alle Ewigkeit (Offb 22, 3 - 5).

Es fällt uns auf, dass sich die Basileia Gottes heilsgeschichtlich entfaltet.

In der jetzigen heilsgeschichtlichen Zeit geht es darum, möglichst viele Menschen aufgrund des Erlösungwerkes Jesu in die Königsherrschaft Gottes hineinzuführen. Diejenigen, die zur Königsherrschaft Gottes gehören, bilden die Gemeinde (Ekklesia), die sich in örtlichen Gemeinden zusammenfindet. In dieser heilsgeschichtlichen Epoche kommt es nur zu einer begrenzten Entfaltung des Reiches Gottes auf dieser Erde.[125]

In einer weiteren heilsgeschichtlichen Zeit (Millennium) bringt der auf diese Erde gekommene Christus selbst seine Königsherrschaft zu einer großen Entfaltung. Diese Königsherrschaft führt zu einem gewaltigen geistlichen Aufbruch. Zugleich werden die gesellschaftlichen, wirtschaftlichen, politischen, ökologischen Bereiche des Lebens von der Herrschaft Jesu geprägt sein.

Erst in der heilsgeschichtlichen Vollendung kommt auf der neuen Erde und im neuen Himmel das Reich Gottes zu seiner uneingeschränkten Entfaltung.

2.7.3 Auswirkungen dieser Überlegungen im Blick auf den Bau der Gemeinde

Nur wenn uns deutlich geworden ist, dass in unserer heilsgeschichtlichen Zeit die Basileia Gottes mit der Gemeinde (Ekklesia) identisch ist, ist uns klar, was die wichtigste Aufgabe der Gemeinde ist: nämlich den Menschen das Evangelium zu bringen. Es ist ihre vordringlichste

---

125 Peters, G. W., Gemeindewachstum, S. 57

Aufgabe, Menschen aufzufordern, Jesus als Retter anzunehmen. Ja, es ist Jesus selbst, der durch seine Gemeinde diesen Auftrag erfüllen will (2. Kor 5,20). Menschen, die Jesus als Retter angenommen haben, müssen dann in Gemeinden integriert werden. Kommen sie aus Regionen, in denen es noch keine Gemeinde gibt, ist es wichtig, dort Gemeinden zu gründen.

Die wichtigste Aufgabe in unserer heilsgeschichtlichen Epoche ist daher der Bau der Gemeinde Jesu. Nur durch sie wächst die Königsherrschaft Gottes auf dieser Erde und wird für die verlorenen Menschen sichtbar und erlebbar.[126]

Gerade im Ringen um verlorene Menschen hat auch der diakonische Dienst seinen Platz. Die Gemeinde hilft Menschen in ihren äußeren Bedürfnissen. Sie versucht in Spitälern, Kliniken, Altersheimen, Schulen usw. den Menschen in der Liebe Jesu zu dienen mit dem Ziel, sie für Jesus zu gewinnen.

Der evangelistische Auftrag wird ganz klar dem diakonischen übergeordnet.[127]

K. P. Yohannan sagt ganz treffend:

> »Die einzige Waffe, die wirkungsvoll den Kampf gegen Krankheit, Hunger, Ungerechtigkeit und Armut in Asien (in der ganzen Welt, A. M.) gewinnen wird, ist das Evangelium von Jesus Christus.«[128]

2.7.4 Auswirkungen dieser Überlegungen auf das Verhältnis der Gemeinde zu Gesellschaft und Staat

Die Gemeinde Jesu entfaltet sich in einem bestimmten gesellschaftlichen Umfeld (säkularisiert, heidnisch) und in einem vorgegebenen staatlichen Gebilde (von der Demokratie bis zur Diktatur).

---

126 Neufeld, A., Fatalismus als missionstheologisches Problem, S. 531

127 Wagner, C. P., 9 Strategien für den Gemeindebau, S. 107-116

128 zit. nach Yohannan, K. P., Weltmission auf neuen Wegen, eine ungeahnte Chance, Kreuzlingen 1994, S. 27

Um nun die Frage zu klären, wie sich die Gemeinde der Gesellschaft und dem Staat gegenüber zu verhalten hat, müssen wir folgendes beachten:

Jede Gemeinde bildet eine vom Heiligen Geist erneuerte Gemeinschaft, in der Jesus selbst in dieser gefallenen Welt anwesend ist (Joh 14, 15.18). Sie ist vom biblischen Weltbild geprägt und lebt bewusst nach den biblischen Werten (Nächstenliebe, Treue, Fleiß, Eigenverantwortlichkeit) und Normen (deren Grundlage die Zehn Gebote sind). Sie ist also eine Gemeinschaft mit einer biblischen Ethik. Zugleich hat sie ein von der Liebe geprägtes Sozialverhalten. Sie unterscheidet sich ganz klar von der sie umgebenden Gesellschaft, ohne sich aber abzukapseln.[129]

Je größer die Gemeinde Jesu in einem Volk ist, umso größer ist ihr Einfluss auf die sie umgebende Gesellschaft im sozialen, moralischen, wirtschaftlichen und kulturellen Bereich. Die Gemeinde wirkt als Salz, d. h. als eine erhaltende Kraft, in der Gesellschaft (Mt 5, 13-15).

- Durch die vielen Gläubigen haben die biblischen Normen, nach welchen die Gemeinden leben, Auswirkungen auf die Gesetzgebung (Abtreibung, Sexualstrafrecht, Gentechnologie usw.).
- Der Einfluss der Sünde wird zurückgedrängt (Pornografie, Hurerei usw.).
- Auch das Verhalten der Menschen zueinander wird mitgeprägt (Ehrlichkeit, Korrektheit, freundlicher Umgang usw.).
- Lernbereitschaft und Arbeitsmoral werden wesentlich verändert (Behebung des sozialen Elends). Die Arbeit wird als göttliche Ordnung bejaht (1. Mose 2, 15). Dies wirkt sich im wirtschaftlichen Bereich positiv aus.[130]

---

129 Kopfermann, W., Gemeinde Jesu als Kontrastgesellschaft, in: Eine ganze Nation gewinnen. Strategie-Konferenz für Evangelisation und Gemeindemultiplikation, 24.-27. Mai 1992, Zürich, Buchs 1992, S. 62

130 Huntemann, G., Gottes Gebot oder Chaos – was bringt Europas Zukunft? Der politische Auftrag des Christen in der sogenannten Wendezeit, Lahr-Dinglingen 1992, S. 136-138.

Die Gemeinde betet für die Regierung des Landes, in dem sie sich befindet (1. Tim 2, 2); sie ist bereit, ihre Anordnungen zu beachten, denn sie geht davon aus, dass der Staat als Institution von Gott gewollt ist, ja, dass die Regierenden letztlich von Gott selbst eingesetzt sind (Röm 13, 1-7; 1. Petr 2, 13.14).

Die Gemeinde unterstützt den Staat in seinem Anliegen, das Böse zu bekämpfen, denn Gott selbst hat der Obrigkeit diesen Auftrag gegeben (Röm 13, 4.5). Sie geht davon aus, dass der Staat die Zehn Gebote als Grundordnungen ernst nehmen muss, um in rechter Weise zwischen Gut und Böse unterscheiden zu können (Spr 14, 34).[131]

Der Staat wird in der Bibel nirgendwo als Theokratie gesehen, wie Thomas Schirrmacher dies meint, außer beim Volk Israel.[132] Der Staat wird als eine von Gott gewollte Institution betrachtet, die aber bis zur Wiederkunft Jesu vom Sündenfall gezeichnet bleibt. Deshalb ist die Gemeinde beauftragt, für die Regierenden zu beten (1. Tim 2, 1-3) und sie an die Verantwortung zu erinnern, die sie vor Gott haben. Gerade weil die Regierenden als Sünder zum Machtmissbrauch neigen, befürwortet die Gemeinde innerhalb des Staates die Gewaltentrennung und die Gewaltenteilung.[133]

– Die Gemeinde hilft dem Staat bei der Erfüllung seiner sozialen Aufgaben, sei es in der Betreuung von Drogensüchtigen, Behinderten, Asylsuchenden usw., weil sie die Nächstenliebe auslebt.

Wie groß die Veränderungen im gesellschaftlichen Bereich durch das Leben der Gläubigen sein können, wird in der durch John Wesley ausgelösten Erweckung in England sichtbar. Dadurch, dass sich in England viele Menschen im Glauben Jesus zugewandt haben, kam es zur Abschaffung des Sklavenhandels, der Sklaverei und der Kinderarbeit in den Fabriken. Es kam auch zu einer Gefängnisreform, und erste Sozialgesetze, welche z. B. die Arbeitszeit in den Fabriken begrenzten, wurden ausgearbeitet. Vgl. Lean, G., John Wesley – Modell einer Revolution ohne Gewalt, Gießen; Basel 1974³, S. 125-140.

131 Schirrmacher, Th., Ethik 2, Neuhausen-Stuttgart 1994, S. 806-813

132 ebd. S. 819-822

133 ebd., S. 838

- Sie tritt im Staat für Glaubens- und Gewissensfreiheit ein.[134]
- Sie fördert in einem Staat in Konfliktsituationen die Bereitschaft, den Frieden zu suchen, da sie die Feindesliebe praktiziert (Röm 12, 17-21).
- Sie setzt sich auch dafür ein, dass der Staat keine ethnische Gruppe unrechtmäßig unterdrückt.

Durch die Ausbreitung der Gemeinde Jesu in einem Volk kommt es in der Gesellschaft im sozialen, moralischen, wirtschaftlichen und kulturellen Bereich zu Veränderungen,[135] die schließlich zu gerechteren staatlichen Strukturen führen können.

Obwohl die Gemeinde ernst nimmt, dass sie als *»kleine Herde«* (Lk 12, 32) in einer vom Sündenfall geprägten Welt lebt, hilft sie ihren Möglichkeiten entsprechend in der Regierung mit, sofern dies überhaupt möglich ist. In den Demokratien nimmt sie diese Verantwortung in der Regierung durch gewählte Abgeordnete wahr. Diese Abgeordneten versuchen anhand der Zehn Gebote, sich für göttliche Normen einzusetzen im Sinne von *»Gerechtigkeit erhöht eine Nation, aber Sünde ist die Schande der Völker«* (Spr 14, 34). Gerade wenn sie sich bemühen, den Forderungen der biblischen Gebote in der Gesetzgebung Nachachtung zu verschaffen, müssen sie in unserer pluralistischen Gesellschaft bereit sein, Diffamierungen zu ertragen.[136]

Zugleich mahnt die Gemeinde als Ganzes die Regierenden eines Landes immer wieder, die Grundordnungen Gottes – die Zehn Gebote – ernst zu nehmen. Sie fordert konkret den Schutz für das ungeborene Leben. Sie erwartet vom Staat die Festigung von Ehe und Familie. Sie ist gegen die Duldung von rechtsfreien Räumen in den Großstädten.[137] Sie verlangt weiter, dass er das Eigentum des Einzel-

---

134 Schwarz, Ch. A., Die Dritte Reformation, S. 232

135 Schnabel, E. J., Die Gemeinde des Neuen Bundes, S. 22

136 Huntemann, G., Biblisches Ethos im Zeitalter der Moralrevolution, Neuhausen-Stuttgart 1995, S. 552

137 Huntemann, G., Gottes Gebot oder Chaos, S. 44

nen schützt. Sie erwartet auch, dass der Staat dem gesetzten Recht Beachtung verschafft und Rechtsbrecher bestraft.[138] Pluralismus in ethischen Fragen führt schließlich zum Zerfall des Staates, deshalb tun sich Gläubige in einem weltanschaulich neutralen Staat sehr schwer.[139]

Wenn der Staat die Gläubigen zwingt, Gottes Anordnungen zu übertreten, verweigern sie ihm den Gehorsam. Dies gilt auch dann, wenn sie sich veranlasst sehen, das Recht anderer Menschen vor seiner Willkür zu schützen.[140] Sie werden sich aber nicht mit Gewalt gegen den Staat wehren, weil sie Gott die Rache und Vergeltung überlassen (Röm 12, 19).

Die Gemeinde strebt keinen »christlichen Staat« an. Sie hält vielmehr an einer Trennung Gemeinde – Staat fest. Einerseits hilft sie dem Staat und sucht sein Wertebewusstsein von der Bibel her zu prägen. Andererseits will sie nicht, dass der Staat in innergemeindlichen Angelegenheiten mitredet. Hier ist die Gemeinde allein Jesus und seinem Wort gegenüber verantwortlich (Apg 5, 29). Das Ausleben und die Weitergabe des Evangeliums ist an Liebe und Freiwilligkeit gebunden und ist somit durch und durch gewaltfrei.[141]

Die Gemeinde wünscht überhaupt, dass der Staat nicht nur der Gemeinde, sondern auch der Familie und der Wirtschaft die nötigen Freiräume gewährt, damit eine größere Eigenverantwortlichkeit gefördert werden kann.

Gesellschaft und Staat sind in unserer heilsgeschichtlichen Epoche Nutznießer der Basileia Gottes, die in der Gemeinde Jesu auf dieser Erde gegenwärtig ist, doch gehören sie selbst nicht dazu. Erst der auf diese Erde wiederkommende Jesus Christus wird im gesellschaft-

138 ebd., S. 110

139 Schirrmacher, Th., Ethik 2, S. 817

140 ebd., S. 790

141 Walker, R., Evangelium ist nicht Politik. Kritische Überlegungen zur politischen Theologie, Neuhausen-Stuttgart 1994, S. 34

lichen und staatlichen Bereich beim Anbruch des 1000-jährigen Reiches eine umfassende Veränderung herbeiführen. Er wird als gerechter Herrscher (Jes 11,5) die Menschheit zum Frieden führen (Jes 2,3.4). Erst unter ihm gehören Staat und Basileia Gottes zusammen. Erst dann wird es zu einer Theokratie, zu einer Gottesherrschaft kommen.

Die Gemeinde sieht es heute als ihre Hauptaufgabe an, Menschen zum Retter Jesus Christus hinzuführen und die Geretteten in Gemeinden zu sammeln, denn nur so kann der Gesellschaft im sozialen, moralischen und auch im wirtschaftlichen Bereich geholfen werden. Dadurch wird auch der Staat innerlich gefestigt und kann vor dem Zerfall bewahrt werden. Wenn die Gemeinde ihren eigentlichen Auftrag versäumt, nämlich Menschen für Jesus zu gewinnen, zerbrechen die gesellschaftlichen und staatlichen Strukturen durch das sündige Verhalten der Menschen. Die Regierenden gehen immer mehr – statt von letzten Werten und Normen – von einem Wertepluralismus aus. Dadurch wird die ganze Politik konzeptions- und orientierungslos. Dies führt zu einer inneren Auflösung von Staat und Gesellschaft.[142] Dieser zerstörerische Zerfall kann dann auch nicht mehr von gläubigen Persönlichkeiten aufgehalten werden, die sich mit aller Kraft für die biblischen Grundordnungen in der Politik einsetzen. Eine säkularisierte oder neuheidnische Gesellschaft lässt sich keine biblischen Werte und Normen aufzwingen.[143] Der Zerfall in der Gesellschaft und in der Politik fordert von den Gemeinden vielmehr ein verstärktes evangelistisches Engagement und das Gründen vieler neuen Gemeinden. Thomas Schirrmacher sagt ganz richtig, dass eine wirkliche Veränderung der Gesellschaft und damit des Staates nur dann möglich ist, wenn die Gemeinde Jesu den Missionsbefehl erfüllt.[144]

142 Huntemann, G., Biblisches Ethos, S. 541-542
143 Schirrmacher, Th., Ethik 2, S. 887
144 ebd., S. 887

Diese evangelistischen Anstrengungen erfordern von der Gemeinde in unserer pluralistischen Zeit eine größere Leidensbereitschaft. Sie muss bereit sein, Verachtung, Ausgrenzung und Verleumdung auf sich zu nehmen.

2.8 Die Gemeinde Jesu im Einflussbereich unserer Zeit

Die Gemeinde Jesu ist immer den Herausforderungen ihrer Zeit ausgesetzt. Wichtig ist, dass sie die Menschen ihrer Zeit mit dem Evangelium erreicht und nicht an der Denk- und Verhaltensweise ihrer Zeit zu Grunde geht (Röm 12, 2).

2.8.1 Die Wesensmerkmale unserer Zeit

Eines der wohl wichtigsten Wesensmerkmale unserer Zeit ist, dass man einen Gott, der auf die Menschheit Einfluss nimmt – ja, vor dem sich die Menschen sogar zu verantworten haben – ablehnt. Der Mensch soll nur noch sich selbst verantwortlich sein. Von der Aufklärung herkommend glaubt man an die Autonomie des Menschen, der mit Hilfe des kritischen Denkens alles ergründen könne. Man glaubt nach wie vor, dass der Mensch mit Hilfe seines Verstandes alles in den Griff bekommen werde. Dabei lässt man außer Acht, dass es nur dann möglich ist, Vorgegebenes kritisch zu hinterfragen, wenn man von Nicht-Hinterfragbarem ausgeht. Die heutige Kritik wagt nun auch dieses Nicht-Hinterfragbare in Frage zu stellen und zerstört damit, ohne es zu merken, die Grundlagen zu einem kritischen Denken.

Der autonome Mensch hat mit Hilfe der Kritik eine entleerte, sinnlose Welt ohne Werte hervorgebracht, die keine Zukunft mehr hat.[145]

---

145 Newbigin, L., Salz der Erde. Fragen an die Kirchen heute, Neukirchen-Vluyn 1985, S. 35-39

Europa steckt heute in einer tiefen Sinnkrise. Folgende Entwicklungen lassen sich beobachten:

- Mit Hilfe der Emanzipationsbewegung, die sich nach dem zweiten Weltkrieg voll entfaltet hat, suchte man diese Sinnkrise zu überwinden. Der Mensch drängte dahin, sich endlich von allen Bindungen zu befreien, die zum Teil von Gott her legitimiert wurden. Über die emanzipatorische Pädagogik haben sich die Gedanken dieser Bewegung in den letzten 30 Jahren in fast allen Lebensbereichen durchgesetzt. Niemand ist heute bereit, sich ohne weiteres in bestehende Ordnungen einzufügen. Frauen wehren sich gegen die angebliche Unterdrückung durch die Männer. Jugendliche rebellieren gegen ihre Eltern und Lehrer. Arbeitnehmer fühlen sich am Arbeitsplatz unterdrückt und ausgebeutet. In Politik und Wirtschaft wird mehr Mitbestimmung gefordert. Der Individualismus wird immer stärker. Freiheit und Unabhängigkeit werden als die höchsten Werte des Lebens betrachtet.[146] Dies führt in unserer Gesellschaft zu einem hedonistischen Verhalten des Einzelnen.[147] Eine Folge davon ist der moralische Zerfall, der ständig fortschreitet und zur Liberalisierung der Abtreibung, der Abwertung der Ehe und zur Aufwertung nichtehelicher Partnerschaften führt. Die Grundwerte und -normen der Gesellschaft zerfallen immer mehr.
- Gerade dieser Zerfall der Grundwerte und -normen führt zu einer pluralistischen Gesellschaft. Viele gesellschaftliche Gruppen, Organisationen, Parteien und Interessenverbände sind am Prozess der Meinungsbildung innerhalb des Staates beteiligt. Darüber hinaus versucht eine Vielzahl von Weltanschauungen, Religionen und Moralvorstellungen die Menschen zu beeinflussen. Dieser Pluralismus ermöglicht einerseits eine Vielfalt in der Gestaltung des eigenen Lebens, andererseits erschwert er eine Inte-

146 Miegel, M.,; Wahl, S., Das Ende des Individualismus. Die Kultur des Westens zerstört sich selbst, Bonn 1994², S. 53-54

147 Hempelmann, H. P., Gemeindegründung, S. 20

gration in die bestehende Gesellschaft. Es kommt dadurch zu Verwahrlosung unter der heranwachsenden Jugend (Drogensucht, Kriminalität, Ausbreitung von Aids).

Der Verlust der Werte und Normen innerhalb der Gesellschaft erschwert auch die Identitätsfindung der Heranwachsenden, denn Identität entsteht in der Auseinandersetzung mit Normen und Grenzen.[148] Dazu kommt, dass jeder, der eine feste Überzeugung hat und diese öffentlich vertritt, als »Fundamentalist« gebrandmarkt und ausgegrenzt wird. Relativismus ist das Grunddogma des Pluralismus.[149] Alle Auffassungen und Ansichten sind gleich gültig, da man eine letzte Wahrheit bewusst ablehnt. Dadurch wird in unserer Gesellschaft alles gleichgültig.[150]

- Der Pluralismus fördert die Säkularisierung der Gesellschaft und die Ausbreitung der materialistischen Lebensweise. Der Einfluss des christlichen Glaubens wird durch das Mehrheitsprinzip zurückgedrängt. Christliche Werte sind in einer pluralistischen Gesellschaft in der Regel nicht mehrheitsfähig. Die Gläubigen sind eine Gruppe unter vielen.

  Weil die christlichen Werte aus unserer Gesellschaft verdrängt werden, drängen materielle Werte – das Leistungs- und Karrieredenken – in diese Lücke. Dadurch entsteht ein religiöses Vakuum. Ideologien, Sekten, esoterische und okkulte Praktiken suchen diese Leere zu füllen.[151]
- Es kommt in unserer Gesellschaft durch die verschiedenen Medien zu einer Informationsflut, die nicht mehr verarbeitet werden kann. Es besteht die akute Gefahr der Manipulation.
- Der starke Einfluss der Medien verstärkt bei der heranwachsenden Generation die Konsumhaltung und Passivität und schafft

148 Velten, D., Herausforderung für die christliche Erziehung in Europa, in: Informationsbrief. Arbeitsgemeinschaft für Schulen auf biblischer Basis, Nr. 24/1992, S. 17-18

149 Bittner, W. J., Kirche wo bist Du? S. 36

150 Hempelmann, H. P., Gemeindegründung, S. 23

151 Velten, D., Herausforderung für die christliche Erziehung in Europa, S. 20

Defizite in der Phantasie und der Denkentwicklung. Es kommt zu einer Verschiebung von Wahrheit hin zum Gefühl, vom Überzeugtwerden hin zu oberflächlicher Sentimentalität.
– Der technische Fortschritt hat in Europa schließlich dazu geführt, dass die freie Zeit die Arbeitszeit schon bald überholt. Damit stellt sich das Problem der Freizeitgestaltung. Es gibt heute ganze Wirtschaftszweige, die sich für die Organisation der Freizeit einsetzen. Somit ist freie Zeit nicht Zeit, die man selbstständig kreativ ausfüllt.

2.8.2 Die Beeinflussung der Gemeinde Jesu

Die Wesensmerkmale unserer Zeit haben leider die Gemeinde Jesu in der westlichen Welt stark beeinflusst.
– Vom emanzipatorischen Denken herkommend tun sich viele Gemeindeglieder schwer, die Bibel als letztgültigen Maßstab in ihrem Leben ernst zu nehmen. Deshalb erleben sie auch nicht mehr die Kraft des göttlichen Wortes.[152]
Es kommt auf Grund dieses Denkens auch zu Problemen im ethischen Bereich: Immer mehr Jugendliche erlauben sich voreheliche Geschlechtsverkehr. Das Konkubinat wird da und dort schon in Gemeinden geduldet. Die Ehe kommt selbst in bibeltreuen Gemeinden immer mehr unter Druck.
– Frauen beginnen in der Gemeinde Dienste auszuführen (Predigerin, Älteste), die von der Schrift her den Männern vorbehalten sind (siehe 3.1.3.2 und 3.1.3.9).
– In der Seelsorge wird die biblische Ethik immer mehr von der Situationsethik zur Seite gedrängt. Man geht so stark auf die Situation des Einzelnen ein, dass man nicht mehr wagt, den verbindlichen Aussagen des Wortes Gottes Beachtung zu verschaffen.

---

152 Schaeffer, F. A., Die große Anpassung. Der Zeitgeist und die Evangelikalen, Asslar 1988, S. 63

- Der zunehmende Individualismus zeigt sich darin, dass Einzelne den Glauben ausschließlich ihrer Überzeugung entsprechend leben wollen; niemand soll ihnen reinreden. Sie bleiben unverbindliche Beobachter und Zuschauer in der Gemeinde.[153]
- Viele Gemeindeglieder kümmern sich, wie die übrigen säkularisierten Menschen, nur um materielle Dinge. Sie investieren ihre ganze Kraft in den Beruf und in die Karriere. Sie sind nicht bereit, einen Teil ihres Geldes für den Bau der Gemeinde Jesu einzusetzen. Sie scheinen vergessen zu haben, dass sie von all dem, was sie erarbeiten, nichts mitnehmen können, wenn sie sterben (Hi 1,21; Pred 5,14).
- In den Familien, die zur Gemeinde gehören, ist der Einfluss der Medien – vor allem des Fernsehers – immer stärker zu spüren. So wie man die Fernsehsendungen konsumiert, konsumiert man auch die Gottesdienste und die Bibelstunden. Man häuft sich biblisches Wissen an, das aber nicht mehr zur Tat wird.[154] Man ist nicht mehr bereit, kreativ in der Gemeinde mitzuarbeiten. Vielmehr fragt man sich, was die Gemeinde bietet, welchen Nutzen man von ihr hat.[155]
- An Stelle der Vermittlung grundlegender biblischer Wahrheiten sucht man in den Gottesdiensten ein Gefühlserlebnis. Natürlich sollen wir auch dem Gefühl in unseren Gottesdiensten Beachtung schenken, doch dürfen sich niemals bestimmte Gefühlserlebnisse in den Vordergrund drängen. Ein gefühlsbetonter Glaube wird Anfechtungen und Irrlehren nicht standhalten.[156]

Diese Einflüsse erschweren das Zusammenleben in der Gemeinde und rauben ihr die Kraft, den Evangelisations- und Missionsauftrag

---

153 Holthaus, S., Trends in den 90ern. Eine Analyse unserer Zeit, in: Bibel und Gemeinde, Zeitschrift des Bibelbundes, Reiskirchen Nr. 4/1996, S. 291

154 Guinness, O., Mission angesichts der modernen Welt, in: Evangelisation mit Leidenschaft, S. 160

155 Knöppel, K. H., Wozu ist Gemeinde gut? S. 60

156 Holthaus, S., Trends in den 90ern, S. 300

in dieser Welt zu erfüllen; so verliert die Gemeinde auch ihre Glaubwürdigkeit vor der Welt. Sie ist nur noch eine Institution, in welcher das Wirken des Heiligen Geistes zunehmend abnimmt oder bereits fehlt.

2.8.3 Wie kann die Gemeinde diese Einflüsse überwinden?

Es ist im Blick auf das Wesen und den Auftrag der Gemeinde dringend nötig, dass sie diese falschen Zeiteinflüsse überwindet. Os Guinness fordert die Gemeinde auf, dort für Erneuerung zu sorgen, wo der Einfluss der Moderne bereits Schaden angerichtet hat.[157] Dies ist nur durch Buße möglich.

Es scheint mir nötig darauf hinzuweisen, dass die Gemeinde sich nicht durch Abkapselung vor den Einflüssen der Zeit schützen kann. Abkapselung zerstört die Gemeinde genauso wie falsche Offenheit.[158]

– Der größte Schutz der Gemeinde vor den Einflüssen unserer Zeit besteht darin, dass sie in allen ihren Überlegungen von der ewiggültigen Offenbarung Gottes, der Bibel, ausgeht. Nicht der Verstand des Menschen, auch nicht seine Erfahrungen oder seine Gefühle, sondern allein das Wort Gottes vermag der Gemeinde einen festen Halt und eine klare Ausrichtung im Blick auf die Zukunft zu geben. Durch das Vertrauen in dieses Wort – und gerade nicht durch Kritik an demselben – gelangt die Gemeinde zum Verstehen unserer Zeit und zu dem, was Gott von ihr in dieser Zeit will.[159]
– Weiter soll die Gemeinde einen engen Umgang pflegen mit Jesus,

157 Guinness, O., Mission angesichts der modernen Welt, S. 167
158 Petersen, J., Der lebende Beweis. Evangelisation ein Lebensstil, Marburg a. d. Lahn 1991, S. 67-68
159 Newbigin, L., Salz der Erde, S. 42

der die Mitte des göttlichen Wortes und ihr Retter und Haupt ist. Dieser enge Umgang mit Jesus ist dann gegeben, wenn die ganze Gemeinde auf das Wort ihres Herrn, auf die Bibel hört. Dazu ist es nötig, dass die einzelnen Gemeindeglieder und die Ehepaare treu ihre Bibel lesen. Die Familien sollen motiviert werden, sich in Familienandachten mit diesem Wort zu beschäftigen. In den Predigten, Bibelstunden, in der Jugendgruppe, in allen Arbeitsgruppen lässt man Jesus, den Herrn der Gemeinde, zu Worte kommen.

Die Gemeinde gibt im Gebet Antwort auf das, was ihr Jesus sagt. Eine Gemeinde, die das gemeinsame Gebet pflegt, lebt in der Gegenwart Jesu (Hebr 4,16). Dieses Ausgerichtetsein auf Jesus hat auf das Leben einer Gemeinde entscheidende Auswirkungen:

– Grundsätzlich ist die Gemeinde bereit zu tun, was Jesus sagt (Mt 7,24-27).
– Wegen dieser Bereitschaft hat die Gemeinde ein Nein zur Sünde (Röm 6,11). Die Anwendung des göttlichen Wortes verändert das Leben der einzelnen Gemeindeglieder, der Ehen und Familien. Die ganze Gemeinde wird von Jesus her verändert. Nicht mehr die Wesensmerkmale der Zeit, sondern die biblischen Wertmaßstäbe prägen das Zusammenleben in der Gemeinde (Röm 12,1.2). Alle Glieder stellen wieder den Bau des Reiches Gottes, der Gemeinde, an die erste Stelle ihres Lebens und nicht die materiellen Dinge (Mt 6,33). Der Besitz wird für die Ausbreitung der Gemeinde auf dieser Erde eingesetzt. Jedes Gemeindeglied setzt sein Geld freigebig für die Entfaltung der Gemeinde, die es besucht und für die Mission ein. Harry Müller formuliert ganz treffend:

»Freigebigkeit ist das Gegenmittel zum Materialismus. Jedesmal, wenn ich mich überwinde, etwas wegzugeben, löse ich mich vom Griff der Habgier.«[160]

---

160 zit. nach Müller, H., Gemeinde im Umbruch, S. 301

- Wenn jedes Gemeindeglied bereit ist, das göttliche Wort zu leben, suchen die Glieder einander mit ihren von Gott geschenkten Gaben zu dienen (1. Petr 4, 10). Man wird nicht nur die Angebote der Gemeinde mit guten oder schlechten Beurteilungen versehen und konsumieren. An die Stelle des Konsumierens tritt das Dienen.
- Weil das Wort Gottes in der Gemeinde zur Tat wird, kommt dem evangelistischen und missionarischen Auftrag ganz neu eine große Bedeutung zu. Es ist nicht mehr so, dass die Einflüsse unserer Zeit die Gemeinde nach und nach zerstören. Vielmehr wird die Gesellschaft durch die Botschaft des Evangeliums verändert. Die Menschen unserer »postmodernen« Zeit werden zu ihrem Retter Jesus Christus geführt. Diese Begegnung mit Jesus verändert ihr Leben und dadurch ein Stück weit auch die Gesellschaft.
- Diese bewusste Ausrichtung auf Jesus weckt in der Gemeinde auch eine Haltung der Erwartung seines Kommens. Dies hat zur Folge, dass einzelne Gläubige, aber auch die Gemeinde als Ganzes, die Prioritäten des Lebens in Ausrichtung auf die Ewigkeit richtig setzt. Die Prioritäten werden also im Leben der Gläubigen nicht vom Zeitgeist, sondern von Jesus bestimmt.

Es ist heute in Westeuropa ein dringendes Bedürfnis, dass Gemeinden wieder solche werden, die einen starken Einfluss im Sinne des Wortes Gottes ausüben und nicht solche bleiben, die vor allem beeinflusst werden.

2.8.4 Chancen für die Gemeinde in unserer Zeit[161]

Es wäre falsch, unsere Zeit nur negativ zu beurteilen und deshalb eine vorrangig defensive Haltung einzunehmen. Gerade im Blick auf den

161 Hempelmann, H. P., Gemeindegründung, S. 29-34

evangelistischen Auftrag der Gemeinde hat unsere Zeit – wie jede andere vorher auch – ihre besonderen Chancen.

– Die Menschen sind heute nach dem stark rationalistischen Denken der »Moderne« wieder offen für das Übernatürliche. Sie wissen um die begrenzten Möglichkeiten des Denkens und sind deshalb erneut von der Frage nach dem Übernatürlichen, eigentlich nach Gott, umgetrieben.
  Sie sind somit durchaus bereit, auf die Botschaft des Evangeliums zu hören. In dieser Botschaft geht es ja darum, dem Menschen aufzuzeigen, dass er nicht in der Lage ist, sich selbst zu helfen, sondern dass er allein durch das Handeln Gottes im Erlösungswerk Jesu Christi zur Rettung gelangen kann. Diesen Grundgedanken des Evangeliums kann der heutige Mensch durchaus verstehen.
– Der postmoderne Mensch sucht nicht nach neuen Lehrgebäuden im Blick auf die Lebensbewältigung, sondern er schaut sich nach Vorbildern um. Er sehnt sich nach einem ganzheitlichen Lebenskonzept, das alle Lebensbereiche mit berücksichtigt.
  Diese Sehnsucht des heutigen Menschen ist für uns, die wir Jesus als persönlichen Retter angenommen haben, eine gewaltige Chance. Wir kennen doch dadurch, dass Jesus in uns wohnt, dieses ganzheitliche Leben! Unser persönliches, alltägliches Leben, das Ehe- und Familienleben, die Tätigkeiten im Beruf und die Gestaltung der Freizeit bilden in der Ausrichtung auf Jesus und sein Wort eine Einheit. Dies merken die Menschen, die mit uns zusammenleben. Wir sind doch durch Jesus in der Lage, unseren Mitmenschen mit Liebe zu begegnen, was in einem rücksichtsvollen und helfenden Verhalten sichtbar wird. Jesus will uns bereit machen, ihnen ganz praktisch in den verschiedenen Notsituationen des Lebens zu helfen; dies wird in diakonischen Hilfeleistungen sichtbar. Dieses echte, ganzheitliche Leben der Gläubigen, das sich in Liebe dem Nächsten zuwendet, vermag die Menschen unserer Zeit von der Wahrheit des Evangeliums zu überzeugen.

- In der Verunsicherung und Orientierungslosigkeit unserer Zeit suchen die Menschen nach echten tragenden Werten und Normen. Sie wünschen letzte verbindliche Maßstäbe, nach denen sie ihr Leben ausrichten können. Sie sehnen sich nach einem Halt.[162] Diesen Halt haben wir Gläubige durch die persönliche Beziehung zu Jesus. Aus dieser Beziehung wächst die Bereitschaft, unser Leben nach den in der Bibel vorgegebenen Werten und Normen zu leben. Wir bejahen eine lebenslange Ehe, die von der Liebe getragen wird. Wir arbeiten an einem harmonischen Familienleben und vermitteln unseren heranwachsenden Kindern die biblischen Werte und Normen. Auch verzichten wir auf unnötige Konsumgüter und gehen verantwortungsvoll mit den Medien um. Wir haben ein Nein zur Abtreibung von Kindern und zur Homosexualität. Wenn sich das Leben der Gläubigen an biblischen Maßstäben orientiert, wirkt es für die Menschen von heute anziehend. Sie suchen deshalb unsere Nähe. Wenn wir unsererseits ihre Nähe suchen, können wir sie mit Liebe und Einfühlungsvermögen zu Gott führen, der diese Werte und Normen gegeben hat.
- Der durch den Pluralismus verunsicherte Mensch sucht in dieser Welt nach Geborgenheit und echter Gemeinschaft.
  Genau dies ist in Gemeinden zu finden, zu denen bekehrte und wieder geborene Menschen gehören, die in der Heiligung leben. Ihre Gottesdienste und Hauskreise sind von gegenseitiger Liebe geprägt, so dass sich die Menschen unserer Zeit wohl fühlen. In dieser Atmosphäre des Angenommenseins können sie zu einer persönlichen Beziehung zu Jesus geführt werden, der ihnen eine letzte Geborgenheit schenken kann. Weil sich in Europa überall entwurzelte und suchende Menschen finden, sollen wir Gemeinden gründen in Gegenden, in denen es noch keine gibt. Gerade in kleinen, überschaubaren Gruppen (die solche neugegründeten Gemeinden oft darstellen) finden die Menschen unserer Zeit eine

162 Holthaus, S., Trends in den 90ern, S. 302

tragende Gemeinschaft, in der sie nach und nach zum letzten Halt in Jesus geführt werden können. Sie finden durch die persönliche Beziehung zu Jesus und durch die Gemeinschaft mit den anderen Gläubigen zu der Geborgenheit, die sie gesucht haben.

Wir sehen, dass gerade unsere Zeit viele Chancen bietet, die wir noch viel mehr evangelistisch nutzen sollten. Die Gemeinde könnte zu einer großen Herausforderung für die Menschen unserer Zeit werden.[163]

Nachdem wir uns mit dem Wesen der Gemeinde in seinen Grundzügen beschäftigt haben, wenden wir uns den Fragen des Gemeindebaus zu.

Weiterführende Literatur

Gassmann, L., Evangelische Kirche wohin? Ein Ruf zur Besinnung und Umkehr, Uhldingen 1995

Hempelmann, H.P., Gemeindegründung. Perspektive für eine Kirche von morgen? Gießen; Basel 1996

Kuen, A., Gemeinde nach Gottes Bauplan, Frutigen 1975

Miegel, M.; Wahl, S., Das Ende des Individualismus. Die Kultur des Westens zerstört sich selbst, Bonn 1994²

Schnabel, E.J., Das Reich Gottes als Wirklichkeit und Hoffnung, Wuppertal; Zürich 1993

Stadelmann, H., Grundlinien eines bibeltreuen Schriftverständnisses, Wuppertal 1985

163 Weyel, H., So stell' ich mir Gemeinde vor, S. 267

3. Der Gemeindeaufbau

Jesus hatte den Heiligen Geist gesandt und damit die Gemeinde ins Dasein gerufen; unter der Führung des Geistes erkannten die Apostel die Notwendigkeit, dass die Gemeinde bestimmte Strukturen und Ordnungen braucht, um ihren göttlichen Auftrag in dieser Welt erfüllen zu können.

Ich versuche nun in diesem Kapitel aufzuzeigen, wie die im NT vorgegebenen Gemeindestrukturen und -ordnungen, die für alle Zeiten gültig sind, heute verwirklicht werden können. Ihre Umsetzung kann nur dann in rechter Weise geschehen, wenn wir uns vom Heiligen Geist leiten lassen. Dies geschieht in erster Linie durch das Gebet, dann auch durch die Berücksichtigung der Schriften verschiedener Glaubensväter[164] und bahnbrechender Missionare und schließlich durch das Gespräch mit anderen Gläubigen. So macht uns der Heilige Geist klar, wie wir heute gewisse ekklesiologische Aussagen praktisch umsetzen können.

3.1 Die Strukturen der Gemeinde

Unter diesem ersten Punkt geht es mir darum, die Grundstrukturen einer neutestamentlichen Gemeinde aufzuzeigen. Es ist interessant, dass wir im Neuen Testament recht viele Angaben über den Aufbau einer örtlichen Gemeinde finden.

Die Frage nach der Struktur einer Gemeinde spielt im Blick auf ihren Bau eine wichtige Rolle. Auch Christian A. Schwarz sieht die Wichtigkeit der Strukturfragen im Blick auf den Gemeindebau. In seinem Buch »Die Dritte Reformation. Paradigmenwechsel in der

---

164 Unter »Glaubensvätern« verstehe ich Menschen, die im Lauf der Kirchengeschichte Gemeinden von Glaubenden ins Leben riefen, z. B. Menno Simon, Jean de Labadie, John Wesley, Robert Haldane, Karl von Rodt u. a. Vgl. Weyel, H., So stell' ich mir Gemeinde vor. Kennzeichen der Gemeinde Jesu Christi, biblische Strukturen und modernes Profil, Gießen; Basel 1997, S. 68-70

Kirche« versucht er, die Frage nach den Strukturen von ihrer Funktionalität her zu klären. Ein funktionales Kirchenverständnis ist seiner Meinung nach das einzig theologisch legitime.[165] Er schreibt:

> »Kriterium für jede Kirche sollte sein, wie nützlich sie für den Gemeindeaufbau ist. In dem Maße, wie sie diesem Maßstab gerecht wird, ist sie ›wahre Kirche‹.«[166] (–) »Je radikaler eine Kirche sich selbst die funktionale Frage stellt, desto stärker nähert sie sich dem, was wir als ›wahre Kirche‹ bezeichnen könnten.«[167]

Diese Funktionalität wirkt sich so aus, dass man in der Kirche Strukturen schafft, die Gemeindebau möglich machen. Die Frage nach der Funktionalität zeigt sich also in einer Strukturreform. Hier drängt sich die Frage auf: Nach welchen Kriterien soll denn die Kirche strukturiert werden?

Schwarz meint, dass die Theologen diese Strukturen selbst herausfinden müssen, da es nach seiner Überzeugung keine verbindliche neutestamentliche Gemeindestruktur gibt.[168] Er lehnt den fundamentalistischen Ansatz ab, der die in der Bibel vorgegebenen Strukturen beim Bau der Gemeinden berücksichtigt. Er sagt sogar:

> »Fundamentalismus ist ein dem Wesen der biblischen Offenbarung – und auch dem Wesen des Gemeindeaufbau-Ansatzes – fremdes Element.«[169]

Wie gelangt nun Schwarz zur Reform der kirchlichen Strukturen, zur gewünschten Funktionalität der Kirche? Er führt dazu Folgendes aus:

---

165 Schwarz, Ch. A., Die Dritte Reformation. Paradigmenwechsel in der Kirche, Neukirchen-Vluyn; Emmelsbüll 1993, S. 77

166 zit. nach ebd., S. 85

167 zit. nach ebd., S. 86

168 ebd., S. 141

169 zit. nach ebd., S. 143

»Welche Strukturen in welcher Situation am effektivsten sind, hängt von der Prägung der Gemeinde, der Mentalität der Menschen, der Frömmigkeitsrichtung, den Auflagen der Denomination und unzähligen anderen Faktoren ab.«[170]

Das Kriterium für diese rein situationsbezogenen Strukturen ist letztlich nur, ob sie im Blick auf den Bau der Gemeinde zweckmäßig sind oder nicht.[171]

Es ist für Schwarz nicht entscheidend, was die Bibel über Gemeindestrukturen lehrt, sondern es geht ihm einzig um die Frage der Zweckmäßigkeit. Dieser rein funktionalistische Ansatz geht zurück auf die Sozialwissenschaften[172] und nicht auf die Theologie – obwohl Schwarz in seinen Ausführungen oft das Gegenteil beteuert.[173]

Ich gehe in meinen Ausführungen davon aus, dass uns das Neue Testament wesentliche Angaben über die Grundstrukturen einer Gemeinde macht, die es als verbindliche Offenbarung anerkannt haben will (1. Tim 3, 14-15).

Thomas Schirrmacher weist darauf hin, dass selbst bei Fundamentalisten und Evangelikalen im Blick auf die Fragen der Gemeindeordnung eine merkwürdige Inkonsequenz zu beobachten ist. Er schreibt:

»Während man bei Fragen, die den einzelnen Christen betreffen, der Bibel volle Autorität zuspricht, werden biblische Lehren, die sich auf die Gemeinschaft beziehen, also etwa auf die Gemeindeordnung ... nicht so ernst genommen. Manches Argument, das biblische Gemeindeordnung außer Kraft setzen soll, würde man für den einzelnen Christen nie gelten lassen.«[174]

---

170 zit. nach ebd., S. 187

171 ebd., S. 186

172 Rommen, E., Die Notwendigkeit der Umkehr. Missionsstrategie und Gemeindebau in der Sicht evangelikaler Missionswissenschaftler Nordamerikas, Gießen; Basel 1987, S. 86

173 Schwarz, Ch. A., Die Dritte Reformation, S. 110 ff., 186

174 zit. nach Schirrmacher, Th., Ethik Bd. 2, Neuhausen-Stuttgart 1994, S. 528-529

Wir gehen also in unseren Überlegungen über die Strukturfragen von den verbindlichen Aussagen des Neuen Testaments aus.

3.1.1 Jesus ist der Herr der Gemeinde

Jesus hat durch sein Leiden, Sterben, Auferstehen, seine Erhöhung und durch die Sendung des Heiligen Geistes die Gemeinde ins Dasein gerufen. Gott der Vater hat ihn bei seiner Erhöhung als Haupt der Gemeinde eingesetzt (Eph 1,22). Somit ist Jesus Herr sowohl der universalen als auch der örtlichen Gemeinde (Eph 2,20.21; 4,4.5; 5,25-33; Kol 1,18; Offb 1,17-20).

Eph 5,25.26 entnehmen wir, dass Jesus seine Gemeinde liebt. Diese Liebe soll im Leben derer, die zur Gemeinde gehören, zur Hingabe führen (Röm 12,1).

Er leitet seine Gemeinde durch sein Wort (Joh 17,17) und durch seinen Heiligen Geist (Joh 16,13.14). So zeigt er der Gemeinde, welche Aufgaben sie zu erfüllen hat.

- Er macht ihnen die Strukturen und Ordnungen klar, die sie zu berücksichtigen hat.
- Des Weiteren wünscht er, dass die Gemeinde in dieser Welt einen dreifachen Auftrag wahrnimmt, den ich noch breiter entfalten werde:
  1. Zunächst soll die Gemeinde um ihre eigene Erbauung besorgt sein. Das Endziel dieser Erbauung ist, dass jeder Gläubige immer mehr ins Bild Jesu umgestaltet wird, bis er schließlich *»zur vollen Mannesreife, zum Vollmaß des Wuchses der Fülle Christi«* gelangt (Eph 4,13).
  2. Er beauftragt die Gemeinde, *»alle Nationen zu Jüngern zu machen«* (Mt 28,19). Das Endziel der Gemeinde ist, alle Völker mit dem Evangelium zu erreichen (Mt 24,14).
  3. Schließlich ist die Gemeinde in dieser Welt Salz (Mt 5,13). Ihr Einfluss wirkt sich im sozialen, moralischen, wirtschaftlichen und kulturellen Bereich aus. Durch die biblischen Werte und

Normen, welche die Gemeinde Jesu einhält, wird die Gesellschaft verändert und der Staat gefestigt. Sie können so vor dem Zerfall bewahrt werden.

Zur Erfüllung all dieser Aufträge schenkt Jesus der Gemeinde alles, was sie braucht, und zwar so, dass jedes Glied auf das andere angewiesen bleibt (1. Kor 12, 14-26).

Jesus, der Herr, erwartet von seiner Gemeinde Gehorsam seinen Anordnungen gegenüber (Mt 7, 24.25; Joh 14, 21).

Jesus Christus bewahrt als Herr seine Gemeinde bis zu dem Augenblick, da er sie zu sich in den Himmel holt (1. Kor 1, 6-8; Phil 1, 6).

Eines zeigt uns das Neue Testament ganz deutlich: Jesus Christus, der erhöhte Sohn Gottes, ist die höchste Autorität in der Gemeinde. Die Gemeinde schuldet Jesus nicht nur Gehorsam und Dienst, sondern demütige und ehrerbietige Anbetung (Offb 5, 9-13).

3.1.2 Die Apostel

Nach W. Bauer heißt ἀπόστολος *apostolos* im Neuen Testament ganz allgemein »Abgesandter, Bote«.[175]

Es fällt auf, dass den Aposteln in der Gemeinde eine Vorrangstellung zukommt. In 1. Kor 12, 28 sagt Paulus, dass Gott Gläubige erstens *»zu Aposteln«* eingesetzt hat; auch in Eph 4, 11 werden die Apostel zuerst genannt. Sie bilden das Fundament der Gemeinde (Eph 2, 20).

Diese in 1. Kor 12, 28 und Eph 4, 11 erwähnten Apostel sind nach meiner Überzeugung die Menschen, die Jesus selbst in diesen Dienst eingesetzt hat (Mt 10, 2-4). Zu ihnen gehörte auch Paulus, gleichsam wie eine *»unzeitige Geburt«* (1. Kor 15, 8-10).

[175] Bauer, W., Wörterbuch zum Neuen Testament, bearbeitet v. K. u. B. Aland, Berlin; New York 1988^{6}, Sp. 200

Diese Männer wurden einerseits durch Jesus und andererseits durch den Heiligen Geist in ganz besonderer Weise zu diesem Dienst zugerüstet. Deshalb hat das, was sie getan, geredet und geschrieben haben, entscheidende, ja kanonische Bedeutung (vgl. den Ausdruck »Apostellehre« in Apg 2, 42).[176]

– Sie haben deutlich gemacht, dass Jesus Fundament und Herr der Gemeinde ist (Eph 1, 22; 2, 20).
– Zugleich gehören sie selbst zum Fundament der Gemeinde. Ihre Lehre, in deren Zentrum Jesus Christus steht, ist verbindliches Wort Gottes, durch das der Herr der Gemeinde selbst zu uns spricht (Apg 2, 42; 1. Thess 2, 13). Man kann die Schriften des NT, die nicht direkt von Aposteln geschrieben wurden (Mk, Lk, Apg, Hebr(?), Jud), nicht gegen die anderen kanonischen Schriften des NT ausspielen. Diese Schriften sind mit dem Dienst der Apostel eng verknüpft und wurden nicht mit geringerer Autorität als die direkt von Aposteln stammenden Schriften geschrieben (vgl. die Anknüpfung bei den Aposteln in Hebr 2, 3; Jud 17). Wir haben deshalb allen Grund, das ganze NT als Lehre Jesu und der Apostel zu betrachten.

Der Lehre der Apostel kommt in allen Fragen des Gemeindebaus die entscheidende Bedeutung zu. Diese Lehre ist zunächst das Neue Testament, sie schließt aber auch das Alte Testament – die damalige Bibel der Apostel – mit ein. Die Lehre der Apostel ist im Blick auf den Bau der Gemeinde letzte Autorität.

Nun verhält es sich aber so, dass im Neuen Testament neben den grundlegenden Aposteln noch ein weiterer Kreis von Dienern Jesu als Apostel bezeichnet werden, so z. B. Barnabas (Apg 14, 4.14), Titus (2. Kor 8, 23), Epaphroditus (Phil 2, 25), Silvanus und Timotheus (1. Thess 2, 7). Diese Männer zogen von Ort zu Ort, verkündigten das Evangelium, gründeten Gemeinden und setzten Älteste

176 vgl. hierzu Ridderbos, H., Begründung des Glaubens. Heilsgeschichte und Heilige Schrift, Wuppertal 1963, S. 22-48

ein (Tit 1, 5). Ihre Verkündigung musste sich aber schon damals nach der Lehre der »großen Apostel« (Gal 2, 6) richten, sonst wären sie »Lügen-Apostel« gewesen (vgl. Offb 2, 2).

Sowohl Titus als auch Timotheus betreuten mehrere Gemeinden, nahmen also eine übergemeindliche Verantwortung wahr (1. Tim 5, 17-20; Titus 1, 5).

Es stellt sich nun die Frage, ob es diesen allgemeinen apostolischen Auftrag, übergemeindliche Dienste zu erfüllen, heute noch gibt.

Wie man auch im Einzelnen diese Frage beantworten mag, ist man sich darin einig, dass der allgemeine Aposteldienst am ehesten dort gegeben ist, wo Missionare in Gebieten, in denen es noch keine Gemeinden gibt, neue Gemeinden gründen. Diese Missionare sind dann als Gemeindegründer für den Aufbau und die Betreuung mehrerer Gemeinden zuständig.[177]

– Neben der eben ausgeführten Einschränkung wird von verschiedenen Theologen der allgemeine Aposteldienst in unserer Zeit nicht gesehen. Sie weisen darauf hin, dass dort, wo die Bezeichnung »Apostel« im allgemeinen Sinn gebraucht wird, der Aspekt der Sendung durch die Gemeinde im Vordergrund steht (2. Kor 8, 23; Phil 2, 25). Im Grunde genommen könnten alle, die zu diesem erweiterten, nicht klar abgegrenzten Apostelkreis gehören, als »Boten« oder »Gesandte« bezeichnet werden, die den missionarischen Auftrag der Gemeinde Jesu gemäß der vorgegebenen Apostellehre erfüllen. Deshalb sollte man nach ihrer Auffassung bei diesen Männern auf den Gebrauch des Aposteltitels verzichten und einfach von »Boten« oder »Gesandten« bzw. Missionaren sprechen, damit es zu keiner Verwechslung mit den ersten

177 Mauerhofer, E., Die neutestamentliche Ekklesia in der heutigen Universitätstheologie und an der FETA Basel, in: Fundamentum, Zeitschrift der Freien Evangelisch-Theologischen Akademie Basel, Riehen Nr. 3/1991, S. 51-53; Schirrmacher, Th., Ethik Bd. 2, S. 542.546

Aposteln kommt. Der »allgemeine Apostedienst« bleibt auf die missionarische Pionierarbeit beschränkt.[178]

- Eine andere Gruppe von Theologen ist davon überzeugt, dass es den Apostedienst im allgemeinen Sinn heute noch gibt. Sie glauben, dass Verantwortliche für mehrere Gemeinden einen solchen »allgemeinen Apostedienst« erfüllen wie einst Timotheus und Titus. Sie vertreten von dieser Annahme her die Auffassung, dass die neutestamentliche Gemeindehierarchie dreigliedrig ist. Auf der ersten Leitungsebene befinden sich die Diakone und Diakoninnen. Auf der zweiten Leitungsebene stehen die Ältesten. Auf der dritten, überörtlichen Ebene stehen die »allgemeinen Apostel«.[179]

  Bei dieser Auffassung bleiben verschiedene Fragen offen:
  - Wie aus dem Neuen Testament ersichtlich ist, wurden diese »allgemeinen Apostel« entweder von den ersten Aposteln berufen oder von ihnen als solche bestätigt. Da heute diese ersten Apostel fehlen, drängt sich die Frage auf: Wer wählt denn heute solche »allgemeinen Apostel«? Weiter fehlen uns im Neuen Testament Angaben darüber, welche Anforderungen für einen solchen Dienst gelten.
  - Es wird aus dem Neuen Testament nicht klar ersichtlich, wie der übergemeindliche Dienst eines »allgemeinen Apostels« aussah. Es wird uns nur gesagt, dass der »allgemeine Apostel« die Ansprechperson war, wenn es mit Ältesten in einer Gemeinde Schwierigkeiten gab (1. Tim 5,19). Er hatte die Kompetenz, solche Probleme innerhalb einer örtlichen Gemeinde zu lösen (1. Tim 5,20.21). Daraus schließen wir, dass seine Aufgabe wohl darin bestand, die Ältesten in ihrem verantwortungsvollen Dienst zu begleiten.

---

178 Mauerhofer, E., Die neutestamentliche Ekklesia in der heutigen Universitätstheologie und an der FETA Basel, S. 53

179 Schirrmacher, Th., Ethik Bd. 2, S. 535-541; Schlatter, A., Die Kirche der Griechen im Urteil des Paulus: Eine Auslegung seiner Briefe an Thimotheus und Titus, Stuttgart 1958²« S. 181-183

– Auch bleibt ungeklärt, wie stark der »allgemeine Apostel« sich in innergemeindliche Angelegenheiten einmischen durfte.

Trotz all dieser offenen Fragen meine ich, dass ein übergemeindlicher, seelsorgerlich helfender Dienst an den Ältesten, zu denen ich auch die Verkündiger rechne, dringend nötig ist. Ich kann mir aber nicht vorstellen, dass die Personen, die diesen Dienst wahrnehmen, eine bestimmte hierarchische Stellung noch über den Ältesten brauchen, wie dies in den anglikanischen, lutherischen, in einigen reformierten Kirchen und im »restoration movement« der Fall ist. Obwohl ich einen übergemeindlichen Seelsorgedienst an den Ältesten als nötig erachte, lehne ich doch eine dreigliedrige Gemeindehierarchie ab. Wie ich mir eine solche seelsorgerliche Betreuung vorstellen kann, führe ich unter 7.2.3 aus.

Dieser übergemeindliche Seelsorgedienst an den Ältesten entspricht meines Erachtens dem »allgemeinen Aposteldienst« im Neuen Testament. Er kann von einer übergemeindlichen Bruderschaft wahrgenommen werden. Es gibt heute viele Gemeinden, die am Fehlverhalten ihrer Ältesten fast zerbrechen, und niemand ist da, der ihnen hilft. Deshalb braucht es Persönlichkeiten, die einen übergemeindlichen seelsorgerlichen und helfenden Dienst an den Ältesten wahrnehmen.

3.1.3 Die Ältesten

In der ersten Gemeinde in Jerusalem trugen zunächst die Apostel die Hauptverantwortung. Sie setzten später Diakone ein, die ihnen bei der Bewältigung ihrer vielfältigen Aufgaben halfen (Apg 6). Als die Gemeinde verfolgt wurde, sahen sich auch die Apostel gezwungen, Jerusalem zu verlassen (Apg 12,17). Die weggezogenen Apostel wurden offensichtlich durch Älteste ersetzt; solche Älteste werden in Apg 11,30 zum ersten Mal erwähnt.

In Apg 15,2 ist dann von den Aposteln und Ältesten in Jerusalem die Rede.

Paulus und Barnabas setzten schon auf dem Rückweg ihrer ersten Missionsreise in den jungen südgalatischen Gemeinden Älteste ein (Apg 14,23).

Wir sehen, dass die Apostel, geleitet durch den Heiligen Geist beauftragt wurden, in den örtlichen Gemeinden Älteste einzusetzen, welche die Gemeinden leiteten.

Für den Ältesten wird im Neuen Testament das Wort πρεσβύτερος, *presbyteros* verwendet. Presbyteros ist in der Gemeinde Jesu die Bezeichnung für einen bestimmten Dienst. Das Wort wird als Titel gebraucht.[180] Demzufolge steht nicht das Alter dessen, der diesen Dienst in der Gemeinde erfüllt, im Vordergrund, sondern sein Dienst und die damit verbundene Stellung.

Welche Aufgaben haben diese Ältesten in der Gemeinde zu erfüllen?

- Die Ältesten sind beauftragt, der Gemeinde vorzustehen, sie zu leiten. Dieser Auftrag ist so stark mit ihrem Dienst verknüpft, dass sie in der Bibel auch ἐπίσκοποι, *episkopoi*, »Aufseher, Wächter, Verantwortliche« genannt werden (Apg 20,17.28; Phil 1,1; 1.Tim 3,1-7; Tit 1,5-9). Maßstab für ihre Leitung ist die Apostellehre.
- Deshalb zeigt sich Führung zunächst im gründlichen Lehren des göttlichen Wortes. Um diese Aufgabe erfüllen zu können, müssen die Ältesten auch *»lehrfähig«* sein (1. Tim 3,2; Tit 1,9).
- Zugleich sollen sie sich wie Hirten um die einzelnen Gemeindeglieder kümmern (Apg 20,28; 1.Petr 5,1-4). Dieser Hirtendienst ist nur dann möglich, wenn sie die Glieder der Gemeinde lieben.
- Gerade im Blick auf die Führung und seelsorgerliche Betreuung der Gemeinde kann die Gabe des Ermahnens (Röm 12,8) und der Prophetie eine große Hilfe sein. Die Gabe der Prophetie ermöglicht in bestimmten Situationen einen klaren geistlichen Durchblick (Apg 13,1-3; 16,16-18).

---

180 Bauer, W., Wörterbuch zum Neuen Testament, Sp. 1402-1403

– Führung zeigt sich schließlich darin, dass die Ältesten die Gemeinde anspornen, den evangelistischen und missionarischen Auftrag zu erfüllen, den Jesus seinen Jüngern aller Zeiten gegeben hat (Apg 1,8).

Wenn wir diese Aufgaben der Ältesten betrachten, bemerken wir, dass die in Eph 4,11 aufgezählten Dienste in den Ältestenkreis gehören. Im Ältestenkreis braucht es *»Propheten, Evangelisten, Hirten und Lehrer«*. Es ist nicht denkbar, dass Propheten oder Lehrer neben dem Ältestenkreis auch noch eine besondere Stellung hätten.

Meines Erachtens sollten im Ältestenkreis, wenn irgendwie möglich, prophetisch begabte Männer, Evangelisten, Hirten und Lehrer vertreten sein, die sich gegenseitig ergänzen. Zugleich zeigt uns aber das Neue Testament, dass jeder, der im Ältestenkreis einen dieser Dienste versieht, diesen auch übergemeindlich wahrnehmen kann (Apg 8,40; 11,28).

Die neutestamentliche Gemeinde kennt eine kollegiale Leitungsstruktur. Kein Ältester ist höher oder niedriger als der andere. Der Älteste, der den Lehrdienst wahrnimmt, steht nicht über den anderen Ältesten. Walter Nitsche sagt ganz richtig, dass das Wort Gottes keine Gemeindestruktur mit einem Prediger oder Pastor an der Spitze kennt.[181] Älteste müssen deshalb grundsätzlich teamfähig sein.

C. Peter Wagner vertritt in seinen Studien die Meinung, dass ein Ältestenkreis der Leitung einer wachsenden Gemeinde nicht gerecht werden könne. Er plädiert deshalb dafür, dass dem Pastor die Leitungsverantwortung übergeben werden sollte.[182] Ich meine, dass der Ansatz Wagners an dieser Stelle nicht stichhaltig ist. Es ist nämlich wichtig, zu bedenken, **wie** ein Ältestenkreis überhaupt die Gemeinde leiten soll.

---

181 Nitsche, W., Verbindliche Gemeinschaft. Eine Einführung in den biblischen Gemeindebau, Berneck 1994, S. 41

182 Wagner, C. P., Eine wachsende Gemeinde leiten, Lörrach 1991, S. 109-110

3.1.3.1 Der Leitungsauftrag der Ältesten

Um die Leitungsaufgabe innerhalb der Gemeinde wahrnehmen zu können, brauchen die Ältesten die Charismen der Leitung und des Vorstehens (Röm 12, 8; 1. Thess 5, 12). Diese Gnadengaben schließen Menschenkenntnis und Organisationstalent mit ein, gehen aber darüber hinaus, da es sich in einer Gemeinde um eine geistliche Leitung handelt. Es geht ja letztlich darum, die Gemeindeglieder ihren Begabungen entsprechend in den verschiedenen Aufgabenbereichen der Gemeinde einzusetzen und sie in ihrem Dienst zu begleiten. Zu dieser Begleitung gehört vor allem die Ermutigung.

Sie führen die Gemeinde durch ihr Vorbild – sei es im persönlichen Leben, in der Ehe, Familie, am Arbeitsplatz und in der Gemeinde (1. Petr 5, 2.3; 1. Tim 4, 12).

Sie verstehen ihre Leitungsaufgabe als Dienst und nicht als Amt im Sinne einer Machtposition. Es geht bei der Führung der Gemeinde nicht um menschliches Herrschen, sondern um ein Dienen, das sie im Auftrag Jesu wahrnehmen (Lk 22, 24 - 27).[183] Die Triebfeder zur Erfüllung des Ältestendienstes darf nicht die Kompensation von Minderwertigkeitsgefühlen, Ehrgeiz oder das Streben nach Anerkennung sein.[184]

Die Ältesten haben sich immer vor Augen zu halten, dass sie nicht »ihre« Gemeinde leiten, sondern dass Jesus allein Herr und Eigentümer der Gemeinde ist. Vor ihm sind sie für ihre Leitung verantwortlich.[185]

---

183 Liebschner, S., Geistliche Leitung – eine biblisch-theologische Orientierung, in: Arbeiten und arbeiten lassen. Prinzipien geistlicher Leitung, hg. v. H. Ch. Rust, Wuppertal; Kassel 1993, S. 15

184 Stricker, H., Gemeindeleitung – ein charismatischer Dienst im Volk Gottes, in: Arbeiten und arbeiten lassen, S. 66

185 Knöppel, K. H., Wozu ist Gemeinde gut? Fragen und Antworten zur Gemeindepraxis, Wuppertal; Zürich 1995, S. 75

Leitung setzt unter den Ältesten Einigkeit voraus. Unbewältigte Probleme innerhalb des Ältestenkreises machen eine klare Führung der Gemeinde unmöglich.[186] Meinungsverschiedenheiten, Probleme in verschiedensten Bereichen können im Ältestenkreis dann überwunden werden, wenn die Einzelnen demütig genug sind, zu eigenen Fehlern zu stehen und bereit sind, immer wieder den anderen zu vergeben (Kol 3, 13). Zugleich ist es wichtig, dass die Ältesten korrekturfähig bleiben.[187] Sollte es unter den Ältesten trotzdem zu Streitigkeiten gekommen sein, sollte der Streit möglichst rasch beigelegt werden. Die Dinge, die zum Streit geführt haben, sollen offen besprochen und in der Kraft Jesu überwunden werden.[188] Es kann sein, dass der Ältestenkreis in bestimmten Situationen die Hilfe des »allgemeinen Aposteldienstes« in Anspruch nehmen muss, weil er nicht mehr in der Lage ist, die vorgefallenen Dinge selbst zu bereinigen.

Der Maßstab, nach dem die Ältesten die Gemeinde leiten, ist das Wort Gottes. In diesem Wort sind auch die Ziele vorgegeben, ohne die eine Leitung unmöglich wäre. Die Bibel nennt uns Ziele zum einen im Blick auf das innere Wachstum einer Gemeinde: Heiligung der einzelnen Gemeindeglieder, Einsetzen ihrer Gaben, Festigung der Einheit, Ausrichtung auf den wiederkommenden Christus, zum anderen hat sie auch das äußere Wachstum im Blick: verlorene Menschen für Jesus zu gewinnen, neue Gemeinden zu gründen, Missionare auszusenden.[189] Es gilt bei der Führung einer Gemeinde zu beachten, dass das innere und äußere Wachstum zusammengehören.

186 Shenk, D. W.; Stutzman, E. R., Neue Gemeinden. Gemeindegründung im Neuen Testament und heute, Lörrach 1992, S. 43

187 Bosch, R.; Jenni, H.; Kurth, R., Handbuch für Leitungsaufgaben in Gemeinde und Beruf, Buchs 1992^2, S. 24-26

188 Gute Hilfen zur Bewältigung einer Konfliktsituation in der Gemeindeleitung finden sich in: Nüesch, S., Konflikte analysieren, lösen, verhindern. Ein Arbeitsheft für die Gemeindeleitung, Niederhünigen 1995

189 Umfassende Ausführungen dazu siehe 3.3

Jesus hat seiner Gemeinde diese Ziele gegeben. Er befähigt sie auch als ihr Herr, die Ziele zu erreichen, sofern sie bereit ist, sie auch anzustreben.

In Hebr 13,17 und 1. Thess 5,12.13 wird mit größter Selbstverständlichkeit davon gesprochen, dass die Gemeindeglieder den Ältesten gehorchen sollen. Die Bereitschaft zu gehorchen ist in unserer antiautoritären Zeit oft nicht mehr vorhanden. Es kommt deshalb immer wieder zu unnötigen Konflikten.[190] Andererseits haben sich die Ältesten vor einem falschen Machtgebrauch zu hüten.

Wenn eine Gemeinde nicht gut geleitet wird, löst dies innere Spannungen und Probleme aus, die bis zur Auflösung der Gemeinde führen können. Deshalb folgen hier einige praktische Hilfestellungen für das Leiten der Gemeinde:

1. Das Verhalten der Ältesten

- Älteste leben in der Heiligung. Sie begegnen der Sünde, vor allem in den Bereichen Sexualität, Geld, Alkohol und Stolz, mit einem klaren Nein. Sünde in ihrem Leben ist keine Privatsache, weil sie ja Leiter der Gemeinde sind. Haben sie trotzdem gesündigt, sollen sie ihre Schuld sofort vor Jesus bereinigen – vielleicht sogar in der Gegenwart eines Seelsorgers.[191] Sie dienen als Leiter mit ungeteiltem Herzen Jesus, dem Herrn der Gemeinde. Denn nur aus einer innigen Beziehung zu ihm können sie zu brauchbaren Leitern werden. Die bewusste Abhängigkeit von Jesus Christus ist die Quelle aller geistlichen Leiterschaft.[192]
- Jeder Älteste besucht treu die regelmäßigen Gemeindeanlässe wie Gebetsstunden, Bibelstunden und Predigten.
- Seine Familie verhält sich in der Gemeinde vorbildlich.

---

190 Logan, R. E., Mehr als Gemeindewachstum. Prinzipien und Aktionspläne zur Gemeindeentwicklung, Frankfurt a. M.; New York 1992, S. 65-67

191 Herrmann, A., In dir steckt mehr als du denkst. Entdecke dein Leiterpotential, Buchs; Wiesbaden 1991, S. 118-120

192 Krallmann, G., Leidenschaftliche Leiterschaft. Der Auftrag Jesu zur Mission, Wuppertal; Wittenberg 1995, S. 160 ff.

- An den ordentlichen Sitzungen nehmen sie sich genügend Zeit zum Hören auf das Wort Gottes, zum persönlichen Austausch und zum Gebet. Sie achten dann darauf, dass die wichtigsten Angelegenheiten am Anfang der Sitzung besprochen werden. Da Sitzungen nicht zu lange dauern sollten, wäre es gut, wenn gleich zu Beginn der Sitzung das Ende festgelegt würde.[193] Wichtig ist, dass die Ältesten sich immer wieder bemühen, aufeinander zu hören (Phil 2,1-4).[194]
- Es wäre gut, wenn die Ältesten außerhalb ihrer ordentlichen Sitzungen ab und zu zusammenkämen (zumindest viermal im Jahr), um für wichtige Gemeindeangelegenheiten und die einzelnen Gemeindeglieder zu beten. Sie beten auch immer wieder dafür, dass die richtigen Mitarbeiter in den einzelnen Aufgaben in der Gemeinde eingesetzt werden. Im Blick auf die Entfaltung der Gemeinde ist es überaus wichtig, wer welchen Dienst in der Gemeinde erfüllt.[195]
- Um den Leitungsauftrag immer wieder in dynamischer Weise wahrnehmen zu können, sollten sich die Ältesten ein- bis zweimal im Jahr zurückziehen, um in der Stille vor Gott das Erreichte zu überdenken und neue, den Gemeindebau fördernde Ziele zu setzen.[196] Wichtig ist, dass die Ältesten an einer solchen Tagung offen sind für Veränderung. Dies erhöht die Bereitschaft, aufeinander zu hören.
- Die Leitungsaufgabe der Ältesten besteht eben gerade nicht darin, dass sie möglichst viel selbst machen, sondern dass jeder seiner Begabung und seinem Auftrag entsprechend einen oder mehrere Aufgabenbereiche in der Gemeinde betreut. Wie gut ist es, wenn

193 Logan, R.; George, C., Das Geheimnis der Gemeindeleitung, Wiesbaden 1987, S. 70

194 Rush, M., Management – der biblische Weg, Asslar 1988, S. 121-126

195 Bergfeld, M., Mitarbeiterführung und Leitungsverantwortung in der Gemeinde, in: Arbeiten und arbeiten lassen, S. 107-108

196 Logan, R. E., Mehr als Gemeindewachstum, S. 63

jeder sich über das, was der andere Älteste in seinen Aufgabenbereichen tut, freuen kann. Wenn sich Neid statt Freude einschleicht, wird das harmonische Miteinander gestört (Gal 5, 15.24-26).

- Der Ältestenkreis muss aufpassen, dass er durch seine Leitung nicht einengend wirkt, sondern Impulse gibt für neue Aktivitäten. Es sollte genügend Raum gegeben werden für neue Ideen[197], damit sich die Gemeinde frei entfalten kann.[198]
- Als Leiter müssen die Ältesten immer wieder Entscheidungen treffen. Diese Entscheidungen müssen einerseits dem Willen Gottes entsprechen und andererseits der Gemeinde einsichtig erklärt werden.
- Sehr wichtig ist die Schulung und Förderung neuer Leiter, die ebenfalls fähig sein sollen, die Gemeinde zu leiten. Grundsätzliche Aufgabe der Ältesten ist es, die Gemeinde für die Realisierung der in der Bibel vorgegebenen Ziele zu gewinnen. Um dies zu erreichen, müssen sie die Gemeinde über jedes neue Projekt eingehend informieren. Dabei müssen sie der Meinungsbildung genügend Raum geben. Besonders positiv ist, wenn Ideen und Impulse aus der Gemeinde aufgenommen werden können. Zugleich sollen sie der Gemeinde die Überzeugung vermitteln, dass diese Ziele durchaus mit Hilfe von Jesus erreicht werden können, da er ja diese Ziele in seinem Wort vorgegeben hat – trotz aller negativen Stimmen, die es immer wieder gibt.[199]

2. Die Aufgabenbereiche einer Gemeinde

Am besten ist es, wenn hinter den einzelnen Aufgaben ein Team steht.

---

197 ebd. S. 231

198 Peters, G. W., Gemeindewachstum. Ein theologischer Grundriss, Bad Liebenzell 1982, S. 192

199 Herrmann, A., In dir steckt mehr als du denkst, S. 53-54

Verkündigung und Seelsorge

- Lehre, Verkündigung, Gestaltung der Gottesdienste und Gemeindeanlässe (Verkündigungsteam)
- Schulungen (Teenager, Jugendliche, Diakone, Älteste usw.)
- Seelsorge
- Gemeindezucht

Kinder-, Teenager- und Jugendarbeit

- Säuglingsbetreuung und Kinderhort während der Predigt
- Sonntagsschule und evangelistische Hauskinderstunden
- Jungschar- und Teenagerarbeit
- Biblischer Unterricht für ältere Kinder
- Jugendgruppe
- Auftrag an öffentlichen Schulen und Unterstützung von Schulen auf biblischer Basis

Die Bibel selbst beauftragt sowohl die Eltern (5. Mo 6, 7) als auch die Gemeinde als Ganzes (1. Joh 2, 12.14), die Kinder, Teenager und Jugendlichen so mit ihrem Inhalt vertraut zu machen, dass sie den Weg zu Jesus finden können (Mt 19, 14). Es gilt den heranwachsenden Kindern auch zu zeigen, wie ein Leben mit Jesus aussieht (Kol 3, 20; 1. Tim 4, 12).

Evangelisation und Mission

- Durchführung von Evangelisationen
- Koordination evangelistischer Aktivitäten
- Betreuung von Neubekehrten und solchen, die neu zugezogen sind
- Gründung und Aufbau von neuen Gemeinden
- Betreuung von denen, die in einer theologischen Ausbildung stehen
- Kontakt zu den Missionaren und Missionen

Förderung der Gemeinschaft

- Hauskreisarbeit (Hauskreisleiter und -leiterinnen tragen die Verantwortung)

- Frauenarbeit
- Seniorenarbeit
- Familienfreizeiten

Die Bibel legt ein besonderes Schwergewicht auf die Gemeinschaft innerhalb der Gemeinde (Apg 2, 42). Da der treue Besuch der Gemeindeanlässe die Gemeinschaft der einzelnen Glieder untereinander zu wenig zu vertiefen vermag, haben wir Wege zu suchen, wie die Gemeinschaft gefördert werden kann.

Diakonische Dienste

- Regelmäßige Hausbesuche (bei Alten, Kranken usw.)
- Hilfe für notleidende Gemeindeglieder und der Gemeinde fernstehende Menschen
- Ausländerarbeit

Die Gemeinde ist beauftragt, sich um die Kranken, Schwachen und Alten zu kümmern (Mt 25, 36; 1. Thess 5, 14; Jak 2, 15-17). Gerade als geistliche Fremdlinge in dieser Welt (1. Petr 1, 1) sind wir beauftragt, uns um die ethnischen Fremdlinge bei uns zu kümmern (Mt 25, 35).

Musikalischer Bereich

- Gemeinsames Singen
- Chor, Singgruppen
- Kinderchor
- Instrumentalgruppen

Dem Gotteslob kam in der Gemeinde Jesu immer eine große Bedeutung zu. Dieses Lob Gottes wurde mit Gesang und Musik zum Ausdruck gebracht (Eph 5, 19; Kol 3, 16). Deshalb sollte die Musik in der Gemeinde bewusst gefördert werden.

Gebäudeunterhalt

- Betriebsfragen
- Putzdienst
- Umgebungsarbeiten

– Küchendienst

Die Gemeinde hatte gleich von Anfang an Orte, an denen sie zusammenkam (Apg 2, 46). Diese Orte sollen so gepflegt werden, dass die Gemeinde sich ungehindert versammeln kann.

Administration

– Kassier
– Schriftführer
– Vertretung der Gemeinde nach außen

Als Gemeinde, die in dieser Welt lebt, erledigen wir die administrativen Dinge vorbildlich. Denn auch hier geht es darum, wie wir Jesus und seine Sache in der Gesellschaft darstellen.

3. Die Betreuung der Aufgabenbereiche

Damit ein Ältester die ihm zugewiesenen Aufgabenbereiche in rechter Weise leiten kann, muss er sich von ihnen ein klares Bild machen können.

– Zunächst pflegt er mit den Leitern der Arbeitsgruppen (Teams) einen intensiven Kontakt. Er ermutigt sie und löst mit ihnen anstehende Probleme, ohne sich aber zu sehr in Details einzumischen.[200] Er nimmt in Absprache mit den Leitern ab und zu an den Sitzungen der Arbeitsgruppen teil. Er gibt den Leitern zu spüren, dass er sie liebt und ihren Dienst schätzt. Dadurch werden die Leiter motiviert, ihre Aufgaben noch besser wahrzunehmen.[201] Diese Motivation zeigt sich in engagierter Eigeninitiative. In schwierigen Situationen brauchen die Leiter ganz besonders die helfende Unterstützung des Ältesten.[202]

200 ebd., S. 29

201 Eichenberger, R., Klartext reden. Wie Sie wirkungsvoll kommunizieren, Asslar 1992, S. 73

202 Logan, R. E.; Ogne, S. L., Der Gemeindegründungs-Werkzeugkasten. Ein Handbuch zum Selbststudium für Gemeindegründer und Gemeindegründungs-Supervisoren, Wiesbaden 1994, S. 10-7

– Der Älteste informiert den ganzen Ältestenkreis über die Tätigkeit in seinen Aufgabenbereichen und bespricht mit ihnen die anstehenden Anliegen, Fragen und Probleme. Bei gewichtigen Angelegenheiten kann er den Leiter oder die ganze Arbeitsgruppe zu einer Sitzung des Ältestenkreises einladen.
– Zugleich ist er besorgt darum, dass in seinen Aufgabenbereichen genügend Mitarbeiter vorhanden sind. Er hilft mitbeten und mitsuchen.
  Er unterbreitet dann dem Ältestenkreis die Namen der vorgesehenen Mitarbeiter, auf die sich die Arbeitsgruppen mit ihm zusammen einigen konnten. Nachdem der Ältestenkreis zustimmend von diesen Namen Kenntnis genommen hat, können die neuen Mitarbeiter angefragt werden. Wenn sie zusagen, werden sie anschließend vom Ältestenkreis zu einer seiner Sitzungen eingeladen. Nachdem der Ältestenkreis mitgeteilt hat, auf was sie in ihrer neuen Aufgabe zu achten haben, werden sie von ihm gewählt. Die neuen Mitarbeiter werden dann der Gemeinde in einem der nächsten Gottesdienste vorgestellt. Die Hauptleiter (Diakone) sollten zu ihrem wichtigen Dienst eingesegnet werden.
– Der Älteste achtet darauf, dass sich in seinen Aufgabenbereichen nicht ein Eigenleben entwickelt. Alle Tätigkeiten müssen zur Auferbauung der Gemeinde dienen.

Nach meiner Überzeugung sollte ein Ältester nicht mehr als vier Aufgabenbereiche betreuen. Bei einer größeren Zahl hat er nicht mehr genügend Zeit für die einzelnen Hauptleiter und ihre Anliegen.

Im Ältestenkreis wacht man darüber, dass sich alle Arbeitsbereiche harmonisch ergänzen. Man ist auch darum besorgt, dass in allen Aufgabenbereichen genügend Mitarbeiter sind. So darf z. B. die Jungschararbeit der Jugendgruppe nicht zu viele Mitarbeiter wegnehmen und umgekehrt.

Wichtig: Ein Ältester darf die Gemeinde als Ganzes nicht aus den Augen verlieren, auch wenn er die Anliegen bestimmter Aufgabenbereiche trägt.

Jeweils ein Ältester muss die Sitzungen des Ältestenkreises leiten. Damit sich durch diesen Dienst im Verlauf der Jahre nicht ein »Überältester« herausbildet, könnte nach einer bestimmten Periode (4-6 Jahre) ein Wechsel stattfinden.

3.1.3.2 Der Lehrauftrag der Ältesten

Die Ältesten sind dafür verantwortlich, dass der Gemeinde das Wort Gottes gründlich gelehrt wird. Weil der Lehrdienst mit viel Arbeit verbunden ist, ist es fast unmöglich, dass die Ältesten neben ihrem Beruf und ihrer vielfältigen Verantwortung in der Gemeinde diesen Dienst befriedigend erfüllen können. Deshalb redet Paulus schon in 1. Tim 5,17.18 von Ältesten, die sich so sehr dem Lehrdienst widmeten, dass sie darauf angewiesen waren, von der Gemeinde dafür freigestellt und entschädigt zu werden.

Zum Lehrdienst gehört auch, dass man die, die in der Gemeinde lehren (in der Sonntagschule, in der Teenagerarbeit, als Diakone und Diakoninnen im Hauskreis, als Mithelfer in der Verkündigung), besonders unterrichtet (2. Tim 2,2).

Nach meiner Überzeugung sollten sich die Ältesten einer Gemeinde nach jemandem umsehen, der zunächst berufen, begabt und ausgebildet ist zum Lehrdienst und die Qualifikationen eines Ältesten erfüllt. Ihn sollten sie der Gemeinde zur Wahl vorschlagen. Der gewählte Verkündiger gehört dann zum Ältestenkreis, da er durch seinen Verkündigungs- und Schulungsdienst in der Gemeinde den größten Einfluss hat.

1. Der Weg bis zur Wahl des Verkündigers

– Ein bekehrter Jugendlicher braucht zunächst eine Berufung von Jesus zum Verkündigungsdienst (Mk 3,13-19). Die Berufung selbst kann ganz verschieden aussehen. Wer z. B. nur deshalb den Weg in den Verkündigungsdienst wählt, weil sich bei einer wirtschaftlichen Flaute andere Berufsziele nicht realisieren lassen, hat damit keine tragfähige Voraussetzung für diesen wichtigen Dienst.[203]

– Neben die Berufung tritt die Bewährung in der eigenen Gemeinde. In dieser Zeit der Bewährung können die Ältesten die Befähigung zum Verkündigungsdienst erkennen. Es wird für sie sichtbar, ob er die Gabe der Lehre hat (1. Kor 12, 28; Röm 12, 7). Sie können ihn dann ermutigen, sich für diesen Dienst ausbilden zu lassen.
– Wichtig ist, dass der Jugendliche sich an einer bibeltreuen Ausbildungsstätte zu diesem Verkündigungsdienst zurüsten lässt. In dieser Ausbildung braucht er auch Anleitung, wie er die Gemeinde, in der er später dient, zu einem dynamischen Wachstum führen kann.[204] Während der Ausbildung sollte er sich treu zu einer Gemeinde halten und in ihr mitarbeiten, damit er das Wissen, das er sich aneignet, im Gemeindealltag in die Praxis umsetzen kann. Wenn irgend möglich sollte er in einem bestimmten Aufgabenbereich der Gemeinde eine Leitungsfunktion übernehmen, da ihm später als Verkündiger auch eine Leitungsaufgabe zukommt.[205] Zugleich sollte er von einem Ältesten der Heimatgemeinde treu begleitet werden.

Walter Nitsche zählt berechtigte Gefahren auf im Zusammenhang mit einer bibeltreuen Ausbildung: Es kann sein, dass bloßes Wissen überbetont wird und so das Gelernte nicht genügend verdaut werden kann;[206] dies sollte besonders von den Lehrern der Ausbildungsstätten bedacht werden. Obwohl diese Gefahren zu

---

203 Dünnebeil, W., Pastor sein ist auch nicht leicht. Seinen Pastor besser verstehen lernen, Marburg a. d. Lahn 1995, S. 12

204 Mauerhofer, A., Der Bau der Gemeinde Jesu – Ziel des Theologiestudiums, in: Fundamentum, Zeitschrift der Staatsunabhängigen Theologischen Hochschule Basel, Festschrift zum 25-jährigen Bestehen der Staatsunabhängigen Theologischen Hochschule Basel (bisher FETA Basel), Riehen Nr. 3/1995, S. 22-36

205 Griffiths, M., Es gibt Größeres. Kursbuch für Weltmission, Gießen; Basel 1981³, S. 127-128

206 Nitsche, W., Verbindliche Gemeinschaft, S. 62-69

beachten sind, besteht für mich kein Anlass, die wichtige Aufgabe bibeltreuer Ausbildungsstätten in Frage zu stellen. Den Gefahren sollte so begegnet werden, dass die Schüler-Lehrer-Beziehung über eine reine Wissensvermittlung hinausgeht. So kann z. B. jeder im Lehrerkollegium für eine Gruppe von Studierenden Verantwortung tragen. Er steht ihnen im Studium unterstützend und seelsorgerlich zur Seite. So oft wie möglich nimmt er die ihm zugeteilten Schüler zu Diensten mit, die er mit ihnen gemeinsam gestaltet und anschließend bespricht. So könnte die Ausbildung ein Stück weit mit Jüngerschaftsschulung verbunden werden.[207] Am besten lässt sich ein solcher Ansatz natürlich dann verwirklichen, wenn Schüler und Lehrer an einer Ausbildungsstätte auch ihr Alltagsleben weitgehend miteinander teilen. Bibelschulen, die eine Struktur ähnlich der von Internaten haben, würden dafür gute Voraussetzungen bieten.

– Nach dem Studium soll sich noch ein mindestens einjähriges Praktikum anschließen. In diesem Praktikum wird der Absolvent einer theologischen Ausbildungsstätte von einem erfahrenen Verkündiger in den praktischen Dienst in der Gemeinde eingeführt. Ein besonderes Augenmerk gilt im Praktikum der Verkündigung. Zugleich muss er in alle Bereiche der Gemeindearbeit einen Einblick erhalten, also auch in die Kinder-, Jungschar- und Jugendarbeit. Dabei sollte auch die Seelsorge nicht zu kurz kommen. Die Bereitschaft, Gott zu gehorchen, zeigt sich in dieser Zeit darin, dass der Praktikant bereit ist, dem Praktikumsgeber zu gehorchen. Dieser gelebte Gehorsam bringt seine demütige Gesinnung zum Ausdruck, die später die Führung anderer Menschen prägen wird. Gehorsam und ein gutes Einfühlungsvermögen sind die Grundlage zu einem späteren loyalen Verhalten den anderen Ältesten gegenüber.[208]

207 Anderson, J., Missionarische Schulung nach dem Modell Jesu Christi, in: Werdet meine Zeugen. Weltmission im Horizont von Theologie und Geschichte, hg. v. H. Kasdorf; F. Walldorf, Neuhausen-Stuttgart 1996, S. 161

208 siehe nächste Seite

Der Praktikant sollte an allen Sitzungen der Gemeindeleitung teilnehmen, um mitzuerleben, wie die Ältesten die Gemeinde führen und auf was zu achten ist, damit die gesunde Entfaltung der Gemeinde nicht verhindert wird.
Hat er sich im Praktikum bewährt, kann er einer Gemeinde empfohlen werden, die einen Verkündiger sucht. Zu dieser Bewährung gehört vor allem, dass Menschen durch seinen Dienst zum Glauben an Jesus Christus gefunden haben und die Gläubigen zur Heiligung und zu evangelistischem Handeln motiviert wurden.
– Die suchende Gemeinde sollte sich, wenn möglich, mehrere Predigten des jungen Verkündigers anhören. Wächst in der Gemeinde die Überzeugung, dass sie sich diesen Bruder als Verkündiger vorstellen könnte, kann es zur Berufung kommen. Wenn irgend möglich sollte er einmütig berufen werden.

Leider lassen sich heute viel zu wenig berufene und begabte Jugendliche für einen Verkündigungsdienst in der Gemeinde ausbilden. Vielen Freikirchen fehlen die nötigen Prediger. Es fehlen die jungen Menschen, die für die Mission nötig wären. Dies ist im Blick auf die Entfaltung der Gemeinde Jesu eine große Tragik.[209]

2. Die Aufgabenbereiche eines Verkündigers innerhalb des Ältestenkreises

– Seine wichtigste Aufgabe ist sicherlich die Verkündigung des göttlichen Wortes in Predigten, Bibelstunden, Gebetsstunden. In den Predigten sollten immer auch die verlorenen Menschen angesprochen werden, während es in den Bibelstunden vor allem um die lehrmäßige Weiterführung der Gläubigen geht. Wichtig ist, dass sich der Verkündiger bemüht, den ganzen Ratschluss Gottes zu verkündigen (Apg 20, 27). Einseitige Betonungen in der Verkün-

208 Beutel, M., Nehemia – Das zehnfache Geheimnis seines Leitungsdienstes, in: Arbeiten und arbeiten lassen, S. 90-91

209 Rush, M., Mitarbeiter führen. Der biblische Weg, Asslar 1990, S. 11-12

digung erschweren die Entfaltung einer Gemeinde. Die Aufgabe der Verkündigung muss er mit Hingabe und Fleiß erfüllen. Er legt mit Hilfe bibeltreuer Exegese ernsthaft den Text aus. Weiter zeigt er, wie das Ausgeführte im Alltag praktisch umgesetzt werden kann. Das Allerwichtigste ist, dass er die zentrale Bedeutung von Jesus und seinem Werk aufzeigt. Jesus Christus, der gestorbene, auferstandene, erhöhte und wiederkommende Christus, muss im Mittelpunkt aller Verkündigung stehen, da er die Mitte des Wortes Gottes ist. Nur für den, der Jesus im Glauben als Retter angenommen hat und eine persönliche Beziehung zu ihm pflegt, wird das Wort Gottes erfahr- und erlebbar. Nur mit Jesu Hilfe kann das Wort Gottes in die Tat umgesetzt werden (Joh 15, 5). Durch diese bewusste Ausrichtung auf Jesus werden die Gemeindeglieder im Glauben gestärkt, gefestigt und ermutigt und Ungläubige finden zum Glauben an ihn. Die Gläubigen sollen durch die Verkündigung auch angeleitet werden, Dienste in der Gemeinde wirksam auszuführen (Eph 4, 12).[210] Die Auslegung des göttlichen Wortes wird die Hörer immer wieder motivieren, verlorene Menschen für Jesus zu gewinnen.

Diese überaus wichtige Aufgabe der Verkündigung kann ein Prediger nur aus einer innigen Beziehung zu Jesus so erfüllen, dass die Gemeinde nach innen gefestigt wird und nach außen wächst. Seine persönliche Beziehung kann nur durch tägliches Gebet und Bibellesen gepflegt und gefestigt werden. Der Verkündiger wird sich in seinen Gebeten immer wieder neu mit allem, was er ist und hat, Jesus zur Verfügung stellen. Nicht seine Ausbildung, nicht seine Stellung, sondern seine tägliche Beziehung zu Jesus gibt ihm Vollmacht in der Verkündigung, denn aus diesem ständigen Umgang mit Jesus wächst eine immer tiefere und umfassendere Erkenntnis, wer Jesus eigentlich ist und wie gewaltig sein Wort,

210 Peters, G. W., Gemeindewachstum, S. 173

die Heilige Schrift, ist.[211] Zugleich wächst daraus eine Leidenschaft, ein Brennen für Jesus und seine Gemeinde.[212]
Sowohl er als auch der ganze Ältestenkreis müssen sich der Tatsache bewusst sein, dass seine Lehre ergänzungsbedürftig bleibt. Er sollte deshalb Älteste und Brüder aus der Gemeinde, die ganz offensichtlich die Gabe der Lehre haben, schulen, dass sie ab und zu in Predigten, Bibel- und Gebetsstunden das Wort Gottes auslegen können (Verkündigungsteam). In diesen Schulungen können die Grundprinzipien der Homiletik eine Hilfe sein (zu empfehlen wäre hier z. B. H. Stadelmann, Schriftgemäß predigen. Plädoyer und Anleitung für die Auslegungspredigt, Wuppertal; Zürich 1990).

- Überhaupt wird der Verkündiger im Bereich der Schulung einen besonderen Schwerpunkt setzen. Es geht ja darum, andere in der Gemeinde zuzurüsten, die dadurch befähigt werden, wieder andere anzuleiten (2. Tim 2, 2).
  - Zunächst erteilt er den 13 - 16 -jährigen Teenagern biblischen Unterricht. Seine Aufgabe ist es, die Jugendlichen für Jesus, für das Wort Gottes und die Gemeinde Jesu zu begeistern.
  - Er führt mit lehrbegabten Gemeindegliedern Schulungskurse für Neubekehrte durch.
  - Weiter soll er auch die, die in der Sonntagschul-, Kinder- und Teenagerarbeit mithelfen, ab und zu schulen. In diesem Bereich können ihm die Unterlagen des Katechetikunterrichts eine große Hilfe sein (hilfreiche Literatur: D. und V. Theobald, Gott liebt nicht nur große Leute. Handbuch für Kinderarbeit, Gießen; Basel 1984[5]; M. Hübner; K. D. Grumbach, Praxisbuch Jungschararbeit, Neuhausen-Stuttgart 1990; R. Zelewske [Hrsg.], Praxisbuch Jugendarbeit, Neuhausen-Stuttgart 1991).

211 Green, M., Ich sehe deine Herrlichkeit, Basel; Gießen 1994, S. 60-61
212 Stanley, P. D., Clinton, J. R., Mentoring. Wir brauchen geistliche Väter und Mütter, Greng-Murten 1994, S. 188

– Daneben schult er auch die Hauskreisleiter und -leiterinnen, da ihnen im Aufbau der Gemeinde eine wichtige Bedeutung zukommt.
– Er ruft auch die Hauptverantwortlichen aller Aufgabenbereiche mit den Ältesten regelmäßig (mindestens viermal im Jahr) zu einer speziellen Schulung zusammen.

All diese Schulungen bringen nur dann etwas, wenn sie praxisorientiert sind. Was gelehrt wird, muss auch in die Tat umgesetzt werden können.[213] In den Schulungen für leitende Mitarbeiter – die Hauskreisleiter mit eingeschlossen – geht es auch darum, aufzuzeigen, wie sie berufene und begabte Mitarbeiter zu Leitern ausbilden können.[214] Leitenden Mitarbeitern muss gezeigt werden, wie sie zu Multiplikatoren innerhalb der Gemeinde werden können.[215] Wie die Schulung von Mitarbeitern ganz praktisch aussieht, werde ich noch ausführen. Entscheidend ist, dass Mitarbeiter, die wir zu Leitern heranziehen, vor allem durch erklärende Ausführungen, Beobachtung, Anleitung, selbstständiges Tun und durch ihre Rückmeldungen lernen.[216]

Die Schulungen vermögen nur dann etwas zu bewirken, wenn der Verkündiger klare Vorstellungen vom Aufbau der Gemeinde hat. Hier können die Ausführungen in diesem Buch weiterhelfen.

– Er wird deshalb mit den Ältesten zusammen immer wieder die in der Bibel vorgegebenen Ziele des Gemeindebaus ins Auge fassen (siehe 3.3). Gerade im Blick auf das Erreichen dieser Ziele werden immer wieder neue Impulse von ihm ausgehen. Das wichtigste Anliegen ist und bleibt, dass verlorene Menschen den Weg zu Jesus finden und in die Gemeinde integriert werden können.

---

213 Ott, C., Das Trainingsprogramm für Mitarbeiter. Biblische Grundsätze, Didaktische Hinweise, Praktische Modelle, Gießen; Basel 1996, S. 47

214 ebd., S. 90-91

215 ebd., S. 91-92

216 ebd., S. 109-112

– Er wird für die Gründung und den Aufbau neuer Gemeinden die Impulse geben.
– Natürlich hat der Verkündiger auch im seelsorgerlichen Bereich viel Arbeit. Craig Ott schreibt dazu:

> »Ein weiser Pastor wird stets darauf achten, dass er mindestens ebensoviel Zeit mit der Betreuung von Mitarbeitern einsetzt wie mit der Betreuung von Krisenfällen. Auf diese Weise investiert er seine Zeit in Menschen, deren seelische und geistliche Gesundheit für das Gemeindeleben von entscheidender Bedeutung ist.«[217]

Damit der Verkündiger all diesen Anforderungen gerecht werden kann, ist eine gute Zeiteinteilung unerlässlich.[218] Vor allem müssen die Zeitdiebe – Bummelei, Lesen wertloser Post, mangelhaftes Delegieren, unnötiges Fernsehen – beseitigt werden. Er muss auch lernen, maßvoll »Nein« zu sagen, wenn ihn christliche Organisationen anfragen, ob er nicht zur Mitarbeit bereit wäre. Daneben braucht er immer wieder die nötige Entspannung und auch körperliche Ertüchtigung, wegen seiner sitzenden Tätigkeit.[219] Er muss die Grenzen seiner Belastbarkeit ernst nehmen. Wenn er sie immer wieder überschreitet, drohen Burn-out, Herzinfarkt oder andere Erkrankungen. Erste Anzeichen für eine Überlastung können fehlende Freude am Dienst, innere Leere, ständige Müdigkeit und Antriebslosigkeit sein.[220]

Das Eingebundensein in eine tragfähige Ehe und Familie kann im Blick auf diesen anspruchsvollen Dienst eine große Hilfe sein. Wenn

217 zit. nach ebd., S. 118

218 Ideen für eine gute Zeiteinteilung siehe: Bosch, R.; Jenni, H., Kurth, R., Handbuch für Leitungsaufgaben in Gemeinde und Beruf, S. 83-91; Rush. M., Management, S. 151-168

219 Beutel, M., Über Mauern springen. Wie man Gemeinden für Kirchendistanzierte baut, Wuppertal; Kassel 1995, S. 111

220 Welscher, H., Sorge um die eigene Seele, in: Seelsorge – Lebensäußerung der Gemeinde. Ein Grundkurs, hg. v. H. Petersen; H. Welscher, Gießen; Basel 1997 S. 88

ihn seine Frau mit Verständnis und Sensibilität begleitet, erfüllt er ermutigt seine vielfältigen Aufgaben, weil er sich unterstützt und getragen weiß.[221] Zugleich ist es gut, wenn er einen Freund hat, der für ihn und mit ihm betet, der ihn unterstützt, ihm zuhört und ihm mit Liebe und Anteilnahme zur Seite steht. Natürlich darf eine solche Beziehung keine Einbahnstraße sein, sondern beide Seiten geben und nehmen und empfangen durch die Beziehung Hilfen und Ermutigung für den Dienst.[222]

Damit durch die vielen Dienste und Schulungen in der Gemeinde auch wirklich etwas bewegt wird, sind sein Gebet, aber auch das Gebet der Gemeinde für ihn von entscheidender Bedeutung.[223]

Neben all dem, was wir eben aufgezählt haben, ist eine der wichtigsten Aufgaben eines Verkündigers, fähige und begabte Jugendliche nachzuziehen, die ebenfalls Verkündiger werden. Dies ist natürlich nur möglich, wenn er sich für diese ganz besonders Zeit nimmt und sie zur Mitarbeit heranzieht.[224]

3. Der Verkündiger ist in den Ältestenkreis eingebunden

Im Ältestenkreis ist der Verkündiger in eine Bruderschaft eingebunden, die ihm helfend und beratend zur Seite steht. Hier wird er auch ermutigt und korrigiert. Wichtig ist, dass er demütig genug ist, um sich von den Brüdern etwas sagen zu lassen, denn er steht mit ihnen auf derselben Ebene. Er braucht dringend dieses Eingebundensein in die Bruderschaft, da er neben seinen Gaben auch Grenzen hat.[225] Ein autoritäres, aggressives, hartes oder beleidigendes Verhalten des Verkündigers stört die Bruderschaft und wirkt sich negativ

---

221 Dünnebeil, W., Pastor sein ist auch nicht leicht, S. 48

222 Foyle, M. F., Gestresst, verletzt und ausgebrannt. Risiken und Nebenwirkungen des vollzeitlichen Dienstes, Basel; Gießen; Rheineck 1995, S. 223-224

223 Green, M., Ich sehe deine Herrlichkeit, S. 71

224 Clinton, J. R., Der Werdegang eines Leiters. Lektionen und Stufen in der Entwicklung zur Leiterschaft, Greng-Murten 1992, S. 200-201

225 Sorg, Th., Berufung und Vollmacht, Gießen; Basel 1985[2], S. 44

auf das ganze Gemeindeleben aus.[226] Besonders mühsam wird es, wenn er in allen Bereichen des Gemeindelebens entscheidend mitreden will.[227]

Dieses Eingebundensein in den Ältestenkreis bewahrt ihn auch vor einem falschen Einzelgängertum und vor Überanstrengung.[228] Hat er den Hang zu Überheblichkeit und Arroganz, empfängt er im Team der Ältesten die nötige Korrektur.[229]

Der Verkündiger sollte, wenn möglich, nicht den Vorsitz haben im Ältestenkreis, damit das offene Gespräch nicht gehemmt wird; sonst besteht auch die Gefahr, dass er sich zu einem »Überältesten« entwickeln könnte. Und doch wird er, da er meist der einzige vollzeitliche Angestellte ist, Leitung wahrnehmen. Er wird in den verschiedenen Bereichen des Gemeindelebens immer wieder Anstöße und Impulse geben. Dies kann in Sitzungen, Schulungen, Predigten und Bibelstunden geschehen. Wenn er Leitung wahrnimmt, kann es zu Problemen kommen; doch sind diese Leiden nötig für seine Reifung.[230] Zugleich bewirkt dies, dass er sich noch bewusster Jesus unterordnet und darum ringt, wie er noch besser im Auftrag Jesu leiten kann.[231] Aus dieser bewussten Unterordnung unter Jesus wächst echte geistliche Autorität.

4. Der Lehrdienst der Frau

Um die Frage, ob eine Frau Predigerin einer Gemeinde werden dürfe, wird heute in den evangelikalen Gemeinden heftig gerungen.

In 1. Kor 14, 33-35 geht es nicht um ein allgemeines Redeverbot der Frau in der Gemeinde. Es wird hier nur darauf hingewiesen, dass

---

226 Bakke, R.; Hart, J., Gott in der City. Die Herausforderung der modernen Stadt und die Antwort des Christentums, Lörrach 1990, S. 50

227 Dünnebeil, W., Pastor sein ist auch nicht leicht, S. 68

228 Herrmann, A., In dir steckt mehr als du denkst, S. 34-35

229 Dünnebeil, W., Pastor sein ist auch nicht leicht, S. 59

230 Clinton, J. R., Der Werdegang eines Leiters, S. 100

231 ebd., S. 109

die Frauen nicht öffentlich ihr Urteil abgeben sollen über die Prophetien in der Gemeinde. Sie dürfen also keine öffentliche Korrektur- und Lehrfunktion wahrnehmen.[232] Dagegen ist es aber Frauen erlaubt, in der Gemeinde zu beten und prophetisch zu reden (1. Kor 11, 5).

Die Auslegung von 1. Tim 2, 11 - 14 macht deutlich, dass Frauen in der Gemeinde nicht lehren und leiten sollen. Sie dürfen also nicht die Aufgabe wahrnehmen, die von den Ältesten einer Gemeinde erwartet wird. In den Versen 13 - 14 wird uns gesagt, dass der Frau das Lehren und Leiten in der Gemeinde nicht aufgrund der damaligen Umwelt und nicht aufgrund einer speziellen Gefährdung der Gemeinde untersagt wird. Der Grund ist in der Schöpfungsordnung Gottes (der Mann wurde zuerst geschaffen) und in Gottes freiem Entschluss, den er im Zusammenhang mit dem Sündenfall und dem Hören der Eva auf den Verführer gefasst hat, zu suchen.[233]
Eine Frau kann also, wenn wir diese Stellen ernst nehmen, nicht Predigerin einer Gemeinde werden. Helge Stadelmann schreibt dazu:

> »Wenn heute nicht nur Landeskirchen, sondern auch schon Freikirchen sich für die Berufung von Frauen als Pastorinnen entscheiden, entscheiden sie sich damit gegen Gottes Wort. Sie setzen damit zugleich Gottes Segen aufs Spiel. Denn wer dieses Wort Gottes zum öffentlichen Lehren der Frau nicht anerkennt, wird von Gott nicht anerkannt (1. Kor 14, 38). Und ohne diese Anerkennung Gottes können wir nicht leben!«[234]

Weil Frauen nicht Predigerinnen werden dürfen, besteht die Gefahr, dass man die Lehrgabe der Frau und ihre Lehraufgabe völlig vernach-

232 Müller, H., Gemeinde im Umbruch. Was ich von meiner Gemeinde erwarte, Neuhausen-Stuttgart 1995, S. 230 - 234

233 Stadelmann, H., Die Frau als »Pastorin« – Ja oder nein? Was sagt das Neue Testament dazu? in: Bibel und Gemeinde, Zeitschrift des Bibelbundes, Reiskirchen Nr. 3/1995, S. 35 - 38

234 zit. nach ebd., S. 39

lässigt.[235] Deshalb soll hier festgehalten werden: Der Frau ist zunächst das Lehren in einem Rahmen, in dem auch Rücksprache und Gespräch möglich sind (Kol 3, 16), z. B. in einem Hauskreis, durchaus erlaubt.

Frauen werden sogar beauftragt, andere Frauen zu lehren (Tit 2, 3-5). Eine Frau kann z. B. einen Frauengesprächskreis leiten und lehrmäßig führen. Sie kann auch Frauen für die Mitarbeit in der Gemeinde schulen.

Die Frauen sind weiter aufgefordert, Kinder, Teenager, Jugendliche zu Hause und in der Gemeinde zu lehren.
Es ist ihr auch gestattet, öffentlich prophetisch zu reden (1. Kor 11, 5).[236] Dieses Reden dient zur Erbauung, zur Ermahnung und Tröstung der Gemeinde (1. Kor 14, 3.31).

Sie kann auch vor der Gemeinde zeugnishaft weitergeben, was Gott Großes an ihr getan hat (Apg 1, 8).[237]

Weil auch den Frauen innerhalb der Gemeinde Lehraufgaben zukommen, sollen sie im Blick auf diese Aufgaben geschult werden.[238]

3.1.3.3 Der Hirtenauftrag und der Prophetendienst der Ältesten

Die Ältesten sind beauftragt, die ihnen von Jesus anvertraute Gemeinde in rechter Weise zu betreuen (Apg 20, 28). Um diesen wichtigen Dienst in der Gemeinde erfüllen zu können, benötigen die Ältesten vor allem Liebe zur Gemeinde (1. Petr 5, 2). Aus dieser Liebe heraus erwächst dann die Ermutigung, Ermahnung, Tröstung und Zurechtweisung der einzelnen Gemeindeglieder (Tit 1, 9).[239]

---

235 Prime, D., Frauen in der Gemeinde. Dienste und Stellung der Frau in der Gemeinde, Erzhausen 1993, S. 117

236 Nähere Ausführungen über das »prophetische Reden« siehe 3.1.5.4

237 Die Frau in der Gemeinde. Eine theologische Stellungnahme des Bundes Freier Evangelischer Gemeinden in der Schweiz, Niederhünigen 1994, S. 44-46

238 Prime, D., Frauen in der Gemeinde, S. 120

239 Jordy, G., Die Ältesten in der Gemeinde, Wuppertal; Zürich 1988, S. 20

Die liebende Ermutigung hilft den Gliedern der Gemeinde, Jesus treu nachzufolgen und stärkt sie in ihrem Dienst innerhalb der Gemeinde. Die von der Liebe geprägte Ermahnung vermag sie vor dem Abgleiten in Sünde, in eine Irrlehre usw. zu bewahren (Apg 20,29-31). Gerade die Gemeinde ist eine Gemeinschaft, in der man sich umeinander kümmert. Seelsorgerliche Betreuung der einzelnen Gemeindeglieder gehört zum Wesen des Gemeindelebens.[240] Seelsorge beginnt demzufolge mit der Ermahnung, treu am Gemeindeleben teilzunehmen.[241]

Führung und Hirtendienst gehören unzertrennlich zusammen, da ja die Hauptaufgabe der Hirten darin besteht, dass sie die Herde gut und angemessen führen. Eine gute Führung ermöglicht erst eine gute Betreuung der Herde.

Wie sieht denn der Hirtendienst der Ältesten praktisch aus?

- Er erstreckt sich zuerst auf die Gemeindeglieder, mit denen er in seinen Aufgabenbereichen eng zusammenarbeitet. Er redet mit ihnen nicht nur über anstehende Sachfragen und Probleme, sondern findet auch Zeit, auf ihre persönlichen Fragen und Anliegen einzugehen. Durch diese seelsorgerliche Begleitung werden die Hauptverantwortlichen vor Resignation und Entmutigung bewahrt.

  Wenn die Verantwortlichen seelsorgerlich gut betreut sind, sind sie ihrerseits in der Lage, ihren Mitarbeitern und den Leitern, die sie heranbilden, seelsorgerlich zu helfen, ohne sie aber in eine falsche Abhängigkeit zu bringen.[242]
- Gemeindeglieder, die eine ständige seelsorgerliche Begleitung brauchen (Alte, Leidende), können unter den Ältesten aufgeteilt werden.

---

240 Rüegger, H., Kirche als seelsorgerliche Gemeinschaft. Dietrich Bonhoeffers Seelsorgeverständnis im Kontext seiner bruderschaftlichen Ekklesiologie, Bern; Frankfurt a. M.; New York; Paris; Wien 1992, S. 275-276

241 Weyel, H., So stell' ich mir Gemeinde vor, S. 148

242 Ott, C., Das Trainingsprogramm für Mitarbeiter, S. 117

– Eine Betreuung aller Gemeindeglieder ist nur mit Hilfe von Diakonen und Diakoninnen möglich. Wie dies praktisch geschieht, wird unter 3.1.4.4 ausgeführt.
– Zum seelsorgerlichen Aufgabenbereich der Ältesten gehört auch das Lösen von Konflikten unter leitenden Mitarbeitern. Wenn in einem Arbeitsteam oder unter Hauptleitern verschiedener Aufgabenbereiche Konflikte aufbrechen, ist es wichtig, diese möglichst schnell zu lösen. Leider wird dies oft vernachlässigt, weil man hofft, dass sich Konflikte von selbst lösen.
  Zuerst müssen die Ältesten die eigentlichen Ursachen des Konflikts herausarbeiten. Die Gespräche über den Konflikt sollten in einer Atmosphäre des Respekts und des Vertrauens geführt werden. Es werden gemeinsame Lösungsvorschläge erarbeitet. Alle Betroffenen sollten mit der gefundenen Lösung einverstanden sein. Schließlich muss es unter den Betroffenen zur Versöhnung kommen.[243]
– Der Verkündiger sollte sich nur noch um die schwereren Seelsorgefälle kümmern müssen. Das, was er in der Poimenik (Lehre von der Seelsorge) gelernt hat, kann ihm eine große Hilfe sein. Wichtig ist: Es geht in der Seelsorge immer darum, den Seelsorgesuchenden zu Jesus zu führen, denn nur Jesus kann ihm helfen. Er ist der Schöpfer der Menschen und kennt deshalb ihre Probleme in der ganzen Tiefe. Er ist auf Grund seines Erlösungswerkes der einzige Ausweg aus allen schwierigen Situationen unseres Lebens (Ps 63, 8.9). Er allein kann Sünden vergeben und von sündigen Gewohnheiten, Bindungen und Zwängen befreien. Er vermag innere Wunden, die das Leben geschlagen hat, zu heilen. Er gibt Wegweisung im Blick auf die Zukunft. Er erwartet von denen, die seine Rettung im Glauben angenommen haben, dass sie ihn in allen Lebenssituationen lieben und auch ihre Nächsten (Lk 10, 27).[244] Wichtig ist an dieser Stelle, den Nächsten (Eltern, Ehe-

243 ebd., S. 127-128
244 Welscher, H., Jesus Christus, der Seelsorger, in: Seelsorge – Lebensäußerung der Gemeinde, S. 27-30

partner, Kinder usw.) zu vergeben, falls sie an uns schuldig geworden sind. Nur so begegnen wir ihnen in Liebe.[245]

– Weiter gehört es zum Aufgabenbereich der Ältesten, die Kranken in der Gemeinde mit Öl zu salben und mit Handauflegung über ihnen zu beten (Jak 5, 14.15; Mk 16, 18). Ich halte es für angebracht, diesen Dienst hier etwas weiter auszuführen:
In Röm 8, 18-25 wird deutlich, dass der Körper der Gläubigen, obwohl der Heilige Geist in ihnen wohnt, noch Anteil an der Vergänglichkeit der ganzen Schöpfung hat. Dies zeigt sich in körperlicher Schwachheit und Krankheit. Es wird aber der Tag kommen – nämlich bei der Entrückung –, an dem der Leib der Gläubigen erlöst und umgestaltet wird. Sie werden dann einen Herrlichkeits-Leib tragen, wie Jesus ihn seit seiner Auferstehung trägt (Phil 3, 21).
Wenn nun ein Gläubiger krank ist, soll er die Ältesten der Gemeinde zu sich rufen. Diese sollen *»über ihm beten und ihn mit Öl salben im Namen des Herrn«* (Jak 5, 14 b). Das Öl, welches bei der Salbung eines Kranken gebraucht wird, ist ein Bild für den Heiligen Geist (Sach 4; 2. Kor 1, 21.22). Jeder Gläubige weiß ja, dass ihm durch den Heiligen Geist die Auswirkungen des von Jesus vollbrachten Erlösungswerkes innerlich zugänglich gemacht worden sind (Joh 16, 14.15). Er hat auf Grund des Erlösungswerkes Jesu Vergebung seiner Sünden empfangen. Er weiß auch, dass Jesus durch den Heiligen Geist in ihm wohnt (Joh 14, 17.18) und dass er dadurch ein Gotteskind ist (Joh 1, 12). Jesus hat am Kreuz aber auch unsere Krankheiten, Leiden und Schmerzen getragen (Jes 53, 4). Wenn nun der Kranke das Öl auf seinem Körper spürt, darf er glauben, dass ihm der Heilige Geist auch die Überwindung der Krankheit durch Christus äußerlich – an seinem Körper – zugänglich machen kann. Er weiß aber, dass es im Bereich der Souveränität Gottes steht, ob er heilend eingreift oder

[245] Hasenöder, R., Aus der eigenen Biographie lernen, in: ebd., S. 61-62

nicht. Jede Heilung Gottes ist eine Proklamation des Sieges Jesu am Kreuz über die Krankheiten.

Weiter wird im Jakobusbrief darauf hingewiesen, dass *»das Gebet des Glaubens den Kranken retten wird«* (Jak 5, 15 a). Es ist wichtig, dass die Ältesten auf Jesus, den Sieger über Sünde, Krankheit und Tod, vertrauen. Das Wort *»retten«* betont, dass es Jesus selbst dann, wenn er im körperlichen Bereich eingreift, um eine ganzheitliche Hilfe geht. Im Geschehen der Heilung geht es zuerst und zuletzt um eine vertiefte Gottesbeziehung, deshalb wird sie im vorgegebenen Text auch mit der Vergebung der Sünden in Verbindung gebracht. Jesus will immer zuerst das innere Heilsein des Menschen.[246]

Außerdem wird gesagt, dass der Herr den Kranken *»aufrichtet«*. Dies kann bedeuten, dass Jesus den Kranken sofort heilt. Es kann aber auch sein, dass Gott im Krankheitsverlauf eine Wendung schenkt und ein Heilungsprozess einsetzt. Manchmal besteht dieses Aufrichten auch darin, dass Gott dem Kranken die Kraft und Geduld schenkt, die Krankheit ohne innere Auflehnung und ohne Groll zu ertragen, selbst wenn sie zum leiblichen Tod führt. Paulus schreibt in diesem Zusammenhang: *»Deshalb ermatten wir nicht, sondern wenn auch unser äußerer Mensch aufgerieben wird, so wird doch der innere Tag für Tag erneuert. Denn das schnell vorübergehende Leichte unserer Bedrängnis bewirkt uns ein über die Maßen überreiches, ewiges Gewicht von Herrlichkeit«* (2. Kor 4, 16.17).

Damit die Ältesten und die Diakone die Gemeindeglieder gut betreuen können, sollten sie vom Verkündiger in Schulungen mit den grundsätzlichen Schwerpunkten der Seelsorge vertraut gemacht werden. In diesen Schulungen kann das Verwenden von Fallstudien

246 Ausgezeichnete Ausführungen über das Zueinander von Heil und Heilung finden sich bei Beyerhaus, P., Er sandte sein Wort. Theologie der christlichen Mission, Bd.1: Die Bibel in der Mission, Wuppertal; Bad Liebenzell 1996, S. 553-571

eine große Hilfe sein, doch darf dabei das Seelsorgegeheimnis nicht verletzt werden.[247]

Es sollte auch aufgezeigt werden, dass die verschiedenen Psychotherapieformen in einer biblischen Seelsorge keinen Platz haben, da sie vielfach von einem falschen Menschenbild ausgehen und Heil und Heilung auseinanderreißen.[248] Bei dieser Art von Seelsorge wird die Notwendigkeit der Einbindung in die tragende und helfende Gemeinschaft der Gemeinde zu wenig beachtet. Der Mensch ist hier zu stark ein auf sich selbst gestelltes Individuum.[249]

Zu dem eben entfalteten Hirtenauftrag gehört auch der Prophetendienst, denn beim prophetischen Dienst geht es zunächst einmal darum, vom Wort Gottes her für eine augenblickliche Situation Anweisungen zu geben, sei es im Leben eines einzelnen Gläubigen oder für die Gemeinde als Ganzes (vgl. Apg 13, 1-3). Zugleich kann durch Prophetie verborgene und verheimlichte Sünde im Leben der Gläubigen und Ungläubigen aufgedeckt werden (Apg 5, 1-11; 1. Kor 14, 24.25). Die Einsetzung von Gemeindegliedern in einen bestimmten Dienst kann aufgrund von Beobachtung und Prophetie geschehen (1. Tim 1, 18; 4, 14). Durch die Gabe der Prophetie können die in der Bibel ausgeführten Zeichen der Zeit besser verstanden werden, so dass die Gemeinde noch vermehrt auf den kommenden Christus ausgerichtet werden kann.[250] Weil die prophetischen Aussagen niemals dem vorgegebenen Wort Gottes widersprechen und auch nicht über die in der Bibel vorgegebene Offenbarung hinausgehen dürfen, müssen sie immer wieder geprüft werden (1. Kor 14, 29-32).

---

247 Ott, C., Das Trainingsprogramm für Mitarbeiter, S. 81

248 Ouweneel, W. J., Herz und Seele. Gibt es eine christliche Psychologie? Dillenburg 1991, S. 162

249 Rüegger, H., Kirche als seelsorgerliche Gemeinschaft, S. 277

250 Hoffmann, E., Die Gnaden- und Geistesgaben in ihrer Darstellung durch Paulus, in: Wenn jemand hinwegnimmt ... Geistesgaben heute, hg. v. S. R. Külling, Riehen 1988, S. 32-34

3.1.3.4 Der evangelistisch-missionarische Auftrag der Ältesten

Es ist ein besonderes Geschenk, wenn einer der Ältesten ein Evangelist ist (Eph 4, 11). Dies bedeutet: Es ist sein tiefstes Verlangen, verlorene Menschen zu Jesus hinzuführen, und er erlebt auch immer wieder, wie Menschen durch seinen Dienst zum Glauben an Jesus Christus finden. Er achtet darauf, dass die Ältesten und die einzelnen Gemeindeglieder eine Sicht für die Rettung der Verlorenen bekommen. Er ist davon überzeugt, dass das Ziel Gottes mit dem Leben eines jeden Gläubigen darin besteht, durch ihn Menschen zu retten;[251] die ganze Gemeinde soll die verschiedenen evangelistischen Möglichkeiten ausnutzen (siehe 4.1.3.2).

Er drängt außerdem darauf, dass sich die Gemeinde bemüht, neue Gemeinden zu gründen und aufzubauen (1. Thess 1, 8).

Er versucht auch, in der Gemeinde die Verantwortung für die Weltmission zu wecken.[252] Die Gemeinde soll bereit sein, junge und ältere Menschen als Missionare auszusenden, die in anderen Ländern, Kulturen und Sprachgebieten Menschen für Jesus gewinnen und in Gemeinden sammeln (Apg 1, 8; 13, 1-3).

In Kapitel 4 dieses Buches werden die evangelistischen Möglichkeiten einer Gemeinde und zugleich der Dienst eines Evangelisten entfaltet. Der Älteste, dessen Herz für den evangelistisch-missionarischen Auftrag brennt, ist für die Durchführungen von Evangelisationen verantwortlich. Wie man neue Gemeinden gründet und aufbaut, wird in Kapitel 5 ausgeführt.

In Kapitel 6 wird aufgezeigt, was man bei der Aussendung eines Missionars zu beachten hat. In diesem Bereich trägt der missionarisch ausgerichtete Älteste für das Missionsteam, das von einem Diakon geleitet wird, die letzte Verantwortung.

---

251 Coleman, R. E., Des Meisters Plan der Evangelisation, Neuhausen-Stuttgart 1989^{3}, S. 72

252 Müller, J., Die Verantwortung der Gemeinde für die Weltmission, in: Dokumentation, Informationsdienst der Evangelischen Allianz, Wetzlar Nr. 5/1986, S. 7

3.1.3.5 Die Zuteilung der Aufgabenbereiche im Ältestenkreis

Es ist wichtig, dass die Aufgabenbereiche im Ältestenkreis den Gaben und dem inneren Auftrag entsprechend zugeteilt werden (Lehrer, Hirte, Prophet, Evangelist). Damit dies möglich ist, sollte ein neugewählter Ältester zunächst ein Jahr im Ältestenkreis mitarbeiten dürfen, ohne dass ihm schon ein bestimmter Aufgabenbereich zugeteilt wird. Nach dieser Einarbeitungsphase können an einem Gemeindeleitungswochenende durch Gebet und Austausch die Aufgabenbereiche, die seiner Berufung und Begabung entsprechen, herausgefunden werden.

Es kann sein, dass an einem solchen Wochenende verschiedene Aufgabenbereiche gewechselt werden müssen, damit eine noch bessere Angleichung von Gaben und Aufgaben erreicht werden kann.[253] Oft werden ja bestimmte Begabungen erst im Laufe der Zeit deutlich erkannt.

3.1.3.6 Wer darf Ältester sein?

Wenn wir die Aufgabenbereiche der Ältesten überblicken, könnte man meinen, dass für diese Aufgabe nur solche Gläubige in Frage kämen, die besonders viele Gaben haben. Es wäre deshalb zu erwarten, dass die Stellen in der Bibel, die Anforderungen für einen Ältestendienst ausführen, unter anderem einen Gabenkatalog enthielten. Erstaunlicherweise werden aber in 1.Tim 3,1-7 und Tit 1,5-9 vor allem geistliche, charakterliche und ethische Qualifikationen aufgezählt. Der Katalog über die mitzubringenden Gaben fehlt.

Warum wohl? Weil Jesus, der die Ältesten zu ihrem Dienst beruft, sie bestimmt auch zu demselben begabt hat. Die aufgezählten geistlichen, charakterlichen und ethischen Anforderungen machen deutlich, wie wichtig es ist, dass ein Ältester bewusst unter der Herrschaft

253 Logan, R.; George, C., Das Geheimnis der Gemeindeleitung, S. 24

Jesu lebt. Sein Leben muss von gelebter Heiligung geprägt sein, denn die Heiligung ist die Voraussetzung für den richtigen Gebrauch der von Gott anvertrauten Gaben (1. Kor 13, 1-3).

Im Folgenden sollen die Anforderungen aufgelistet werden, die ein Ältester zu erfüllen hat. Natürlich muss ein Ältester bekehrt und wieder geboren sein (1. Tim 3, 6; Tit 1, 8).

Eigenschaften	**1. Tim 3, 1-7**	**Tit 1, 5-9**
Wesen, Charakter	- untadelig, besonnen, nüchtern - gütig, nicht streitsüchtig	- untadelig, besonnen, gerecht - das Gute liebend - nicht eigenmächtig, nicht jähzornig
in der Familie	- Mann **einer** Frau - Kinder mit aller Ehrbarkeit in Unterordnung erziehend - dem eignen Haus gut vorstehen	- Mann **einer** Frau - gläubige Kinder: · die kein ausschweifendes Leben führen · die nicht aufsässig (überheblich, rebellisch) sind
in der Gemeinde	- sittsam, anständig, ehrbar - gastfrei - lehrfähig - kein Neubekehrter	- untadelig als Verwalter - gastfrei - der das Wort festhält und fähig ist: · mit gesunder Lehre zu ermahnen · Widersprechende zu überführen - heilig, enthaltsam
in der Welt	- ein gutes Zeugnis - kein Trinker - kein Schläger - nicht geldliebend	- nicht dem Wein ergeben - kein Schläger - nicht schändlichem Gewinn nachgehend

Es wird deutlich: Ein Ältester lebt in seiner Familie, in der Gemeinde und sogar in der Welt ein vorbildliches, von Jesus geprägtes Leben.

Wie wird ganz praktisch ein Ältester gefunden?

Wenn in der Gemeinde neue Älteste gebraucht werden, muss sich der Ältestenkreis nach Brüdern umsehen, die möglichst viele dieser Anforderungen erfüllen. Leider sind es immer nur ganz wenige, die diese vielen Anforderungen mehrheitlich erfüllen.

Zugleich soll man darauf achten, ob sie wirklich die Gabe der Leitung haben und fähig sind, in einem Team zu arbeiten. Älteste, die nicht die Gabe der Leitung haben, fühlen sich früher oder später in ihrem Dienst überfordert, ausgenutzt und übergangen. Die Erfüllung ihrer Aufgabe wird ihnen zu einer unerträglichen Last.[254]

Hat man im Ältestenkreis durch Gebet und intensiven Austausch Brüder gefunden, die sich jeder als Älteste vorstellen könnte, wird der Verkündiger beauftragt anzufragen, ob sie diesen wichtigen Dienst übernehmen möchten. Bei der Anfrage muss den Brüdern in Anwesenheit ihrer Frauen deutlich gezeigt werden, welche Arbeitsbelastung dieser Dienst mit sich bringen wird. Um diesen Dienst erfüllen zu können, müssen die Frauen und die Familie als Ganzes bereit sein, Opfer zu bringen. Ohne diese Opferbereitschaft ist ein Ältestendienst nicht denkbar. Es soll aber auch die Größe und Würde eines solchen Dienstes aufgezeigt werden (1. Tim 3,1; Hebr 13,17 u. a.). Es wird dann den Brüdern und ihren Familien eine Bedenkfrist (z. B. drei Monate) gegeben, damit sie die Anfrage in aller Ruhe überdenken und darüber beten können. Finden die Brüder zu dieser Anfrage ein Ja, weil sie sich von Gott dazu berufen wissen, kann es zur Bestätigungswahl durch die Gemeinde kommen. Diese Berufung zum Dienst ist deshalb wichtig, weil sie ein Hinweis auf die nötige Begabung ist. Zugleich ist sie auch ein Hinweis darauf, dass Jesus die nötige Kraft zu diesem anspruchsvollen Dienst schenken wird.

254 Herrmann, A., In dir steckt mehr als du denkst, S. 39-40

3.1.3.7 Die Wahl von Ältesten

Die Kernstelle im Blick auf die Wahl der Ältesten ist wohl Apg 14,23. Hier steht: *»Als sie ihnen aber in jeder Gemeinde Älteste verordnet hatten, beteten sie mit Fasten und befahlen sie dem Herrn, an den sie gläubig geworden waren.«* Das griechische Verb χειροτονέω, (*cheirotoneō*, »verordnen«) kann auch die Bedeutung »durch Handaufheben bestimmen« haben. Bei der Wahl der Ältesten durften schon die ersten Gemeinden durch Handaufheben ihr Einverständnis bekunden.[255]

Wie geht man bei der Wahl von Ältesten praktisch vor?

Etwa zwei Monate vor der Gemeindeversammlung, an der neue Älteste gewählt werden sollen, wird der Gemeinde mitgeteilt, welche Brüder der Ältestenkreis zu diesem Dienst vorschlägt. Es sind die, die nach der Bedenkzeit ein Ja zu diesem Dienst gefunden haben. Die Gemeinde wird dabei aufgefordert, etwaige Vorbehalte gegenüber diesen Brüdern den Ältesten mitzuteilen. Auf vorgebrachte Einwände und Bedenken muss die Gemeindeleitung gründlich eingehen.

An der Gemeindeversammlung werden dann die schon angekündigten Brüder zur Wahl vorgeschlagen. Wenn möglich sollte durch die Wahl eine Einmütigkeit zum Ausdruck kommen. Neue Älteste sollten mit mindestens 2/3 aller Stimmen gewählt werden. Wir dürfen bei einer Ältestenwahl mit dem leitenden Wirken des Heiligen Geistes rechnen (Apg 20,28).

Die neu gewählten Ältesten sollten dann möglichst bald in einem Gottesdienst zu ihrem anspruchsvollen Dienst eingesegnet werden. Die Apostel haben auch die von der Gemeinde gewählten Diakone zu ihrem Dienst eingesegnet (Apg 6,6).

255 Kuen, A., Die Dienste in der Gemeinde, in: Fundamentum, Zeitschrift der Freien Evangelisch-Theologischen Akademie Basel, Riehen Nr. 2/1982, S. 24

3.1.3.8 Dienstdauer und Rücktritt der Ältesten

Aus der Bibel selbst ist nicht in Erfahrung zu bringen, ob ein Ältester bis zu seinem Tod oder nur während einer begrenzten Zeit diesen Dienst versah.

Wichtig scheint mir zunächst einmal, dass die amtierenden Ältesten nach einer bestimmten Zeit (z. B. alle vier Jahre) wieder bestätigt werden müssen. Die Gemeinde hat so immer wieder die Gelegenheit, das Vertrauen in den Dienst der Ältesten zum Ausdruck zu bringen. Ohne dieses ihnen entgegengebrachte Vertrauen ist es ihnen nicht möglich, die Gemeinde zu leiten.

Ich persönlich bin der Überzeugung, dass ein Ältester in der Regel nur bis zu seinem Pensionsalter diesen Dienst erfüllen sollte, denn ältere Menschen sind den Problemsituationen einer Gemeinde oft nicht mehr gewachsen.[256] Es gibt aber auch Älteste, die diesen Dienst durchaus bis zum 70. Lebensjahr wahrnehmen können. Es bleibt ein Stück weit eine Ermessensfrage.

Wenn Älteste nicht mehr in der Lage sind, genügend Zeit in ihren Dienst in der Gemeinde zu investieren, sei es, dass sie gesundheitlich Mühe haben oder im Beruf stark gefordert sind, sollten sie zurücktreten.

Da Älteste die Gemeinde durch ihr Vorbild leiten, sollten sie dann zurücktreten, wenn ihr Leben kein Vorbild mehr ist, sei es, dass sie ihrer Frau nicht treu waren, am Arbeitsplatz Geld veruntreuten usw.

Sie sollten auch dann zurücktreten, wenn ihre Kinder den Weg mit Jesus nicht gehen.

[256] Kuen, A., Die Dienste in der Gemeinde, in: ebd. Nr. 4/1982, S. 55-56

3.1.3.9 Die Frau und der Ältestendienst

Da den Frauen in der Landeskirche und in manchen Freikirchen heute höchste Leitungsfunktionen offen stehen, drängt sich die Frage auf, ob Frauen in einer Gemeinde den Ältestendienst versehen dürfen.

Die eben gemachten Ausführungen zeigen, dass Älteste in einer Gemeinde eine Leitungs- und Führungsaufgabe wahrnehmen, da sie einen Aufseherdienst erfüllen (Apg 20, 28; 1. Tim 3, 1) und vorstehen (1. Tim 5, 17). Dieses Leiten und Führen von Männern ist der Frau in der Gemeinde nicht gestattet. Durch den Heiligen Geist inspiriert schreibt Paulus: *»Ich erlaube (gestatte) aber einer Frau nicht zu lehren, noch über den Mann zu herrschen, sondern sich in der Stille zu halten«* (1. Tim 2, 12). Es ist also einer Frau nicht gestattet, den Ältestendienst auszuüben. Es gibt auch kein einziges Beispiel im NT, obschon Frauen wie Tabita, Lydia, Priscilla u. a. einen hervorragenden Dienst getan haben.

In 1. Tim 2, 13-14 begründet Paulus, warum eine Frau in der Gemeinde keinen Aufseherdienst wahrnehmen soll. Er geht dabei nicht pragmatisch vor, sondern begründet dies anhand der ersten Kapitel der Bibel. Er weist zunächst darauf hin, dass Adam zuerst erschaffen worden ist, dann Eva (1. Mo 2, 22.23). Aus diesem *»Zuerst«* des Mannes leitet er die Vorrangstellung des Mannes in der Gemeinde ab (1. Kor 11, 3.8.9).

Weiter weist er darauf hin, dass Eva sich zuerst betrügen ließ (1. Mo 3). Auch dieser biblischen Begründung haben wir Rechnung zu tragen (1. Tim 2, 13.14).

Weil dem Mann in der Gemeinde Jesu schöpfungsmäßig eine Vorrangstellung zukommt, die aber die Gleichwertigkeit von Mann und Frau nicht antastet, und weil die Frau anders verführbar ist als der Mann, soll die Frau in der Gemeinde keinen Ältestendienst erfüllen.[257]

---

[257] Die Frau in der Gemeinde, S. 36-43

Wenn wir die Ausführungen der Bibel im Blick auf den Ältestendienst der Frau in der Gemeinde ernst nehmen, so wird deutlich, dass Frauen diesen Dienst nicht ausüben sollen. Allerdings sind Frauen deshalb nicht etwa weniger wert. Grundsätzlich geht es hier in keiner Weise um Werturteile, sondern um Dienstzuweisungen. Den Frauen stehen andere große Dienstmöglichkeiten offen. Wichtig ist doch, dass sowohl Männer als auch Frauen die ihnen von Jesus Christus zugewiesenen Dienste wahrnehmen. Alle Dienste, die wir als Glieder desselben Leibes, nämlich der Gemeinde erfüllen, haben vor Gott denselben Wert.[258]

3.1.4 Die Diakone und Diakoninnen

Das griechische Wort διάκονος *diakonos* wird in den verschienenen Übersetzungen meist mit »Diener« und nur in drei Fällen als Dienstbezeichnung »Diakon« übersetzt. Die ursprüngliche Bedeutung meint jemanden, der für die Verpflegung und den Lebensunterhalt anderer besorgt ist. Im Neuen Testament ist dieses Wort untrennbar mit dem Dienst verbunden, der aus der Liebe zu Jesus heraus wächst (Gal 5,13; Offb 2,19); nur so kann er in rechter Weise verstanden werden.[259]

3.1.4.1 Einleitende Gedanken zum Dienen im Neuen Testament

Am Anfang allen Dienens steht der Dienst Jesu an uns Menschen. Jesus selbst sagt (Mk 10,45): *»Gleichwie der Sohn des Menschen nicht gekommen ist, um bedient zu werden, sondern um zu dienen und sein Leben zu geben als Lösegeld für viele.«* Der Dienst Jesu gipfelte in

---

258 Prime, D., Frauen in der Gemeinde, S. 75-77

259 Beyer, H., διακονέω, διακονία, διάκονος, in: Theologisches Wörterbuch zum Neuen Testament, hg. v. G. Kittel, Bd. 2, Stuttgart; Berlin; Köln 1990^2, S. 81-93

seiner Selbsthingabe für uns Menschen am Kreuz. Gott Vater hat ihn am dritten Tag auferweckt. Jeder, der im Glauben diesen Dienst Jesu an seinem Leben in Anspruch nimmt, indem er Jesus als Retter und Herrn annimmt, wird befähigt, Gott zu dienen (Kol 3, 24; 1. Thess 1, 9).

Der Dienst, zu dem Jesus uns befähigt hat, soll zuerst den anderen Gläubigen und dadurch der Gemeinde als Ganzes zugute kommen (2. Tim 1, 18; 1. Petr 4, 10). Es ist aber ebenso unsere Aufgabe, den ungläubigen Menschen zu dienen (Phil 4, 5). Aller Dienst, den wir tun, geschieht mit Hilfe des in uns wohnenden Christus für ihn (Kol 3, 23).

3.1.4.2 Der allgemeine Gebrauch des Wortes Diakon im Neuen Testament

Paulus versteht sich als ein Diakon Christi (2. Kor 11, 23). Als Diener Jesu war er bereit, in seinem Auftrag Diakon des Evangeliums zu sein (Eph 3, 7). Durch seinen Dienst am Evangelium kamen Menschen zum Glauben an Jesus (1. Kor 3, 6), die in Gemeinden gesammelt wurden. Jesus war es, der Paulus zum Diakon dieser Gemeinden machte (Kol 1, 25). Als Diakon kümmerte er sich nicht nur um das geistliche Wohl der Gemeinden, sondern war auch um ihr äußeres Wohlergehen besorgt (1. Thess 2, 7 - 12; 2. Thess 3, 11 - 13). Er sammelte sogar für die Gemeinde in Jerusalem eine Kollekte (2. Kor 8 und 9) ein.

Neben Paulus werden auch Timotheus (1. Tim 4, 6) und Epaphras als Diakone Christi bezeichnet (Kol 1, 7). Tychikus wird in Kolosser 4, 7 Diakon des Herrn genannt.

Der allgemeine Gebrauch des Wortes Diakon verdeutlicht den Auftrag der Gläubigen, vor Gott (2. Kor 6, 4) und Christus (Kol 1, 7; 1. Tim 4, 6) zu dienen, indem sie das Evangelium weitersagen (Eph 3, 7) und sich dienend in der Gemeinde einsetzen (Kol 1, 25). Eigentlich ist jeder Gläubige in diesem Sinn ein Diakon des Herrn für die Gemeinde (1. Petr 4, 10).

3.1.4.3 Der spezielle Gebrauch der Wörter Diakon/Diakonin im Neuen Testament

Es gibt verschiedene Bibelstellen, die zeigen, dass den Diakonen in der Gemeinde eine bestimmte Funktion zukam:[260]

Phil 1,1: Hier werden *die Diakone* neben den Ältesten und den übrigen Gemeindegliedern besonders erwähnt.

1. Tim 3,8-13: In diesen Versen wird uns gesagt, welche Voraussetzungen im Leben eines Gläubigen erfüllt sein müssen, dass er *Diakon oder Diakonin* werden kann. Auch in diesem Text werden Diakone und Älteste voneinander unterschieden.

Röm 16,1: In diesem Vers wird auf Phöbe hingewiesen, die in der Gemeinde in Kenchreä *Diakonin* war. Dass es sich hier tatsächlich um einen speziellen Dienst und nicht um eine allgemeine Bezeichnung handelt, zeigt die männliche Form des Wortes.[261]

3.1.4.4 Welche Aufgaben nehmen Diakone und Diakoninnen in der Gemeinde wahr?

Um die spezielle Aufgabe der Diakone und Diakoninnen besser zu erfassen, wurde seit der Zeit der frühen Kirche bis heute *Apg 6,1-6* herangezogen. Damit wir uns vorstellen können, wie der Dienst der Diakone und Diakoninnen auszusehen hat, müssen wir diese Stelle genau betrachten:

V 1: In der Gemeinde in Jerusalem brach das Problem auf, dass die Witwen des Griechisch sprechenden Teils der Gemeinde bei

---

260 Kuen, A., Die Dienste in der Gemeinde, in: Fundamentum, Nr. 3/1982, S. 39

261 Mauerhofer, E., 1. Frage zur Stellung der Frau in der Gemeinde, in: Fundamentum, Nr. 3/1992, S. 92-93; Schirrmacher, Th., Ethik Bd. 2, S. 549

den täglichen Mahlzeiten übersehen wurden. Dies führte zu Spannungen.

V 2: Hätten die Apostel sich nun vermehrt um die einzelnen Glieder der großen Gemeinde kümmern müssen? Dadurch wäre die Verkündigung des Wortes Gottes vernachlässigt worden. Dies durfte aber nach Meinung der Apostel auf keinen Fall geschehen.

V 3: Sie beauftragten deshalb die Gemeinde, sich nach sieben Männern umzusehen, die bestimmte geistliche Voraussetzungen – ein gutes Zeugnis, voll Heiligen Geistes und Weisheit – erfüllen mussten. Diese Männer sollten darum besorgt sein, dass die übergangenen Witwen ihren Anteil bekämen. Dieser äußerliche Dienst hatte natürlich auch einen geistlichen Aspekt – die Ursache der Unzufriedenheit wurde beseitigt.

V 4: Die Apostel betonten noch einmal, dass sie Männer als Diakone einsetzen wollen, damit sie Zeit zum Gebet und zum Dienst am Wort hätten. Sie leiteten also mit der Berufung der Diakone eine Arbeitsaufteilung in der Gemeinde ein.

V 5: Die Namen der sieben Männer werden aufgezählt. Schon dass ihre Namen in der Bibel erwähnt werden, zeigt uns, dass ihr Dienst als sehr wichtig eingeschätzt wurde.

V 6: Abschließend wird uns noch gesagt, dass ihnen von den Aposteln die Hände aufgelegt wurden. Diese Handlung unterstrich ebenfalls die Wichtigkeit ihres Dienstes.

Zusammenfassung:

Die Diakone sollten in erster Linie die Apostel entlasten, damit diese ihre von Gott zugewiesene Aufgabe ungehindert wahrnehmen konnten. Die Entlastung für die Apostel bestand darin, dass sie sich auf das Gebet und das Wort Gottes konzentrieren konnten. Die Diakone kümmerten sich um das leibliche und geistliche Wohl bestimmter Gemeindeglieder. Obwohl die soziale Aufgabe der Diakone im Vordergrund stand, schloss dies nicht aus, dass sie noch andere Aufgaben wahrnahmen (vgl. Apg 6, 8.9).

Anhand dieser eben entfalteten Gedanken wollen wir nun betrachten, wie der Dienst der Diakone/Diakoninnen heute aussieht.

Grundsätzlich sollen die Diakone/Diakoninnen die leitenden Brüder einer Gemeinde so entlasten, dass diese ihren Leitungs- und Verkündigungsauftrag dynamisch wahrnehmen können.

Damit dies möglich ist, müssen die Diakone/Diakoninnen eine dreifache Aufgabe erfüllen:

1. Sie sind um das leibliche und geistliche Wohl der einzelnen Gemeindeglieder besorgt.
2. Sie führen die vielen Aufgaben innerhalb der Gemeinde mit Hilfe von Arbeitsgruppen (Teams) aus.
3. Sie erfüllen bestimmte administrative Aufgaben.

Damit die Diakone/Diakoninnen diese Aufgaben übernehmen können, müssen die Ältesten bereit sein zu delegieren. Den Diakonen/Diakoninnen wird die Zuständigkeit – und damit die Verantwortung für eine bestimmte Aufgabe – übertragen. Dies setzt voraus, dass ihnen die Ältesten ihr ganzes Vertrauen schenken.[262]

Wie sieht das im Einzelnen aus? Im Folgenden sollen die Bereiche Hauskreisarbeit, Arbeitsteams und Administratives beschrieben werden.

1. Diakone/Diakoninnen sollen um das leibliche und geistliche Wohl der einzelnen Gemeindeglieder besorgt sein – Hauskreisarbeit (Betreuungsorientierter Bereich)

Dazu brauchen sie die Gaben der »Hilfeleistungen« (1. Kor 12, 28), der »Diakonie« (Röm 12, 7), des »Mitteilens in Einfalt« und die Gabe »Barmherzigkeit zu üben« (Röm 12, 8).[263]

---

262 Bosch, R.; Jenni, H.; Kurth, R., Handbuch für Leitungsaufgaben in Gemeinde und Beruf, S. 125-126

263 Ausführungen über die Gaben im Einzelnen siehe 3.1.5.4

Damit dies ganz praktisch möglich ist, sollte man die ganze Gemeinde nach Quartieren, Ortschaften oder Regionen in überschaubare Hauskreise von 10-15 Personen einteilen. Schon die erste Gemeinde kannte diese Aufteilung in verschiedene Häuser (Apg 5,42; 12,12). Diakone oder Diakoninnen (wir sprechen in diesem Fall von Hauskreisleitern und -leiterinnen) leiten die Hauskreise; wenn irgend möglich sollten alle Gemeindeglieder einen solchen Hauskreis besuchen. Diese Hauskreise treffen sich am besten alle vierzehn Tage. Alle, die durch Zuzug oder Bekehrung zur Gemeinde stoßen, sollten möglichst rasch in solche Hauskreise integriert werden.

Da die Zusammenkünfte in der Regel in der Wohnung des Hauskreisleiters oder der Hauskreisleiterin stattfinden, wird von ihnen eine vorbildliche Gastfreundschaft erwartet (Röm 12,13; 1. Petr 4,9; Hebr 13,2).

Folgendes charakterisiert die Hauskreisarbeit:

– Im Hauskreis kann echte, in Jesus verankerte Gemeinschaft gelebt werden. Hier können persönliche Beziehungen unter den Glaubensgeschwistern gepflegt werden. Man kann sich gegenseitig aussprechen, ermutigen und korrigieren.[264] Auf diese Weise wird die Anonymität unserer Zeit überwunden.
– An den Hauskreiszusammenkünften beschäftigt man sich vor allem mit der Bibel. Es werden ganze biblische Bücher oder bestimmte Bibelabschnitte betrachtet. Auch Sachthemen werden von der Bibel her entfaltet. Zu bestimmten Themen werden Fachleute (Prediger, Lehrer, Arzt) eingeladen. Des Weiteren wird das gemeinsame Gebet gepflegt.[265]

---

264 Meiss, K., Kleine Kreise – große Wirkung. Hauskreisarbeit in der Gemeinde, Marburg a. d. Lahn 1995, S. 22. Wie die Beziehungen in einem Hauskreis ganz konkret vertieft werden können, wird in einem Kleingruppenheft der Willow-Creek-Gemeinde aufgezeigt, vgl. Hybels, B.; Harney, K. u. Sh., Gemeinschaft. In Gottes Familie hineinwachsen, Wiesbaden 1997

265 ebd., S. 39-40

– Da in unserer säkularen Gesellschaft der Umgang mit der Bibel, das Gebet und das Leben nach den Ordnungen Gottes fast zu etwas Fremdem geworden sind, gilt es, sich im Hauskreis in die Grundformen einer biblischen Lebensgestaltung einzuüben. Man kann sich gegenseitig Hilfen zum Bibellesen und Gebet geben. Es sollte gezeigt werden, dass ein Schwerpunkt des Gebets das Danken ist. Jeder Gläubige sollte täglich für die ihm von Jesus geschenkte Sündenvergebung, für die Stellung der Gotteskindschaft, für die Zugehörigkeit zum Leib Christi und vieles andere mehr danken (Phil 4, 6). Dem Dank schließen sich die Bitten für Menschen, Umstände, Geld, den Arbeitsplatz und die Gemeinde an. Jesus hat versprochen, unsere Bitten ernst zu nehmen. In jedem Gebet sollten wir uns weiter ganz Jesus zur Verfügung stellen. Er soll über unseren Leib, über unser Denken, Fühlen und Wollen, über unseren Besitz verfügen dürfen, damit sich sein Plan durch unser Leben erfüllt.[266]
  Auch Fragen der persönlichen Heiligung, der Gestaltung der Ehe, der Kindererziehung usw. können besprochen werden.
– Innerhalb des Hauskreises nimmt man auch gegenseitige soziale Verantwortung wahr. Man hilft sich gegenseitig. Zum Beispiel wird alleinerziehenden Müttern ganz praktisch im Bereich der Kinderbetreuung geholfen. Die soziale Verantwortung wird sich auch in materieller Hilfe zeigen.[267]
– Weil in unserer Gesellschaft das Reden über den Glauben zu einem Tabu geworden ist, sind auch viele Gemeindeglieder im Blick auf ihren Glauben sprachlos geworden. In der vertrauten Gemeinschaft des Hauskreises kann gelernt werden, wie man so über Glaubensfragen reden kann, dass es die anderen verstehen.

266 Beutel, M., Leidenschaft einüben. Ein geistliches Energieprogramm, Emmelsbüll; Wuppertal; Kassel 1995, S. 47.52-54

267 Kuen, A., Die Gemeinde. Neutestamentliche Lehre und heutige Praxis, Wuppertal 1996, S. 52-53

Man lernt auch, sich über Glaubenserfahrungen auszutauschen.[268]

- Der Hauskreisleiter kümmert sich mit seinem Ehepartner zusammen um die seelsorgerlichen Probleme der einzelnen Teilnehmer. Zugleich nimmt jeder im Hauskreis am Ergehen des anderen Anteil. Wird z. B. jemand aus dem Hauskreis ins Krankenhaus eingewiesen, wird er und seine Familie von den übrigen Teilnehmern gut betreut.
- Der Hauskreis ist auch der Ort, wo das Verständnis für die Gemeinde Jesu geweckt wird. Die einzelnen Glieder des Hauskreises werden ermutigt, ihren Gaben entsprechend in der Gemeinde mitzudienen.
  Der Hauskreis soll sich klar als Zelle der Gesamtgemeinde verstehen. In Hauskreisen, die keine klare Ausrichtung auf die Gemeinde haben, kommt es zu Absonderungstendenzen, da sich Sonderlehren einschleichen können. Sie stehen weiter in Gefahr, am Gruppenegoismus kaputtzugehen. Klaus Meiss nennt Hauskreise, denen die Gemeindeperspektive fehlt, »Krebsgeschwüre der Gemeinde«.[269]
- Gegenüber Menschen, die dem Glauben noch fern stehen, verfügt der Hauskreis über große evangelistische Möglichkeiten. Den Bekannten, Nachbarn, Arbeitskollegen, die in den Hauskreis eingeladen werden, kann der Glaube ganz lebensnah vermittelt werden, weil man auf die anwesenden Personen eingehen kann.[270] Die einzelnen Teilnehmer werden an diesen Abenden ganz praktisch angeleitet, evangelistische Gespräche zu führen. Vor allem können persönliche Lebensberichte, wie man zum Glauben an Jesus gefunden hat, überzeugen.

---

268 Sheely, S., Serendipity Training. Deutsche Bearbeitung: A. Pfeifer, Serendipity Training. Kleingruppen in der Gemeinde, Gießen; Basel 1996, S. 27.34

269 zit. nach Meiss, K., Kleine Kreise – große Wirkung, S. 20

270 Masemann, H., Hauskreise – Baustein der Gemeindearbeit, Gießen; Basel 1992, S. 42-55

In dieser Weise dienen die Hauskreise zur Belebung und Festigung des Lebens der ganzen Gemeinde.[271]

Wie kann man nun Hauskreise praktisch durchführen?

Damit die eben erwähnten Punkte in einem Hauskreis zum Tragen kommen, ist zunächst einmal ein lockerer Einstieg in den Abend wichtig. Man redet über Erlebnisse und Erfahrungen der letzten Tage. Nach dem Gebet und einem Lied wird zur Betrachtung eines Bibeltextes oder eines Themas übergeleitet. Dieser Teil ist von einer Darlegung und dem Austausch geprägt. Verschiedene Teilnehmer des Hauskreises, die begabt sind, Gespräche zu leiten, übernehmen diesen Teil. Sie achten darauf, dass alle Teilnehmer sich am Gespräch beteiligen können. Wenn das Gespräch abzugleiten droht, lenken sie es wieder auf das Wesentliche zurück. Sie suchen im Gespräch den »roten Faden« zu behalten.[272] Am Schluss des jeweiligen Abends fassen sie die zusammengetragenen Ergebnisse kurz zusammen und leiten zu einem offenen Austausch über.[273] Jeder kann in diesem Teil seine Sorgen, Nöte und Freuden weitergeben. Anschließend folgt die Gebetsgemeinschaft. In den Gebeten werden vor allem die eben angesprochenen Bedürfnisse der Anwesenden vor Gott ausgebreitet.[274] Es wird

---

271 Meiss, K., Kleine Kreise – große Wirkung, S. 14.
Ralph W. Neighbour vertritt die Auffassung, dass die Hauszellen nicht nur ein Teil des Gemeindelebens sein sollten, sondern dass sich in ihnen das eigentliche Gemeindeleben abspielen sollte. Er behauptet sogar, dass, wenn das Gemeindeleben in den Hauszellen stattfindet, eine Gemeinde keine weiteren Strukturen nötig habe (vgl. Neighbour, Jr., R. W., Wie geht es weiter? Ein Leitfaden für die Zellen-Gemeinde, Kreuzlingen 1996, S.107). Diese Überzeugung leitet er aus den beiden ersten Kapiteln der Apostelgeschichte ab (ebd., S. 89-106). Hier liegt meines Erachtens eine Verkürzung der theologisch-dogmatischen Ausführungen der Bibel über die Gemeinde vor, die ich so nicht teilen kann.

272 Sheely, S., Serendipity Training. Deutsche Bearbeitung: A. Pfeifer; R. Gyger, Was Gruppenleiter wissen müssen, Gießen; Basel 1996^2, S. 32-33

273 Meiss, K., Kleine Kreise – große Wirkung. S. 41-42

274 Neighbour, Jr., R. W., Wie geht es weiter? S. 195

auch konkret für verlorene Menschen – Eltern, Ehepartner, Kinder, Nachbarn, Freunde – gebetet.

Gesunde Hauskreise sind ständig am Wachsen.

Damit die bestehenden Hauskreise nicht zu groß werden, müssen immer wieder neue gegründet werden. Für diese neuen Hauskreise müssen neue Leiter/Co-Leiter herangezogen werden. Dies ist durchaus möglich, da es in jedem Hauskreis ein Potential von begabten Leitern gibt, die aber noch gefördert werden müssen.[275] Zuerst soll jemand, der als Leiter in Frage kommt, lernen gut zu beobachten, wie der jetzige Leiter die Abende gestaltet. In einem zweiten Schritt werden die Abende gemeinsam vorbereitet und durchgeführt. Schließlich kommt der Zeitpunkt, da er ab und zu einen Abend selbst gestaltet. Der Leiter gibt ihm ermutigende und helfende Korrekturen. Es geht also um ein »learning by doing«.[276] Der Hauskreisleiter versteht sich als Mentor – als Begleiter und Berater – des heranzuziehenden Leiters.[277] Das Wichtigste bei einem werdenden Leiter ist, dass er sich von Gott zu diesem Dienst berufen weiß und dass sein Herz für Jesus brennt. Nur Jesus vermag ihn zu einem fähigen Leiter zu machen. Nach einiger Zeit ist er durchaus in der Lage, selbstständig mit einem neuen Hauskreis zu beginnen und selbst wieder neue Leiter heranzubilden.[278] Wenn die Schulung neuer Leiter nicht gelingt, stagniert die Hauskreisarbeit und damit auch das Gemeindewachstum.[279]

Ein Team, das aus Hauskreisleitern und -leiterinnen besteht, ist für die Hauskreisarbeit verantwortlich. Das Team wird von einem Ältesten geleitet. Die Mitglieder dieses Teams teilen die verschiedenen

---

275 Herrmann, A., In dir steckt mehr als du denkst, S. 89

276 Ott, C., Das Trainingsprogramm für Mitarbeiter, S. 32

277 ebd., S. 107

278 Herrmann, A., In dir steckt mehr als du denkst, S. 151-153; Hilfen für den Start eines neuen Hauskreises finden sich in: Sheely, S., Serendipity Training. Deutsche Bearbeitung: A. Pfeifer; R. Gyger, Was Gruppenleiter wissen müssen, Gießen; Basel 1996[2]

279 Logan, R. E., Mehr als Gemeindewachstum, S. 165-166

Hauskreise unter sich auf und besuchen sie ein- bis zweimal im Jahr. Durch diese Besuche erhalten sie einen guten Einblick in die Hauskreisarbeit der Gemeinde und können den Hauskreisleitern echte Hilfen weitergeben.[280] Zugleich werden die Hauskreisleiter und -leiterinnen für ihre wichtige Aufgabe alle zwei Monate ausgebildet und angeleitet. Die angehenden Leiter sollten unbedingt an diesen Schulungen teilnehmen. Der Verkündiger trägt für diese die Hauptverantwortung. An diesen Schulungen geht es in einem ersten Teil darum, praktische Hilfen – Gestaltung einer Bibelarbeit, Themenvorschläge – für diese wichtige Aufgabe zu geben. In einem zweiten Teil teilen sich die Teilnehmer in kleine Gruppen auf. Jeder aus dem Hauskreisleiterteam sitzt mit den Hauskreisleitern und -leiterinnen zusammen, die er zu betreuen hat (es sollten nicht mehr als fünf sein). Hier tauscht man sich über Erfolge und Misserfolge, über Probleme und mögliche Lösungen aus.[281]

Den Hauskreisleitern und -leiterinnen kommt im Blick auf das Wachstum der Gemeinde eine Schlüsselrolle zu.

Ab und zu sollte sich in einer Bibelstunde oder im Gottesdienst ein Hauskreis kurz vorstellen können, damit die Gemeindeglieder oder Besucher, die noch zu keinem Hauskreis gehören, ermutigt werden, ebenfalls den Hauskreis in ihrer Region zu besuchen.[282]

2. Die Diakone/Diakoninnen nehmen die vielen Aufgaben innerhalb der Gemeinde mit Hilfe von Arbeitsgruppen (Teams) wahr (Aufgabenorientierter Bereich)

Dazu benötigen sie vor allem die Gabe der Leitung (1. Kor 12, 28). Gerade weil sie Leitungsaufgaben wahrnehmen, muss ihre Wahl mit größter Sorgfalt vorgenommen werden. Nicht jedes Gemeindeglied hat die Gabe der Leitung. Die Leitungsgabe zeigt sich im Leben der

---

280 ebd. S. 170

281 George, C. F., Gemeindemodell für die Zukunft: Die Meta-Gemeinde. Wie eine Gemeinde wächst und doch familiär bleibt, Frankfurt a. M. 1994, S. 158-160

282 Sheely, S., Serendipity Training, Kleingruppen in der Gemeinde, S. 79

Gläubigen meist darin, dass sie für einen bestimmten Aufgabenbereich in der Gemeinde ein brennendes Herz haben. Sie haben auch schon Ideen, wie die Arbeiten in diesem Bereich besser und effektiver ausgeführt werden könnten.[283] Es gibt verschiedene Bereiche, in denen ***Diakone/Diakoninnen*** die Leitung wahrnehmen können.

Die Leitung der Kinder-, Teenager- und Jugendarbeit
- Sonntagsschule und Hauskinderstunden
- Das Team der Jungschar- und Teenagerarbeit
- Das Jugendgruppenteam

Die Leitung des Bereichs der Evangelisation und Mission
- Das Vorbereitungsteam der Evangelisation
- Das Team zur Betreuung der Neubekehrten
- Das Missionsteam, das für die Kontakte mit den Missionaren zuständig ist

Die Förderung der Gemeinschaft
- Eine Diakonin leitet das Team der **Frauenarbeit**, in dem am besten Frauen aller Altersgruppen zwischen 20 und 70 Jahren vertreten sind.
  In der Frauenarbeit geht man ganz speziell auf die Bedürfnisse der Frauen ein. Zugleich werden die Frauen zum seelsorgerlichen Dienst an anderen Frauen in der Gemeinde zugerüstet. Man versucht gemeinsam, Frauen mit der Botschaft des Evangeliums zu erreichen.[284]
  Auch alleinstehende Frauen – Singles, Geschiedene, Witwen – werden in dieser Arbeit mit berücksichtigt.[285]

283 Robinson, M., Kirche für Entkirchlichte. Lernen von Willow Creek, Wuppertal; Wittenberg 1995, S. 146
284 Kraft, V., Gemeinde – nur Männersache? Wie Frauen zum Gemeindewachstum beitragen können, Kehl 1995, S. 67
285 ebd., S. 95

Vickie Kraft betont, dass die Bibel im Mittelpunkt einer lebendigen Frauenarbeit stehen müsse. Sie ist davon überzeugt, dass die Unterweisung in der Heiligen Schrift und ihre Anwendung auf das Leben heutiger Frauen dazu führt, dass Frauen geistlich wachsen.[286]
Besonders positiv wirken sich vorübergehende verbindliche Zweierschaften zwischen jungen und älteren Frauen aus (vgl. Tit 2,3-5). Diese Zweierschaften werden immer wieder neu vom Leiterteam der Frauenarbeit vermittelt.[287]

– Auch in der Seniorenarbeit braucht es als Leiter einen Diakon/eine Diakonin. Alte Menschen benötigen einerseits Betreuung und Zuwendung, weil sie schwächer und gebrechlicher werden. Ihnen wird geholfen, das Schwere und Unbegreifliche dieser Lebensphase (Tod des Ehepartners, Behinderungen usw.) mit Hilfe von Jesus zu tragen. Zugleich brauchen sie aber auch Anregungen für eine aktive Gestaltung ihres Alltags und für die konkrete Mithilfe in der Gemeinde. Sie können im Betreuen kranker Gemeindeglieder, im Begleiten von Depressiven und Trauernden, im Unterstützen alleinerziehender Mütter usw. eine wertvolle Hilfe sein. Handwerklich begabte ältere Gemeindeglieder können Arbeiten im Gemeindehaus verrichten. All dies fördert das Selbstwertempfinden der älteren Gemeindeglieder. Für sie werden in der Gemeinde immer wieder Seniorennachmittage gestaltet, die die beiden Elemente Betreuung und Aktivierung (Anleitung, Bildung) enthalten.[288] Zugleich sollten auch Hilfen im Blick auf das Sterben weitergegeben werden.

---

286 ebd., S. 77

287 ebd., S. 157-169

288 Hennig, P., Altenarbeit, in: Gemeindepädagogisches Kompendium, hg. v. G. Adam; R. Lachmann, Göttingen 1987, S. 417; und Wegenast, K.; Lämmermann, G., Gemeindepädagogik. Kirchliche Bildungsarbeit als Herausforderung, Stuttgart; Berlin; Köln 1994, S. 178

Die Leitung der diakonischen Dienste

– Diakone/Diakoninnen leiten die Hilfeleistungen für notleidende Gemeindeglieder, organisieren Krankenbesuche, stellen Haushaltshilfen für Behinderte bereit und sorgen für materielle Hilfe für die Armen – so wird die durch Christus geschenkte Liebe unter den Gläubigen einer Gemeinde ganz praktisch sichtbar (Gal 6, 2).
– Diakone/Diakoninnen organisieren nach außen hin die Betreuung von Gefangenen, Einsamen, Süchtigen, die Ausländerarbeit usw.

Der Leitung im musikalischen Bereich

Alle Dirigenten und Verantwortlichen der verschiedenen Sing- und Musikgruppen sind Diakone.

Die Verantwortung für den Gebäudeunterhalt (Betriebsteam, Putzteam, Küchenteam) wird von Diakonen/ Diakoninnen wahrgenommen

In all diesen eben aufgezählten aufgabenorientierten Gruppen sollte bei den Sitzungen immer wieder genügend Zeit für den Austausch, das Gebet und das Hören auf das Wort Gottes genommen werden.[289]

Jeder Diakon/jede Diakonin arbeitet in seinem/ihrem Aufgabenbereich eng mit einem Ältesten zusammen. Alle gewichtigen Fragen aus diesen Teams werden im Ältestenkreis besprochen.

3. Diakone/Diakoninnen erfüllen auch bestimmte administrative Aufgaben (Administrativer Bereich)

Wer in diesem Bereich tätig ist, braucht die Gabe des Vorstehens (Röm 12, 8).

Ein Diakon/eine Diakonin kann die Sekretariatsarbeiten einer Gemeinde erledigen.

---

289 Scheunemann, K. S., Kirche für Distanzierte. Das Erfolgsgeheimnis der Willow Creek-Gemeinde, Wiesbaden; Wuppertal; Zürich 1995, S. 71

Wie wir eben gesehen haben, leiten viele Diakone/Diakoninnen im aufgabenorientierten Bereich ein Team. Es ist ihre Aufgabe, die einzelnen Teammitglieder ihren Stärken entsprechend einzusetzen. Sie sollten jedem zu verstehen geben, dass er wichtig ist und gebraucht wird, und jeden in seiner speziellen Aufgabe immer wieder ermutigen. Ist einem Teammitglied etwas gut gelungen, loben sie es spontan (Spr 12,25 b). Wenn nötig, bringen sie auch konstruktive Kritik an. Eine solche positive Führung ist für die Diakone/Diakoninnen nur dann möglich, wenn sie in einer engen Verbindung mit Jesus leben und treu für die Mitarbeiter beten. Wenn die Diakone/Diakoninnen ihr Team so positiv leiten, können aufbrechende Probleme offen angesprochen werden. Teammitglieder, die sich aggressiv verhalten, andere beleidigen usw., können zurechtgewiesen werden.

Alle Diakone und Diakoninnen sind beauftragt, in ihrem Aufgabenbereich neue Leiter heranzubilden, die selbst wieder zu Diakonen und Diakoninnen werden können. Dazu müssen sie zunächst bereit sein, ihre Mitarbeiter selbstständig etwas vorbereiten zu lassen. Dabei zeigen sich diejenigen, die diese Aufgabe gut und mit ganzer Hingabe erfüllen. Sie sollten für einen ganzen Aufgabenbereich herangezogen werden. Wenn dies gut gelingt, teilen sie schließlich mit den Diakonen die Arbeit. Ab jetzt sind diese Mitarbeiter in der Lage, selbstständig die Aufgabe eines Diakons/einer Diakonin zu übernehmen; sie sind zu Leitern herangewachsen.[290] Die Schulung neuer Leiter gelingt nur dann, wenn die Diakone und Diakoninnen Vorbilder sind.[291] Alfred Kuen schreibt zu dieser wichtigen Aufgabe:

> »Das gute Funktionieren des Leibes und seine Anpassung an die sich ständig ändernden Lebensbedingungen macht eine Erneuerung und eine beständige Verjüngung seiner Zellen nötig. In diesem Sinne sehen einige Gemeinden die regelmäßige Erneuerung der Diakone ... vor ...«[292]

---

290 Rush, M, Mitarbeiter führen, S. 141 - 148

291 Ott, C., Das Trainingsprogramm für Mitarbeiter, S. 63

292 zit. nach Kuen, A., Die Dienste in der Gemeinde, in: Fundamentum, Nr.3/1982, S. 40

Alle Diakone/Diakoninnen, sei es im betreuenden, aufgabenorientierten oder administrativen Bereich, können die Ältesten stark entlasten, so dass diese Zeit haben, ihre eigentliche Aufgabe zu erfüllen – nämlich die Gemeinde seelsorgerlich zu leiten.

Damit die Diakone/Diakoninnen die ihnen zugeteilte Arbeit noch besser bewältigen können, werden sie regelmäßig (am besten alle drei Monate) für diese wichtige Aufgabe vom Verkündiger oder von begabten Ältesten geschult. Die Themen dieser Schulungen sollten für alle interessant und helfend sein. Das Gehörte muss leicht in die Praxis umgesetzt werden können.[293] An diesen Schulungszusammenkünften nehmen auch die Ältesten teil und es sollte genügend Zeit eingeräumt werden, um auf Fragen und Probleme eingehen zu können. Zugleich sollten wichtige Angelegenheiten der Gemeinde sowie die Umsetzung neuer Ideen besprochen werden. An diesen Schulungen wird immer wieder auf das Gesamtziel der Gemeinde hingewiesen. Wenn die Ausrichtung auf ein gemeinsames Ziel wegfällt, besteht die Gefahr der Aufsplitterung. Jede Gruppe »pflegt nur noch ihren eigenen Garten«.[294]

Wenn in einer Gemeinde zu wenig Diakone/Diakoninnen und Hauskreisleiter und -leiterinnen die große Arbeit mittragen helfen, entstehen Spannungen. Viele Gemeindeglieder fühlen sich übergangen und nicht ernst genommen. Die Ältesten sind überlastet. Nur wenn in einer Gemeinde die vielfältigen Aufgaben durch den Dienst von Diakonen/Diakoninnen und Hauskreisleitern und -leiterinnen erfüllt werden, können Älteste wirklich führen. Das Wort Gottes kann von einer gut geführten Gemeinde besser aufgenommen und in die Tat umgesetzt werden als von einer Gemeinde, die wegen der mangelnden Mitarbeit durch die Diakone/Diakoninnen kaum geführt werden kann.

293 Ott, C., Das Trainingsprogramm für Mitarbeiter, S. 65

294 Rush, M., Mitarbeiter führen, S. 85

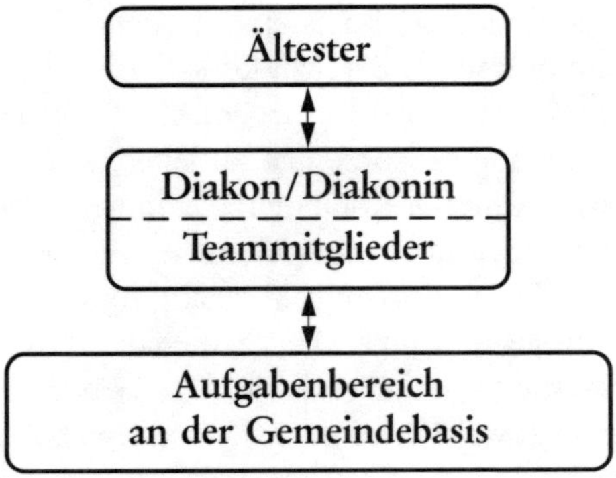

Ein Ältester sollte nicht mehr als vier solcher Aufgabenbereiche betreuen.

3.1.4.5 Wer darf Diakon oder Diakonin sein?

In 1. Tim 3, 8-13 werden uns die Voraussetzungen aufgezählt, die jemand zu erfüllen hat, der als Diakon oder als Diakonin eingesetzt werden soll. Was uns hier wiederum auffällt ist, dass geistliche, charakterliche und ethische Qualifikationen aufgezählt werden.

Auch von einem Diakon/Diakonin wird erwartet, dass er/sie sein/ihr Leben bewusst unter der Herrschaft Jesu, also in der Heiligung lebt. Natürlich muss er/sie bekehrt und wieder geboren sein.

Die Anforderungen im Einzelnen:

Eigenschaften	1. Tim 3, 8-13
Wesen, Charakter	- ehrbar, nicht doppelzüngig, untadelig
In der Familie	- Mann **einer** Frau
	- dem eigenen Haus gut vorstehen
In der Gemeinde	- nicht ein Trinker
In der Welt	- nicht schändlichem Gewinn nachgehen

Röm 16,1 ist zu entnehmen, dass schon in den ersten Gemeinden Frauen den Dienst einer Diakonin versahen.

Die Voraussetzungen, die eine Diakonin zu erfüllen hat, sind in 1. Tim 3,11 genannt: *»Frauen sollen ebenso ehrbar sein, nicht verleumderisch, nüchtern, treu in allem.«*

Die Gründe, warum ich davon überzeugt bin, dass hier die Voraussetzungen für die Diakoninnen genannt sind:

1. Hier sind nicht die Frauen der Diakone angesprochen, sonst müsste *»ihre Frauen«* stehen.
2. Thomas Schirrmacher weist darauf hin, dass es unerklärlich wäre, warum es für die Frauen der Ältesten keine Qualifikationsliste gibt. Warum sollte von den Diakonen in Bezug auf ihre Frauen mehr gefordert werden als von den Ältesten?[295]
3. Die Struktur des Textes legt es nahe. Der Aufseher (V 2), ebenso die Diakone (V 8), ebenso die Frauen (V 11).[296]

    Gemäß diesen biblischen Richtlinien sollen wir uns in der Gemeinde den Bedürfnissen entsprechend nach Diakonen und Diakoninnen umsehen. Dabei wird neben den geistlichen, charakterlichen und ethischen Maßstäben darauf geachtet, ob sie sich für den vorgesehenen Dienst eignen und fähig sind, das Team dieses Aufgabenbereichs zu leiten. Meist wird es sich um einen fähigen Co-Leiter handeln.

    Scheint nach einem ausgiebigen Austausch im Ältestenkreis eine Person zu diesem Dienst geeignet, soll sie gut beobachtet werden, da sie ja erst erprobt werden soll (1. Tim 3,10). Diese Zeit des Beobachtens kann verschieden lang dauern. Zu bedenken ist, dass Fehlentscheide bei der Auswahl von Diakonen und Diakoninnen verheerende Folgen haben können. Es ist immer leichter, einen Diakon oder eine Diakonin für eine

[295] Schirrmacher, Th., Ethik Bd. 2, S. 549

[296] Kuen, A., Die Dienste in der Gemeinde, in: Fundamentum, Nr. 3/1982 S. 39

Aufgabe zu gewinnen, als sie, wenn sie der Aufgabe nicht gewachsen sind, wieder abzusetzen.[297]
Nach der Probezeit kann die Person angefragt werden, ob sie bereit wäre, diesen Dienst auszuführen. Die Anfrage kann der für diesen Aufgabenbereich zuständige Älteste machen. Hat die angefragte Person nach einer bestimmten Bedenkzeit eine klare Berufung zu diesem Dienst, kann sie der Gemeinde zur Wahl vorgeschlagen werden.

3.1.4.6 Einsetzung der Diakone/Diakoninnen

In Apg 6,5 wird uns aufgezeigt, dass die Gemeinde die Diakone berufen hat. Danach stellten sie die gewählten Diakone vor die Apostel, die ihnen die Hände auflegten und sie so in ihren Dienst einsetzten (Apg 6,6).

Die von der Gemeindeleitung vorgeschlagenen Diakone/Diakoninnen werden an einer Gemeindeversammlung berufen. Ihre Berufung sollte in Einmütigkeit erfolgen. Nach der Berufung sollten sie möglichst bald in einem Gottesdienst zu ihrem verantwortungsvollen Dienst eingesegnet werden.

3.1.5 Der Dienst jedes einzelnen Gemeindeglieds

Jeder Gläubige ist als Glied am Leib Jesu beauftragt, die Aufgabe zu erfüllen, die Gott ihm zugewiesen hat und zu der Jesus ihn auch begabt hat. Die Erfüllung dieser Aufgabe ist als Dienst zu verstehen. Es geht darum, dass jedes Glied des Leibes Christi dem anderen helfend dient. Die Motivation zu diesem Dienst erwächst einer engen Jesus-Beziehung. Diese Nähe zu Jesus macht den Dienenden auch

[297] Herrmann, A., In dir steckt mehr als du denkst, S. 140

lernbereit, denn der Dienst für Jesus kann ja immer noch besser erfüllt werden (vgl. Eph 4,11-16).

3.1.5.1 Jedes Gemeindeglied wurde mit Gnadengaben zu seinem Dienst ausgerüstet

Jeder Gläubige hat bei seiner Wiedergeburt, als der Heilige Geist in sein Leben kam, die »Charismen« (Gnadengaben) empfangen, die er zum Dienst in der Gemeinde nötig hat (1. Kor 12,11). Es ist der dreieine Gott, der seinem Willen entsprechend die Charismen zuteilt. Er hat jedem Gläubigen im Leib Jesu einen bestimmten Platz und einen damit verbundenen Dienst zugeordnet, zu dem er ihm die nötigen Charismen schenkt (1. Kor 12,18). Er hat die Gaben so zugeteilt, dass jedes Glied am Leib Jesu auf den Dienst des anderen Glieds angewiesen bleibt (1. Kor 12,13-26). Kein Glied hat alle Gaben und kein Glied hat keine Gabe (1. Kor 12,29-31).

Jedes Gemeindeglied setzt die ihm geschenkten Gaben ein im ganzen Gehorsam gegenüber Jesus, dem Herrn der Gemeinde. Mit Hilfe seiner Gaben soll jeder in Liebe dienen (Röm 12,4.5; 1. Petr 4,10). Das ist nur dann möglich, wenn die Glieder in der Hingabe an Jesus – in der Heiligung – leben (Röm 12,1.2). Gemeindeglieder können sich leider auch weigern, in der Gemeinde einen Dienst auszuführen (Lk 19, 20-21).

Meistens ist es so, dass erst dann die von Gott geschenkten Gaben sichtbar werden, wenn wir bereit sind, Jesus zu gehorchen und einen Dienst zu erfüllen, den Jesus uns zugewiesen hat. Damit eine solche Dienstzuweisung geschehen kann, müssen die Glieder mit den einzelnen Diensten in der Gemeinde vertraut gemacht werden. Dies kann vor allem in einem Glaubensgrundkurs, den Bibel- und Gebetsstunden, aber auch in den Hauskreisen geschehen. Zugleich sollten die Ältesten, die Diakone/Diakoninnen Gemeindeglieder zu einem ihnen entsprechenden Dienst ermutigen, indem sie ihnen aufzeigen, wie bedeutungsvoll ein solcher Dienst in der Gemeinde ist (Kol 3,23).

Unsere Aufgabe als Glied einer Gemeinde ist, Jesus zu fragen, welchen Dienst wir in seiner Gemeinde erfüllen sollen, denn wir wissen, dass er uns zu dem Dienst, zu dem er uns beauftragt, auch begabt hat. Bei der Suche nach dem für uns geeigneten Dienst ist das Gespräch mit anderen wichtig sowie die eingehende Beschäftigung mit den Gaben (siehe dazu 3.1.5.4). Zugleich sollen wir uns auch fragen, zu welchen Diensten wir uns besonders hingezogen fühlen, wo also unsere Neigung liegt. Vielleicht könnten wir uns eine Arbeit mit Kindern oder Teenagern besonders gut vorstellen. Oder vielleicht ist unser innerer Wunsch, im musikalischen Bereich mitzuarbeiten. Wenn wir in Abhängigkeit von Jesus die geeignete Aufgabe in der Gemeinde suchen, dürfen wir wissen, dass dieses Hingezogensein zu einem bestimmten Dienst, der uns Freude machen würde, von Jesus gewirkt ist.[298]

Es gibt viele Gläubige, die meinen, neben ihrer alltäglichen Arbeit keine Zeit zu haben, in der Gemeinde einen Dienst zu erfüllen. Dies kommt oft daher, dass sie ihre Zeit zu wenig zielbewusst einteilen. Jeder hat Zeit für das, wofür er sich Zeit nehmen will![299]

Leider gibt es auch Gemeinden, die es versäumen, die Gläubigen ihren Gaben entsprechend einzusetzen. Oft ist dies deshalb der Fall, weil die Verantwortlichen dieser Gemeinde dies gar nicht für nötig erachten oder nur denen die Möglichkeit geben, in einem Aufgabenbereich mitzuarbeiten, die der Aufgabe gleich von Anfang an gewachsen sind. Sie geben keinen Raum dafür, sich einzuarbeiten und Fehler zu machen; alles muss sofort perfekt sein.[300] In einer solchen Gemeinde sind viele Gemeindeglieder enttäuscht und frustriert.

Wer bereit ist, in der Gemeinde zu dienen, braucht eine helfende Begleitung. Zunächst lernt man innerhalb seines Aufgabenbereichs

---

298 Wagner, C. P., Die Gaben des Geistes für den Gemeindeaufbau. Wie Sie Ihre Gaben entdecken und einsetzen können, Neukirchen-Vluyn 1993^{5}, S. 76-77; vgl. auch Bugbee, B., Auf mich kannst du bauen. Mein Dienst in der Gemeinde im Einklang von Neigungen, Stärken und Talenten, Wiesbaden; Wuppertal 1996, S. 32-45

299 Müller, H., Gemeinde im Umbruch, S. 268

300 Mains, D., Hoffnung für Gemeinde. Wie Beziehungen in der Gemeinde heilen können, Marburg a. d. Lahn 1994, S. 70

durch Beobachtung und Nachahmung. Der Leiter zeigt modellhaft, wie die Aufgaben bewältigt werden können. Wenn sich die Mitarbeiter die nötigen Grundkenntnisse und -fertigkeiten angeeignet haben, sollten sie zu immer größerer Selbstständigkeit geführt werden. Sie brauchen in dieser Phase die helfende, anregende und ermutigende Begleitung, da sie auch Fehler machen. Schließlich wachsen sie selbst in die Hauptverantwortung und können nun das Gelernte kreativ weiterentfalten. Einigen von ihnen macht es Freude, andere in ihrem Aufgabenbereich in den Dienst einzuführen.[301]

Jeder, der seiner Gabe entsprechend in der Gemeinde eine Aufgabe erfüllt, dient letztlich Jesus. Deshalb sollte er sein Bestes geben, ohne aber unter einen falschen inneren Leistungsdruck zu kommen. Jeder Dienst in der Gemeinde soll mit Hilfe von Jesus mit ganzer Hingabe und nicht oberflächlich oder halbherzig erfüllt werden.[302]

Wichtig erscheint mir, dass sich die Hauptverantwortlichen der verschiedenen Aufgabenbereiche ermutigend zur Seite stehen (Hebr 10, 24.25). Die Ältesten ermutigen die Diakone und Diakoninnen, welche in ihrem Aufgabenbereich arbeiten. Die Diakone und Diakoninnen ermutigen die, welche sich in ihrem Aufgabenbereich einsetzen. Diese Ermutigung geschieht durch das anteilnehmende Gespräch und durch das gemeinsame Gebet.

3.1.5.2 Was ist das Ziel des Dienens?

Durch den Dienst geschieht zunächst Auferbauung der Gemeinde (1. Kor 14, 12.26). Die Gemeinde als Ganzes wird durch den gegenseitigen Dienst ihrer Glieder gestärkt und gefestigt, um ihren evangelistisch-missionarischen Auftrag in dieser Welt erfüllen zu können.

---

301 Bosch, R.; Jenni, H.; Kurth, R., Handbuch für Leitungsaufgaben in Gemeinde und Beruf, S. 46-47

302 Müller, H., Gemeinde im Umbruch, S. 152

Durch den Dienst der Glieder untereinander wird jedes Glied noch besser zu seinem Dienst zugerüstet (Eph 4, 12).
- Dieser gegenseitige Dienst stärkt die gottgeschenkte Einheit der Gemeinde (Eph 4, 13).
- Zugleich wird jeder einzelne Gläubige immer mehr ins Bild Jesu Christi umgestaltet. Er gelangt schließlich *»zur vollen Mannesreife, zum Vollmaß des Wuchses der Fülle Christi«* (Eph 4, 13).

Wer seine Gaben dazu braucht, um zu prahlen oder um aufzuzeigen, dass er die besseren Gaben hat (Röm 12, 3; 1. Kor 3, 1-4; 14, 36-38), hat das Wesen der Gaben – nämlich dass sie eine Ausrüstung zum Dienst sind – überhaupt nicht verstanden.
Wer aber in Liebe, Demut und Treue mit den von Gott geschenkten Gaben in der Gemeinde dient, erlebt Kraftbestätigungen Gottes (1. Kor 12, 6). Jesus kann nämlich im Leben derer, denen der Dienst zugute kommt, Großes bewirken.[303]

Eine Gemeinde ist dann entfaltungsfähig, wenn alle Glieder ihren Gaben entsprechend in ihr mitdienen.[304]

3.1.5.3 Verschiedene falsche Auffassungen über die Gaben

1. **Gaben seien ein Beweis geistlicher Reife**
   Immer wieder wird von der Gabe eines Gläubigen auf seine geistliche Reife geschlossen. Bei besonders auffallenden Gaben – Gaben der Heilung, der Prophetie, des »Zungenredens« – entsteht der Eindruck, dass die Menschen, die sie einsetzen, geistlich besonders reif sein müssten. Paulus warnt uns in 1. Kor 13, 1-3, den Gabenträger von seiner Gabe her zu beurteilen. Wie unzu-

303 Hoffmann, E., Die Gnaden- und Geistesgaben in ihrer Darstellung durch Paulus, S. 24

304 Robinson, M., Kirche für Entkirchlichte, S. 156

treffend und deshalb sogar gefährlich eine solche Einschätzung sein kann, zeigt uns auch Mt 7,22.23.
Die Frucht des Geistes (Gal 5,22) ist eine der Grundlagen, um die Gaben in rechter Weise einsetzen zu können. Gaben ohne die Frucht des Geistes und ohne wahre Christusnachfolge vermögen zum Aufbau einer Gemeinde nichts beizutragen (1. Kor 13,1-3).

2. Die Gabe der Glossolalie sei der Beweis einer erlebten »Geistestaufe«

Die Pfingstgemeinden und verschiedene charismatische Gruppierungen lehren, dass man nach Bekehrung und Wiedergeburt noch eine zusätzliche Geistestaufe erleben sollte, bei der man dann in besonderer Weise mit dem Heiligen Geist erfüllt werde oder zur »Fülle des Geistes« gelange. Der Beweis, dass man diese Geistestaufe erfahren habe, sei die Gabe der »Zungenrede«. Sie berufen sich dabei auf Apg 10,45.46 und Apg 19,5.6.
Wenn wir den biblischen Befund genauer untersuchen, merken wir, dass es sich bei der Wiedergeburt und der Taufe mit dem Heiligen Geist nicht um verschiedene Ereignisse, sondern um verschiedene Bilder desselben Vorgangs handelt (Röm 6,3-7; 1. Kor 12,13).[305]

3. In der Gemeinde Jesu gebe es aufgrund von 1. Kor 13,8-12 die Gaben der Prophetie, der Sprachenrede und der Erkenntnis nicht mehr

In 1. Kor 13,8 schreibt Paulus: *»... Prophezeiungen, sie werden weggetan werden; seien es Sprachenrede, sie werden aufhören; sei es Erkenntnis, sie wird weggetan werden.«* Er sagt auch, wann dies geschehen wird, nämlich wenn *»das Vollkommene kommt«* (1. Kor 13,10).

---

305 Kuen, A., Ihr müsst von neuem geboren werden, Wuppertal 1969, S. 91-116; Pache, R., Der Heilige Geist. Person und Werk, Wuppertal 1970, S. 56-87

Es gibt nun eine ausgeprägt dispensationalistische Richtung, die behauptet, dass mit dem »Vollkommenen« der fertig gestellte Kanon der Bibel gemeint sei. Die Zeit zwischen der Berufung der Apostel bis zum fertig gestellten Kanon wird als eine Art Zwischenzeit betrachtet, in der die Gaben der Prophetie, der Sprachenrede und der Erkenntnis als Stückwerk nötig waren. Seit dem Abschluss des biblischen Kanons (nachdem das letzte dazugehörende Buch geschrieben war) brauche die Gemeinde Jesu diese Gaben nicht mehr. Man versucht dies auch kirchengeschichtlich zu belegen.[306]

Ich kann diese Auffassung nicht teilen. Für mich ist mit dem »Vollkommenen« das *»Sehen von Angesicht zu Angesicht«* gemeint (1. Kor 13, 12). Dieses Sehen von Angesicht zu Angesicht wird dann der Fall sein, wenn Jesus seine Gemeinde im Akt der Entrückung zu sich holt und so vollendet. Man beachte den Parallelismus in 1. Kor 13, 9-12, der dies nahe legt:

Vers	**Was jetzt ist:**	**Was kommen wird:**
9 u. 10	Wir erkennen und weissagen stückweise.	Das **Vollkommene,** dann wird das, was stückweise ist, weggetan.
12 a	Wir sehen undeutlich, wie in einem Spiegel.	Wir werden von Angesicht zu Angesicht sehen.
12 b	Ich erkenne stückweise.	Ich werde erkennen, gleich wie ich erkannt worden bin.

Bis zur Entrückung bleibt das *»Stückwerk«*. Die Gemeinde Jesu braucht die Gaben der Prophetie, der Sprachenrede und der Erkenntnis bis zu ihrer Vollendung durch Christus.[307]

306 Schwengeler, B., Verschobene Proportionen, Heerbrugg 1975, S. 78-80

307 Mauerhofer, E., Dogmatikvorlesungen, 9. Ekklesiologie, Scriptum, S. 78

3.1.5.4 In welchen Aufgabenbereichen können die Gemeindeglieder mit ihren Gaben mitdienen?

1. **Die Gaben der Leitung und des Vorstehens**

– Die Gabe der Leitung (κυβέρνησις, *kybērnesis* 1. Kor 12, 28) Diese Gabe befähigt ein Gemeindeglied, in der Gemeinde Führungsaufgaben wahrzunehmen.

– Die Gabe des Vorstehens (προΐστημι, *proistēmi* Röm 12, 8) Es geht auch bei dieser Gabe zunächst um die Leitung von Menschen. Zugleich wird hier aber »vorstehen« im Sinne von »für etwas sorgen«, »verantwortlich sein« gebraucht.

Es ist die Aufgabe aller, die in der Gemeinde in irgendeinem Bereich Verantwortung tragen, Gemeindeglieder mit solchen Gaben zu schulen. Diese können einen Dienst als Hauskreisleiter, Diakon oder Ältester versehen, nachdem sie sich bewährt haben.

2. **Die Gaben der Lehre, der Weisheitsrede und der Erkenntnis**

– Die Gabe der Lehre (διδασκαλία *didaskalia* Röm 12, 7) In 2. Tim 3, 16 wird uns gesagt, dass alle Schrift, da sie von Gott eingegeben ist, nützlich ist zur Lehre (didaskalia). Die ganze Schrift ist von Gott durch den Heiligen Geist eingegeben worden, also sowohl das Alte wie auch das Neue Testament; sie ist die Grundlage der Lehre. Die Mitte dieser Lehre ist Jesus Christus, der am Kreuz starb, auferstand, in den Himmel fuhr und wiederkommen wird. Diese im Wort Gottes verankerte Lehre wird auch die *»gesunde Lehre«* genannt (2. Tim 4, 3; Tit 1, 9; 2, 1), die sich von aller falschen Lehre unterscheidet.

Es gibt nun Gemeindeglieder, die Jesus durch den Heiligen Geist in besonderer Weise begabt hat, sein Wort zu lehren. Sie haben die Gabe, den Gemeindegliedern das Wort Gottes so auszulegen, dass sie es verstehen und zugleich angespornt werden, es mit Hilfe von Jesus in die Tat umzusetzen. Von Gott gewirkte Lehre mündet in den Aufruf aus, Gott zu gehorchen, der ja durch sein Wort zu uns spricht. Der Lehrende tritt in der Autorität Gottes auf, da er den Anspruch Gottes an die Menschen vom Wort Gottes her weitergibt. Deshalb ist biblisches Lehren immer autoritatives Lehren und somit auch Führung.

– Die Gabe der Weisheitsrede (λόγος σοφίας *logos sophias* 1. Kor 12, 8)
  Durch die Weisheitsrede wird den Gemeindegliedern das Verständnis für die Größe Jesu und für seine Gemeinde geweckt (Eph 1, 15-23). In Jesus allein liegt alle Weisheit begründet (Kol 2, 3). Weisheitsrede bildet einen besonderen Schwerpunkt in der Lehre (Kol 3, 16).
– Die Gabe der Erkenntnisrede (λόγος γνῶσεως *logos gnōseōs* 1. Kor 12, 8)
  Erkenntnis ist zunächst ein verstandesmäßiges Erfassen der Wahrheit, geht aber über dasselbe hinaus, da es in ihr um ein persönliches Verhältnis mit dem geht, der die Wahrheit in Person ist, das ist Jesus (Joh 14, 6; Kol 2, 3). Von Jesus her erkennen wir, wer Gott ist. Zugleich erkennen wir auch, wer wir Menschen sind und welchen Auftrag uns Gott in dieser Welt gegeben hat. Es wird uns auf einmal klar, dass jeder einzelne Gläubige und die Gemeinde als Ganzes nur in einer wachsenden Jesuserkenntnis – wer er ist, was wir in ihm haben – zur Vollendung gelangt. Auch die Erkenntnisrede macht einen besonderen Schwerpunkt der Lehre aus.

Die eben aufgezählten Gaben sind bei der Weitergabe des göttlichen Wortes in der Gemeinde unerlässlich.

- Der Verkündiger braucht diese Gaben, um das Wort Gottes in rechter Weise auslegen zu können.
- Wer Kindern, Teenagern und Jugendlichen das Wort Gottes weitergibt, braucht zumindest die Gabe der Lehre. Die beiden anderen Gaben können diesen Dienst sehr bereichern.
- Auch Hauskreisleiter und -leiterinnen, Diakone und Diakoninnen, die in der Frauenarbeit, im Seniorenkreis das Wort Gottes weitersagen, benötigen diese Gaben.

Ebenfalls im Bereich der verschiedenen Schulungen – von Mitarbeitern in der Sonntagsschule, von Diakonen/Diakoninnen, Ältesten – ist die Lehrgabe, gepaart mit den beiden anderen Gaben, eine überaus große Hilfe.
Gemeindeglieder, die diese Gaben haben, sollten an Kursen oder an Kurzbibelschulen angeleitet werden, ihre Gaben noch besser einzusetzen.

3. Die Gabe des Ermahnens (παράκλησις *paraklēsis* Röm 12, 8)
Bei der Ermahnung geht es darum, den Gläubigen zu zeigen, wie sie mit Hilfe des in ihnen wohnenden Christus einen heiligen, Gott wohlgefälligen Wandel führen können (Apg 15, 32; Eph 4, 1). Die Gläubigen wurden von den Aposteln vor allem ermahnt, sich Jesus ganz hinzugeben (Röm 12, 1), zu beten (Röm 15, 30), wachsam (Röm 16, 17) und besonnen zu sein (Tit 2, 6), die *»Waffenrüstung Gottes«* zu gebrauchen (Eph 6, 10-17).

Ermahnung ist auch Trost und Zuspruch. Mit Hilfe dieser Gabe wird den Gläubigen gezeigt, dass wir in Christus *»einen ewigen Trost«* haben (2. Thess 2, 16), der uns *»in aller Traurigkeit zu trösten vermag«* (Jes 61, 2 b), ja dass uns Gott selbst zum Trost gegeben ist (2. Kor 1, 3; vgl. Ps 73, 26).

Diese Gabe spielt bei der Weitergabe des göttlichen Wortes eine große Rolle. Mit Hilfe dieser Gabe kann das gelehrte Wort Gottes von Jesus her so in die Situation der Kinder, Teenager, Jugendlichen und Erwachsenen hineingesprochen werden, dass es ihnen im Alltag wirklich eine Hilfe ist.
Die einen können vom ausgelegten Wort Gottes her zurechtgewiesen, die anderen ermutigt und getröstet werden.
Für den seelsorgerlichen Dienst an Menschen ist diese Gabe unerlässlich. Mit Hilfe dieser Gabe kann den Ratsuchenden von Jesus her in rechter Weise geholfen werden.

– Der Selbstsichere und Gleichgültige wird ermahnt.
– Der Niedergeschlagene wird vom Wort Gottes her ermutigt.
– Traurige werden getröstet.

4. Die Gaben »Arten von Sprachen« und »Auslegung von Sprachen« (γένη γλωσσῶν *genē glōssōn* und ἑρμηνεία γλωσσῶν *hermēneia glōssōn* 1. Kor 12, 10)

Grundsätzlich kommt Apg 2, 4 ff. eine Sonderstellung zu.[308] Ich gehe hier aber nur auf 1. Kor 12-14 ein.

- Die Glossolalie ist ein *»Beten«* (1. Kor 14, 4) und ein *»Danken«* (1. Kor 14, 16) in einer *»unbekannten Sprache«* (1. Kor 13, 1; 14, 15.28).
- Glossolalie ist ein klares Reden und nicht ein Lallen (1. Kor 14, 9).
- Es geschieht ohne psychischen Zwang (1. Kor 14, 32).
- Die Gabe soll in der Gemeinde nur dann zur Anwendung gelangen, wenn das Gesagte ausgelegt wird (1. Kor 14, 28).
- Nicht alle Gemeindeglieder *»reden in Sprachen«* (1. Kor 12, 30).
- Nur zwei oder drei Gemeindeglieder sollen bei den Gemeindezusammenkünften in Sprachen reden – und zwar nacheinander (1. Kor 14, 27) und nicht miteinander.
- Es ist die einzige Gabe im NT, von der es heißt, dass sie zur Selbstauferbauung diene (1. Kor 14, 4).

Nach 1. Kor 14, 28 gehört neben die Gabe der Sprachenrede auch die Gabe der Auslegung. Ohne Auslegung soll auf das öffentliche Sprachenreden in der Gemeinde verzichtet werden, da niemand etwas versteht (1. Kor 14, 19) und somit die Gemeinde nicht erbaut wird (1. Kor 14, 26.28).

Deshalb will der Apostel in der Gemeinde lieber fünf Worte in verständlicher Sprache reden als tausend in einer Sprache (1. Kor 14, 19).[309]

Die Glossolalie kann der Gemeinde zur Auferbauung dienen, wenn sie den gegebenen Vorschriften entsprechend praktiziert wird.

---

308 vgl. Griffiths, M., Mit anderen Zungen. Zur Diskussion über die Frage der Geistesgaben, Gießen; Basel o. J., S. 15-22

309 Hoffmann, E., Die Gnaden- und Geistesgaben in ihrer Darstellung durch Paulus, S. 43-47; Mauerhofer, A., ... und sehe eure Ordnung. Struktur, Auftrag, Probleme der Gemeinde Jesu, Wetzlar 1977, S. 74-82; Mauerhofer, E., Dogmatikvorlesungen, 9. Ekklesiologie, S. 73-77

Leider ist es in den evangelikalen Gemeinden kaum möglich, diese Gabe so zu praktizieren, wie es die Bibel lehrt, da sie in den Pfingstgemeinden und in verschiedenen Strömungen der charismatischen Bewegung als Beweis einer erlebten »Geistestaufe« gesehen wird. Sobald in einer Gemeinde die Gabe der Glossolalie ausgeübt wird, kommt es daher zu größten Spannungen.

5. Die Gabe der Prophetie (προφητεία *prophēteia* 1. Kor 12, 10)

Wer prophetisch redet, gibt keine zusätzliche Offenbarung weiter, die über die in der Bibel geoffenbarte Botschaft hinausführen würde. Alles prophetische Reden muss deshalb anhand der Bibel geprüft werden (1. Kor 14, 29).

– Es geht bei der prophetischen Rede vor allem darum, für ein jetzt gefordertes Handeln Anweisungen zu geben (Apg 13, 1-3).
– Durch Prophetie kann verborgene und verheimlichte Sünde im Leben der Gläubigen und Ungläubigen aufgedeckt werden (Apg 5, 1-11; 1. Kor 14, 24.25).
– Auch die Einsetzung von Gemeindegliedern in bestimmte Aufgabenbereiche kann aufgrund von Prophetie geschehen (1. Tim 1, 18; 4, 14).
– Zugleich werden die endzeitlichen Aussagen der Bibel durch die Gabe der Prophetie aufgeschlüsselt, und die Gemeinde wird auf den kommenden Christus vorbereitet (vgl. Dan 12, 7-10; 13, 18).

Wie das prophetische Reden bei den Gemeindezusammenkünften praktiziert werden soll, steht in 1. Kor 14, 29-33.[310] Zu beachten ist, dass das prophetische Reden den Frauen ausdrücklich erlaubt wird (1. Kor 11, 5).

310 Hoffmann, E., Die Gnaden- und Geistesgaben in ihrer Darstellung durch Paulus, S. 30-37

6. Die Gaben der Heilungen, Kraftwirkungen, Hilfeleistungen, der Diakonie, des Mitteilens in Einfalt und der Barmherzigkeit

- Die Gnadengaben der Heilungen (χαρίσματα ἰαμάτων *charismata hiamatōn* 1. Kor 12, 9)
- Jedes Heilungswunder ist eine Proklamation des Sieges Jesu Christi am Kreuz von Golgatha über die Macht Satans und somit auch über die Krankheiten (Jes 53, 4). Im Blick auf die Heilungswunder ist es wichtig, dass wir nicht aus den Augen verlieren, dass der Bibel das Heil des Menschen mehr bedeutet als seine körperliche Heilung, denn diese ist immer nur vorläufig. Die innere Neuschöpfung (2. Kor 5, 17) aber hat ewige Auswirkungen.
  Die Heilung von Krankheiten trägt auch Zeichencharakter (Mk 16, 17-20). Ein solches Zeichen kann die Ausbreitung des Evangeliums fördern (Apg 9, 32-35).
  Wenn jemand die Gabe der Heilungen hat, so ist das keine Garantie, dass nun alle Kranken durch seinen Dienst gesund werden. Paulus, der diese Gabe hatte (Apg 14, 8 ff.; 19, 11.12), ließ Trophimus krank in Milet zurück (2. Tim 4, 20).
  Gerade bei dieser Gabe besteht die Gefahr, dass der Gabenträger stark in den Vordergrund gerückt wird. Deshalb ist besonders darauf zu achten, dass alle Ehre Gott gehört, der heilend im Leben eines Menschen eingegriffen hat. Der Gabenträger tritt demütig in den Hintergrund.[311]
- Kraftwirkungen (ἐνεργήματα δυνάμεων *energēmata dynameōn* 1. Kor 12, 10)
  Zu dieser Gabe gehört es, den Geistern und Dämonen vollmächtig gebieten zu können (Apg 8, 7; 16, 18) und *»Zeichen und Wunder«* zu tun (Apg 5, 12; 8, 13; 2. Kor 12, 12; Gal 3, 5). Die Auferweckung der Tabea (Apg 9, 40) und die Auferweckung des Eutychus (Apg 20, 9-12) sind offensichtlich darunter zu rechnen.

311 ebd., S. 37-42

Durch diese Kraftwirkungen wird Jesus verherrlicht und die Botschaft der Bibel als glaubwürdiges Wort Gottes unterstrichen (Mk 16, 17-20).

Auch hier besteht die Gefahr, dass der Mensch, durch den Gott diese Kraftwirkungen tut, zu stark geehrt wird.[312]

– Hilfeleistungen (ἀντιλήμψεις *antilēmpseis* 1. Kor 12, 28)
  Es geht hier um die Begabung, selbstlos den schwachen und kranken Gemeindegliedern zu helfen.
– Diakonie (διακονία *diakonia* Röm 12, 7)
  Der diakonische Dienst kommt immer dem einzelnen Gemeindeglied zugute. Mit Hilfe der diakonischen Gabe sucht man den Gemeindegliedern in ihren äußeren und inneren Nöten, Anliegen und Bedürfnissen zu helfen. Gerade dieses selbstlose diakonische Dienen ermöglicht ein harmonisches Gemeindeleben. Vgl. dazu die Grundsätze der Diakonie.
– Mitteilen in Einfalt (ὁ μεταδιδοὺς ἐν ἁπλότητι *ho metadidous en haplotēti* Röm 12, 8)
  Wer diese Gabe hat, setzt seine Kräfte, seine Zeit, auch sein Geld für den Dienst der Mission und an anderen Gemeindegliedern ein, ohne damit auffallen zu wollen. Er erfüllt diesen aufopfernden Dienst in »Einfalt« oder »Schlichtheit«. Als Beispiel mag hier Tabea dienen (Apg 9, 36-39).
– Barmherzigkeit üben (ὁ ἐλεῶν *ho eleōn* Röm 12, 8)
  Es geht bei dieser Gabe um den Dienst an Kranken, um die Betreuung von Drogensüchtigen, Aidskranken, Gefangenen. Wer diese Gabe hat, kümmert sich um die Ärmsten der Armen. Gerade das Üben von Barmherzigkeit war einer der bedeutendsten Wesenszüge Jesu.
  Diese Gabe soll *»mit Fröhlichkeit«* (ἐν ἱλαρότητι *en hilarotēti*, »in Heiterkeit, Fröhlichkeit, Freundlichkeit«) ausgeübt werden.

All die unter 6. aufgezählten Gaben können im diakonischen Bereich der Gemeindearbeit eingesetzt werden.

---

312 Mauerhofer, A., ... und sehe eure Ordnung, S. 72

- Wie schön ist es, wenn durch die Gabe der Heilungen eine schwer kranke Mutter oder der Vater der Familie wieder geschenkt wird. Ein solch gewaltiges Eingreifen Gottes vermag in einer Gemeinde evangelistische Impulse auszulösen.
- Wie dankbar ist die Gemeinde, wenn durch die Gabe der Krafttaten ein schwer depressives Gemeindeglied geheilt wird und freudig Jesus nachfolgt. Auch dies vermag sich evangelistisch auszuwirken, vor allem in der Verwandtschaft dieser kranken Person.
- Wenn von Dämonen gequälte Menschen durch die siegende Kraft Jesu frei werden, ist dies ein gewaltiges Zeugnis für die Größe der Kraft Jesu (Apg 16, 18). Es wird sichtbar, dass er der Sieger ist. Das Miterleben einer solchen Krafttat Gottes kann dazu führen, dass Menschen Jesus als Retter annehmen. Diese Gabe ist gerade bei der Erfüllung des missionarischen Auftrags besonders wichtig.[313]
- Die Mitchristen in der Gemeinde brauchen aufopfernde Hilfe. Da gibt es Probleme mit den Kindern oder am Arbeitsplatz. Wie froh ist jeder über einen Zuspruch und alle konkrete Hilfe!
- Gemeindeglieder, die die Gabe haben, Barmherzigkeit zu üben, können Verarmte, Drogensüchtige und Ausländer in die Gemeinde führen. Hier finden sie dann den Weg zu Jesus.

Die Gemeinde Jesu benötigt diese Gaben in ganz besonderer Weise, damit die Größe der Kraft und Barmherzigkeit Gottes sichtbar wird.

Es ist hier interessant zu beachten, dass viele Gaben, die Jesus der Gemeinde schenkte, im diakonischen Bereich angewandt werden können. In jeder Gemeinde hat es aber seltsamerweise gerade in diesem Bereich immer zu wenig Mitarbeiter und finanzielle Mittel, um diese wichtigen Arbeiten erfüllen zu können.

313 Wagner, P., Ein Herz für Weltmission. Berufung, Hindernisse, Möglichkeiten, Neuhausen-Stuttgart 1985, S. 83

7. Die Gabe des Glaubens (πίστις *pistis* 1. Kor 12, 9)
Hier ist nicht vom heilsnotwendigen Glauben die Rede, denn dieser ist ja die Voraussetzung, um überhaupt Gnadengaben zu empfangen.

Mit dieser Gabe des Glaubens ist ein besonders großes Maß an Vertrauen in Gott gemeint. Durch diesen Glauben werden die uneingeschränkten Möglichkeiten Gottes in dieser Welt sichtbar (vgl. Hebr 11).[314] Diese Gabe des Glaubens einiger Gemeindeglieder, die im konkreten Eingreifen Gottes in bestimmten Situationen sichtbar wird, sei es, dass für die Gemeinde ein geeignetes Stück Bauland preisgünstig gefunden wird, oder dass ein arbeitsloser Vater einen geeigneten Arbeitsplatz findet usw., ermutigt die ganze Gemeinde, noch vermehrt Jesus alles zuzutrauen. Zugleich lösen diese Ermutigungen evangelistische und missionarische Impulse aus.

Indem die ganze Gemeinde miterlebt, was Gott zu tun vermag, wird sie ermutigt, vermehrt mit den Möglichkeiten Gottes zu rechnen und tritt gestärkt evangelistisch nach außen (vgl. die ganze Apostelgeschichte).

8. Die Gabe der Unterscheidung der Geister (διακρίσεις πνευμάτων *diakriseis pneumatōn* 1. Kor 12, 10)
Die Gabe der Unterscheidung der Geister ist nötig, weil der Teufel auch Wunder tut und Gaben verleiht (Mt 24, 24; 2. Thess 2, 9-11; Offb 13, 11-15). Diese Gabe gewinnt gerade in der Endzeit aufgrund der Warnungen Jesu vor falschen Propheten und falschen Christussen (Mt 24, 24) eine besondere Bedeutung. Jesus hat diese Gabe der Gemeinde geschenkt, um sie vor satanischen Verführungskünsten zu schützen.

Die Gabe dient dazu, festzustellen, ob einzelne Menschen oder ganze Bewegungen aus göttlicher, menschlicher oder satanischer Vollmacht reden und handeln (Apg 16, 16-17; Offb 2, 2.24).

Sie hält sich bei der Prüfung der Geister an die in der Bibel geoffenbarten Kriterien. Dabei ist zu beachten, dass alles, was Gottes

---

314 Getz, G. A., Die Gemeinde aus biblischer Sicht, Kreuzlingen 1981, S. 87-88

Geist wirkt, Jesus als den überragenden Herrn in den Mittelpunkt stellt (Joh 14,26; 1.Kor 12,3; 1.Joh 2,22; 4,1-3).[315]

Es gibt heute eine charismatische Strömung, die behauptet, dass mit Hilfe der Gabe der Unterscheidung der Geister aufgedeckt werden könne, was für dämonische Mächte noch in einem wieder geborenen Menschen wohnen. Sie nehmen an, dass diese Mächte entweder durch eigenes Verschulden oder von den Vorfahren her in das Leben kamen. Diese erkannten Mächte müssten dann noch von einem Seelsorger, der die Gabe der Krafttaten hat, ausgetrieben werden.[316]

Dem muss entgegengehalten werden, dass jeder, der sich bekehrt und eine Wiedergeburt erlebt hat, wirklich frei ist (Joh 8,36), da er ja mit der Sünde und den okkulten Praktiken gebrochen hat (Apg 19,18-20; 2.Kor 4,2).[317] Ansonsten könnte der Friede Gottes und der Heilige Geist nicht sein Herz erfüllen (Röm 5,1-5).

Jeder Gläubige ist beauftragt, mit seinen Gaben in der Gemeinde zu dienen. Es gibt keine »hohen« oder »niedrigen« Gaben. Alle Gaben, die Jesus der Gemeinde schenkt, sind nötig zu ihrer Auferbauung.

Die sich im Dienen entfaltenden Gaben bewirken beim Bau der Gemeinde sichtbare Früchte. Zugleich öffnen sie die Tür zu immer verantwortungsvolleren Diensten.

Jeder, der in der Gemeinde einen Dienst erfüllt, braucht Begleitung, Ermutigung und Korrektur. Nur so kommen die Gaben zur vollen Entfaltung.

Alle diese von der Bibel her entfalteten Gaben ermöglichen die verschiedensten Dienste zur Auferbauung der Gemeinde Jesu in ihrer jeweiligen Zeit. Die Dienste einer Gemeinde müssen sich der jeweiligen Zeit und Situation anpassen, sind also einem Wechsel

---

315 Stellungnahme zur Seelsorge an okkult verstrickten Menschen. Arbeitspapier des Bundes FEG Schweiz, Niederhünigen 1987, S. 3

316 ebd., S. 4

317 ebd., S. 2-3

unterworfen. Ich glaube aber nicht, dass Gott seiner Gemeinde neue, im NT noch nicht bekannte Charismen schenken müsste, wie dies Fritz und Christian Schwarz meinen.[318] Die Charismen, die Jesus durch den Heiligen Geist seiner Gemeinde geschenkt hat, sind so gewählt, dass sie alle Dienste in jeder Situation und Zeit ermöglichen.

318 Schwarz, F.; Schwarz, Ch. A., Theologie des Gemeindeaufbaus. Ein Versuch, Neukirchen-Vluyn 1987³, S. 168

3.1.5.5 Bildliche Darstellung der Strukturen einer Gemeinde

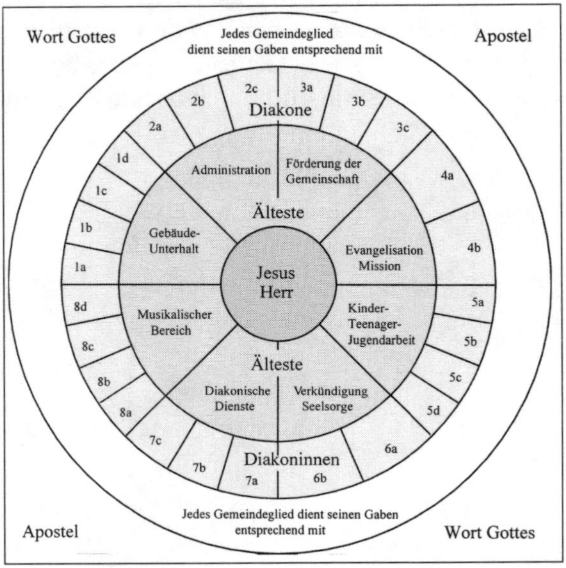

Legende:

1) Gebäudeunterhalt	1a Küchendienst 1c Außenarbeiten	1b Betriebsfragen 1d Putzdienst
2) Administration	2a Schriftführer 2c Vertretung nach außen	2b Finanzen
3) Förderung der Gemeinschaft	3a Seniorenarbeit 3c Frauenarbeit	3b Hauskreise
4) Evangelisation/Mission	4a Evangelisation	4b Mission
5) Kinder-, Teenager- und Jugendarbeit	5a Kinderstunden 5c Jungschar	5b Sonntagsschule 5d Jugendgruppe
6) Verkündigung/Seelsorge	6a Verkündigungsteam	6b Gestaltung der Gemeindeanlässe
7) Diakonische Dienste	7a Ausländer 7c Hausbesuche	7b Hilfe für Notleidende
8) Musikalischer Bereich	8a Kinderchor 8c Musikgruppe	8b Singgruppe 8d Chor

3.2 Ordnungen der Gemeinde

Da es sich bei der Gemeinde um ein heilsgeschichtliches Novum handelte, hat der Heilige Geist die Apostel auf bestimmte Ordnungen aufmerksam gemacht. Schon in der Jerusalemer Gemeinde sind von Anfang an Ansätze zu einer neutestamentlichen Gemeindeordnung feststellbar.

Die Apostelgeschichte berichtet uns, dass die erste Gemeinde sich an bestimmten Orten versammelte (Apg 2,46). Auch hörte sie zu bestimmten Zeiten auf die Lehre der Apostel (Apg 5,42). Sie praktizierte die von Jesus angeordnete Gläubigen-Taufe (Apg 2,38.41), feierte immer wieder das Mahl des Herrn (Apg 2,42) und kam zum Gebet zusammen (Apg 2,42; 4,23-31).

Wir wollen nun bestimmte Ordnungen der Gemeinde näher betrachten.

3.2.1 Der Ort der Versammlung

Schon die erste Gemeinde hatte bestimmte Orte, wo sie sich versammelte. Sie traf sich zunächst im Tempel (Apg 2,46; 3,1; 5,42); daneben kamen sie auch in bestimmten Häusern der Gläubigen (Apg 5,42) zusammen, so auch im Haus der Mutter des Johannes Markus (Apg 12,12).

Hieraus wird deutlich, dass jede Gemeinde einen Ort braucht, an dem sie sich versammeln kann. Dieser Ort muss so groß sein, dass eine Entfaltung der Gemeinde möglich ist.

Ansprüche an einen solchen Ort:

– Zunächst braucht die Gemeinde einen Saal, in dem sie sich versammeln kann. Dieser Raum sollte schlicht, aber zugleich ästhetisch ansprechend sein. Für größere Anlässe braucht dieser Raum Vergrößerungsmöglichkeiten; es gilt zu beachten, dass ein zu kleiner Versammlungsraum das Gemeindewachstum behindert (siehe 4.3). Vor dem Gottesdienstraum sollte ein genügend großes Foyer mit Garderobe sein, wo sich die Gemeindeglieder nach dem Gottesdienst aufhalten und Gespräche führen können.

- Daneben braucht dieser Ort viele geeignete Nebenräume für Säuglings- und Kinderbetreuung und verschiedene Sonntagschulklassen, die während der Predigt stattfinden. Diese Räume können auch für die Jungschar- und Teenagerarbeit benutzt werden; die Jugendgruppe sollte eigene Räumlichkeiten haben.
- Es sollte auch die Möglichkeit bestehen, dass die Gemeinde ab und zu nach einem Gottesdienst zusammen essen kann.
- Ideal ist, wenn dieser Ort der Gemeinde gehört. So fällt die Belastung durch hohe Mieten weg, die das Gemeindeleben und die missionarische Betätigung stark einengen können.

3.2.2 Versammlungszeiten und ihre Gestaltung

Es wird von den Jüngern berichtet, dass sie sofort nach der Auferstehung Jesu *»am ersten Tag der Woche«* zusammenkamen (Joh 20, 19.26). Auf dem Weg nach Jerusalem (Rückkehr von der dritten Missionsreise) machte Paulus in Troas Halt und traf sich mit der Gemeinde *»am ersten Tag der Woche«* zu einem unvergesslichen Abschiedsgottesdienst (Apg 20,7-12).

An diesen festgesetzten Zeiten der Zusammenkünfte stand *»die Lehre der Apostel«* im Mittelpunkt (Apg 2,42; 5,42; 20,7.8.20). Zugleich konnte jeder seiner Gabe entsprechend dienen (1. Kor 14,26-33). In Hebr 10,24-25 werden die Gläubigen aufgefordert, *»diese Gemeindezusammenkünfte nicht zu vernachlässigen«*.

Auch heute brauchen die Gemeinden feste Zeiten, an denen sie zusammenkommen. Der Schwerpunkt liegt sicherlich, wie in den ersten Gemeinden, auf dem ersten Tag der Woche, auf dem Sonntag. Die ganze Gemeinde ist aufgefordert, am Sonntag zusammenzukommen.

Daneben sollte es noch andere Zeiten geben, zu denen sich die Gemeinde als Ganzes versammelt. Dies wird meistens an einem Wochenabend der Fall sein. Damit die Gemeindeglieder durch die Anlässe der Gemeinde nicht so stark absorbiert werden, dass sie gar nicht mehr evangelistisch nach außen wirken können, sollte pro Woche nur ein verbindlicher Gemeindeanlass stattfinden, entweder eine Bibel- oder eine Gebetsstunde. Junge Ehepaare können sich beim Besuch dieser Anlässe abwechseln.

Im Mittelpunkt all dieser Gemeindeanlässe steht, wie bei den ersten Gemeinden, die Lehre der Apostel. Jesus, der Herr der Gemeinde, soll durch sein Wort zur Gemeinde, aber auch zu den Ungläubigen – von denen hoffentlich auch etliche anwesend sind – sprechen können. Die Anwesenden brauchen vor allem Hilfen für die vielfältigen Beziehungen in ihrem Alltag, ethische Orientierung und Trost.[319] Die Verkündigung vermag sich in all diesen Bereichen helfend auszuwirken, wenn Jesus ihr Mittelpunkt ist. Nur mit seiner Hilfe ist das Wort Gottes leb- und erlebbar. Während der Verkündigung des göttlichen Wortes sollte der Intellekt, der Wille und das Gefühl der Hörer und Hörerinnen angesprochen werden. Das Wort Gottes sollte ansprechend, dynamisch und helfend weitergegeben werden. Langatmige und monoton vorgetragene Ausführungen verärgern die Hörer.

Zugleich soll die ganze Gemeinde im Gottesdienst mitbeteiligt werden. Den einzelnen Gliedern müssen Möglichkeiten zur Beteiligung gegeben werden.

– Zu jedem Gottesdienst gehört ein Gebetsteil. Zwei bis drei Gemeindeglieder beten öffentlich. In diesen Teil gehört auch die gesungene Anbetung Gottes. Dazu sind geeignete Lieder nötig. Die intensive Ausrichtung auf Jesus in der Zeit der Anbetung vermag die Gemeindeglieder besonders zu stärken. Es besteht aber heute

319 Liebschner, S., »Wenn ihr aber zusammenkommt«. Die Erneuerung des Gottesdienstes aus dem Heiligen Geist, in: Neue Wege gehen, hg. v. H. Ch. Rust, Wuppertal; Kassel 1991, S. 55

die Gefahr, dass die wunderschönen Anbetungslieder nur noch der Gefühlsbefriedigung dienen. Statt dass die gesungene Anbetung dazu dient, Gott in seiner Macht und Größe zu verherrlichen, wird sie dann schnell für egoistische Motive missbraucht.[320] Deshalb braucht die Gemeinde gründliche Belehrung darüber, was Anbetung eigentlich ist.

– Die ganze Gemeinde sollte mehrere Lieder und Chorusse singen. Daneben können Sing- und Musikgruppen den Gottesdienst verschönern.
– In jedem Gottesdienst sollte auch Zeit für Zeugnisse gegeben werden. Gemeindeglieder erzählen, was sie mit Jesus im Alltag erlebt haben.
– Schön finde ich, wenn Älteste oder Diakone durch den Gottesdienst führen. Dazu brauchen sie ein sorgfältig vorbereitetes schriftliches Programm. Wichtig ist, dass sie alle Anwesenden freundlich begrüßen.[321] Sie führen dynamisch und doch aufgelockert von einem Programmpunkt zum anderen. Ein Schwerpunkt liegt sicherlich auf den Bekanntmachungen, die meines Erachtens an den Beginn eines Gottesdienstes gehören. Die Anlässe, zu denen freundlich eingeladen wird, sollten korrekt mit allen nötigen Angaben angezeigt werden.[322] Wer die Leitung des Gottesdienstes hat, hält weder eine Vor- noch eine Nachpredigt. Beides stört die Wirkung der Predigt.[323]

Besonders wichtig ist in einem Gottesdienst die Atmosphäre. Dazu gehört eine freundliche Begrüßung, ein dynamisch wirkendes Programm, das freudige Singen der Gemeinde, gute musikalische Beiträge, eine gut vorbereitete Predigt, aber auch der schöne Blumenstrauß vor oder neben der Kanzel.[324] Ansprechende Gottesdienste

320 Müller, H., Gemeinde im Umbruch, S. 182-183
321 Wagner, E., Rhetorik in der christlichen Gemeinde, Stuttgart 1992, S. 247-248
322 ebd., S. 265-267
323 ebd., S. 284-285
324 ebd., S. 293-294

finden auch ungläubige Menschen, die wir einladen, schön und anziehend.

Damit die Gottesdienste noch besser gestaltet werden können, sollten sie ab und zu mit allen, die sie mitgestalten helfen, ausgewertet werden. Folgende Fragen sollten miteinander besprochen werden:
- Wie war der Ablauf des Gottesdienstes?
- War die Auslegung des göttlichen Wortes und die Anwendungen dazu ansprechend?
- Herrschte eine positive Atmosphäre?
- Wie war die Einbeziehung der Gemeinde?
- Hatten die, die etwas beitrugen, eine positive Ausstrahlung?
- Wurde die Zeit eingehalten?
- Bewirkt dieser Gottesdienst im Leben der Anwesenden Veränderung?[325]
- Sind die Gottesdienste so gestaltet, dass die Gemeindeglieder ihre ungläubigen Freunde ohne peinliche Gefühle mitbringen können?
- Werden auch ungläubige Zuhörer von den Botschaften angesprochen und herausgefordert?[326]

Eine ansprechende Gottesdienstgestaltung erfordert von allen Mitwirkenden, dass sie ihr Bestes geben.[327]
Zu bedenken: Gemeindezusammenkünfte, an denen die Gemeinde mitbeteiligt wird, dauern in der Regel länger als 60 Minuten!

325 Logan, R. E.; Ogne, S. L., Der Gemeindegründungs-Werkzeugkasten, S. 8-8

326 Hilfreich ist hierzu das Buch von Strobel, L., Beim Wort zum Sonntag schalt' ich ab. Die Welt eines Kirchendistanzierten verstehen, Wiesbaden; Wuppertal; Zürich 1995, S. 169

327 ebd., S. 199-200

3.2.3 Die Taufe

Jesus selbst gab den Jüngern den Auftrag, gläubig gewordene Menschen zu taufen (Mt 28,19.20; Mk 16,15.16). Diesen Auftrag haben die Apostel gleich nach dem Kommen des Heiligen Geistes an Pfingsten ausgeführt (Apg 2,41; 8,12.38; 9,18; 10,47.48; 16,15.33).

Wie Jesus es geboten hatte, haben sie die Menschen zuerst aufgefordert, Jünger zu werden. Wer ein Jünger Jesu wurde, indem er Jesus im Glauben als seinen persönlichen Retter annahm, wurde dann getauft. Der persönliche Glaube an Jesus war die Voraussetzung zur Taufe. Die Getauften wurden dann in die Gemeinde geführt und angeleitet, dem göttlichen Wort entsprechend zu leben.

1. Die Bedeutung der Taufe

– *Der Taufvorgang ist eine Denkhilfe.*
  – *Das Untertauchen*
    So wie den Täufling jetzt das Wasser, in das er untergetaucht wird, reinigend umgibt, genauso wurde er, als er seine Sünden Jesus bekannte, innerlich *»durch das Blut Jesu von allen Sünden reingewaschen, erlöst«* (Offb 1,5). Er ist nun rein, da er als Gereinigter alle Sünden, die er immer wieder begeht, Jesus bekennt, und Jesus reinigt ihn immer wieder mit seinem Blut (1.Joh 1,7b.9).
    Das Wasser, in das er untergetaucht wird, ist zugleich ein Todeselement. Gerade beim Untergetauchtwerden wird dem Täufling klar, dass er in dem Augenblick, als er sich bekehrte, *»mit Christus gestorben ist«* (Röm 6,3.4). Er darf sich der Sünde, der Welt und dem Teufel gegenüber in seinem Alltag für gestorben halten (Röm 6,11).
  – *Das Herausheben*
    Durch das Herausheben aus dem Wasser, das den Tod versinnbildlicht, wird dem Täufling klargemacht, dass er ein neues Leben empfangen hat. Dies geschah, als er Jesus Einlass in sein Leben gewährte. In dem Augenblick, als Jesus in sein

Leben eintrat, ist er mit ihm *»zu einem neuen Leben auferstanden«* (Röm 6,4.5).

- *Im Taufvorgang legt der Täufling ein Bekenntnis ab.*
  - *Das Untertauchen*
    Das Untertauchen ist ein Bekenntnis, dass er durch das Blut Jesu gereinigt worden ist. Zugleich bekennt er vor der sichtbaren und unsichtbaren Welt, dass er sich *»der Sünde, der Welt und dem Teufel gegenüber für gestorben hält«* (Röm 6,3.6.7.11).
  - *Das Herausheben*
    Dieses Bekenntnis versinnbildlicht die Auferstehung mit Jesus zu einem neuen Leben. Er bekennt weiter vor der sichtbaren und unsichtbaren Welt, dass er dieses neue Leben unter der Herrschaft Jesu für ihn leben will (Röm 6,17-23; 2.Kor 5,15). Das neue Leben soll in seinem alltäglichen Lebensstil sichtbar werden.
- Die Taufe ist für jeden, der ein Jünger Jesu geworden ist, ein Gehorsamsschritt. Jesus selbst wünscht die Taufe für die Geretteten (Mt 28,19).

2. Die Durchführung der Taufe

Der Täufling soll bei der Taufe untergetaucht werden, denn das griechische Verb βαπτίζω *baptizō* kann nur mit »ein- oder untertauchen« übersetzt werden.[328]

Weiter soll der Täufling *»auf den Namen des Vaters, des Sohnes und des Heiligen Geistes«* getauft werden (Mt 28,19). Diese Anrufung der drei Personen hat folgenden Sinn:

Gott Vater: Gott Vater hat seinen Sohn, Jesus Christus, in diese Welt gesandt (Joh 3,16).

Gott Sohn: Jesus, der Sohn Gottes, hat durch sein stellvertretendes Leiden und Sterben am Kreuz und durch seine Auferstehung die Möglichkeit geschaffen, dass Menschen zur Sündenvergebung und zu einem neuen, ewigen Leben gelangen können (Röm 4,25).

---

[328] Mauerhofer, E., Dogmatikvorlesungen, 9. Ekklesiologie, Scriptum o. J., S. 119

Gott Heiliger Geist: Der an Pfingsten auf diese Welt gekommene Heilige Geist verdeutlicht den Menschen anhand der Bibel das Erlösungswerk Jesu und macht ihnen, wenn sie an dasselbe glauben, seine Auswirkungen zugänglich (Joh 14, 17.18.26; 16, 13-15).

- Er schenkt aufgrund des göttlichen Wortes die Gewissheit der Vergebung (Eph 1, 7).
- Er schenkt mit Hilfe des göttlichen Wortes die Gewissheit der Gotteskindschaft (Röm 8, 16).

Der dreieinige Gott ist bei der Rettung eines Menschen der Handelnde, deshalb soll er beim Taufakt in den Vordergrund gerückt werden.

3. Die Frage der Säuglingstaufe

A. Kuen versucht mit Hilfe kirchengeschichtlicher Fakten aufzuzeigen, dass in der Frühkirche die Taufe nur an Glaubenden vollzogen wurde.[329] Erich Mauerhofer macht in seinen Dogmatikvorlesungen deutlich, dass die Säuglingstaufe jeglicher Schriftgrundlage entbehrt.[330] Kann die Säuglingstaufe nicht von der Bibel her begründet werden, so ist sie auch nicht die Taufe, von der das Wort Gottes spricht. Wenn ein an Christus gläubig gewordener Mensch sich taufen lässt, obwohl er schon als Kind getauft worden ist, kann deshalb nicht von einer Wiedertaufe gesprochen werden.[331]

Es ist nötig, dass wir Neubekehrten in einem Glaubensgrundkurs auf die von Jesus angeordnete Taufe aufmerksam machen. Doch sollen sie nicht zur Taufe gedrängt werden, damit bei ihnen nicht der Eindruck entsteht, sie würden erst durch die Taufe richtig

329 Kuen, A., Gemeinde nach Gottes Bauplan, Frutigen 1975, S. 138-140

330 Mauerhofer, E., Dogmatikvorlesungen, 9. Ekklesiologie, S. 121; vgl. dazu auch Strong, A. H., Systematic theology, A compendium designed for the use of theological students, Valley Forge 1979, S. 951-959

331 Knöppel, K. H., Wozu ist Gemeinde gut? S. 49; vgl. auch Weyel, H., So stell' ich mir Gemeinde vor, S. 170

gläubig. Die Taufe ist nichts anderes als eine Bestätigung einer erlebten Bekehrung und Wiedergeburt.
Kinder gläubiger Eltern, die sich für Jesus entschieden haben, sollen sich dann taufen lassen, wenn sie von sich aus bereit sind, treu Jesus nachzufolgen. Dies wird gewöhnlich mit ca. 15-16 Jahren der Fall sein.
Der Taufe muss ein gründliches seelsorgerliches Gespräch vorangehen. Eine Person, die sich taufen lassen möchte, sollte um die Sündenvergebung in ihrem Leben wissen. Des Weiteren muss ihr klar sein, dass sie sich der Sünde für gestorben hält (Röm 6, 11); Jesus lebt nun in ihr und befähigt sie, ein neues Leben für Jesus zu leben (Röm 6 und 8). Im Taufgespräch muss auch darauf hingewiesen werden, dass jeder, der für Jesus lebt, auch für die Gemeinde da ist, weil sie Jesu Leib ist. Die Taufe beinhaltet auch ein Ja zur Gemeinde. Dieses Ja wird sichtbar in einer verbindlichen Zugehörigkeit und in der Bereitschaft, den Gaben entsprechend in der Gemeinde mitzudienen.
Im Taufgottesdienst hat der Täufling vor der Taufe allen Anwesenden zu erzählen, wie er den Weg zu Jesus gefunden hat und dass Jesus nun sein Retter und Herr ist. Gut ist, wenn am Taufgottesdienst möglichst viele der Verwandten der Täuflinge anwesend sind, um das hörbare und sichtbare Zeugnis mitzuerleben. Auf diese Weise bekommt die Taufe einen stark evangelistischen Akzent wie zur Zeit der Apostelgeschichte.

3.2.4 Das Abendmahl

Jesus selbst hat das Abendmahl eingesetzt (Mt 26, 26-28; Mk 14, 22-24; Lk 22, 17-20; 1. Kor 11, 23-25).

Während der Passafeier, die am 14. Nisan gefeiert wurde und an den Auszug des Volkes Israel aus Ägypten erinnerte (vgl. 2. Mo 12, 14), setzte Jesus das Abendmahl ein. Bei der Einsetzung gab Jesus den Jüngern zu verstehen, dass das Opferlamm, dessen Blut in jener

Auszugsnacht alle Erstgeburt vor dem sicheren Tod rettete (2. Mo 12), typologisch auf ihn, den Messias, hindeutete. Jesus Christus ist das eigentliche *»Passalamm«* (Joh 1, 29.36; 1. Kor 5, 7), das aufgrund seiner Hingabe von Leib und Blut am Kreuz die Sünden vergeben kann. Auf diese Weise hat er eine endgültige Lösung der Schuldfrage der Menschheit herbeigeführt (1. Kor 5, 7; Röm 4, 25; 1. Petr 1, 18.19; 2, 24.25; Hebr 9, 14.22.26; 1. Joh 2, 2).

Das Abendmahl wurde in der ersten Gemeinde regelmäßig gefeiert (Apg 2, 42). Auch Paulus forderte die Gemeinden auf, das Abendmahl immer wieder zu feiern (1. Kor 11, 23-26). Es findet sich aber im Neuen Testament keine Angabe, wie häufig das Abendmahl gefeiert werden soll.

1. Bedeutungen des Abendmahls

– Das Abendmahl ist ein Gedächtnismahl.
  Jesus sagt in Lk 22, 19: *»Dies tut zu meiner Erinnerung (zu meinem Gedächtnis).«* Wir sollen uns beim Essen des Brotes daran erinnern, dass er an unserer Stelle seinen Leib zerschlagen ließ, da er das Gericht Gottes, das uns hätte treffen müssen, über sich ergehen ließ (Jes 53, 5). Wenn wir aus dem Kelch trinken, soll uns dies in Erinnerung rufen, dass Jesus für uns sein Blut vergossen hat, durch das wir nun von allen Sünden reingewaschen sind (1. Joh 1, 7). Dankbar erinnern wir uns daran, dass wir durch das Erlösungswerk Jesu gereinigte und erlöste – von der Macht der Sünde befreite – Menschen sind (Eph 1, 7).
– Das Abendmahl ist eine Bestätigung des neuen Bundes.
  Das Zeichen des neuen Bundes ist im Kelch dargestellt. Denn Jesus sagte bei der Einsetzung des Abendmahls: *»Dieser Kelch ist der neue Bund in meinem Blut, welches für euch vergossen wird«* (Lk 22, 20; 1. Kor 11, 25). Wer die in Christus angebotene Erlösung im Glauben annimmt, erlangt Vergebung der Sünden und tritt in ein Bundesverhältnis mit Gott ein (Hebr 10, 16-18). Dieser neue Bundesschluss ist besser als der durch Mose vermittelte (Hebr 7, 22; 8, 6.7; 12, 24). Der Genuss des Abendmahls erinnert

die Gläubigen, dass sie zum neutestamentlichen Bundesvolk Gottes, zur Gemeinde gehören.[332]

– Das Abendmahl ist Verkündigung des Todes Christi.
Paulus schreibt in 1. Kor 11,26: *»Denn sooft ihr dieses Brot esset und den Kelch trinkt, verkündigt ihr den Tod des Herrn, bis dass er kommt.«* Wenn also Gläubige das Abendmahl feiern, proklamieren sie in dieser Welt die Tatsache, dass Jesus eigentlich für alle Menschen stellvertretend gestorben ist.

– Das Abendmahl ist ein Hinweis auf die Wiederkunft Jesu.
Jesus sagte bei der Einsetzung des Abendmahls: *»Ich sage euch aber, dass ich von nun an nicht mehr von diesem Gewächs des Weinstocks trinken werde, bis zu jenem Tag, da ich es neu mit euch trinken werde im Reich meines Vaters«* (Mt 26,29).
Das Abendmahl weist also nicht nur zurück auf das Kreuzesleiden Jesu, sondern weist ebenso in die Zukunft, auf den Zeitpunkt, da Jesus wiederkommen wird und seine Gemeinde zu sich holt, um mit ihr dieses Mahl zu feiern.[333] Die vollendete Gestalt des Abendmahls wird das Hochzeitsmahl des Lammes sein (Offb 19,6-9).[334]

– Das Abendmahl ist ein Mahl der Gemeinschaft mit Jesus und den anderen Gliedern seines Leibes.
Im Abendmahl bringen die Gläubigen ihre innige Gemeinschaft mit Jesus, ihrem Herrn, zum Ausdruck (1. Kor 10,16). Das Abendmahl betont aber auch die herrliche Gemeinschaft der Gläubigen untereinander (1. Kor 10,17), die natürlich in der Gemeinschaft mit Jesus begründet ist. Weil jedes einzelne Glied an Christus Anteil hat, geschieht auch gegenseitig ein Anteilhaben, -nehmen und -geben.[335]

---

332 Mauerhofer, E., Dogmatikvorlesungen, 9. Ekklesiologie, S. 129

333 ebd., S. 129-130

334 Knöppel, K. H., Wozu ist Gemeinde gut? S. 38

335 Mauerhofer, E., Dogmatikvorlesungen, 9. Ekklesiologie, S. 130; vgl. auch Weyel, H., So stell' ich mir Gemeinde vor, S. 144

2. Wer darf das Abendmahl nehmen?

Die Bibel lehrt uns, dass nur ein Jünger Jesu das Abendmahl nehmen darf, also ein Mensch, der wieder geboren ist und treu Jesus nachfolgt, ihm gehorcht (Apg 2,42.46; 1. Kor 10,21; 11,23-30).

Beim Abendmahl steht der einzelne Gläubige vor dem Herrn. Er muss sich selbst prüfen, ob er das Abendmahl nehmen darf oder nicht (1. Kor 11,28). Es ist nicht Sache der Ältesten, so über den Gemeindegliedern zu wachen, dass sie vor jedem Abendmahl ihre »Würdigkeit« feststellen müssten, außer wenn es sich um Gemeindezucht handelt. Wenn ein Gläubiger während des ernsthaften Prüfens vor dem Abendmahl Schuld erkennt, soll er diese in Reue Jesus bekennen. Es kann sein, dass er nach dem Abendmahl noch bestimmte Dinge im zwischenmenschlichen Bereich bereinigen muss. Vielleicht muss er noch seine Frau, seine Kinder oder einen Arbeitskollegen um Vergebung bitten. Im Glauben darf er dann die Vergebung in Anspruch nehmen (1. Joh 1,9). Jesus reinigt ihn gerade jetzt mit seinem Blut. Als Gereinigter darf er das Mahl nehmen.

Nimmt aber ein Gläubiger das Abendmahl, obwohl er in seinem Leben um unbereinigte Sünden weiß – z. B. Unversöhnlichkeit oder eine bestimmte Sucht, von der er nicht lassen will – nimmt er es unwürdig. Dieser unwürdige Genuss zieht das Gericht Gottes nach sich. Dieses Gericht zeigt sich im Leben dessen, der das Mahl unwürdig genossen hat, in *»Schwachheit, Krankheit und vorzeitigem Tod«* (1. Kor 11,30). Mit Hilfe dieses Gerichts sucht Gott diesen Gläubigen zur Buße zu bewegen, damit er nicht in seinen Sünden stirbt und dem ewigen Gericht Gottes verfällt (1. Kor 11,32).

Obwohl in der ersten Gemeinde das Abendmahl erst nach der Glaubenstaufe genommen wurde, finden wir in den vielen Lehraussagen der Bibel über das Abendmahl nirgends die Anordnung, dass nur Getaufte das Abendmahl nehmen dürfen. Auch wird die Gemeindemitgliedschaft nirgends als Zulassungsbedingung für das Abendmahl erwähnt.

Immer wieder sollen wir in der Gemeinde das Abendmahl feiern. Dies kann ab und zu in Gottesdiensten, in Bibelstunden der Fall sein.

Ein sorgfältiges Studium der Bibelstellen, die von der Feier des Abendmahls berichten, macht deutlich, dass das Abendmahl in die Gemeindezusammenkünfte integriert war.

Es gibt verschiedene Möglichkeiten, das Abendmahl zu feiern. Einmal kann es z. B. im Mittelpunkt eines Gottesdienstes stehen, ein anderes Mal kann es am Ende des Gottesdienstes ausgeteilt werden.

Wichtig erscheint mir, dass der Verkündiger immer wieder auf die Grundbedeutungen des Abendmahls hinweist und zugleich sagt, dass nur bekehrte und wieder geborene Menschen dieses Mahl nehmen dürfen. Er soll die Gläubigen auffordern, sich selbst zu prüfen, ob sie rein sind und somit am Abendmahl teilnehmen dürfen. Auch soll er auf die Möglichkeit der Buße während der Prüfungszeit hinweisen. Bevor das Abendmahl ausgeteilt wird, sollte die ganze Gemeinde eine Zeit der Selbstprüfung haben (zwei bis drei Minuten), die mit Gebet abgeschlossen werden kann.

Gestörte Beziehungen unter Gemeindegliedern müssen unbedingt vor dem Abendmahl bereinigt werden.

Älteste und Diakone können vor dem Austeilen des Abendmahls, nachdem die Einsetzungsworte vorgelesen worden sind, über dem Brot und dem Kelch beten; dann teilen sie es zusammen aus. Wer das Abendmahl nicht nimmt, soll es einfach weiterreichen.

Während des Abendmahls kann Jesus, der sich für uns dahingegeben hat, in Liedern oder in Gebeten gelobt und angebetet werden. Dies bewirkt in uns eine emotionale Ergriffenheit von dem, was Jesus für uns getan hat und kann so zu neuer, dankbarer Hingabe führen.

Das Abendmahl gehört grundsätzlich in die Gemeinde. Deshalb sollten die Ältesten entscheiden, ob das Abendmahl auch in der Jugendgruppe oder in Hauskreisen gefeiert werden kann.

3.2.5 Das Gebet

Dass dem gemeinsamen Gebet der Gemeinde gleich von Anfang an eine große Bedeutung beigemessen wurde, zeigen die Berichte aus der Apostelgeschichte.

- Das Gebet half der ersten Gemeinde, Gemeinde zu sein, wie Gott sie meinte (Apg 2, 42-43).
- Durch das Gebet empfingen sie Kraft, die Botschaft von Jesus in ihrer Umgebung weiterzusagen (Apg 4, 31).
- In einer Gebetsstunde wurde die Weltmission geboren (Apg 13, 1-3).
- Durch das anhaltende gemeinsame Gebet wurde Petrus der Gemeinde wieder geschenkt (Apg 12, 5-17).

Das Gebet war Ausdruck der Abhängigkeit und der Erwartung, des Vertrauens und der Gewissheit, dass Gott die Fähigkeit hat, den Lauf der Geschichte zu ändern und den Weg der Menschen zu lenken.[336]

In den Briefen des Neuen Testaments werden die Gemeinden immer wieder zum Gebet aufgefordert.

- In 1. Tim 2, 1.2 werden sie dazu ermutigt, *»für alle Menschen, für Könige und alle, die in Hoheit sind«* zu beten.
- In 1. Thess 5, 25 fordert Paulus die Gemeinde auf, für alle die zu beten, die sich um den Aufbau neuer Gemeinden bemühen.

Wie steht es heute mit dem gemeinsamen Gebet in den Gemeinden? Die Gebetsstunde ist, sofern es sie überhaupt noch gibt, meist der am schlechtesten besuchte Gemeindeanlass. Dies hat verschiedene Gründe.

- Der wohl gewichtigste Grund ist der, dass man den Sinn des gemeinsamen Gebets nicht mehr einsieht. Man hat vergessen, dass im Bereich des Gemeindebaus Jesus der Handelnde ist. Nicht unsere Methoden, Strategien, Schulungen usw., die ich alle durchaus für wichtig halte, bewirken das Eigentliche. Durch das

336 Peters, G. W., Gemeindewachstum, S. 174

Gebet geben wir Jesus den nötigen Freiraum, durch das, was wir tun, zu handeln. Ohne ihn bewegt sich in der Gemeinde nichts, auch wenn scheinbar viel läuft (Joh 15,5; Offb 2,4).

- Ein weiterer Grund, warum so wenige die Gebetszusammenkünfte besuchen, liegt in der Art und Weise, wie sie durchgeführt werden. Die Gebetszusammenkünfte sollten lebendig gestaltet werden. Wie könnte das praktisch aussehen?
  - Eine kurze biblische Einleitung über das Gebet kann motivierend wirken.
  - Es werden die verschiedenen Gebetsanliegen mitgeteilt.
    - Zuerst sollte auf die Gebetserhörungen hingewiesen werden.
    - Es folgen weiter die persönlichen Anliegen aus der Gemeinde (Kranke, Alte usw.).
    - Dann werden aus den verschiedenen Arbeitsgruppen von einem Teammitglied die wichtigsten Anliegen weitergegeben.
    - Es wird auf die Anliegen der Inlandmission, der Europamission und der weltweiten Mission hingewiesen. An dieser Stelle werden auch die kurzen Informationsbriefe der Missionare vorgelesen.
    - Am Schluss werden noch die aktuellen Anliegen (z. B. Straßeneinsatz, Filmabend usw.) kurz vorgestellt.

  Die anwesenden Beter werden dann in Gruppen von 10 bis 15 Personen aufgeteilt, damit jeder, der die Gebetsstunde besucht, auch beten kann. In den Gruppen wird das Gebet mit einer Zeit des Dankens, Lobens und der Anbetung begonnen. In diesem Teil geben die Anwesenden Jesus und durch ihn dem Vater die Ehre. Der Gruppenleiter, meist ein Ältester oder ein Diakon, leitet dann zur Fürbitte und den Bitten über. Damit alle beten können, sollten sich die Einzelnen kurz fassen.

  Zu einer festgesetzten Zeit treffen sich alle Gruppen wieder, um den Gebetsabend mit Lob und Dank zu beenden.

Wir brauchen dringend Gemeinden, die das gemeinsame Gebet neu entdecken. Hans Kasdorf schreibt:

> »Unsere Gemeinden in Amerika und Europa sind arm an Zeugen, Evangelisten, Predigern, Lehrern, Propheten, Seelsorgern und Missionaren, weil sie arm sind an Betern.«[337]

Mir scheint es wichtig, dass die Neubekehrten möglichst bald regelmäßig die Gebetsstunden besuchen.

3.2.6 Der Gesang

Vom Alten Testament her war es für die ersten Gemeindeglieder selbstverständlich, dass zum Gottesdienst das Singen gehört (vgl. 1. Chron 6, 16 u. a., wo für den Tempeldienst Sänger bestellt werden; ferner Ps 33, 3 und andere Psalmstellen). So sangen z. B. die Jünger beim letzten Passamahl mit Jesus (Mt 26, 30). Von Paulus und Silas wird gesagt, dass sie auf ihrer zweiten Missionsreise im Gefängnis in Philippi gesungen haben (Apg 16, 25). In Eph 5, 19 lesen wir: *»... indem ihr zueinander in Psalmen und Lobliedern und geistlichen Liedern redet und dem Herrn in eurem Herzen singt und spielt.«* In Kol 3, 16 steht: *»Das Wort des Christus wohne reichlich unter euch; in aller Weisheit lehrt und ermahnt euch gegenseitig mit Psalmen, Lobliedern und geistlichen Liedern, singt Gott in euren Herzen in Gnade.«* Auch die vollendete Gemeinde wird einst im Himmel singen (Offb 5, 9; 14, 3; 15, 3).

Ein bedeutender Schwerpunkt des Singens ist sicherlich das Lob Gottes (Röm 15, 9). Da im Lied auch das Wort Gottes weitergegeben wird, dient es zur gegenseitigen Belehrung und Ermahnung. Das Lied dient auch zur Selbsterbauung.

[337] zit. nach Kasdorf, H., Gemeindewachstum als missionarisches Ziel. Ein Konzept für Gemeinde- und Missionsarbeit, Bad Liebenzell 1976, S. 195

Auch heute sollten wir der Musik in den Gemeinden eine wichtige Bedeutung beimessen.

Lieder vermitteln oft auf einer viel tieferen Ebene Belehrung und Ermahnung, als dies mit Worten allein möglich wäre. Traurige können durch Lieder ermutigt und getröstet werden. Lau Gewordene können gerade durch ansprechende Lieder zu einer neuen Hingabe an Jesus motiviert werden.

– Schön ist natürlich, wenn die ganze Gemeinde die Lieder kräftig mitsingt, wenn möglich mehrstimmig. In jedem Gottesdienst können durch ganz bestimmte Lieder die Anbetung und der Lobpreis Gottes zum Ausdruck gebracht werden. Dieses gesungene Lob Gottes vermag die Gemeindeglieder in ganz besonderer Weise aufzurichten und zu stärken.
– Durch verschiedene Chöre, Singgruppen oder einen Kinderchor kann ein breites Band des musikalischen Spektrums zum Tragen kommen.
– Auch durch schöne Musikstücke eines Orchesters, eines Bläserchors, einer Flötengruppe kann das Lob Gottes zum Ausdruck gebracht werden (Ps 150).

Musik spricht in besonderer Weise den seelischen Bereich des Menschen an. Da der Mensch während eines Gottesdienstes in seiner Ganzheit – in seinem Gefühl, seinem Intellekt – angesprochen werden soll, sollte dem musikalischen Teil genügend Zeit gegeben werden. Wichtig ist, dass genügend Raum da ist für schöne, ansprechende zeitgenössische Lieder und Musik, damit auch die säkularisierten Menschen sich in unseren Gottesdiensten wohl fühlen.[338]

Leider haben neuere Musikstile innerhalb der Gemeinden zu großen Problemen geführt. Oft verstehen sich Jung und Alt nicht mehr.[339] Dies kann dahin führen, dass eine Seite bestimmte Instrumente verbieten will, während die andere Seite um so stärker gerade

338 Logan, R. E., Mehr als Gemeindewachstum, S. 75
339 siehe nächste Seite

diese Instrumente in Gemeindeveranstaltungen spielen lassen will. Wenn hier versteifte Fronten entstehen, hat man oft auf beiden Seiten verlernt, zu unterscheiden zwischen dem, was zentral wichtig ist und dem, was zweitrangig ist. Hier haben die Ältesten die Aufgabe, durch sorgfältige Belehrung die Gemeindeglieder zu den eigentlichen Anliegen der Gemeinde zurückzuführen. Gut ist, wenn der Ältestenkreis Kriterien für den Umgang mit Musik in der Gemeinde festlegt, bevor eine solche Spannungssitutation entstanden ist. Solche Kriterien werden die biblische Weite im Umgang mit Musik widerspiegeln und die Betonung auf das innere Anliegen und die geistliche Haltung der Musikanten legen.

Generationenkonflikten im Blick auf die Musik kann auf lange Sicht vorgebeugt werden, wenn die Familien der Gemeinde angeleitet werden, zu Hause mehr zusammen zu singen und zu musizieren. Dadurch stehen in der Gemeinde auch mehr fähige Instrumentalisten zur Verfügung.

3.2.7 Das Geld in der Gemeinde

Paulus sammelte in allen Gemeinden Gaben für die Gemeinde in Jerusalem, die sich in großer finanzieller Not befand (1. Kor 16, 1.2). Paulus leitete die Gemeinden an, regelmäßig ihrem Vermögen entsprechend Geld zur Seite zu legen (2. Kor 8, 7-9). Dieses Geld sammelte er dann ein und brachte es nach Jerusalem (Apg 24, 17).

Auch forderte Paulus die Gemeinden auf, die im vollzeitlichen Dienst des Evangeliums stehenden Mitarbeiter finanziell zu tragen (1. Kor 9, 7-12; 1. Tim 5, 17.18).

[339] Literatur zu diesem Thema: Bäumer, U., Wir wollen nur deine Seele. Rockszene und Okkultismus: Daten – Fakten – Hintergründe, Wuppertal 1987[5]; Glogauer, W., Kriminalisierung von Kindern und Jugendlichen durch Medien, Baden-Baden 1991, S. 24-50

Paulus war auch dankbar, dass ihn die Gemeinde in Philippi finanziell unterstützte (Phil 4,15-18). Diese Geldspenden halfen ihm, seinen missionarischen Einsatz noch besser erfüllen zu können. In 2. Kor 11,9 weist Paulus darauf hin, dass ihm die Gemeinden aus Mazedonien finanziell geholfen haben.

Im 1. Timotheusbrief fordert Paulus die Gemeinden auf, für die Witwen, die das sechzigste Lebensjahr erreicht haben, finanziell zu sorgen (1. Tim 5,9.16).

Es gilt noch zu beachten, dass die Gemeinde von Ungläubigen kein Geld annehmen sollte (3. Joh 7).

Jede Gemeinde braucht Geld, um leben und sich entfalten zu können. Deshalb sollen die Gemeindeglieder angeleitet werden, für die Gemeinde finanzielle Opfer zu bringen. Es genügt heute nicht mehr, die Gläubigen aufzufordern, für den Bau der Gemeinde Geld zu geben. Es muss vielen zunächst einmal gezeigt werden, wie sie selbst als Gläubige mit Geld umzugehen haben. Sie müssen gelehrt werden, wie sie das Geld einteilen können, damit sie keine Schulden machen. Um für die Gemeinde Opfer bringen zu können, wird man weiter einen bescheidenen Lebensstil anstreben bezüglich Wahl und Anzahl der Kleider, Ausstattung des Hauses, Gestaltung der Ferien usw. Dies muss in unserer materialistisch orientierten und genussgierigen Gesellschaft, in der sich jeder möglichst alles leisten will, gelernt werden.[340] Der Gläubige gibt Gott aus Dankbarkeit für die empfangene Rettung einen großzügigen Anteil seines irdischen Besitzes, damit die Gemeinde Jesu sich entfalten kann (2. Kor 9,6-11). Er gibt sein Geld in erster Linie der Gemeinde, in welcher er regelmäßig seine geistliche Nahrung bekommt.[341] Gene Getz schreibt dazu:

340 Robinson, M., Kirche für Entkirchlichte, S. 136
341 Müller, H., Gemeinde im Umbruch, S. 296

> »Es ist sicher keine absolute Regel, aber als Richtlinie für Christen sind mindestens zehn Prozent des Gehalts für die eigene Gemeinde angemessen. Was darüber hinausgeht, kommt anderen berechtigten Organisationen zugute.«[342]

In diesem Zitat knüpft Gene Getz bei dem von Gott im AT eingesetzten Zehnten an (Mal 3, 10). Im NT ist dies natürlich eine freiwillige Regel.

Interessant ist, was Karl Heinz Knöppel über das Geben in der Gemeinde sagt:

> »Manche sehen sich nicht in der Lage, neben ihren sonstigen Abgaben auch der Gemeinde regelmäßige Zuwendungen zu machen. Ich habe aber oft den Eindruck, dass es solchen Mitgliedern wirtschaftlich besser ginge, wenn sie mehr gäben. Es gehört zur Mathematik des Reiches Gottes, dass sich keiner arm spendet. Aber manche machen sich selbst arm durch ihre Zurückhaltung beim Geben.«[343]

Manfred Beutel macht darauf aufmerksam, dass die Gläubigen, die weniger als den Zehnten des Einkommens geben, häufig nur wenig Leidenschaft und Hingabe für Gottes Sache zeigen.[344]
Wofür braucht denn eine Gemeinde das Geld?

- Zunächst setzt eine Gemeinde Geld für missionarische Aufgaben ein. Sie unterstützt die aus ihrer Mitte ausgesandten Missionare entsprechend ihrer finanziellen Möglichkeiten. Sie unterstützt auch die Inland- und Europamission und die Arbeit der Missionen der eigenen Denomination. Erstrebenswert wäre, dass ein Drittel oder mehr aller Gemeindefinanzen in die Mission fließen würde.
- Eine Gemeinde braucht auch Geld für die Räumlichkeiten, in denen sie zusammenkommt (Miete, Strom, Wasser, Reparaturen usw.).

---

342 zit. nach Getz, G. A., Real Prosperity – Biblical Principles of Material Possessions, Chicago 1990, S. 125
343 zit. nach Knöppel, K. H., Wozu ist Gemeinde gut? S. 64-65
344 Beutel, M., Leidenschaft einüben, S. 28

- Weiter braucht sie Geld, um ihre voll- oder teilzeitlichen Mitarbeiter bezahlen zu können. Wichtig erscheint mir, dass die Gemeinde ihren Angestellten ein der Zeit angepasstes Gehalt bezahlt (1. Tim 5, 18). Es ist selbstverständlich, dass für die freiwillige Mitarbeit in der Gemeinde keine Bezahlung geleistet wird, es sei denn, dass ein Mitarbeiter sich so in die Gemeindearbeit investieren muss, dass er seinen Lebensunterhalt nicht oder nicht vollständig durch seine Erwerbstätigkeit bestreiten kann.
- Eine Gemeinde ist auch bereit, die Kinder-, Jungschar- und Jugendarbeit finanziell großzügig zu unterstützen.
- Befindet sich eine Nachbargemeinde in einer finanziellen Notlage, kann die Gemeinde vorübergehend helfen.
- Alle evangelistischen Aktivitäten kosten Geld.
- Eine Gemeinde muss auch im diakonischen Bereich Geld einsetzen. Wenn arme Leute die Gemeinde besuchen, wird ihnen ganz konkret in den Bereichen, in denen sie Hilfe nötig haben – Essen, Kleider, Mietzinskosten – geholfen.

Die Gemeindeglieder sollten meines Erachtens etwa alle zwei Monate über die finanzielle Situation informiert werden. Am besten kann diese Information in der Gebetsstunde weitergegeben werden.

Jesus, der Herr der Gemeinde, will, dass in den finanziellen Angelegenheiten innerhalb der Gemeinde alles sauber geordnet ist. Dazu gehört, dass immer mehrere Vertrauenspersonen die Kollekte zählen (2. Kor 8, 16-21). Der Kassierer braucht die Gabe des Vorstehens (Röm 12, 8), um die Kasse treu zu verwalten.

Die ganze Gemeinde sollte mitreden dürfen, wenn festgelegt wird, für was das Geld ausgegeben werden soll.

3.2.8 Die Gemeindezucht

Jesus selbst, der Herr der Gemeinde, hat die Gemeindezucht angeordnet (Mt 18, 15-18). Die Apostel gaben dann den Gemeinden genauere Informationen, wann Gemeindezucht angewendet werden soll.

- Gemeindezucht ist bei unordentlichem Verhalten der Gemeindeglieder nötig (2. Thess 3, 6-12). In der Gemeinde in Thessalonich gab es Gemeindeglieder, die *»unordentlich wandeln, indem sie nicht arbeiten, sondern unnütze Dinge treiben«* (2. Thess 3, 11). In 1. Kor 5, 11 sagt Paulus von den *»Unzüchtigen, Habsüchtigen, Götzendienern, Lästerern, Trunkenbolden und Räubern«*, dass sie sich unordentlich verhalten.
- Auch bei sexuellen Vergehen ist Gemeindezucht nötig. In der Gemeinde in Korinth hatte einer seine Mutter zur Frau genommen. Paulus schritt in diesem Fall hart ein, weil die Gemeinde versäumt hatte, an diesem Mann Gemeindezucht zu üben (1. Kor 5, 1-5). In der Gemeinde in Thyatira verführte die Prophetin Isebel verschiedene Männer und trieb mit ihnen Hurerei. Jesus sagte dazu: *»Siehe, ich werfe sie aufs Krankenbett und die, welche Ehebruch mit ihr treiben, in große Drangsal, wenn sie nicht Buße tun von ihren Werken«* (Offb 2, 22).
  Gemeindezucht ist nötig, wenn zwei vorehelichen Geschlechtsverkehr haben oder im Konkubinat zusammenleben, da sie in ihrem Leben die Sünden der Unzucht und der Hurerei dulden (1. Kor 6, 18.19).[345]
- Auch wenn Gemeindeglieder extreme Ansichten und falsche Lehren verbreiten, kommt Gemeindezucht zur Anwendung.[346] In Röm 16, 17 schreibt Paulus: *»Ich ermahne euch aber, Brüder, dass ihr achthabt auf die, welche entgegen der Lehre, die ihr gelernt habt, Parteiungen und Ärgernisse anrichten, und wendet euch von ihnen ab.«* In Tit 3, 10.11 sagt er: *»Einen sektiererischen Menschen weise nach einer ein- und zweimaligen Zurechtweisung*

345 Gerber, S., Gemeindezucht, Frankfurt a. M., o. J., S. 27-28

346 Colvin, F., Sicher ans Ziel – Gemeindezucht aus biblischer Sicht, in: Gemeindegründung. Mitteilungen der Konferenz für Gemeindegründung, Rasdorf Nr. 44/1995, S. 10-11

ab, da du weißt, dass ein solcher verkehrt ist und sündigt und durch sich selbst verurteilt ist.«

Jesus machte den Verantwortlichen der Gemeinde in Pergamon harte Vorwürfe, weil sie in ihrer Mitte solche duldeten, die an der *»Lehre Bileams«* und an der *»Lehre der Nikolaiten«* festhielten (Offb 2,14.15).

– Auch dann ist Gemeindezucht nötig, wenn Gemeindeglieder sich unversöhnlich verhalten (Mt 18,23-35), da der unversöhnliche Gläubige in der Gefahr steht, sein Heil zu verlieren. Aus diesem Grund bittet Paulus, der Evodia und Syntyche helfend zur Seite zu stehen (Phil 4,2.3).

Gemeindezucht setzt dort ein, wo der Glaube eines einzelnen Gemeindeglieds gefährdet ist, und dort, wo Gottes Heiligkeit, sein ganzes Nein zur Sünde, in der Gemeinde nicht mehr ernst genommen wird. Die Gemeinde soll heilig sein, weil Gott heilig ist (1. Petr 1,15 f.).

Gemeindezucht macht sowohl den Gläubigen als auch den Ungläubigen das Nein Gottes zur Sünde deutlich. Nur eine Gemeinde, die Gemeindezucht praktiziert, bleibt unter dem Segen Gottes.

Das Ziel der Gemeindezucht ist, den Schuldigen zur Buße und zur Abkehr von seinem sündigen Verhalten zu bewegen. Gemeindezucht ist letztlich ein Liebesdienst am anderen Gläubigen. Es geht darum, ihn zur Vergebung zu führen.

Nimmt er diese Hilfe nicht an, muss er aus der Gemeinde ausgeschlossen werden (Mt 18,17; Röm 16,17; 1. Kor 5,2). Nicht die begangene Sünde, sondern das Beharren in ihr, also die Ablehnung der Umkehr, führt zum Ausschluss.[347]

Die Ältesten sind beauftragt, in der Gemeinde Gemeindezucht zu üben (Tit 1,9; Offb 2,14). In besonderer Weise sind die Ältesten, die in der Gemeinde für die Lehre die Hauptverantwortung tragen, in einer solchen Situation gefordert (2. Tim 2,24-26; 4,2).

---

347 Knöppel, K. H., Wozu ist Gemeinde gut? S. 91

Selbst an den Ältesten soll, wenn es nötig ist, Gemeindezucht geübt werden durch jemanden, der den »allgemeinen Aposteldienst« versieht (1. Tim 5, 19.20).

Wie Gemeindezucht ganz praktisch auszusehen hat, wird uns in Mt 18, 15-17 gesagt.[348]

Ist ein Gemeindeglied nicht bereit, eine begangene Sünde vor Gott und Menschen in Ordnung zu bringen oder von einer bestimmten Sünde zu lassen, von der viele Gemeindeglieder Kenntnis haben, ist ein Ältester (meistens der Verkündiger) beauftragt, in einem seelsorgerlichen Gespräch diese Person zur Buße aufzufordern. In diesem seelsorgerlichen Gespräch wird es zunächst darum gehen, die Sünde aufzudecken (Eph 5, 11). Dabei sollte das Gemeindeglied spüren, dass wir es lieben und dass unser tiefster Wunsch ist, dass es Buße tut (1. Thess 2, 11.12). Im Normalfall wird sich ein Gläubiger vom Wort Gottes überführen lassen, die begangene Sünde bereinigen und mit ihr brechen (Mt 18, 15).

Wenn jemand aber trotz aller Bemühungen nicht zur Buße bereit ist, findet ein Ausschluss vom Abendmahl statt, da nur im Blut Jesu Gereinigte das Abendmahl nehmen dürfen. Der Verkündiger, der um dieses sündige Fehlverhalten weiß, soll noch ein oder zwei Älteste zu einem nächsten seelsorgerlichen Gespräch mit sich nehmen. Das Ziel dieser seelsorgerlichen Aussprache ist wiederum, das Gemeindeglied zur Buße zu bewegen. Ist es dazu auch jetzt nicht bereit, sollte ihm jeglicher Dienst in der Gemeinde weggenommen werden. Nach dieser einschneidenden Maßnahme treten die meisten unbußfertigen Gemeindeglieder aus der Gemeinde aus.

Besucht aber dieses Gemeindeglied weiter die Gemeindeanlässe, obwohl es nicht bereit ist, Buße zu tun, muss die Angelegenheit vor die ganze Gemeinde gebracht werden. Dies muss mit viel Sorgfalt

---

348 Ein eindrückliches Fallbeispiel für angewandte Gemeindezucht bietet Baker, D., Vergeben und vergessen? Die heilende Wirkung biblischer Gemeindezucht. Ein Fallbeispiel, Basel; Gießen 1989

und Taktgefühl geschehen. Das Ziel ist, dass die ganze Gemeinde dieses Gemeindeglied auffordert, doch Buße zu tun. Weigert sich die betreffende Person auch jetzt noch, folgt der Gemeindeausschluss (1. Kor 5, 2). Wir sollen das ausgeschlossene Gemeindeglied wie einen *»Heiden und Zöllner«* betrachten (Mt 18, 17). Sündern haben wir nach der Schrift in Liebe zu begegnen. Der oder die Betreffende darf weiterhin als Gast die Gottesdienste besuchen. Wir hoffen, dass ausgeschlossene Glieder durch das Hören auf das Wort Gottes doch noch umkehren.

Schwer wird es, wenn an einer Gemeindeversammlung sich die Familienangehörigen für ein Gemeindeglied einsetzen, das wegen seines sündigen Verhaltens ausgeschlossen werden sollte. Gemeinden können an solchen Situationen fast zugrunde gehen.[349]

Wenn aber dieses ehemalige Gemeindeglied Glieder der Gemeinde vielleicht mit falschen Lehren oder mit seinem falschen Lebensstil weiter zu beeinflussen versucht, muss es sogar zu einem Abbruch aller Beziehungen kommen (1. Kor 5, 11), denn jetzt gilt es die Gemeinde zu schützen.[350]

Bei aller von Gott geforderten Festigkeit im Blick auf die Gemeindezucht soll sie doch mit Demut angewendet werden (Gal 6, 1; Mt 7, 1-5). Das von der Gemeindezucht betroffene Gemeindeglied darf nicht in die Verzweiflung getrieben werden (2. Kor 2, 5-10). Vielmehr soll es spüren, dass wir es trotzdem noch lieben und nichts sehnlicher wünschen, als dass es wieder in Buße zu Jesus und schließlich in die Gemeinde zurückfindet (2. Kor 2, 8). Gerade weil wir ihm eine erneute Integration in die Gemeinde offen halten wollen, müssen wir bei der Gemeindezucht mit liebender Sorgfalt vorgehen und die betreffende Person in der Fürbitte begleiten.

Mangelnde Gemeindezucht kann in einer Gemeinde zu geistlicher Trägheit, Schlaffheit, zu Spaltungen (1. Kor 11, 19; 2. Petr 2, 1) und

349 Knöppel, K. H., Wozu ist Gemeinde gut?, S. 99
350 Nitsche, W., Verbindliche Gemeinschaft, S. 122-123

schließlich zur Zerstörung führen (Offb 2,5; 3,16).[351] Gemeindezucht aber dient der Gesundung und damit der Dienstfähigkeit der Gemeinde.[352]

3.3 Welche Ziele sollen mit Hilfe dieser Strukturen und Ordnungen in einer Gemeinde angestrebt werden?

Es geht darum, die Ziele zu verwirklichen, die das Haupt Jesus Christus mit der Gemeinde hat.

Ein Hauptziel Jesu ist, dass die Gemeinde für ihn da ist. Sie ist dazu da, ihn zu loben, anzubeten und zu verherrlichen. Diese Ausrichtung auf Jesus bewirkt im Leben der einzelnen Gläubigen Heiligung und Umgestaltung ins Bild Jesu. Sie vertieft auch die von der Liebe getragene Einheit in der Gemeinde und mündet in die Sehnsucht nach dem wiederkommenden Christus ein.

3.3.1 Heiligung der Gemeindeglieder[353]

Durch das Hören auf das Wort Gottes in der Verkündigung, durch das gemeinsame Gebet und die helfende Gemeinschaft fördern sich die Gemeindeglieder gegenseitig in der Heiligung (1. Thess 3,12.13). Jeder Einzelne ist bereit, seine Sünden immer wieder vor Gott zu bereinigen und wenn nötig auch im zwischenmenschlichen Bereich zu ordnen (2. Kor 7,1). Mit Jesu Hilfe legen alle Gemeindeglieder

351 Griffiths, M., Gottes herrliches Volk. Auftrag, Aufbau und Erneuerung der Gemeinde, Gießen; Basel 1985³, S. 25

352 Knöppel, K. H., Wozu ist Gemeinde gut?, S. 93

353 vgl. Mauerhofer, E., Heiligung als Geschenk und Auftrag, in: Fundamentum, Zeitschrift der Staatsunabhängigen Theologischen Hochschule Basel, Festschrift zum 25jährigen Bestehen der Staatsunabhängigen Theologischen Hochschule Basel, Riehen Nr. 3/1995, S. 55-79

jedes Suchtverhalten – übermäßiger Alkoholgenuss, das Rauchen, die Fernsehsucht, Spielsucht, Sucht nach Sex, Essgier – bewusst ab. Sie sind nicht mehr bereit, Sklaven der Sünde zu sein, da Jesus sie durch sein Erlösungswerk erlöst hat (Röm 6,12-14).[354] Sie legen auch aufkommende Bitterkeit gegen andere ab (Hebr 12,15).

Die Gemeindeglieder ermutigen sich gegenseitig in der Nachfolge Jesu (Hebr 12,12-15). Das Motiv dafür ist die von Christus bewirkte herzliche Liebe untereinander (1. Petr 1,22; 1. Joh 4,7). Sie kümmern sich umeinander (1. Thess 5,14) und weisen sich, wenn nötig, taktvoll zurecht (Kol 3,16). Auf diese Weise übernehmen sie füreinander seelsorgliche Verantwortung.

Die Heiligung wird auch darin sichtbar, dass die Gemeindeglieder in der Lage sind, sich gegenseitig in ihrer Verschiedenartigkeit anzunehmen (Röm 15,7). Jeder hat die Kraft, den anderen zu tragen, weil er sich von Jesus getragen weiß.

Vor allem zeigt sich Heiligung darin, dass jeder in der Gemeinde bereit ist, denen zu vergeben, die ihn durch falsche Vorwürfe und Bemerkungen zutiefst verletzt haben (Kol 3,13), und selbst um Vergebung zu bitten, wenn er andere in der Gemeinde verletzt hat. Dies geschieht in Gesprächen, die gründlich im Gebet vorbereitet werden. Fehlen in einer Gemeinde versöhnte Beziehungen, ist sie nach innen und außen blockiert.[355]

Wir müssen aufpassen, dass wir Heiligung nicht mit dem Festhalten an bestimmten äußeren, zeitbedingten Gegebenheiten (wie z. B. Kleidung, Aussehen, Formen, Liedgut) verwechseln.

3.3.2 Umgestaltung ins Bild Jesu

Die Gemeindestrukturen und -ordnungen sollen helfen, dass jedes Gemeindeglied zum Dienen angespornt und zugerüstet wird. Dieses

354 Mains, D., Hoffnung für Gemeinde, S. 58-61
355 Beutel, M., Leidenschaft einüben, S. 82-83

gegenseitige Dienen bewirkt, dass jeder Gläubige *»zur vollen Mannesreife, zum Vollmaß des Wuchses der Fülle Christi«* gelangt (Eph 4, 13). Wir werden also durch das Geben und Empfangen im Dienst in der Gemeinde Jesus immer ähnlicher. In uns wird in diesem Umgestaltungsprozess die »Gemeinschaftsfähigkeit« gefördert. Wir lernen auch immer besser, »Verantwortung« zu tragen.

Diese Bereitschaft, sich von anderen dienen zu lassen, um dem Nächsten noch besser dienen zu können, erfordert von den einzelnen Gemeindegliedern Demut (1. Petr 5, 5). Dieser Dienst am Nächsten erwächst aus der Bereitschaft, Jesus zu gehorchen (Gal 5, 13).

Der Umgestaltungsprozess ins Bild Jesu ist von drei wichtigen Komponenten geprägt:
- Ein Gläubiger lebt aus der Liebe, die ihm Jesus schenkt (Joh 15, 9).
- Er ist bereit, sich von anderen Gläubigen dienen zu lassen. Dies erfordert in seinem Leben Demut. Sie zeigt sich darin, dass er denen, die ihm dienen, mit Dankbarkeit begegnet (Phil 2, 3).
- Schließlich ist er bereit, Jesus zu gehorchen und seinen Gaben entsprechend den anderen zu dienen (1. Petr 4, 10). Dies kann er nur dann in rechter Weise erfüllen, wenn er bewusst unter der Herrschaft Jesu lebt. Doch fällt es ihm oft schwer, anderen zu dienen – entweder, weil Dienen »out« ist, oder weil ihm sein Dienst im Vergleich mit anderen Diensten unbedeutend erscheint.[356]

Wir sehen, dass im Umgestaltungsprozess ins Bild Jesu die Beziehung zu Jesus und zur Gemeinde eine wichtige Rolle spielen.

Die Heiligung und die Umgestaltung ins Bild Jesu wecken in uns das Verlangen, uns noch mehr für den Bau der Gemeinde Jesu auf dieser Erde einzusetzen.[357]

---

356 Müller, H., Gemeinde im Umbruch, S. 124-125

357 Nitsche, W., Verbindliche Gemeinschaft, S. 131

3.3.3 Die Einheit der Gemeinde wird gefestigt

Alle Gläubigen einer Gemeinde bilden eine Einheit (Gal 3,28), da Jesus in ihnen wohnt. Dadurch, dass jeder Gläubige in der Heiligung lebt und zugleich ins Bild Jesu umgestaltet wird, wird diese Einheit bewahrt (Eph 4,3) und gefestigt (Röm 15,5-7). Die von Gott geschenkte Einheit ist von einer großen Vielfalt geprägt. Es gibt unter denen, die zur Gemeinde gehören, Unterschiede im Bereich der Bildung, des sozialen Standes, des Alters und in der charakterlichen Prägung.[358] Auch können die Gemeindeglieder zu verschiedenen Themen sehr unterschiedliche Ansichten vertreten. Dennoch kann grundsätzlich die Einheit bewahrt werden. Paulus fordert die Gemeindeglieder in Philippi auf, sich die Gesinnung Jesu zu Eigen zu machen (Phil 2,1 ff.), der sich selbst erniedrigte bis zum Tod am Kreuz, weil es ihm nicht um seine Meinung, sondern um unsere Errettung ging. Paulus fordert außerdem die »Starken« und »Schwachen« in der Gemeinde auf, sich gegenseitig anzunehmen (Röm 14,1-15,7). Niemand soll den anderen aufgrund seiner Überzeugung verurteilen oder verachten.

Die Einheit in Vielfalt wird von der durch Christus geschenkten Liebe getragen (2. Thess 1,3). Diese Liebe erschöpft sich nicht nur in freundlichen Worten, sondern wird sichtbar in ganz praktischer Hilfe – sei es im Haushalt, im Garten, im finanziellen Bereich usw. (1. Joh 3,16-18). Die Liebe zeigt sich auch in gegenseitiger Anteilnahme und Ermutigung, die ein von Gott gewolltes Zusammengehörigkeitsgefühl wecken.[359] Die praktisch werdende Liebe wird vom Gebet füreinander getragen; sie verleiht der Gemeinde auch eine evangelistische Ausstrahlungskraft.

Eine in Christus gefestigte Gemeinde erkennt auch falsche Lehre und weist sie ab, weil sie sich am Wort Gottes orientiert. Dadurch

---

358 Knöppel, K. H., Wozu ist Gemeinde gut?, S. 106

359 Lukasse, J., Gemeindebau im nachchristlichen Europa, Greng-Murten 1994, S. 183-184

wird sie vor zerstörerischen *»Parteiungen und Ärgernissen«* bewahrt (Röm 16,17.18).

3.3.4 Ausrichtung auf den wiederkommenden Christus

Die biblischen Strukturen und Ordnungen dienen schließlich dazu, dass die Gemeinde jederzeit bereit ist, dem wiederkommenden Christus zu begegnen. Jesus wird plötzlich kommen und seine Gemeinde zu sich in den Himmel entrücken (1. Thess 4,13-18), um mit ihr die *»Hochzeit des Lammes«* zu feiern (Offb 19,6-9). Die Aufgabe der Gemeinde ist es, jederzeit zu wachen, da sie nicht weiß, zu welcher Zeit ihr Herr kommt, um sie zu sich zu holen (Mt 24,42). Die bewusste Ausrichtung auf den wiederkommenden Christus weckt in der Gemeinde im Blick auf die Zukunft eine freudige Hoffnung (Röm 12,12). Der wiederkommende Christus ist die Lösung für die Ausweglosigkeit unserer Zeit. Zugleich – und das ist wesentlich – gibt das bewusste Warten auf Jesus der Gemeinde eine stark evangelistisch-missionarische Ausrichtung, da sie weiß, dass ihre Zeit, verlorene Menschen zu retten, begrenzt ist.[360]

Wir sehen, dass die biblischen Strukturen und Ordnungen einer Gemeinde das qualitative Wachstum der einzelnen Gemeindeglieder, aber auch der Gemeinde als Ganzes, fördern. Die Gemeindeglieder werden zu reifen Jüngern Jesu, die treu Jesus nachfolgen, so wie ich es eben entfaltet habe. Die letzten Bedürfnisse ihres Lebens – nach einem Sinn, nach Geborgenheit, nach Verstandensein, nach Beziehungen, nach einem Ziel – werden in Jesus und in der Gemeinde immer wieder gestillt.[361]

---

360 Maier, G., Er wird kommen. Was die Bibel über die Wiederkunft Jesu sagt, Wuppertal; Zürich 1995, S. 106-107

361 Lukasse, J., Gemeindebau im nachchristlichen Europa, S. 177

Dieses echte qualitative Wachstum einer Gemeinde führt zu quantitativem Wachstum.

Die von Jesus her lebende Gemeinde bildet eine Art Gegenkultur in der jeweiligen Gesellschaft, ohne aber ein frommes Ghetto zu werden. Sie geht auch nicht den Weg der Anpassung, der zum christlichen Heidentum führen würde, sondern sie ist Licht und Salz in ihrer Umgebung (Mt 5, 13-16).[362]

Jedes Gemeindeglied wird sich mit großem Eifer darum bemühen, verlorene Menschen für Jesus zu gewinnen. Es ist die Liebe Jesu zu den Verlorenen, die es dazu drängt (2. Kor 5, 14-20). Viele Menschen finden so den Weg zu Jesus und werden in die Gemeinde integriert. Die Gemeinde wächst zahlenmäßig. Es wird nun unsere Aufgabe sein, dieses quantitative Gemeindewachstum genauer zu studieren. Dies geschieht in Kapitel 4.

Eine Gemeinde, die qualitativ wächst, hat auch organisches Wachstum. Sie wird in ihrer Umgebung neue Gemeinden gründen, da sie dem Wort Gottes gehorsam ist. Mit diesem organischen Wachstum der Gemeinde werden wir uns gründlich in Kapitel 5 befassen.

Eine Gemeinde mit qualitativem Wachstum wird auch Wachstum durch Mission haben. Sie wird bereit sein, Missionare auszusenden, die in anderen Kulturen neue Gemeinden gründen. Die dort gegründeten Gemeinden sind Brückenköpfe zur Gründung weiterer Gemeinden. Wir werden auf dieses Wachstum durch Mission in Kapitel 6 noch näher eingehen.

362 Peters, G. W., Gemeindewachstum, S. 198-199

Weiterführende Literatur

Clinton, J. R., Der Werdegang eines Leiters. Lektionen und Stufen in der Entwicklung zur Leiterschaft, Greng-Murten 1992

Dünnebeil, W., Pastor sein ist auch nicht leicht. Seinen Pastor besser verstehen lernen, Marburg a. d. Lahn 1995

Knöppel, K. H., Wozu ist Gemeinde gut? Fragen und Antworten zur Gemeindepraxis, Wuppertal; Zürich 1995

Logan, R.; George, C., Das Geheimnis der Gemeindeleitung, Wiesbaden 1987

Meiss, K., Kleine Kreise – große Wirkung. Hauskreisarbeit in der Gemeinde, Marburg a. d. Lahn 1995

Ott, C., Das Trainingsprogramm für Mitarbeiter. Biblische Grundsätze, Didaktische Hinweise, Praktische Modelle, Gießen; Basel 1996

Prime, D., Frauen in der Gemeinde. Dienste und Stellung der Frau in der Gemeinde, Erzhausen 1993

Rush, M., Mitarbeiter führen. Der biblische Weg, Asslar 1990

Strobel, L., Beim Wort zum Sonntag schalt' ich ab. Die Welt eines Kirchendistanzierten verstehen, Wiesbaden; Wuppertal; Zürich 1995

4. Das Gemeindewachstum

In diesem Kapitel zeige ich auf, dass eine Gemeinde, die qualitativ wächst, auch quantitatives Wachstum kennt. Dies war schon in der ersten Gemeinde so (Apg 2, 47). Christian Schwarz sagt ganz richtig, dass mangelndes quantitatives Wachstum einer Gemeinde seine Ursachen im Bereich des qualitativen Wachstums hat.[363] Wenn also eine Gemeinde nicht wächst, gilt es herauszufinden, in welchem der in Kapitel 3 ausgeführten Bereiche das Problem liegt.

Überall auf der Erde – außer in einigen islamischen Ländern – wächst die Gemeinde Jesu überraschend schnell. Dazu bildet Westeuropa einen unübersehbaren Kontrast. Viele evangelikale Gemeinden Europas sind gekennzeichnet von Stagnation und Rückgang. In einigen gibt es in den letzten Jahren auch Wachstum, doch ist dies im Verhältnis zur Bevölkerung sehr gering.[364]

Dieses Phänomen entspricht meines Erachtens einer Grundstimmung unserer Zeit. Man ist allgemein weniger bereit, sich zu investieren für andere und für die Gesellschaft, vielmehr will man Ruhe, Erholung, will sich wohl fühlen; diese Bedürfnisse sollen dann von der Gemeinde gestillt werden. Die Folge ist eine Konzentration auf innergemeindliche Aktivitäten; der Blick nach außen auf die missionarischen Aufgaben geht verloren.[365]

Die evangelikalen Gemeinden Europas brauchen deshalb eine Neuausrichtung auf Jesus, ihren Herrn, die sich darin zeigt, dass sie sein Wort ernst nehmen und ihm in allen Bereichen gehorchen. Dies wird dann zu einer erneuten Bereitschaft führen, den evangelistisch-missionarischen Auftrag wahrzunehmen.[366]

---

363 Schwarz, Chr. A., Die natürliche Gemeindeentwicklung nach den Prinzipien, die Gott selbst in seine Schöpfung gelegt hat, Rothrist 1996, S. 45

364 Robinson, M., Kirche für Entkirchlichte. Lernen von Willow Creek, Wuppertal; Wittenberg 1995, S. 15

365 Lukasse, J., Gemeindebau im nachchristlichen Europa, Greng-Murten 1994, S. 134-135

366 ebd., S. 22-28

Die europäischen Länder brauchen dringend Gemeinden, die das Evangelium den vielen verlorenen Menschen weitersagen.

4.1 Der evangelistische Auftrag der Gemeinde

Donald A. McGavran schreibt in seinem Buch »Gemeindewachstum verstehen«:

> »Es entspricht dem Willen Gottes, dass Gemeinden wachsen. Christen sind beauftragt, die Verlorenen zu suchen und zu erretten. Darin sollen sie es ihrem Meister gleichtun. Doch das Suchen der Verlorenen bringt nicht unbedingt persönlichen Vorteil, sondern bedeutet, ›Knecht um Christi willen‹ (2. Kor 4,5) zu werden. Wenn wir Gemeindewachstum wollen, wird es ohne Schweiß und Tränen nicht abgehen können ... Gemeindewachstum ist darüber hinaus insbesondere dort zu finden, wo die Verlorenen nicht nur eingesammelt, sondern aktiv in ein normales Gemeindeleben integriert werden.«[367]

George W. Peters schreibt dazu:

> »Die Gemeinde ist die Gemeinschaft von Gläubigen, die Zeugnis ablegt, ... die das Evangelium verkündigt und sich zum Dienst bereitstellt.«[368]

> »Die Gemeinde ist das Instrument Gottes zur Mobilisierung, Schulung und Ausrüstung der Gläubigen, damit sie in der Lage sind, in der Welt die Aufgabe der Evangelisation wahrzunehmen.«[369]

367 zit. nach McGavran, D. A., Gemeindewachstum verstehen. Eine grundlegende Einführung in die Theologie des Gemeindebaus, Lörrach 1990, S. 21-22

368 zit. nach Peters, G.W., Missionarisches Handeln und biblischer Auftrag. Eine Theologie der Mission, Bad Liebenzell 1977, S. 221

369 zit. nach Peters, G. W., Evangelisation: total-durchdringend-umfassend, Bad Liebenzell 1977, S. 37

4.1.1 Jesus gab seiner Gemeinde einen klaren Evangelisations- und Missionsauftrag

Jesus, der Auferstandene, hat seinen Jüngern vor seiner Rückkehr zum Vater einen klaren Evangelisations- und Missionsauftrag gegeben. Dieser Auftrag steht u. a. in Mt 28, 18-20 und Mk 16, 15.16.

Die Grundlage dieses Auftrags besteht darin, dass Jesus *»alle Macht im Himmel und auf Erden gegeben ist«* (Mt 28, 18). Der Grund, warum Jesus alle Macht gehört, liegt in seinem Leiden und Sterben am Kreuz und in seiner Auferstehung begründet. Am Kreuz hat er nämlich *»über die Gewalten und Mächte triumphiert«* (Kol 2, 15). Er hat Sünde (Röm 8, 3), Tod (1. Kor 15, 54.55) und Teufel samt den dämonischen Heeren besiegt (Hebr 2, 14). Deshalb konnte er sagen: *»Mir ist alle Macht (d. h. Vollmacht) gegeben im Himmel und auf Erden«* (Mt 28, 18).

Die Vollmacht Jesu zeigt sich darin, dass er jedem, der an ihn als Retter glaubt, die Sünden vergeben (Eph 1, 7) und ein neues, ewiges Leben schenken kann (2. Kor 5, 17). In dem Augenblick, da Jesus einen Menschen aus Sünde und Schuld herausrettet, reißt er ihn *»aus dem Machtbereich der Finsternis«* und *»versetzt ihn in sein Königreich«* (Kol 1, 13).

Seine Vollmacht zeigt sich auch in der heilsgeschichtlich-eschatologischen Durchsetzung seiner Königsherrschaft, wie ich es unter 2.7.2 ausgeführt habe. Der in dieser Vollmacht Jesu begründete Auftrag umfasst folgende Schritte:

1. Hingehen (Mt 28, 19 a)

Dieser Befehl, den Jesus an seine Jünger richtete, gilt heute der ganzen Gemeinde und nicht nur einzelnen Personen aus ihr. Jedes Glied der Gemeinde ist beauftragt hinzugehen. Jesus ist es auch, der jeden Gläubigen durch den Heiligen Geist zu diesem Auftrag befähigt und bevollmächtigt (Apg 1, 8). Die Gemeinde wird also aufgefordert, offensiv zu leben. Eine örtliche Gemeinde darf sich nie nur um ihre inneren Angelegenheiten kümmern. Sie existiert nicht um ihrer selbst willen. Vielmehr sollen klare Strukturen und Ordnungen einer Gemeinde letztlich nur das Hingehen zu den verlorenen Menschen ermöglichen. Alle Menschen sind ja seit dem Sündenfall Sünder (1. Mose 3, 1-7; Röm 5, 12) und als solche stehen sie unter dem Zorn Gottes (Röm 1, 18.19); sie sind verloren, da Gott in seiner Heiligkeit jede Sünde verabscheut. In seiner Gerechtigkeit straft er dafür mit der ewigen Verdammnis (Röm 6, 23).[370] Es kann einer Gemeinde Jesu daher niemals gleichgültig sein, dass täglich Tausende ungerettet in die Ewigkeit gehen.[371]

Das Hingehen der Gemeinde kennt drei Schwerpunkte:

– Zunächst soll die Gemeinde ihre Umgebung (ihr Gebiet) mit dem Evangelium durchdringen. Das Gebiet, in der sich die Gemeinde befindet, hat eine Hauptortschaft. Dort befinden sich die Einkaufszentren, das Krankenhaus, die Banken, die Schulen.
  Gut ist, wenn sich die Gemeinde in der Hauptortschaft eines Gebiets befindet. Es ist nun Aufgabe der Gemeinde, dieses Gebiet mit der Botschaft des Evangeliums zu erreichen und zu durchdringen.
– Sie soll außerdem in Nachbarregionen neue Gemeinden gründen.
– Schließlich ist es ihr Auftrag, Missionare zu allen ethnischen Gruppen, Stämmen und Völkern auszusenden.

Das Hingehen bedeutet für die Gemeinde Grenzüberschreitung. Um die verlorenen Menschen mit dem Evangelium zu erreichen, muss die Gemeinde religiöse, ideologische, soziale, kulturelle, völkische, sprachliche und geografische Grenzen überschreiten.[372]

370 Beyerhaus, P., Er sandte sein Wort. Theologie der christlichen Mission, Bd. 1: Die Bibel in der Mission, Wuppertal; Bad Liebenzell 1996, S. 487

371 Mauerhofer, E., Die neutestamentliche Ekklesia in der heutigen Universitätstheologie und an der FETA Basel, in: Fundamentum, Zeitschrift der Freien Evangelisch-Theologischen Akademie Basel, Riehen Nr. 4/1991, S. 52

372 Kasdorf, H., Unaufgebbare Dimensionen der Weltmission, in: Werdet meine Zeugen. Weltmission im Horizont von Theologie und Geschichte, hg. v. H. Kasdorf; F. Walldorf, Neuhausen-Stuttgart 1996, S. 272-274

2. Die Verkündigung des Evangeliums von Jesus Christus (Mk 16,15)

Das Wort εὐαγγέλιον, *euangelion* »gute Kunde«, »Frohbotschaft«, kommt im NT 76-mal vor. Die Worte εὐαγγελίζω *euangelizō* und εὐαγγελίζομαι *euangelizomai* »eine gute Nachricht bringen«, »eine Freudenbotschaft verkünden«, werden im NT 51-mal gebraucht.

Der Mittelpunkt des Evangeliums ist Jesus Christus, der Sohn Gottes, der vor bald zweitausend Jahren Mensch wurde, sich stellvertretend für die verlorenen Menschen kreuzigen ließ und am dritten Tag leiblich auferstand (1. Kor 15, 1-8). Dies sind historische Fakten, auf die das Alte Testament auf vielfache Weise hinweist (Ps 22; Jes 53).[373]

Alles, was im Evangelium weitergegeben wird, dreht sich um diesen Mittelpunkt.[374] Von dieser Mitte her – von Jesus und seinem Erlösungswerk her – wird den sündigen, unter dem Zorn Gottes stehenden Menschen, das Angebot der Vergebung, der Erlösung (Eph 1,7) und eines neuen Lebens gemacht (Joh 3,16).

Ein weiterer Schwerpunkt des Evangeliums ist der Hinweis auf die Wiederkunft Jesu zum Gericht (Apg 10,42; 17,31). Nur diejenigen werden in diesem kommenden Gericht bestehen und Anteil am Gottesreich haben, die den Worten des Evangeliums Glauben schenkten und Jesus als persönlichen Retter angenommen haben (1. Joh 4,17).

Dieses Evangelium soll allen Menschen – *»aller Kreatur«* – verkündigt werden, weil nur in Jesus allein *»das Heil«* ist (Apg 4,12a). Niemand kommt zu Gott dem Vater außer durch den Glauben an Jesus Christus (Joh 14,6). Jesus ist der Retter für alle Menschen (1. Tim 4,10). Zu dieser Erlösung kann der Mensch nichts beitragen, sondern sie nur im Glauben empfangen. Genau damit haben viele

373 Gründliche Ausführungen dazu siehe Sauer, E., Das Morgenrot der Welterlösung. Ein Gang durch die alttestamentliche Offenbarungsgeschichte, Gütersloh 1937³, S. 179-188

374 Peters, G. W., Evangelisation, S. 12-13; Petersen, J., Der lebende Beweis. Evangelisation als Lebensstil, Marburg a. d. Lahn 1991, S. 55

Menschen Probleme. Sie möchten nämlich mittels eigener Leistung zu Gott kommen; gerade hier liegt das Besondere des Evangeliums.[375]

Da nur durch die Botschaft des Evangeliums Menschen gerettet werden können, kennt seine Verkündigung keine zeitliche, geografische oder ethnologische Einschränkung.[376]

Die Botschaft von der Rettung muss den verlorenen Menschen so weitergesagt werden, dass sie sie auch wirklich verstehen. Damit dies möglich ist, muss die Bibel in die Sprache der Menschen übersetzt werden, die man für Jesus gewinnen möchte. Aus diesem Grund war gleich von Anfang an ein besonderer Schwerpunkt der Mission die Übersetzung der Bibel in die jeweilige Sprache.[377] Zugleich muss diese Botschaft auch vorgelebt werden. Die Rettung durch Christus muss in unserem Leben, in unserem Alltag sichtbar werden. Dazu gehört auch der diakonische Dienst an unseren leidenden Mitmenschen. So wird die verändernde Kraft der Liebe Christi in ihrer Fülle durch unser Leben sichtbar für alle Menschen, die mit uns zusammenleben. Jeder Mensch, der die Botschaft von der Rettung verstanden und ihre Auswirkungen gesehen hat, ist nun herausgefordert, Jesus als Retter anzunehmen oder abzulehnen (1. Kor 1, 18). Gott hat dem Menschen die Entscheidungsfreiheit gegeben.[378]

3. Die Völker sollen zu Jüngern gemacht werden (Mt 28, 19 a)

Die Menschen, die der Botschaft von der Rettung in Jesus Christus Glauben schenken, sollen wir *»zu Jüngern machen«*.

– Zuerst ist es unsere Aufgabe, sie mit einfühlender Zuwendung

---

375 Holzhausen, A., Ist es nicht eine Überheblichkeit ohnegleichen, wenn die Christen behaupten, die alleinige Wahrheit zu besitzen? in: Mission unter Beschuss. Missionspraktiker antworten auf kritische Fragen, hg. v. A. Holzhausen, Neuhausen-Stuttgart 1996, S. 28-29

376 Pflaum, L., Mission in heilsgeschichtlicher Perspektive, in: Bilanz und Plan: Mission an der Schwelle zum Dritten Jahrtausend, hg.v. H. Kasdorf; K. W. Müller, Bad Liebenzell 1988, S. 152

377 Beyerhaus, P., Er sandte sein Wort, S. 37-70

378 Petersen, J., Der lebende Beweis, S. 202-204

und großer Dringlichkeit aufzufordern, das ihnen in Christus angebotene Heil anzunehmen, da dies über ihre Rettung entscheidet. Wir müssen ihnen zeigen, wie sie die Vergebung, die ihnen Jesus anbietet, annehmen können. Sie müssen ihre Sünden in Reue Jesus bekennen und sich bewusst von ihnen abwenden (vgl. Hos 14, 2.3; Mk 1, 4.5 u. a.). Jesus wird sie ihnen gerne vergeben, da er bereits mit seinem Blut Sühnung erwirkt hat (Kol 2, 14; 1. Joh 1, 7.9; 1. Petr 1, 18.19). Zugleich befreit er von jeglichen Bindungen an diese Sünden (Eph 1, 7).

– Wir machen ihnen weiter klar, dass sie dem auferstandenen Christus Einlass in ihr Leben gewähren sollen. Sie müssen Jesus bitten, doch bei ihnen einzukehren, und er wird bestimmt kommen (Offb 3, 20). Bei seiner Einkehr versetzt er sie in die Stellung der Gotteskindschaft (Joh 1, 12; Röm 8, 11-16). Als Kinder Gottes sind sie frei vom Zorn Gottes (Röm 5, 9). Jesus ist nun Herr ihres Lebens und sie sind seine Jünger.

Peter Beyerhaus fasst die Auswirkungen der Annahme des in Christus angebotenen Heils sehr gut mit den Worten zusammen:

> »Das Heil besteht im neutestamentlichen Sinn nicht nur ›negativ‹ in der Tilgung der Schuld durch die Vergebung der Sünden. Zwar bilden alle biblischen soteriologischen Termini Tatbegriffe und implizieren die Beseitigung eines Unheils. Dennoch zielt die Erlösung jeweils auf einen positiven neuen Heilszustand: Die erneuerte Gemeinschaft des Menschen mit Gott. Am deutlichsten bringt diesen Aspekt der paulinische und johanneische Begriff von der Annahme des Geretteten in die Kindschaft bzw. Sohnschaft Gottes, die hyiothesia (Röm 8, 15; Gal 4, 5; Eph 1, 5) zur Geltung.«[379]

– Gotteskinder sind befähigt, Jesus nachzufolgen, das heißt als Jünger Jesu zu leben. Im Leben eines Jüngers will Jesus die ganze Lebensgestaltung mitbestimmen. Deshalb ist es nötig, dem Neubekehrten zu zeigen, wie dies ganz praktisch möglich ist.

---

379 zit. nach Beyerhaus, P., Er sandte sein Wort, S. 500

– Jesus erwartet, dass sie ihr Leben immer wieder neu ihm hingeben (Röm 12,1). Dies ist nur dann möglich, wenn sie ihm ihr ganzes Vertrauen schenken. Dieses Vertrauen erwächst aus dem persönlichen Umgang mit Jesus durch Bibellesen und Gebet.
– Sie sollen in ihrem Leben den Willen ihres Meisters erfüllen. Dies erfordert von ihnen die Bereitschaft zu gehorchen. Durch diesen Gehorsam kommt der Plan Gottes mit ihrem Leben zur Erfüllung und sie werden immer mehr ins Bild Jesu umgestaltet.
– Sie halten sich treu zur Gemeinde, da ihr Herr auch Herr der Gemeinde ist. Jüngerschaft wird in der verbindlichen Zugehörigkeit zu einer Gemeinde sichtbar und in der Bereitschaft, in ihr den Gaben entsprechend zu dienen und Verantwortung zu übernehmen (1. Petr 4,10).
– Ihr Auftrag ist es schließlich, als Jünger neue Jünger zu gewinnen (Joh 1,40-42), sei es in der Familie, am Arbeitsplatz usw.[380] George Peters schreibt dazu:

> »Jünger können nicht in aller Eile und in Massen produziert werden. Zeit, Arbeit und Weisheit sind dafür erforderlich. Jüngerschaft ist mehr als Geschick, Eifer und Wissen; es ist ein Grad geistlicher Reife. Auf dieses Ziel hin muss die Gemeinde arbeiten, beten und es im Glauben erwarten, denn sie ist Gottes Einrichtung für die Erreichung dieses Zieles.«[381]

4. Das Taufen der Gläubig-Gewordenen (Mk 16,16; Mt 28,19 b)

Die Taufe ist das äußere Zeichen für den Tod und die Auferstehung mit Jesus bei der Wiedergeburt (vgl. Punkt 3.2.3).

---

[380] Rommen, E., Die Notwendigkeit der Umkehr. Missionsstrategie und Gemeindeaufbau in der Sicht evangelikaler Missionswissenschaftler Nordamerikas, Gießen; Basel 1987, S. 170-174

[381] zit. nach Peters, G. W., Gemeindewachstum. Ein theologischer Grundriss, Bad Liebenzell 1982, S. 173

Durch die Taufe wird die Absage an das alte sündige Leben öffentlich bestätigt. Zugleich wird die Zugehörigkeit zu Jesus und zu seiner Gemeinde dokumentiert.

5. Die Unterweisung der Neubekehrten (Mt 28,20)

Der Missionsbefehl beinhaltet auch einen Lehrauftrag. Die Neubekehrten sollen in der Gemeinde, die sie besuchen, gründlich in die ganze Lehre des Evangeliums eingeführt werden. Damit dieses Ziel erreicht werden kann, müssen sie in die ganze Heilige Schrift, in alle Bereiche der biblischen Offenbarung – Schöpfungslehre, Sündenfall, Volk Israel, Erlösung durch Christus, Gemeindelehre, Lehre von den letzten Dingen bis hin zur Erschaffung eines neuen Himmels und einer neuen Erde – eingeführt werden (2. Tim 3,16).[382] Glaubensgrundkurse können eine große Hilfe sein. Natürlich soll auch die Verkündigung des göttlichen Wortes Unterweisung sein.

Ein Schwerpunkt der Unterweisung besteht darin, zu zeigen, wie dieses Wort mit Hilfe des innewohnenden Christus in Ehe und Familie, im Beruf, im Alltag und in der Gemeinde in die Tat umgesetzt werden kann (Kol 3,18-4,1; Jak 1,22-25). Die Neubekehrten werden außerdem in die Grundprinzipien des Glaubenskampfes eingeführt (Röm 6; Eph 6,10-17; Kol 3,5-11).

Weiter wird ihnen gezeigt, wie sie gewinnbringend ihre Bibel lesen (Ps 1,2; Jos 1,8) und recht beten können (Eph 6,18-20; 1. Thess 5,17).[383]

Sie sollen zu einer gesunden Standfestigkeit im Glauben (1. Kor 16,13; 2. Kor 1,24) angeleitet werden und fähig werden, Dienste in der Gemeinde wahrzunehmen (Eph 4,12).

Die Mitte aller Lehre bildet Jesus Christus. Von ihm geht das Gelehrte – das Wort Gottes – aus (Joh 1,1-3), und nur durch ihn kann es im Leben zur tragenden Kraft und zur Tat werden (Joh 15,5).

---

382 Hille, R., Evangelikale Theologie – als missionarische Herausforderung und missiologisches Programm, in: Evangelikale Missiologie, Korntal Nr. 1/1995, S. 7-9

383 Beyerhaus, P., Er sandte sein Wort, S. 659

Das gelebte Wort Gottes ist wiederum die Grundlage aller evangelistischen und missionarischen Bemühungen (Mt 5,13-16; 1. Petr 2,12).

4.1.2 Voraussetzungen, um diesen Auftrag zu erfüllen

Die Grundvoraussetzung ist sicherlich, dass man an die verbindliche Autorität der biblischen Aussagen und damit auch des Missionsbefehls glaubt.[384]

Weitere Voraussetzungen sind die Ergebnisse des qualitativen Wachstums, die unter 3.3 näher ausgeführt wurden.

Das Gemeindewachstum bleibt ein Stück weit ein Geheimnis, das nicht erklärt werden kann. Dies weist uns auf Jesus hin, der gesagt hat: *»Ich will meine Gemeinde bauen«* (Mt 16,18).[385]

Und doch möchte ich an dieser Stelle noch weitere wesentliche Voraussetzungen zu unserer Auftragserfüllung erwähnen:

1. Bereitschaft, Jesus zu gehorchen

Damit den verlorenen Menschen das Evangelium verkündigt werden kann, müssen die an Christus glaubenden Menschen bereit sein, den Auftrag Jesu auszuführen. Dazu ist es nötig, dass sie Jesus als Herrn ihres Lebens respektieren (Mt 28,18). Nur so können sie treu den Auftrag erfüllen, Menschen zu Jüngern zu machen. Wenn sie gehorsam sind, werden sie bemerken, dass Jesus sie durch den Heiligen Geist dazu bevollmächtigt (Apg 1,8) und ihnen hilft (Mt 28,20), so dass wirklich Menschen Jesus als Retter annehmen. Sie erleben, wie der Heilige Geist Menschen von ihren Sünden überführt, ihnen die Person Jesu und sein Erlösungswerk in seiner rettenden Bedeutung

384 Rommen, E., Die Notwendigkeit der Umkehr, S. 130
385 Peters, G. W., Gemeindewachstum, S. 61

überzeugend vor Augen stellt und in ihnen die Bereitschaft weckt, sich für Jesus zu entscheiden (Joh 16,7-11).[386] Sie erfahren wie die ersten Christen, dass *»des Herrn Hand mit ihnen ist«* (Apg 11,21).

Es ist interessant zu beachten, dass die Kraft und die Wirkungen des Heiligen Geistes erst durch den Gehorsam dem Auftrag Gottes gegenüber wirksam werden. Diese Kraft kann im Ringen um verlorene Menschen auch in einem übernatürlichen Eingreifen Gottes sichtbar werden (Apg 16,19-34).

2. Liebe zu den Verlorenen

Wir Gläubige können verlorene Menschen nur dann für Jesus gewinnen, wenn wir sie aufrichtig lieben. Diese Liebe fußt in einer brennenden Liebe zu Jesus. Grundsätzlich wurde sie uns in dem Augenblick geschenkt, als Jesus in unser Leben einkehrte (Röm 5,5). Sie ist die Triebfeder aller evangelistisch-missionarischen Bemühungen. Die göttliche Liebe motiviert uns, den Verlorenen das Evangelium zu sagen, damit sie der ewigen Verdammnis in der Hölle entrinnen können. Um ihnen das Evangelium verständlich weitergeben zu können, suchen wir ihre Denkweise zu verstehen. Es ist unser Wunsch, ihre eigentlichen Bedürfnisse kennen zu lernen, von denen sie letztlich selbst wissen, dass nur Gott sie zu stillen vermag.[387] Diese Bedürfnisse können wir dann als Brücken für die Weitergabe des Evangeliums benutzen.

Die Liebe zu den Verlorenen zeigt sich ganz praktisch darin, dass wir Zeit, Kraft und wenn nötig auch Geld einsetzen. Wir werden sogar bereit, für sie einen noch komplizierteren Tagesablauf auf uns zu nehmen. Dies alles macht die von Gott geschenkte Liebe möglich. Dieser Einsatz lohnt sich im Blick auf die ewige Rettung dieser Menschen.[388]

386 Beyerhaus, P., Er sandte sein Wort, S. 513

387 Petersen, J., Der lebende Beweis, S. 181

388 Hybels, B., Bekehre nicht – lebe! So wird Ihr Christsein ansteckend, Wiesbaden; Wuppertal; Zürich 1995, S. 42-45; 96-102

Die Liebe zu den Verlorenen macht uns auch bereit, ihnen ein vorbildliches Leben mit Jesus vorzuleben. Ein solches Leben ist gekennzeichnet von Aufrichtigkeit, Hilfsbereitschaft und einem klaren Nein zu sündigen Verlockungen, sexuellen Versuchungen, moralischen Kompromissen und zu ungehemmter Bereicherung.[389] Unser Leben mit Jesus gibt dem, was wir über Jesus und sein Erlösungswerk sagen, Gewicht.

Die echte Liebe (vgl. 1. Kor 13) ist auch erfinderisch. Wenn wir verlorene Menschen wirklich lieben, finden wir immer wieder neue Wege, ihnen das Evangelium nahe zu bringen.[390]

3. Klare Ziele

Es muss uns klar sein, dass es darum geht, einzelne Menschen und ganze Familien zu Jesus Christus, dem Retter, hinzuführen. Es geht nicht nur darum, Menschen mit dem biblischen Gedankengut vertraut zu machen, sondern sie sollen gerettet werden (Apg 16, 13-15.32-34). Bill Hybels formuliert dies so:

> »Das Ziel besteht keineswegs nur darin, andern von Jesus zu erzählen. Das Weitersagen ist lediglich ein Mittel zum Zweck, und dieser besteht darin, andere zu Christus zu führen.«[391]

Diese Geretteten sollen in die Gemeinde geführt werden, wie dies bei der ersten Gemeinde der Fall war (Apg 2, 47). Ich bin zutiefst davon überzeugt, dass alle evangelistischen Bemühungen umsonst sind, wenn die Neubekehrten nicht in eine Gemeinde eingegliedert werden, wo sie die nötige Unterweisung und helfende Begleitung erhalten.[392]

---

389 ebd., S. 102-105

390 Lukasse, J., Gemeindebau im nachchristlichen Europa, S. 104

391 zit. nach Hybels, B., Bekehre nicht – lebe! S. 210

392 Kasdorf, H., Gemeindewachstum als missionarisches Ziel. Ein Konzept für Gemeinde- und Missionsarbeit, Bad Liebenzell 1976, S. 191

Es geht letztlich darum, möglichst viele Menschen dem Teufel zu entreißen und sie zu Jesus und in die Gemeinde zu führen. Jesus, der Retter aller Menschen, will, dass die Gemeinden wachsen. Deshalb finden wir in der Apostelgeschichte sogar Zahlen vom Wachstum der ersten Gemeinde (Apg 2,41; 4,4).[393] Zahlenmäßiges Wachstum ist eine sichtbare Proklamation des Sieges Jesu (vgl. auch 2. Kor 4,15).

4. Verbindliche Gemeindezugehörigkeit

Die Gemeinde ist nicht eine menschliche Institution, sondern ein von Gott geschenkter Organismus. Die Gemeinde ist der Leib Christi, in welchem viele Glieder ihre Gaben einsetzen. Wir brauchen die anderen Glieder, besonders wenn wir evangelistisch und missionarisch tätig sein wollen. Bildlich gesprochen brauchen wir als Hand das Auge, das Ohr, den Fuß ... (1. Kor 12,13-27). Nur aus der Dienstgemeinschaft einer Gemeinde heraus werden wir befähigt zum evangelistischen Dienst (Eph 4,11.12).[394]

5. Gebet

Gerade wenn es darum geht, verlorene Menschen dazu zu bewegen, Jesus als Retter anzunehmen, braucht die Gemeinde das helfende Eingreifen Gottes, da der Teufel dies unter allen Umständen verhindern will. Eine betende Gemeinde nimmt die Tatsache ernst, dass wenn sie evangelisiert, sich in der unsichtbaren Welt ein Kampf abspielt (Eph 6,12). Sie weiß aber ebenso, dass Jesus größer ist als der Teufel, der das Werk Jesu zu hindern sucht (Kol 2,15). Weil sie sich im Bemühen um verlorene Menschen ganz von der Hilfe Gottes abhängig weiß, bildet das Gebet die Grundlage dieses Dienstes.

> »Die Urgemeinde wusste etwas von der Großmacht des Gebets. Dies deshalb, weil sie beten lernte, weil sie das Gebet übte ... So wurde bei

393 McGavran, D. A., Gemeindewachstum verstehen, S. 298-316

394 Wagner, C. P., 9 Strategien für den Gemeindebau. Schlüsselerkenntnisse der wirksamen Gemeinde- und Missionsarbeit, Frankfurt a. M. 1991, S. 25

> ihr die Gebetspraxis zu einer unübertroffenen Großmacht im Gemeindewachstum«,

schreibt Hans Kasdorf.[395]

Wenn eine Gemeinde ihr Gebiet mit der Botschaft des Evangeliums so durchdringen will, dass sich viele Menschen bekehren und eine Wiedergeburt erleben, muss sie treu das gemeinsame Gebet pflegen, in dem namentlich um Menschen gerungen wird.[396] Ohne das gemeinsame Gebet der Gemeinde läuft im Blick auf Gemeindewachstum nichts, da die Gemeinde in sich selbst keine Kraft hat, dem Teufel Seelen zu entreißen. Die mangelnde evangelistische Kraft der europäischen Gemeinden ist nach meiner Überzeugung vor allem auf das mangelnde Gemeindegebet zurückzuführen.[397] Michael Green schreibt:

> »Wir Christen des zwanzigsten Jahrhunderts müssen aufwachen und die Wichtigkeit des kostspieligen, entschiedenen Gebets erkennen, das den Mächten der Finsternis (Epheser 6,10-20) entgegentritt und Situationen und Menschen aus deren Griff befreit.«[398]

Vernachlässigtes Gebet führt außerdem in einer Gemeinde zur Selbstgenügsamkeit, die dynamisch evangelistisches Handeln unmöglich macht.[399]

6. Bereitschaft, Leiden zu ertragen

Wenn sich eine Gemeinde bemüht, verlorene Menschen für Jesus zu gewinnen, regt sich Widerstand. Dieser Widerstand ist nicht psycho-

---

395 zit. nach Kasdorf, H., Gemeindewachstum als missionarisches Ziel, S. 194

396 Arn, W. u. Ch., Gemeindebau: Liebe in Aktion, Neukirchen-Vluyn 1994², S. 85

397 van Dooren, L. A. T., Gebet, das lebensnotwendige Atmen der Christen, Frutigen 1975, S. 106

398 zit. nach Green, M., Ich sehe deine Herrlichkeit. Unser Leben entscheidet sich im Gebet, Basel; Gießen 1994, S. 57

399 Watson, D., Ich glaube an Evangelisation, Wiesbaden 1994, S. 191

logisch als Irritation über das Fremde oder Ungewohnte zu erklären, vielmehr kommt hier die Angst und die Verzweiflung des durch den Sieg Jesu gerichteten Satans, der seiner Vernichtung entgegengeführt wird, zum Ausdruck. Der Teufel stachelt die von ihm beherrschten Menschen einerseits gegen seinen Besieger und Richter Jesus Christus auf und andererseits gegen die Menschen, welche die Siegesbotschaft von Jesus weitersagen.[400] Dies führt dazu, dass evangelistisch lebende Gläubige von ihren Mitmenschen verleumdet, verspottet, verachtet und gehasst werden (Joh 15, 18.19). Viele Gläubige haben in ihrer Ehe und Familie dann große Nöte und Angriffe zu ertragen, wenn sie allein den Weg mit Jesus gehen (Mt 10, 34 - 37).[401] Oft kann der Einsatz einer Gemeinde, verlorene Menschen zu retten, bis zur Verfolgung und zum Martyrium Einzelner führen (Apg 4, 1 - 3; 8, 1 - 3; 12, 1 - 2). Jesus ist es, der seiner Gemeinde in all den Leiden helfend zur Seite steht und ihr immer wieder Freude und Mut zur Weitergabe des Evangeliums schenkt (Apg 5, 41; Phil 1, 28 - 30; 1. Petr 4, 13.14). Nur eine Gemeinde, die immer wieder neu bereit ist, Leiden in der Kraft Jesu zu ertragen, bemüht sich trotz aller Widerstände, Menschen zu retten.[402]

4.1.3 Die Erfüllung des Evangelisations- und Missionsauftrags

Wenn sich eine Gemeinde bemüht, den Auftrag Jesu zu erfüllen, ergeben sich **drei Arten von Gemeindewachstum**, nämlich das biologische Wachstum, das Transfer- und das Bekehrungswachstum.

Diese drei Arten des Gemeindewachstums wollen wir genauer betrachten:

---

400 Beyerhaus, P., Er sandte sein Wort, S. 620 - 621

401 Coleman, R. E., Des Meisters Plan der Evangelisation, Neuhausen-Stuttgart 1989^3, S. 69

402 Kasdorf, H., Die Umkehr. Bekehrung in ihren theologischen und kulturellen Zusammenhängen, o. O. 1989, S. 167 - 168

4.1.3.1 Biologisches Wachstum

Mit biologischem Gemeindewachstum bezeichnen wir den Umstand, dass die Kinder der Familien, die die Gemeinde besuchen, sich später als Glieder in die Gemeinde aufnehmen lassen. Die Bezeichnung »biologisches Wachstum« kann leicht missverstanden werden, weil man meinen könnte, die Kinder gläubiger Eltern würden automatisch Gemeindeglieder. Dem ist aber nicht so. Wir nehmen die Tatsache ernst, dass auch die Kinder gläubiger Eltern als Sünder geboren werden; auch sie müssen sich in ihrem Leben entscheiden, ob sie Jesus als persönlichen Retter annehmen wollen oder nicht.

- Bei der Kindersegnung vor der Gemeinde wird Jesus vor allem darum gebeten, dass dieses Kind sich möglichst bald bekehren und eine Wiedergeburt erleben kann.
- Die gläubigen Eltern beten viel für ihre Kinder und bemühen sich, ihnen ein vorbildliches Leben mit Jesus vorzuleben. Zugleich besuchen sie treu mit ihren Kindern die Gottesdienste der Gemeinde.
- Die Gemeinde unterstützt die Bemühungen der Eltern in einer ansprechenden und schön gestalteten Sonntagsschule, in der Jungschar und im Teenagerclub. Sie zeigen dem Kind immer wieder, wie es sich für Jesus entscheiden kann und geben ihm Anleitung zu einem Leben mit Jesus.[403]

Es ist die Aufgabe einer jeden Gemeinde, möglichst alle Kinder der Eltern, die zur Gemeinde gehören, zu Jesus zu führen und dann in die Gemeinde zu integrieren. Natürlich gelingt dies nur, wenn die Eltern diese Ziele voll unterstützen. Jörg Stolz weist in einer Untersuchung unter Bekehrten in der Schweiz nach, dass in den Freikirchen nicht ganz 50 Prozent (genau 47, 8 Prozent) der heranwachsenden

403 Genauere Ausführungen dazu siehe Mauerhofer, A., Pädagogikvorlesungen Kapitel 5, Gemeindepädagogik – Der Beitrag der Gemeinde im Blick auf die Erziehung der Kinder, Teenager und Jugendlichen, Scriptum 1997

Kinder zu einer Bekehrung und anschließend in die Gemeinde geführt werden. Dieser meiner Meinung nach niedrige Prozentsatz müsste uns unbedingt herausfordern.[404]

Dem biologischen Wachstum müsste in den Gemeinden Europas viel mehr Beachtung geschenkt werden. Die gläubigen Eltern und die Ältesten der Gemeinden sollten immer wieder darauf hingewiesen werden, dass es eine ihrer Hauptaufgaben ist, die Kinder zu Jesus hinzuführen (Mk 10, 13-16). In diesem Zusammenhang sollte auf den wichtigen Beitrag aufmerksam gemacht werden, den Frauen als Mütter in der Erziehung leisten. Frauen sollten in ihrer Aufgabe als Hausfrau und Mutter von der Gemeinde vermehrt unterstützt werden.[405] Im Blick auf die Erziehung der Kinder und ihrer Hinführung zu Jesus sollten ihnen ganz praktische Hilfen gegeben werden. Gerade ältere Frauen, die selbst Kinder erzogen haben, können gute Ratschläge und Hilfen weitergeben (Tit 2, 3.4).[406]

Bedenkenswert ist, dass gläubige junge Menschen, die es gelernt haben, mit Hilfe des innewohnenden Christus das Wort Gottes in den unterschiedlichen Lebensbereichen auszuleben, die Gemeindeleiter, Verkündiger und Missionare von morgen sein werden.

Dieser Wachstumsform wird meines Erachtens in der »Gemeindewachstumsbewegung« zu wenig Bedeutung beigemessen. So schreibt zum Beispiel McGavran dazu:

> »Es ist die Pflicht aller Christen, ihre Kinder in der Furcht des Herrn zu erziehen. Doch wir werden es wohl kaum erleben, dass sich durch diese Art des Gemeindewachstums die Völker der Welt zum Glaubensgehorsam rufen lassen werden.«[407]

---

404 Stolz, J., Evangelikalismus und Bekehrung in der deutschen Schweiz. Eine theoretische und quantitativ-empirische Untersuchung, Zürich 1993, S. 88-90

405 Prime, D., Frauen in der Gemeinde. Dienst und Stellung der Frau in der Gemeinde, Erzhausen 1993, S. 128

406 Kraft, V., Gemeinde – nur Männersache? Wie Frauen zum Gemeindewachstum beitragen können, Kehl 1995, S. 45-46

407 zit. nach McGavran, D. A., Gemeindewachstum verstehen, S. 96

Es besteht in Europa die akute Gefahr, dass Kinder gläubiger Eltern nicht zu einer Glaubensentscheidung für Jesus aufgefordert werden. Dadurch bleibt den heranwachsenden Jugendlichen die erneuernde Kraft Jesu in der Bekehrung fremd, ebenso die Konsequenzen, die sich daraus ergeben. An die Stelle der Bekehrung tritt die christliche Sozialisation. Die Jugendlichen wachsen nach und nach in die Gemeinde, ohne dass ihnen jemand sagt, dass sie gar nicht dazugehören. Wenn sie später die Leitung der Gemeinde übernehmen, wird Traditionalismus und Formalismus die Gemeinde prägen. Die Gemeinde verliert ihre Anziehungskraft; sie beginnt zu stagnieren und zu schrumpfen. Wenn es nicht zu einem erwecklichen Neuaufbruch kommt, bei dem echte Bekehrungen geschehen, wird eine solche Gemeinde untergehen.[408]

4.1.3.2 Transferwachstum

Wir sprechen hier von Gemeindewachstum, das vor allem durch den Umzug von Gemeindegliedern geschieht. Diese Art des Wachstums einer Gemeinde geschieht immer auf Kosten einer anderen.

In industriellen Ballungsgebieten ist diese Form des Wachstums recht stark. In ländlichen Regionen und in den Berggebieten nehmen die Gemeinden durch Transfer von Mitgliedern eher ab. Das Transferwachstum darf in unserer stark mobilen Zeit nicht unterschätzt werden. Es ist heute ein wichtiger Bestandteil des Gemeindewachstums.[409]

Gerade in Gemeindeaufbauarbeiten kann gezieltes Transferwachstum eine große Hilfe und Ermutigung sein.

Wichtig ist, dass wir die Gläubigen, die in unsere Region umgezogen sind, mit großer Herzlichkeit in der Gemeinde aufnehmen und ihnen helfen, sich zu integrieren. Mangelnde Zuwendung zu den

408 Kasdorf, H., Die Umkehr, S. 147-159

409 McGavran, D. A., Gemeindewachstum verstehen, S. 97

Neuzugezogenen erschweren das Transferwachstum; dabei kann es zum Verlust von wertvollen Mitgliedern kommen.

Es gibt aber auch ein Transferwachstum unter den Gemeinden einer bestimmten Region. Wenn sich z. B. ein Gemeindeglied in der eigenen Gemeinde aus verschiedenen Gründen nicht mehr wohl fühlt – vielleicht wächst man dort nicht mehr geistlich im Hinblick auf die Ausbreitung des Evangeliums –, können sie in eine Gemeinde, die zu ihnen passt, wechseln.[410]

Hier ist allerdings zu beachten, dass in unserer vom Individualismus stark geprägten Zeit Gemeindeglieder auch aus biblisch fragwürdigen Motiven die Gemeinde wechseln. Fragwürdige Motive sind z. B. mangelnde Bereitschaft, sich in eine Gemeinde einzuordnen und die Anliegen und Schwierigkeiten der Gemeinde verbindlich mitzutragen, oder auch mangelnde Bereitschaft, sich mit anderen Geschwistern zu versöhnen. Deshalb sollte die Gemeindeleitung der neuen Gemeinde im Fall eines Wechsels die betreffenden Personen auf ihre Motive für diesen Wechsel und auf ihr Verhältnis zu ihrer vorherigen Gemeinde ansprechen. Eine Kontaktaufnahme mit der Gemeinde, aus der die betreffenden Personen kommen, kann verbindend wirken. Die Gemeindeleitung muss sich darüber im Klaren sein, dass jemand, der aus falschen, individualistischen Motiven die Gemeinde wechselt, in der neuen Gemeinde eher ein Hindernis als eine Hilfe sein wird.

Aus zwei Gründen scheint mir ein Wechsel zu einer andern Gemeinde gerechtfertigt: 1. Wenn die Gemeinde, die man besucht, die Bibel nicht mehr in all ihren Aussagen als verbindliches Wort Gottes ernst nimmt. In diesem Fall fehlt die Basis für den Gemeindebau.[411] 2. Wenn die Gemeinde, die man besucht, alle evangelistischen Bemühungen abblockt.

---

410 Wagner, C. P., Gemeindegründung. Die Zukunft der Kirche, Mainz-Kastel 1990, S. 42

411 Lukasse, J., Gemeindebau im nachchristlichen Europa, S. 51

4.1.3.3 Bekehrungswachstum

Bei dieser dritten Art des Wachstums geht es darum, dass Menschen, die zum Glauben an Jesus Christus gefunden haben, zu verbindlichen Mitgliedern der Gemeinde werden.

Ein solches Wachstum ist nur bei der Gemeinde möglich, die ihre Umgebung mit dem Evangelium zu erreichen sucht. Leider ist uns in Westeuropa die Mobilisierung der Gemeindeglieder für diese wichtige Aufgabe nicht gelungen. Im Durchschnitt setzen sich nur etwa 10 Prozent aller Gläubigen dafür ein, verlorene Menschen zu retten. Es ist eine der größten Herausforderungen westeuropäischer Gemeinden, alle ihre Mitglieder für die Verwirklichung des evangelistischen Auftrags zu gewinnen. Bill Hybels ist es in einem beachtenswerten Ansatz in seiner Willow-Creek-Community-Church gelungen, die meisten Mitglieder zur Mithilfe bei der Rettung verlorener Menschen heranzuziehen. Wie er dies ganz praktisch macht, wird im Buch »Kirche für Entkirchlichte« aufgezeigt.[412] Viele der von ihm entfalteten Gedanken habe ich in die folgenden Ausführungen eingearbeitet.

Gemeinsam wollen wir die evangelistischen Möglichkeiten einer Gemeinde betrachten, die zu einem solchen Bekehrungswachstum führen können.

1. Evangelistische Möglichkeiten der einzelnen Gemeindeglieder

Leider erwecken viele Gemeindeglieder durch ihr Verhalten im Alltag bei ihren Mitmenschen den Eindruck, als würden sie nichts Wesentliches verpassen, wenn sie keine persönliche Beziehung zu Jesus haben. Dies sollte sich dringend ändern.

Die einzelnen Gemeindeglieder sollten immer wieder neu motiviert werden, verlorene Menschen zu Jesus zu führen. Die Ausrichtung auf das, was Jesus für uns am Kreuz getan hat und das Wissen

[412] Robinson, M., Kirche für Entkirchlichte, S. 63-139

darum, dass Menschen aus unserer Umgebung, die wir lieben und schätzen, in der Gefahr stehen, ewig verloren zu gehen, hilft uns, Menschen zu Jesus zu führen – gleichgültig, in welchem Beruf wir stehen.[413]

Die vordringlichste Aufgabe eines Gläubigen ist es, die Eltern, Geschwister, den Ehepartner, die Kinder zu Jesus zu führen.[414] Das Reden über das Evangelium vermag im Leben unserer Nächsten nur dann etwas zu bewirken, wenn die Botschaft, von der wir reden, in unserem Leben sichtbar wird (Phil 1, 27).[415] Evangelisation hat eben nicht bloß etwas mit dem Reden zu tun, sondern umfasst unser ganzes Leben. Sie ist ein Lebensstil, wie Jim Petersen ganz richtig sagt.[416]

Wie schwer es oft sein kann, einen ungläubigen Ehepartner für Jesus zu gewinnen, führt Lee Strobel in dem Buch »Beim Wort zum Sonntag schalt' ich ab« aus: Wenn sich ein Ehepartner für Jesus entscheidet – meist ist es zuerst die Frau –, so kommt es oft bei beiden Ehepartnern zu Verletzungen, Frustrationen, Wut und Angst. Die gläubige Frau wird von ihrem Mann zutiefst verletzt, wenn dieser ihren Glauben lächerlich macht. Der Mann ist darüber frustriert, dass es im Leben seiner Frau einen Bereich gibt, den er nicht mit ihr teilen kann. Strobel gibt der gläubigen Frau vier wichtige Ratschläge. 1. Es ist hilfreich, die Unterstützung einer anderen gläubigen Frau zu suchen, die sie versteht und sie helfend begleitet. Wichtig ist, dass diese Frau nie negativ über den ungläubigen Ehepartner redet, denn dies würde die Situation nur erschweren. 2. Des Weiteren soll sie bei der Weitergabe des Evangeliums zurückhaltend sein. 3. Wichtig ist, dass sie das, was sie glaubt, vorlebt (1. Petr 3, 1). 4. Schließlich soll sie für ihren Mann beten und immer wieder beten.[417]

---

413 Hybels, B., Bekehre nicht – lebe! S. 245

414 Arn, W. u. Ch., Gemeindebau: Liebe in Aktion, S. 54

415 Packer, J., Das Werk des Heiligen Geistes – Überwindung und Bekehrung, in: Evangelisation mit Leidenschaft. Berichte und Impulse vom II. Lausanner Kongress in Manila, hg. v. H. Marquardt; U. Parzany, Neukirchen-Vluyn 1990, S. 186

416 Petersen, J., Der lebende Beweis, S. 102

417 Strobel, L., Beim Wort zum Sonntag schalt' ich ab. Die Welt eines Kirchendistanzierten verstehen, Wiesbaden; Wuppertal; Zürich 1995, S. 141-157

Jörg Stolz hat in seiner schon erwähnten Studie aufgezeigt, dass die meisten Bekehrten durch Familienmitglieder zum Glauben an Jesus geführt werden.[418]

McGavran schreibt:

> »Während den jahrelangen Untersuchungen vor der Abfassung des Buches ›The Bridges of God‹ hat es mich tief beeindruckt, welche entscheidende Rolle bei der Ausbreitung des Christentums jeweils die Verwandten der Christen spielten. Wieder und wieder machte ich die Beobachtung, dass selbst dann, wenn Christen von Tausenden von Mitbürgern umgeben sind, der christliche Glaube sich am allerbesten über intakte Verwandtschaftsbeziehungen oder Freundschaftsbeziehungen verbreitete. Diese Beobachtung war in allen Ländern und Sprachgruppen gleich. Sie wurde durch Untersuchungen im Herzen Amerikas wie auch in Uganda oder den Hochanden gleichermaßen bestätigt.«[419]

Schulungen innerhalb der Gemeinde über das Führen evangelistischer Gespräche können eine große Hilfe sein. In diesen Schulungen soll es darum gehen, wie man die Schwerpunkte des Evangeliums – dass jeder Mensch ein Sünder und dadurch verloren ist, dass Jesus für die Sünden aller Menschen starb, auferstanden ist und so die Brücke für uns verlorene Menschen zu Gott wurde – ohne Umschweife klar und deutlich erläutern kann. Gut wäre, wenn man lernen würde, diese Gedanken an Hand einer Skizze zu erläutern.[420] Es muss auch ganz sauber ausgeführt werden, wie man die Vergebung und das neue Leben, das Jesus allen Menschen anbietet, annehmen kann.[421] Das persönliche Zeugnis kann in diesem Zusammenhang eine große Hilfe sein. Ein Zeugnis hat vier Schwerpunkte:

---

418 Stolz, J., Evangelikalismus und Bekehrung in der deutschen Schweiz, S. 104

419 zit. nach McGavran, D. A., Gemeindewachstum verstehen, S. 285

420 Brücken-Illustration siehe Hybels, B., Bekehre nicht – lebe! S. 179-183

421 ebd., S. 54-55

1. Wie sah mein Leben vor der Hinwendung zu Jesus aus?
2. Wie begann Jesus zu mir zu sprechen?
3. Wie sah meine Entscheidung für Jesus aus?
4. Welche Bedeutung hat es für mich heute, mit Jesus zu leben?[422]

Jeder Gläubige sollte in der Lage sein, seine Nächsten zu ihrem Retter Jesus Christus zu führen. Wie kann das praktisch aussehen?

Ist ein Mensch bereit, sich für Jesus zu entscheiden, nachdem wir ihm das Evangelium mehrmals erklärt haben, so sollen wir ihm dabei helfen, da er sich meistens sehr unsicher fühlt. Wir fordern ihn auf, Jesus die Sünden zu bekennen; dabei kann es eine Hilfe sein, wenn wir die Zehn Gebote zur Hilfe nehmen. Wenn er Jesus seine Sünden bekannt hat, sprechen wir ihm auf Grund der Zusage von 1. Joh 1, 9 die Vergebung zu. Dann bitten wir ihn, Jesus als Herrn in sein Leben aufzunehmen. Hat er dies getan, zeigen wir ihm an Hand von Joh 1, 12, dass er jetzt ein Gotteskind ist und somit gerettet ist. Es ist wertvoll, wenn wir zusammen mit dem Neubekehrten Jesus für die jetzt gerade vollzogene Rettung im Gebet danken. Wir dürfen ihm ruhig unsere Freude darüber zeigen, dass er jetzt ein Geretteter ist. Ich bin mit Lee Strobel einig, wenn er schreibt, dass es im Leben eines Gläubigen keine größere Freude gibt, als einen Menschen, der ewig verloren gehen würde, zu Jesus seinem Retter zu führen.[423]

Jeder, der anderen Menschen hilft, zu Jesus zu kommen, wird geistlich wachsen und in seinem persönlichen Glauben gefestigt werden.

Gemeindeglieder können durch treues Gebet, durch ein vorbildliches Leben und durch das Weitersagen der Botschaft des Evangeliums Freunde, Mitarbeiter, Nachbarn für Jesus gewinnen. Oft ist es aber nötig, dass wir uns viel Zeit nehmen für Menschen, damit echte Freundschaften entstehen. Bill Hybels schreibt dazu:

---

422 Beutel, M., Über Mauern springen. Wie man Gemeinden für Kirchendistanzierte baut, Wuppertal; Kassel 1995, S. 36

423 Strobel, L., Beim Wort zum Sonntag schalt' ich ab, S. 137

»Wenn wir nun unsere Welt für Christus erreichen wollen, tun wir das am effektivsten durch Freundschaften mit jenen, die Christus brauchen. Wir müssen nahe an sie herankommen, damit sie merken, wie sehr uns an ihnen liegt und dass wir ihr Bestes wollen.«[424]

Nur wenn wir nahe an Menschen herankommen, können wir auf ihre Bedürfnisse, Probleme, Nöte und Fragen eingehen. Nur so können wir ihnen Interesse entgegenbringen und Zuwendung schenken. Wichtig ist, dass unsere Glaubenseinstellung jederzeit diese Freundschaft prägt.

Eine solche Freundschaft pflegt man, indem man gemeinsam Dinge unternimmt, z. B. gemeinsame sportliche Aktivitäten, einen gemeinsamen Konzertbesuch oder einen Ausflug usw. Zu einer Freundschaft gehört auch das gemeinsame Essen.[425] Der ungläubige Mensch hat so die Möglichkeit, das Leben eines Nachfolgers Jesu auf ganz natürliche Art im Alltag kennenzulernen. Bei solchen gemeinsamen Unternehmungen ergeben sich ganz ungezwungen Möglichkeiten, über geistliche Dinge zu reden. Wichtig ist, dass wir unsere Standpunkte und Antworten von der Bibel her entfalten.

Floyd E. Schneider zeigt in seinem Buch »Freundschaftsevangelisation«, wie man Freunde dafür gewinnen kann, dass sie mit uns das Johannesevangelium lesen.[426] Weiter führt er aus, wie man mit Hilfe guter Fragen einem Freund helfen kann, die Bibel immer besser zu verstehen. Dieses Verstehen ist die Grundlage, um den Weg zu Jesus finden zu können.[427]

Gerade wenn wir uns bemühen, unsere Freunde zu Jesus zu führen – es kann sein, dass wir ihnen schon mehrmals den Heilsweg erklärt haben – können in ihrem Leben Glaubenshindernisse aufbrechen, die ihnen den Weg zu Jesus versperren. Sie haben plötzlich intellektuelle oder emotionale Sperren; sie zweifeln auch an der

424 zit., nach Hybels, B., Bekehre nicht – lebe! S. 111
425 Beutel, M., Über Mauern springen, S. 24-25
426 Schneider, F. E., Freundschaftsevangelisation, Dillenburg 1994, S. 113-114
427 ebd., S. 159-166

Zuverlässigkeit der Bibel. Wichtig ist, dass wir uns bemühen, all diese Glaubenshindernisse zu entkräften.[428] In solch schweren Situationen kann der Verkündiger der Gemeinde uns beratend zur Seite stehen. In all diesen Spannungen ringen wir im Gebet um unsere Freunde und sind dankbar zu wissen, dass der Heilige Geist an ihnen arbeitet. Besonders wertvoll ist es, wenn unsere Freunde in dieser Zeit mit uns ansprechende evangelistische Gottesdienste besuchen.[429]

Gott wird schließlich den Zeitpunkt schenken, an dem wir den Freund zu Jesus hinführen können.[430] Auf diesen Moment zu warten erfordert Geduld.

In der schon oben erwähnten Untersuchung von Jörg Stolz wird deutlich nachgewiesen, dass ein überaus großer Prozentsatz der Bekehrten in der Schweiz durch Freunde und Bekannte zu Jesus geführt wurde.[431]

In fünf Abenden kann man einem Freund ganz gründlich das Evangelium erklären:

1. Abend: Es wird über die Zuverlässigkeit der Bibel gesprochen.
2. Abend: Es wird dargelegt, dass wir Geschöpfe Gottes sind, aber uns leider im Sündenfall und auch persönlich von Gott abgewandt haben.
3. Abend: Jesus wird als Sohn Gottes, der stellvertretend am Kreuz starb, auferstanden ist und heute zur Rechten Gottes sitzt, vorgestellt.
4. Abend: An Hand der »Brücken-Illustration« wird gezeigt, dass alle Menschen verloren sind und nicht aus eigener Kraft in die Gegenwart Gottes gelangen können.
5. Abend: Die Rettung durch Jesus wird deutlich ausgeführt, zugleich wird gezeigt, wie man diese Rettung annimmt.

---

428 Hybels, B., Bekehre nicht – lebe! S. 193-202
429 Strobel, L., Beim Wort zum Sonntag schalt' ich ab, S. 98-99
430 Logan, R. E., Mehr als Gemeindewachstum. Prinzipien und Aktionspläne zur Gemeindeentwicklung, Frankfurt a. M.; New York 1992, S. 132-134
431 Stolz, J., Evangelikalismus und Bekehrung in der deutschen Schweiz, S. 104

Durch diese »fünf Abende« fanden in Belgien viele Menschen zu Jesus.[432]

Das Weitersagen der Botschaft des Evangeliums ist meistens mit Angst verbunden. Es ist die Angst, abgelehnt zu werden oder den guten Ruf zu verlieren. Viele haben Bedenken, auf gestellte Fragen nicht antworten zu können. Mit Hilfe von Jesus können wir all diese Ängste aus Liebe zu den verlorenen Menschen überwinden.[433] Wir müssen unsere Tendenz zur Abkapselung, die sich aus diesen Ängsten ergibt, immer wieder neu überwinden. Der ermutigende Zuspruch durch die andern Gläubigen und eine intensive Fürbitte für die verlorenen Menschen sind dabei eine große Hilfe.[434]

Wichtig ist, dass die Verkündiger die, die sich um verlorene Menschen bemühen, in den Predigten und Bibelstunden zu dieser Aufgabe motivieren, ermutigen und ihnen konkrete Hilfen geben.

Es gilt noch zu beachten, dass Gott im Leben der Menschen Zeiten schenkt, in denen sie für die Botschaft des Evangeliums offener sind als sonst. Dies kann dann der Fall sein, wenn Menschen umziehen, den Beruf wechseln, gerade eine Scheidung hinter sich haben, Leid tragen, einen schweren Unfall erlitten haben, krank oder arbeitslos sind. Besonders wenn junge Menschen heiraten, das erste Baby bekommen und nun für das heranwachsende Leben Verantwortung zu tragen haben, sind sie offen für das Evangelium.[435]

Die Menschen, die zu Jesus gefunden haben, sollen nun in die Gemeinde integriert werden. Damit dies gelingt, muss die Gemeinde den Neubekehrten besondere Beachtung schenken. Ein Team kontaktfreudiger und begabter Gemeindeglieder, zu denen auch der Verkündiger gehören sollte, kümmert sich um diese sehr wichtige

432 Lukasse, J., Gemeindebau im nachchristlichen Europa, S. 71-74

433 McClung, F., Wirksame Evangelisation. Wie kann ich meinen Glauben bezeugen? Frankfurt a. M., 1990, S. 36-37

434 Petersen, J., Der lebende Beweis, S. 69-73

435 Lukasse, J., Gemeindebau im nachchristlichen Europa, S. 115-116

Aufgabe. Sie achten darauf, dass die Neubekehrten zunächst durch die Personen begleitet und betreut werden, die sie zur Entscheidung für Jesus geführt haben. Die Mitarbeiter des Teams gestalten für die Neubekehrten einen abwechslungsreichen Glaubensgrundkurs, in dem sie ihnen zeigen, wie die ersten Schritte in ihrem neuen Leben mit Jesus aussehen.[436] Sie führen sie weiter in das Wesen, den Aufbau und den Auftrag der Gemeinde ein. Sie helfen ihnen, die Gottesdienste treu zu besuchen und den Weg in die Bibel- und Gebetsstunden zu finden.

Zugleich zeigen sie den Neubekehrten in diesem Kurs, wie sie die Menschen, zu denen sie Beziehungen haben, für Jesus gewinnen können. Neubekehrte benötigen diese Hilfe, da sie oft in ihrem ersten Feuer ihre Nächsten und Freunde zu stark zu einer Entscheidung für Jesus drängen, anstatt ihnen Zeit zu lassen.[437]

Nach dem Glaubensgrundkurs werden die Teilnehmer nach sorgfältigen Überlegungen einem ihnen entsprechenden Hauskreis zugeteilt. Damit zu den vorgesehenen Hauskreisleitern eine Brücke geschlagen werden kann, nehmen diese an den beiden letzten Schulungen teil und stellen ihre Arbeit vor. Die Neubekehrten werden solange begleitet, bis sie sich in ihrem Hauskreis wirklich wohl fühlen. Hier entstehen dann tragfähige innergemeindliche Freundschaften.[438] Der Hauskreisleiter muss sich darum kümmern, dass der Neubekehrte recht bald eine seiner Begabung entsprechenden Aufgabe in der Gemeinde übernimmt. Auch sollte ein Neubekehrter so bald wie möglich öffentlich als Gemeindeglied aufgenommen werden (siehe 2.3.2).

2. Evangelistische Möglichkeiten der Gemeinde als Ganzes

Aufgabe der Gemeinde ist es, das Gebiet, in dem sie sich befindet, mit der Botschaft des Evangeliums zu durchdringen.

---

436 Erste Schritte im Neuen Leben, hg. v. Campus für Christus, Zürich o. J.
437 Petersen, J., Der lebende Beweis, S. 249-252
438 Arn, W. u. Ch., Gemeindebau: Liebe in Aktion, S. 68-69

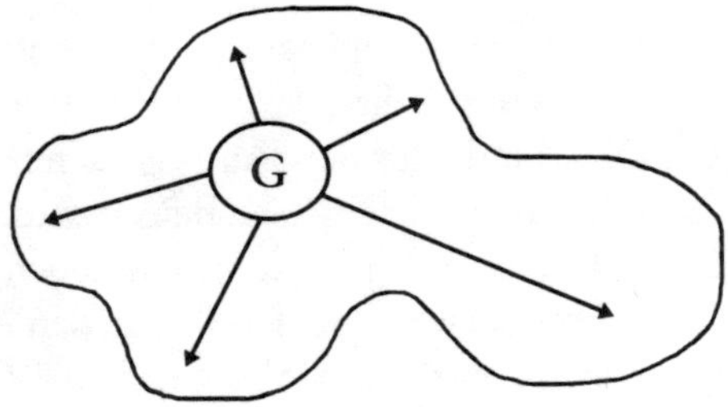

Damit die evangelistischen Bemühungen wirksam sind, ist die Einheit der Gläubigen innerhalb einer Gemeinde von entscheidender Bedeutung (Joh 17,21). Das harmonische Miteinander verschiedener Menschen – verschieden im Alter, in der Bildung, im sozialen Stand – überzeugt die verlorenen Menschen von der Echtheit der Botschaft des Evangeliums.[439]

Die Gemeinde hat sehr viele Möglichkeiten. Einige davon möchte ich erwähnen:

– ***Predigten, insbesondere Kasualpredigten***
  Jede Predigt sollte aufgrund ihrer christozentrischen Ausrichtung eine evangelistische Stoßrichtung haben. Den verlorenen Menschen sollte in jeder Predigt kurz, aber verständlich, der Heilsweg erklärt werden, so dass sie sich bekehren könnten.[440] Jörg Stolz zeigt interessanterweise in seiner Untersuchung auf, dass selbst im Leben der Menschen, die durch Familienmitglieder, Freunde und Bekannte zu Jesus geführt worden sind, der Prediger eine bedeutende Rolle spielte. Dies ist wohl so zu erklären, dass die Gläubigen ihre Freunde und Bekannten in die Sonntagspredigten mitgenommen haben.[441] Deshalb ist eine evangelistische Ausrichtung der Predigt wichtig.

439 Petersen, J., Der lebende Beweis, S. 146-148
440 Schlottoff, B., Den Aufbruch wagen. Zehn Thesen zur Zukunft der Kirche, Wuppertal; Zürich 1994, S. 72
441 Stolz, J., Evangelikalismus und Bekehrung in der deutschen Schweiz, S. 101-104

Die Gottesdienstgestaltung sollte den Außenstehenden soweit angepasst werden, dass sie sich in der Gemeinde wohl fühlen. Es sollten ansprechende Lieder gesungen werden; ab und zu können Interviews, Anspiele und Sketche zur Predigt überleiten.[442]
Jede Kasualpredigt, sei es an einer Hochzeit oder Beerdigung, braucht eine evangelistische Ausrichtung. Den vielen dem Evangelium fern stehenden Menschen – Verwandte, Gäste, Personen der Öffentlichkeit – soll der Weg zu Jesus, dem Retter aller Menschen, aufgezeigt werden. Auch sollen sie aufgefordert werden, diesen Jesus als Retter anzunehmen.[443]

– *Gästesonntage*

Gästesonntage sind eine besondere Gelegenheit für die Gemeindeglieder, Menschen einzuladen, zu denen sie bereits freundschaftliche Kontakte haben (Verwandte, Arbeitskollegen, Nachbarn usw.).
In einem Gästegottesdienst sollten die Lieder so gewählt werden, dass auch säkularisierte Menschen davon angesprochen sind. Diese Lieder sollten gut begleitet werden. Lieder eines Chores und schöne Musikstücke einer Musikgruppe können das Programm bereichern.
Die Bekanntmachungen sollten an Gästesonntagen auf ein Minimum beschränkt werden.
Mit einem packenden Anspiel kann die Brücke zur Predigt geschlagen werden. Auch ein Kurzfilm oder eine gute Multimedia-Präsentation können zur Predigt hinführen. Ebenfalls eignen sich persönliche Berichte über die Bewältigung von Problemen im Alltag und interessante Interviews dazu.[444]

---

442 Logan, R. E., Mehr als Gemeindewachstum, S. 80

443 Stadelmann, H., Schriftgemäss predigen. Plädoyer und Anleitung für die Auslegungspredigt, Wuppertal; Zürich 1990, S. 265-270

444 Beutel, M., Über Mauern springen, S. 54; Dobson, E., Der Offene Gottesdienst. Wie traditionelle Gemeinden Kirchendistanzierte erreichen können, Wiesbaden; Wuppertal; Zürich 1996, S. 55-56

In der Predigt sollte auf Themen eingegangen werden, die auch den fern stehenden Menschen interessieren. Themen, die um Sexualität, Ehegestaltung, Familienleben und Erziehung kreisen, vermögen Menschen besonders anzusprechen. Auch Ausführungen über Leid, Angst, Einsamkeit und Berufsstress kommen gut an. Irgendwo muss in jeder Predigt der Heilsweg sorgfältig ausgeführt werden.

Am Schluss der Predigt sollten die Menschen zu einer Entscheidung für Jesus aufgefordert werden. Wer sich entscheiden will, wird ermutigt, sich nach der Predigt an den Verkündiger oder an einen Seelsorgehelfer oder -helferin zu wenden. Wer zu Jesus geführt werden konnte, soll gründlich nachbetreut werden.[445]

Es gilt zu bedenken, dass Gästegottesdienste gerade um der Gäste willen nicht zu lang sein dürfen.

Die neuen Besucher an solchen Gästesonntagen wollen zunächst anonym bleiben. Sie brauchen den nötigen Freiraum, um all das Neue, das sie hören und sehen, verarbeiten zu können. Hilfreich für sie ist das Gespräch über all die neuen Eindrücke mit den Freunden, von denen sie mitgebracht wurden.[446]

Ein Vorbereitungsteam plant diese Gästegottesdienste in Absprache mit dem Verkündiger.[447]

---

445 Robinson, M., Kirche für Entkirchlichte, S. 87-100.
Ed Dobson ist davon überzeugt, dass Gottesdienste für kirchendistanzierte Menschen nicht mit Sonntagsgottesdiensten kombiniert werden können. Besucherfreundliche Gottesdienste müssten deshalb separate Veranstaltungen sein, weil sie sich im Bereich der Musik, in der Art und Weise der Verkündigung und in ihrer Gestaltung ganz auf die säkularisierten Menschen ausrichten sollten (vgl. Dobson, E., Der Offene Gottesdienst, S. 117-118). Wie solche Veranstaltungen aussehen könnten, beschreibt Dobson in seinem Buch »Der Offene Gottesdienst« auf den Seiten 49-61 und 145-169. Hier taucht allerdings das Problem auf, dass viele, die sich in den Veranstaltungen für Kirchendistanzierte für Jesus entscheiden, den Weg in die eigentliche Gemeinde nicht finden. Es entsteht somit eine neue Art von Gemeinde (vgl. ebd., S. 119). Dies kann in der Gemeinde schließlich zu einer Zerreißprobe führen.

446 Strobel, L., Beim Wort zum Sonntag schalt' ich ab, S. 173-175

447 siehe nächste Seite

– *Familiengottesdienste*
Ab und zu sollten die Kinder und Teenager den Gottesdienst gestalten dürfen. Eltern können an einem solchen Gottesdienst zeugnishaft aus ihrem Familienleben und der erlebten Hilfe durch Jesus erzählen. Der Verkündiger wird sich bei solchen Gottesdiensten darum bemühen, sowohl die anwesenden Kinder als auch die Eltern anzusprechen. Er könnte z. B. eine biblische Geschichte lebendig und packend erzählen und sie für die Kinder und die Erwachsenen anwenden. Ansprechend gestaltete Familiengottesdienste bewirken bei noch fern stehenden Eltern eine Offenheit für die Botschaft des Evangeliums.[448]

– *Evangelisationen – Der Evangelist*
Jede Gemeinde sollte meines Erachtens einmal pro Jahr eine Evangelisation durchführen. Diese kann in ihrem Gottesdienstraum, in einem größeren neutralen Saal oder in einem Zelt stattfinden.
Ein spezielles Team ist für die Vorbereitungen dieser Evangelisationen zuständig. Der für den Aufgabenbereich »Evangelisation« verantwortliche Älteste trägt die Hauptverantwortung. Das Team befasst sich einerseits mit organisatorischen Fragen (Werbung, Durchführung im einzelnen, Seelsorgeschulung, Nacharbeit usw.). Andererseits ist es Aufgabe des Teams, die Gemeinde für die bevorstehende Evangelisation zu motivieren. Jedes Gemeindeglied sollte ihm bekannte Menschen und solche, zu denen es

---

447 Beutel, M.; Heinze, C., Gottesdienste kreativ gestalten. Wie Sie mit Theater, Musik und zeitgemäßer Predigt interessante Gottesdienste für Kirchendistanzierte gestalten können, Wuppertal; Kassel 1996, S. 29-31

448 Modell eines Familiengottesdienstes, in: Hübner, U. u. M., Praxisbuch Familie und Gemeinde. Familie im Brennpunkt, Gemeinsam geht's besser, Familienfeste in der Gemeinde, Familien-Gottesdienst, Eltern-Kind-Tag, Neuhausen-Stuttgart 1994, S. 136-149

eine freundschaftliche Beziehung aufgebaut hat, zu diesen Veranstaltungen einladen.[449] Auf diese Weise entsteht zwischen den persönlichen evangelistischen Bemühungen und den Evangelisationsveranstaltungen ein Synergieeffekt.[450] Wichtig ist, dass man für die Eingeladenen inständig betet. Wenn sie eine Veranstaltung besuchen, sollen die, die sie eingeladen haben, mit ihnen über das Gehörte ins Gespräch kommen.

Der Evangelist

Die Vorträge sollte jemand halten, den Gott zum Evangelistendienst begabt hat, also ein Evangelist. Das Substantiv »Evangelist« steht nur dreimal im Neuen Testament. In Apg 21, 8 wird einer der in Apg 6 gewählten Diakone, nämlich Philippus, als Evangelist bezeichnet. Er war der Evangelist Samariens (Apg 8, 5-13), wo Jesus durch ihn eine große Erweckung schenkte (V. 12). Die Apostelgeschichte zeigt uns, dass der Evangelist die Gabe hat, »das Evangelium von Jesus« (8, 35 b) in ansprechender und zur Entscheidung führender Weise zu verkündigen. Zugleich wird aus der Apostelgeschichte ersichtlich, dass der Evangelistendienst nicht ortsgebunden ist.[451]

Wir brauchen heute dringend Evangelisten, die begabt sind, Menschen zu einer Entscheidung für Jesus zu führen. Dies geschieht dann, wenn ihre evangelistische Botschaft auf das Kreuz zentriert ist, an dem Jesus stellvertretend für alle Menschen und ihre Sünden gestorben ist. Nur durch die ansprechende Entfaltung dieser Botschaft können verlorene Menschen gerettet werden (Apg 4, 12). Eine solche auf das Erlösungswerk Jesu ausgerichtete Predigt wird der Heilige Geist gebrauchen, um Menschen ihre Sünden

449 Kurt Scheffbuch beschreibt sehr hilfreich, wie eine solche Einladung ganz praktisch aussieht, vgl. Scheffbuch, K., Andere verstehen – andere gewinnen. Impulse zur Gesprächsführung, Neuhausen-Stuttgart 1995^4, S. 70-73

450 Beutel, M.; Heinze, C., Gottesdienste kreativ gestalten, S. 10

451 Mauerhofer, E., Die neutestamentliche Ekklesia, in: Fundamentum, Nr. 3/1991, S. 57

zu zeigen und sie zum lebendigen Glauben an Jesus zu bringen (Röm 10, 17). Jeder Evangelist muss davon überzeugt sein, dass ein Mensch, der die Rettung in Jesus Christus nicht annimmt, in die Hölle kommt. Einem begabten Evangelisten gelingt es aufzuzeigen, dass nicht der Materialismus und die sinnlichen Vergnügen die Antwort auf die tiefsten Sehnsüchte des Herzens sind, sondern nur eine persönliche Beziehung zu Jesus. Gott hat ihm die Begabung und das Verlangen geschenkt, die Hörer durch die Verkündigung zu einer bewussten Entscheidung für Jesus herauszufordern.[452] Zugleich fordert der Evangelist die Neubekehrten auf, verbindlich eine Gemeinde zu besuchen.[453]
Wichtig ist, dass die Evangelisten, die ja viel herumreisen, in einer Gemeinde verwurzelt sind, die ihren Dienst mitträgt. In einer solchen Gemeinde finden ihre Frauen und Kinder auch das nötige geistliche Zuhause.

– *Evangelistische Aktivitäten*
  Evangelistisch begabte Gemeindeglieder können die Botschaft des Evangeliums den von Gott entfremdeten Menschen in Fußgängerzonen, Freizeitanlagen, auf Marktplätzen usw. weitersagen. Für die Gestaltung solcher evangelistischer Einsätze finden sich Ideen im Buch »Leben das Kreise zieht«.[454]
  Auch in Krankenhäusern, Altersheimen, Gefängnissen sollen Gemeindeglieder die Botschaft des Evangeliums weitergeben.
  Ebenfalls kann die Weitergabe von Traktaten, Büchern und Teilen der Bibel sehr wertvoll sein, da es viele Menschen gibt, die sich

452 Graham, B., Biblische Richtlinien für Evangelisten. Bemerkungen zu den fünfzehn Verpflichtungen, zu denen sich die Teilnehmer bei der Internationalen Konferenz für reisende Evangelisten in Amsterdam, Niederlande, im Juli 1983 bekannten, Neuhausen-Stuttgart 1986, S. 42-65

453 Wagner, C. P., Lektionen aus der weltweiten Erweckung. Geistliche Vollmacht im Gemeindeaufbau, Mainz-Kastel 1986, S. 37-40

454 Bamberger, R., Leben das Kreise zieht. Praxis-Handbuch für missionarisches und diakonisches Engagement, Wetzikon 1995

gerne in aller Ruhe mit der Botschaft des Evangeliums auseinandersetzen.[455]

– *Evangelistische Hauskreise*
  Evangelistische Hauskreise müssen mit dem Ziel ins Leben gerufen werden, verlorene Menschen zu Jesus zu führen. Sie unterscheiden sich ganz deutlich von den eher betreuenden und vertiefenden Hauskreisen. Missionarische Hauskreise erfüllen ihren Auftrag etwa ein Jahr lang. Verwandte, Nachbarn, Freunde werden zu regelmäßigen Hauskreiszusammenkünften eingeladen, die alle 14 Tage stattfinden.
  Von der Bibel her entfalten Einzelne aus dem Hauskreis die grundsätzlichen Gedanken des Evangeliums. Es wird über die Schöpfung, den Sündenfall, die Verlorenheit der Menschen, die Rettung durch Jesus Christus, die Art und Weise der Annahme dieser Rettung, die Auswirkung dieser Annahme und über die Gemeinde geredet. Evangelistische Hauskreise haben auch gute Erfahrungen mit dem Durcharbeiten des Johannesevangeliums gemacht.[456]
  In einem gemütlichen zweiten Teil kann man sich über das Ausgeführte austauschen. Das Ziel ist, dass sich die Teilnehmer des Hauskreises schließlich bekehren und in die Gemeinde integriert werden können.[457]
  Eine neuere Möglichkeit, evangelistische Hauskreise durchzuführen, sind die in London in der Holy-Trinity-Brompton-Church zum ersten Mal angewandten Alpha-Kurse.[458] Viele Menschen haben sich in den vergangenen Jahren durch diese Kurse bekehrt.

455 McClung, F., Wirksame Evangelisation, S. 53-55
456 Meiss, K., Kleine Kreise – große Wirkung. Hauskreisarbeit in der Gemeinde, Marburg a. d. Lahn 1995, S. 56-58
457 Meiss, K., Hauskreisarbeit, Marburg a. d. Lahn 1990, S. 64-72
458 Gumbel, N., Fragen an das Leben. Eine Einführung in den christlichen Glauben, Wiesbaden 1993, und das dazugehörige Teilnehmerheft Der Alpha-Kurs, deutsch Wiesbaden 1996

Das Konzept finde ich nachahmenswert, wobei ich einen Vorbehalt gegenüber der Betonung des Zungenredens habe.[459]

- *Zielgruppen*
  Bei der zielgruppenorientierten Evangelisation geht es darum, Menschen mit bestimmten Bedürfnissen zu Jesus zu führen. Zu diesen Zielgruppen können Menschen gehören, die eben den Ehepartner durch den Tod verloren haben, Geschiedene, Senioren, Singles u. a.[460]

- *Frauengesprächskreise*
  Es gibt viele Fragen und Probleme, die Frauen in besonderer Weise bewegen. Frauen der Gemeinde könnten deshalb Frauengesprächskreise ins Leben rufen. Man trifft sich am Morgen eines bestimmten Wochentages und tauscht sich über Fragen aus, welche alle anwesenden Frauen bewegen und sucht von der Bibel her Antworten zu geben. Das Ziel ist, Nachbarinnen, Arbeitskolleginnen, Verwandte usw. zu Jesus zu führen.[461]

- *Kinder-, Teenager- und Jugendarbeit*[462]
  Es geht bei dieser Arbeit darum, die Kinder, Teenager und Jugendlichen mit der Botschaft des Evangeliums zu erreichen (Mk 10, 13-16). Dies ist eine der vordringlichsten Aufgaben der Gemeinde in unserer nachchristlichen Zeit. Weder die Eltern, weder die Schulen noch die Volkskirche, noch die Massenmedien

---

459 In N. Gumbels Handbuch in Kapitel 9 (S. 137-145): »Wie werde ich vom Heiligen Geist erfüllt« hat man den Eindruck, dass das Erfülltsein mit dem Heiligen Geist mit dem Zungenreden in eins gesetzt wird.

460 Neighbour, Jr., R. W., Wie geht es weiter? Ein Leitfaden für die Zellen-Gemeinde, Kreuzlingen 1996, S. 236-237

461 Sardaczuk, W., Bau mit! Mitarbeit im Reich Gottes, Erzhausen 1992, S. 62-65

462 Nähere Ausführungen dazu vgl. Mauerhofer, A., Pädagogikvorlesungen, Kapitel 5, Gemeindepädagogik – Der Beitrag der Gemeinde im Blick auf die Erziehung der Kinder, Teenager und Jugendlichen, Scriptum 1997

weisen die Kinder auf ihren Retter, Jesus Christus, hin. Wenn die Gemeinde den evangelistischen Auftrag an der heranwachsenden Generation versäumt, ist niemand da, der den jungen Menschen zeigt, wie sie zum Sinn des Lebens gelangen können.

– *Kinderarbeit*
  Familien aus der Gemeinde, die selbst kleine Kinder haben, laden die Kinder aus der Nachbarschaft nach Rücksprache mit den Eltern ein, bei sich zu Hause biblische Geschichten zu hören. Das Ziel einer solchen Hauskinderstunde ist es, die Kinder mit den wichtigsten biblischen Geschichten bekannt zu machen. Im Mittelpunkt aller Ausführungen soll Jesus Christus stehen. Dem Kind sollte klargemacht werden, dass es von Jesus geliebt wird und dass er sein persönlicher Retter werden will.[463] Bei dieser Arbeit ist der Kontakt zu den Familien, aus denen die Kinder kommen, sehr wichtig.
  Die Gemeinde führt für diejenigen, die diese Kinderstunden halten, regelmäßig (am besten jeden Monat) einen Lehrabend durch, an dem praktische Hilfen für die Gestaltung dieser Stunden weitergegeben werden.

– *Jungschar- und Teenagerarbeit*
  Die Nachmittage für Kinder ab etwa sieben Jahre und Teenager werden so gestaltet, dass auch Kinder und Teenager sich wohlfühlen, deren Eltern die Gemeinde nicht besuchen. Das Ziel ist auch hier, dass diese heranwachsenden Kinder den Weg zu Jesus finden.[464] Die Eltern, die uns die Kinder und Teenager anvertrauen,

---

463 Siehe dazu: Theobald, D. u. V., Handbuch für Kinderarbeit. Gott liebt nicht nur große Leute, Gießen; Basel 1984[5]

464 Siehe dazu: Hübner, M.; Grumbach, K. D., Praxisbuch Jungschararbeit. So wird's gemacht! Programm-Ideen, Mitarbeitergewinnung, Umgang mit Jungscharlern, Familien- und Elternarbeit, Gestaltung der Jungscharstunde, Spielvorschläge, Minimodelle, Neuhausen-Stuttgart 1990; Laub, P.; Frey, R.; Georg, J.; Trommer, F., Handbuch für Teenagerarbeit. Grundlagen, Ideen, Programme, Gießen 1990

sollten ab und zu besucht werden, damit zu ihnen ein Vertrauensverhältnis aufgebaut werden kann.

– *Jugendarbeit*
  Die Jugendgruppe bemüht sich durch Jugendevangelisationen, Teestubenarbeit, Filmvorführungen, Musikabende usw., andere Jugendliche zu Jesus, dem Retter, hinzuführen.[465] Junge Menschen sind besonders offen für das Evangelium, da sie nach dem Sinn des Lebens und nach einem festen Halt suchen.[466]

Das Ziel all dieser evangelistischen Bemühungen, die kurz angesprochen wurden, ist es, Kinder, Teenager, Jugendliche, junge Ehepaare und vor allem ganze Familien (Apg 16, 5; 18, 8) zu Jesus zu führen. George W. Peters ist davon überzeugt, dass die Bekehrung ganzer Familien aus biblischen und gesellschaftlichen Gründen im Vordergrund aller evangelistischen Bemühungen stehen sollte. Er schreibt:

> »Wir behaupten, dass die Familienevangelisation und die Bekehrung von Familien die grundlegendsten biblischen und kulturellen Verfahren und Erwartungen sind und in unseren Tagen neu belebt werden müssen.«[467]

Die Neubekehrten sollen in die Gemeinde integriert werden. Wenn sie in der Gemeinde mit Liebe aufgenommen werden und ihnen eine wohltuende Atmosphäre begegnet, fällt ihnen die Eingliederung nicht schwer. Jeder Einzelne merkt auf einmal:

---

465 Siehe dazu: Liedholz, M., Handbuch für Jugendarbeit. Unterwegs mit jungen Menschen, Gießen; Basel 1987[4], S. 246-291; Praxisbuch Jugendarbeit. So wird's gemacht! Jugendliche in der Gemeinde, Gestaltung der Jugendarbeit, Leitung und Mitarbeit, Jugendevangelisation, Seelsorge, Programmideen, Minimodelle, Tips und Hilfen, hg. v. R. Zelewske, Neuhausen-Stuttgart 1991, S. 194-202

466 Stolz, J., Evangelikalismus und Bekehrung in der deutschen Schweiz, S. 54-55

467 zit. nach Peters, G. W., Evangelisation: total, S. 164

> »Dies ist der Platz, wo ich hingehöre. Dies ist meine Familie, mein Heim und dies sind meine Brüder und Schwestern.«[468]

Wenn es uns nicht gelingt, die Neubekehrten in die Gemeinde einzugliedern, haben alle evangelistischen Bemühungen ihr Ziel verfehlt.[469]

Damit sich alle evangelistischen Bemühungen innerhalb einer Gemeinde harmonisch ergänzen, braucht es unter allen Beteiligten gründliche Absprachen und eine gute Gesamt- und Detailplanung jeder einzelnen Gruppe.

Außerdem ist wichtig, dass die evangelistischen Bemühungen anhaltend sind, dass sie quasi zum Lebensstil der gesamten Gemeinde werden.[470] Johan Lukasse sagt zu Recht:

> »Ich bin überzeugt, dass dies der einzige Weg ist, als Gemeinde am Leben zu bleiben: dauernd das weitersagen, was wir glauben und warum wir es glauben. So schaffen wir die Gelegenheit, dass andere durch die Macht und die Gnade Gottes gerettet werden können.«[471]

3. Möglichkeiten im pädagogisch-didaktischen Bereich

Um ein Gebiet und schließlich ein Volk mit der Botschaft des Evangeliums zu durchdringen, kommt den Schulen eine bedeutende Stellung zu.

- *Öffentliche Schulen*

  Viele gläubige Lehrer bemühen sich an den öffentlichen Schulen, die Botschaft des Evangeliums so weiterzugeben, dass Schüler den Weg zu Jesus Christus finden. Dies ist aber mit Schwierigkeiten verbunden, weil die Schulen in Deutschland, Österreich und

---

468 zit. nach Watson, D., Ich glaube an Evangelisation, S. 134

469 ebd., S. 143; Robinson, M., Kirche für Entkirchlichte, S. 122

470 Peters, G. W., Gemeindewachstum, S. 239

471 zit. nach Lukasse, J., Gemeindebau im nachchristlichen Europa, S. 148

der Schweiz zur »weltanschaulich-religiösen Neutralität« verpflichtet sind.[472]
Durch Bibelgruppen an Schulen, Gymnasien und Universitäten können Jugendliche zu Jesus geführt werden. Wichtig ist, dass diese Gruppen nicht zu Ersatzgemeinden werden. Vielmehr sollten es evangelistische Außenposten der Gemeinden am Ort sein, deren verantwortliche Leiter aktiv in einer dieser Gemeinden mitarbeiten. Die Neubekehrten dieser Gruppen sollten unverzüglich in eine Gemeinde integriert werden.[473]

– *Schulen auf biblischer Basis*
Um die heranwachsende Jugend noch besser mit der Botschaft des Evangeliums erreichen zu können, gibt es heute bereits an mehreren Orten Schulen auf biblischer Basis. Doch sind es meines Erachtens noch viel zu wenig.
Das Wort Gottes ist die sinnstiftende Mitte des ganzen Fächerspektrums dieser Schulen. Diese Mitte ist an den staatlichen Schulen wegen des Pluralismus verloren gegangen.
    – Das Ziel solcher Schulen ist zunächst, die Eltern in ihren erzieherischen Bemühungen zu unterstützen.
    – Weiter geht es darum, die Schüler mit dem Evangelium so vertraut zu machen, dass sie Jesus als ihren Retter annehmen.
    – Zugleich wird der Umgestaltungsprozess ins Bild Gottes, die Heiligung des Schülers, unterstützt.
    – Die Schule bemüht sich ebenfalls, die Eltern der Kinder mit der Botschaft des Evangeliums vertraut zu machen.
    – In Absprache mit den Eltern wird auch die Integration der gläubigen Schüler in eine Gemeinde angestrebt.[474]

---

472 Brezinka, W., Erziehung heute – Elternhaus und Schule in gemeinsamer Verantwortung, in: Pädagogische Rundschau, Frankfurt a. M.; Bern; New York; Paris, Nr. 4/1991 S. 378-379

473 Griffiths, M., Gottes herrliches Volk. Auftrag, Aufbau und Erneuerung der Gemeinde, Gießen; Basel 1985^3, S. 69-70

474 Meier, B., Schule – Die große Herausforderung, Rüti 1993, S. 42-44

> Es gilt, neben Grundschulen vor allem Lehrerseminare und Gymnasien auf biblischer Grundlage zu gründen. Wir benötigen schließlich im deutschsprachigen Raum dringend eine bibeltreue Universität.[475]

McGavran weist warnend darauf hin, dass gerade an solchen Schulen nach und nach das Anliegen erlahmen kann, die Kinder und über sie die Eltern für Jesus zu gewinnen. Man vermittelt nur noch eine gute und gründliche Schulausbildung. Der Blick für die Durchdringung der Bevölkerung mit dem Evangelium und für den Bau der Gemeinde schwindet.[476] Deshalb ist es wichtig, dass die, welche sich für den Aufbau von Schulen auf biblischer Basis einsetzen, darüber wachen, dass den Lehrkräften dieser Schulen die oben erwähnten Ziele immer wieder bewusst gemacht werden.

4. Diakonische Möglichkeiten

Das diakonische Engagement einer Gemeinde entspringt dem göttlichen Mitgefühl mit den leidenden Menschen unserer Zeit, wie es Jesus (Mt 11,5) und die Apostel (Apg 3,4-7; 9,32-34; 19,11-12) vorgelebt haben.[477]

Dieser diakonische Einsatz unter körperlich und psychisch Kranken, unter Behinderten, Alkoholikern, Drogensüchtigen, alleinerziehenden Müttern, Aidskranken und unter Ausländern kann Vorurteile und Skepsis gegenüber dem Evangelium und der Gemeinde abbauen, weil die verlorenen Menschen etwas von der Liebe Jesu spüren und sehen.

Die Verkündigung des Evangeliums und Diakonie gehören zusammen (Jak 2,18). Die Diakonie unterstützt die Weitergabe des Evangeliums, weil sie das sichtbare Zeugnis der Liebe Jesu[478], die

475 von Padberg, L., Die Bibel. Grundlage für Glauben, Denken und Erkennen, Neuhausen-Stuttgart 1986, S. 117-118

476 McGavran, D. A., Gemeindewachstum verstehen, S. 265-266

477 Lukasse, J., Gemeindebau im nachchristlichen Europa, S. 141

478 Rommen, E., Die Notwendigkeit der Umkehr, S. 228-230

Demonstration des Evangeliums, ist.[479] In unserer Zeit der Selbstverwirklichung, wo jeder sein eigenes Glück sucht, ist der aufopfernde Dienst für den Nächsten selbst unter Gläubigen mit großer Überwindung verbunden. Nur durch die Veränderung durch Christus werden Gläubige zu einem selbstlosen Dienst bereit.

Die wichtige diakonische Aufgabe sollten verschiedene Teams in einer Gemeinde wahrnehmen. Ein Team sollte sich vor allem um die notleidenden Gemeindeglieder kümmern und zugleich Menschen in Notsituationen, die nicht zur Gemeinde gehören, im Blick haben. Ein anderes Team bemüht sich, Asylanten und Ausländern zu helfen (Mt 25,35). In beiden Teams sollten viele freiwillige Helfer mitarbeiten. Die Denomination, zu welcher die Gemeinde gehört, sollte eine Kommission haben, welche den Teams der einzelnen Gemeinden Anregungen und Hilfen gibt, wie sie diese Aufgabe noch besser erfüllen können (siehe 7.3.2).

Bereiche, in welchen diakonische Hilfe geleistet werden kann:

- Schulaufgabenhilfe
- Vermittlung von Tagesmüttern
- Bereitschaft, als Pflegefamilie ein Kind aufzunehmen[480]
- Haushaltshilfen für Behinderte
- Betreuung von suchtkranken Menschen
- Beratung von Geschiedenen[481]
- Konkrete Hilfen für alleinerziehende Mütter[482]
- Mithilfe bei der Betreuung von Asylanten und Ausländern

Raymond Bakke zeigt in seinem Buch »Gott in der City«, dass in jeder Großstadtgemeinde bei der Weitergabe des Evangeliums der diakonische Dienst eine entscheidende Rolle spielt, weil sich hier viele Frauen, Kinder und Jugendliche in einem großen Elend befinden. Oft müssen sich die Verantwortlichen einer solchen Gemeinde

479 Adeyemo, T., Evangelium und Heil, in: Evangelisation mit Leidenschaft, S. 69
480 Gudjons, H., Pädagogisches Grundwissen, Bad Heilbrunn 1993, S. 262-263
481 Dobson, E., Der Offene Gottesdienst, S. 110
482 Hybels, B., Bekehre nicht – lebe! S. 100-101

bei den Behörden der Stadt für ihre Gemeindeglieder einsetzen; ein guter Kontakt zu den Politikern vor Ort ist daher wichtig.[483]

Die Gottesdienste einer diakonisch ausgerichteten Gemeinde werden von Starken und Schwachen (Depressiven, Altersschwachen), von Gesunden und Kranken, Nichtbehinderten und Behinderten, Einheimischen und Ausländern besucht. So wird in jedem Gottesdienst die Liebe Jesu sichtbar.[484]

Viele diakonische Aufgaben übersteigen die Möglichkeit einer einzelnen Gemeinde – denken wir nur an die Betreuung von Drogensüchtigen oder Aidskranken. Wir sind deshalb dankbar, dass es heute verschiedene freie Werke auf biblischer Grundlage gibt, die sich um diese Menschen kümmern (siehe 7.4.2). Aller diakonische Dienst ist eine Brücke, um Menschen zu Jesus Christus zu führen. Billy Graham schreibt:

> »Wenn du alle Hungrigen speist, für alle Armen sorgst und alle Kranken gesund machst, ihnen aber nicht Gottes Erlösungsplan zeigst, hast du sie in ihrer größten Not nicht erreicht. Ihre größte Not ist geistlicher Art.«[485]

Wenn durch die eben entfalteten Möglichkeiten viele Neubekehrte zur Gemeinde hinzukommen, bewirkt dies in ihr eine ansteckende Begeisterung. Da sitzen auf einmal im Gottesdienst neu bekehrte Männer neben ihren Frauen und Eltern neben ihren Kindern. Die Nachbarn von Gemeindegliedern, die zu einer persönlichen Jesusbeziehung gelangt sind, nehmen auch am Gottesdienst teil. Die Begeisterung darüber, dass all diese Menschen zu Jesus und in die Gemeinde gefunden haben, motiviert zu weiterem evangelistischem Einsatz.[486]

---

483 Bakke, R.; Hart, J., Gott in der City. Die Herausforderung der modernen Stadt und die Antwort des Christentums, Lörrach 1990, S. 92-103.109

484 Weth, R., Kirche in der Sendung Jesu Christi. Missionarische und diakonische Existenz der Gemeinde im nachchristlichen Zeitalter, Neukirchen-Vluyn 1993, S. 62

485 zit. nach Graham, B., Biblische Richtlinien für Evangelisten, S. 115

486 Arn, W. u. Ch., Gemeindebau: Liebe in Aktion, S. 116-117

4.2 Wie kann Gemeindewachstum festgestellt und interpretiert werden (Gemeindeanalyse)?

Um das Gemeindewachstum in rechter Weise erfassen zu können, muss zunächst klar sein, wer ein Gemeindeglied ist. Glied einer Gemeinde kann werden, wer bekehrt und wieder geboren ist und von der Gemeinde als Mitglied aufgenommen wird. Wie dies im Einzelnen geschehen kann, habe ich unter 2.2 ausgeführt.

4.2.1 Mitgliederstatistik

Um das Gemeindewachstum sauber erfassen zu können, muss die Gemeinde eine Mitgliederstatistik erstellen.

Eine solche Mitgliederstatistik könnte etwa so aussehen:[487]

Jahr		1980	1981	1982	1983
Mitglieder am Jahresanfang		100	118	138	151
Zunahme	– Biologisches Wachstum	5	6	6	4
	– Transferwachstum	10	15	5	10
	– Bekehrungswachstum	10	12	9	11
Abnahme	– Verstorben	2	2	3	2
	– Weggezogen oder Wechsel in eine andere Gemeinde	5	10	4	5
	– Ferngeblieben oder ausgeschlossen	–	1	–	–
Mitglieder am Jahresende		118	138	151	169

487 Vgl. Kasdorf, H., Gemeindewachstum als missionarisches Ziel, S. 236

Einige haben Mühe mit Mitgliederstatistiken. Sie verweisen immer wieder auf 1. Chron 21, 1, wo David das Volk Israel zählte, um sich selbst zu bestätigen. Sicherlich weist uns dieses Beispiel auf die Gefahr von Zahlen hin. Sie können zu Selbstruhm führen, anstatt dass Jesus, der Herr der Gemeinde, verherrlicht wird.

Obwohl die Gefahr besteht, dass Zahlen auf diese Weise zu einer Manifestation des »Fleisches« werden können, die den Blick von der Herrlichkeit Gottes auf den Menschen lenken, kennt die Apostelgeschichte keine Angst vor Zahlen. In Apg 2, 41 wird uns mitgeteilt, dass an dem Tag, als der Heilige Geist auf diese Erde kam, etwa 3000 Menschen zur Gemeinde hinzugefügt wurden. In Apg 4, 4 lesen wir: *»Viele aber von denen, die das Wort gehört hatten, wurden gläubig, und die Zahl der Männer kam auf etwa fünftausend.«* Wir sehen: Die Bibel selbst hat im Blick auf Gemeindewachstum nichts gegen Zahlen. Die Frage ist nur, wie wir mit diesen Zahlen umgehen.[488]

4.2.2 Grafische Darstellung des Gemeindewachstums

Eine grafische Darstellung hilft, das Gemeindewachstum noch besser zu erfassen:

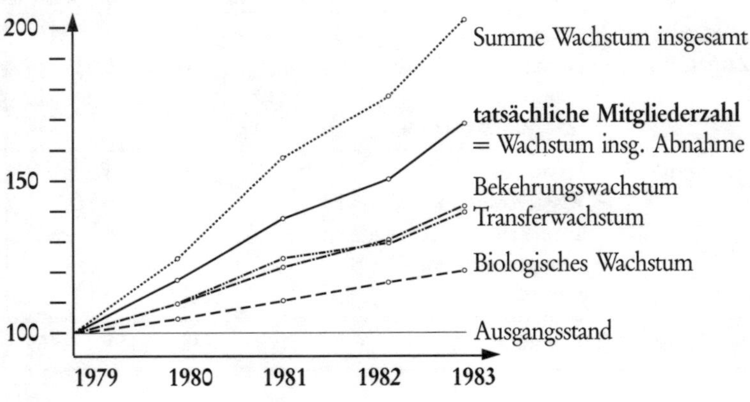

[488] Wagner, C. P., 9 Strategien für Gemeindebau, S. 47-49

An dieser Grafik wird die Unterteilung des gesamten Wachstums in biologisches Wachstum, Transfer- und Bekehrungswachstum sichtbar.[489]

Um ein realistisches Bild vom tatsächlichen Gemeindewachstum zu erhalten, muss das prozentuale Wachstum festgestellt werden.[490]

Im »Handbuch für Gemeindeanalyse« wird gezeigt, wie die jährliche Wachstumsrate errechnet werden kann:[491]

Beispiel: Eine Gemeinde hat 350 Mitglieder im Jahr 1988
425 Mitglieder im Jahr 1989

So errechnet man die jährliche Wachstumsrate:
1. $425 - 350 = 75$
2. $75 \div 350 = 0,214 = 21,4\%$
Das Jahreswachstum beträgt **21,4%**

Für unser Beispiel ergeben sich folgende prozentuale Wachstumsraten:

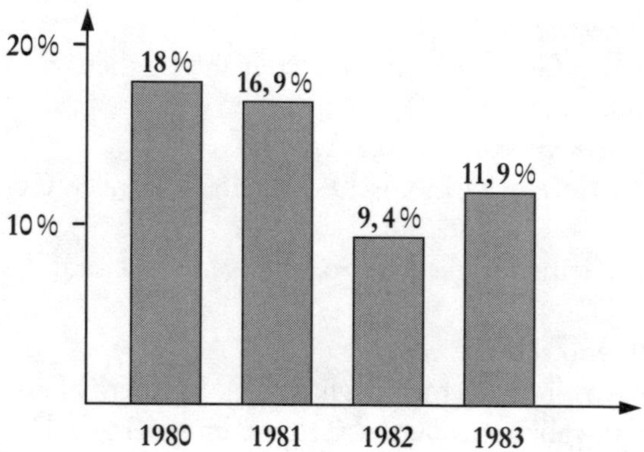

[489] Kasdorf, H., Gemeindewachstum als missionarisches Ziel, S. 245
[490] ebd., S. 243
[491] Waymire, B.; Wagner, C. P., Handbuch für Gemeindeanalyse, Lörrach 1991^2, S. 28

4.2.3 Interpretation der grafischen Darstellungen

Die Grundkriterien für die Interpretation dieser Grafiken ist das Entscheidende. Da die Gemeinde ein vom Geist Gottes gewirktes Gebilde ist, stehen biblisch-dogmatische Kriterien im Vordergrund. Außerdem gilt es noch soziologische Aspekte zu beachten.

1. Biblisch-dogmatische Kriterien

Der Verkündiger
- Welche Haltung hat er zur Bibel?
- Welche Schwerpunkte setzt er in der Verkündigung? Verkündigt er das Wort Gottes erwecklich und christozentrisch?
- Hat er im Blick auf Gemeindebau klare Vorstellungen und Ziele?

Gemeindegebet
- Haben die Teilnehmer in der Gebetsstunde zu- oder abgenommen?

Verbindlichkeit der Gemeindeglieder
- Hat die Verbindlichkeit eher zu- oder abgenommen?

Mitarbeit in der Gemeinde
- Wieviel Prozent der Gemeindeglieder setzen ihre Gaben zum Bau der Gemeinde ein?

Das Verhältnis der Gemeindeglieder zueinander
- Kennt die Gemeinde ein harmonisches Miteinander aller Gemeindeglieder?
- Gibt es unter den Gemeindegliedern Spannungen? Was sind die Gründe dafür?

Die Kleingruppenstruktur der Gemeinde
- Wie hoch ist der Anteil der Gemeindeglieder, die in einem Hauskreis oder einer aufgabenorientierten Gruppe integriert sind?
- Wurden die Neubekehrten in diese Gruppen integriert?
- Entstehen immer neue Kleingruppen?

Evangelistische Bemühungen
- Welche besonderen evangelistischen Bemühungen prägten die einzelnen Jahre?

Kinder-, Teenager- und Jugendarbeit

– Welche besonderen Anstrengungen wurden unternommen, um Kinder, Teenager und Jugendliche zu Jesus zu führen und in die Gemeinde zu integrieren?

Mit Hilfe der biblisch-dogmatischen Kriterien kann man recht gut aufzeigen, warum eine Gemeinde wächst oder warum nicht.

2. Soziologische Gegebenheiten

Jede Gemeinde lebt in einer bestimmten Gesellschaft. Besondere Ereignisse und Umwälzungen in dieser Gesellschaft wirken sich auch auf das Gemeindeleben aus. Ändert sich das Umfeld, so ist die Gemeinde herausgefordert, darauf in der rechten Weise zu reagieren. McGavran schreibt dazu:

> »Das Wachstum einer Gemeinde wird sehr stark von gesellschafltlichen Faktoren mitbestimmt. Starker gesellschaftlicher Wandel, Änderungen des Sozialgefüges und die Einbindung in bestimmte Strukturen sind von größter Bedeutung für die zukünftige Entwicklung des Christentums. Die Reaktion auf gesellschaftlichen Wandel entscheidet mit darüber, ob die Kirchen und Gemeinden Zulauf oder Abwanderung erleben werden.«[492]

Veränderungen, die Verunsicherung oder materielle Not hervorrufen – wie politische Umwälzungen, wirtschaftliche Probleme, kriegerische Auseinandersetzungen und Naturkatastrophen – können Menschen offener machen gegenüber der Botschaft des Evangeliums, sofern die Gemeinde bereit ist, sich der diakonischen Herausforderung nicht zu entziehen, die dann entstehen kann. Manchmal lassen sich besondere erweckliche Aufbrüche auf solche eben erwähnten Ereignisse zurückführen.[493] Veränderungen, die den Zeitgeist betreffen (wie z. B. der heute schon vollzogene Übergang von

492 zit. nach McGavran, D. A., Gemeindewachstum verstehen, S. 185
493 Wagner, C. P., 9 Strategien für den Gemeindebau, S. 86-88

der Moderne zur Postmoderne), stellen ebenfalls neue Herausforderungen an die Gemeinde (vgl. 2.8). Weil sich hier Zusammenhänge beobachten lassen, müssen wir nach der biblisch-dogmatischen Analyse die soziologischen Faktoren in Betracht ziehen.

Die Interpretation des Gemeindewachstums soll helfen, im Blick auf die Zukunft klare Ziele zu formulieren und solche Schwerpunkte zu setzen, die wirklich das Wachstum der Gemeinde fördern.

- Zunächst muss dem in Kapitel 3 entfalteten qualitativen Wachstum mehr Beachtung geschenkt werden. Es muss herausgearbeitet werden, welche Mängel in diesem Bereich bestehen. Es gilt dann, Vorschläge auszuarbeiten, wie diese Mängel behoben werden können.
- Nun kann ein neues evangelistisches Konzept ausgearbeitet werden. Gerade das Setzen von Zielen im evangelistischen Bereich kann sich für die Gemeinde motivierend auswirken. Wichtig ist aber, dass die Ziele realistisch sind.
- Vielleicht müssen auch im Bereich der Kinder-, Teenager und Jugendarbeit neue Schwerpunkte gesetzt werden.

Auf jeden Fall muss eine saubere Analyse des Gemeindewachstums Konsequenzen im Blick auf die Zielsetzungen der Gemeinde für die Zukunft haben – im quantitativen wie im qualitativen Bereich.

4.2.4 Phasen des Gemeindewachstums

Wenn Älteste und Verkündiger sich für das Wachstum der Gemeinde einsetzen, werden sie bemerken, dass auf einmal trotz aller Bemühungen bei einer bestimmten Mitgliederzahl eine Stagnation eintritt.

Ich rede hier nicht von der räumlich bedingten Stagnation. Wenn nämlich die Gemeinde die ihr zur Verfügung stehenden Räumlichkeiten füllt, hört sie auf zu wachsen. Diese Stagnation kann durch das Mieten oder durch den Bau größerer Räume behoben werden.

1. Phase: 100 bis 150 Mitglieder

Die Gemeinde ist zu einer verbindlichen Gemeinschaft herangewachsen. Sie gleicht einer großen Familie. Es ist für das einzelne Gemeindeglied fast noch möglich, alle anderen Gemeindeglieder zu kennen. Übrigens kann es in einer solchen Gemeinde zu clanartigen Strukturen und Interessengruppen kommen. Jeder, der neu zu einer solchen Gemeinde hinzukommt, sieht sich längere Zeit an den Rand gedrängt, bis er endlich in eine bestehende Gruppe aufgenommen wird.[494]

Der Verkündiger, von dem in einer solchen Gemeinde überaus viel erwartet wird, kommt an das Ende seiner Kräfte. Auch die Ältesten sind im Blick auf die Betreuung dieser Gemeinde voll beansprucht.[495] Wenn weitere Neubekehrte dazukämen, würde dies bei den Ältesten und dem Verkündiger zu einer Überbeanspruchung führen.

Ohne es zu merken, sind die Verantwortlichen einer Gemeinde nicht mehr an Gemeindewachstum interessiert. Dies wirkt sich auf die ganze Gemeinde aus. Es kommt zu einer Stagnation.

Wie kann nun diese Stagnation überwunden werden?

Neben dem Verkündiger muss ein weiterer hauptamtlicher Mitarbeiter angestellt werden, der mithilft, diese große Arbeit zu bewältigen. Dieser Mitarbeiter kann den Verkündiger in den Bereichen der Teenager- und Jugendarbeit, der Verkündigung und der Hausbesuche entlasten.

Zugleich müssen den Leitern der verschiedenen Aufgabenbereiche wie Sonntagsschule, Teenager- und Jugendarbeit mehr Kompetenzen übertragen werden.

2. Phase: 200 bis 250 Mitglieder

Trotz des Einsatzes der Ältesten und des hauptamtlichen Mitarbeiters scheint ein Wachstum über 250 Mitglieder hinaus – dies ent-

---

494 George, C. F., Gemeindemodell für die Zukunft: Die Meta-Gemeinde. Wie eine Gemeinde wächst und dennoch familiär bleibt, Frankfurt a. M. 1994, S. 74

495 Ott, C., Das Trainingsprogramm für Mitarbeiter. Biblische Grundsätze, Didaktische Hinweise, Praktische Modelle, Gießen; Basel 1996, S. 17

spricht gewöhnlich etwa 300 Gottesdienstbesuchern – nicht mehr möglich zu sein. Alle sind bis aufs Äußerste ausgelastet, und doch regt sich in der Gemeinde Unzufriedenheit, weil sich viele übergangen und benachteiligt fühlen. Die Verantwortlichen der Gemeinde können sich ein weiteres Wachstum nicht mehr vorstellen. Man wüsste ganz einfach nicht, wie die zusätzlichen Gemeindeglieder betreut werden sollten. Es kommt zur Stagnation.
Wie kann diese Wachstumsschwelle nun überwunden werden?

Obwohl die Gemeinde nun schon recht groß ist, hat sie noch immer die Struktur einer einzigen Gruppe. Alle Fäden laufen bei den Ältesten und hauptamtlichen Mitarbeitern zusammen.
Es gilt nun, die Gemeinde in Gruppen einzuteilen.[496]

- Die ganze Gemeinde sollte in Hauskreise aufgeteilt werden, die aus 8 bis 15 Personen bestehen und von Hauskreisleitern/-leiterinnen oder Ehepaaren geleitet werden. In diesen Hauskreisen, die sich alle vierzehn Tage treffen, geschieht die wichtige Grundbetreuung der einzelnen Gemeindeglieder. Die Hauskreisleiter/-leiterinnen besuchen die einzelnen Gemeindeglieder und kümmern sich um ihre Anliegen und Bedürfnisse. Sie achten auch darauf, dass unter den Teilnehmern unterstützende und verantwortliche Beziehungen aufgebaut werden.
  Zugleich motiviert der Leiter oder die Leiterin alle aus dem Hauskreis, die Menschen der Umgebung mit der Botschaft des Evangeliums zu erreichen. An den Hauskreiszusammenkünften hört man gemeinsam auf das Wort Gottes, tauscht sich gegenseitig aus und nimmt sich Zeit zum Gebet. Natürlich gehört auch das ungezwungene Beisammensein bei Tee und Gebäck dazu.
  Die Hauskreisleiter/-leiterinnen bilden begabte Personen heran, die fähig sind, neue Hauskreise zu leiten.
- Es gibt aber auch aufgabenorientierte Gruppen in der Gemeinde. Ich denke hier vor allem an die Frauen- und Seniorenarbeit; weiter an die Gruppen, die unter den Kindern, Teenagern, Jugend-

496 Wagner, C. P., Gemeindegründung, S. 143-145

lichen und Ausländern arbeiten. Es gibt auch im musikalischen Bereich solche Gruppen (Chor, Orchester). Alle diese Gruppen werden von Diakonen oder Diakoninnen geleitet. Auch in diesen Gruppen geschieht eine gründliche Betreuung der Gemeindeglieder.

Die Diakone oder Diakoninnen, die diese Gruppen leiten und betreuen, müssen in Schulungen für diese wichtige Arbeit zugerüstet werden. Dies ist eine entscheidend wichtige Aufgabe des Verkündigers und der vollzeitlich angestellten Mitarbeiter.[497] Wichtig ist, dass die Diakone und Diakoninnen ihre Gruppen in Absprache mit den Ältesten führen (siehe 3.1.4.4).

Diese Gruppenstruktur der Gemeinde ermöglicht weiteres Wachstum.[498]

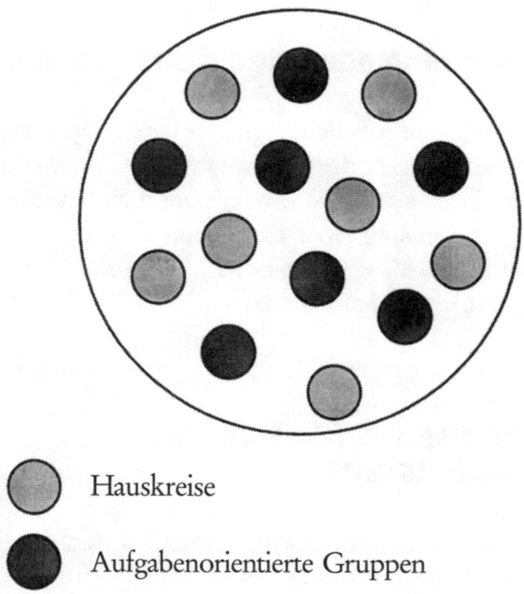

[497] Scheunemann, K. S., Kirche für Distanzierte. Das Erfolgsgeheimnis der Willow Creek-Gemeinde, Wiesbaden; Wuppertal; Zürich 1995, S. 52

[498] Schwarz, C. A., Die natürliche Gemeindeentwicklung, S. 33

3. Phase: 600 bis 1000 Mitglieder

Eigentlich wären jetzt dem Wachstum keine Grenzen mehr gesetzt. In bestimmten Aufgabenbereichen, besonders in der Kinder-, Teenager- und Jugendarbeit, müssen noch zusätzliche vollamtliche Mitarbeiter angestellt werden.

Die Wachstumsgrenze liegt jetzt meines Erachtens bei kulturellen Gegebenheiten. Ein Schweizer z. B. fühlt sich in einer zu großen Menschenmenge ganz einfach nicht mehr wohl. Ich kann mir aber gut vorstellen, dass eine Gemeinde in der Schweiz durchaus auf 1000 Mitglieder wachsen könnte.

Hat eine Gemeinde diese Größe erreicht, sollte sie in ihrer unmittelbaren Umgebung neue Gemeinden gründen (siehe Kapitel 5).

4.2.5 Größere Gemeinden sind erstrebenswert

George W. Peters weist auf die Bedeutung größerer Gemeinden hin: Die Kirchengeschichte macht deutlich, dass große Gemeinden einen größeren Beitrag für eine vertiefte Evangelisation einer Gesellschaft oder für die Durchdringung einer Kultur mit christlichen Werten leisten als zahlreiche kleinere Gemeinden.[499] Deshalb ist es erstrebenswert, größere Gemeinden aufzubauen.

4.3 Hindernisse im Blick auf Gemeindewachstum

Es gibt viele Hindernisse, warum Gemeinden nicht wachsen. Einige dieser Hindernisse wollen wir etwas näher betrachten:

[499] Peters, G. W., Gemeindewachstum, S. 214

1. Predigten, die die Hörer nicht ansprechen

Das größte Hindernis für Gemeindewachstum sind Predigten, die die Hörer nicht ansprechen. Dies kann verschiedene Ursachen haben:

- Es kann sein, dass den Predigten die Tiefe fehlt. Der vorgegebene Text wird gar nicht richtig ausgelegt. Er wird nur als Aufhänger benutzt, um eigene Gedanken zu entfalten.
- In den Predigten werden die Texte wohl gründlich entfaltet, aber es fehlt die Brücke in das alltägliche Leben der Hörer. Es bleibt alles theoretisch.[500]
- Alle Verkündigung muss zu Jesus hinführen, da nur mit seiner Hilfe die Lehre der Schrift ins Leben umgesetzt werden kann. Wenn in der Verkündigung diese klare Ausrichtung auf Jesus fehlt, wird sie kraftlos und vermag die Hörer nicht anzusprechen.
- Ein weiteres Problem entsteht dann, wenn der Prediger wohl das Wort Gottes in rechter Weise verkündigt, aber sein Leben und seine Ehe nicht danach ausrichtet. Leben und Lehre gehören bei einem Verkündiger des göttlichen Wortes unzertrennlich zusammen. Er hat das, was er lehrt, auch zu leben (1. Kor 9, 27).
- Es kann auch sein, dass sich verschiedene Dinge in seiner Darbietungsweise störend auswirken. Vielleicht redet er zu schnell, zu undeutlich oder zu leise. Vielleicht wirken auch seine Gestik und Mimik störend.

Gemeindeglieder, welche in den Gottesdiensten von den Predigten nicht angesprochen werden, können nicht zu einem evangelistischen Engagement angespornt werden. Sie brauchen ihre ganze Kraft, selbst treu die Gemeinde zu besuchen.

2. Mangelnde Echtheit des Glaubens

Wenn bei den Gemeindebesuchern Glaube und alltägliches Leben auseinander klaffen, wirkt dies abschreckend für Menschen, die sich eigentlich Jesus zuwenden möchten, und auch für andere Gläubige,

500 Bohren, R., Predigtlehre, München 1986^5, S. 549

die sich der Gemeinde anschließen wollen. Sie werden von einer geheuchelten Frömmigkeit abgestoßen. Sie ertragen es nicht, wenn Gläubige z. B. nicht bereit sind, zu sündigem Verhalten im zwischenmenschlichen Bereich zu stehen.[501] Durch liebloses Verhalten, Unversöhnlichkeit und Spannungen unter den Gemeindegliedern wird das Evangelium in Misskredit gebracht.

3. Denkblockaden

Es gibt tief gläubige Verkündiger, die fest davon überzeugt sind, dass Gemeindewachstum so sehr Gottes Sache sei, dass wir Menschen nichts dazu beitragen könnten. Sie weisen auf die Güte Gottes hin, die ja Menschen zur Buße leitet (Röm 2,4). Dabei beachten sie zu wenig, dass Jesus selbst die Gemeinde ermutigt, alle ihre Kräfte zu mobilisieren, um ihr Gebiet mit der Botschaft des Evangeliums zu durchdringen – wie dies die erste Gemeinde getan hat (Apg 5,28). Es wäre eigentlich Aufgabe des Verkündigers, die ganze Gemeinde zu motivieren, die Botschaft von Jesus weiterzusagen.

4. Annahme, dass die Bevölkerung verschlossen sei

Wenn die Gemeinde nicht wächst, wird dies einfach auf die Verschlossenheit der Bevölkerung dem Evangelium gegenüber zurückgeführt. Als besondere Hemmnisse werden in Westeuropa der Säkularismus, der Wohlstand und die Verstrickung in sexuelle und okkulte Sünden genannt. Man beachtet die Aussage Jesu überhaupt nicht, *»dass die Ernte groß ist«* (Mt 9,37).

Diese eben beschriebene Haltung führt dazu, dass man sich viel zu wenig darum bemüht, die Bevölkerung mit dem Evangelium zu erreichen. Man weiß ja bereits, dass die Menschen nichts von Jesus wissen wollen.

501 Hybels, B., Bekehre nicht – lebe!, S. 64-76

5. Falsches Minoritätsdenken

Wächst die Gemeinde nur in geringem Maße, wird darauf hingewiesen, dass schon Jesus dies vorhergesagt habe (Lk 12, 32); nur wenige werden den Weg zum ewigen Leben finden (Mt 7, 14).[502]

Wer diese Argumente gebraucht, muss sich selbst hinterfragen: Ist die Herde Jesu nicht auch dann noch klein, wenn fünf bis zehn Prozent der Bevölkerung, in der sie sich befindet, zu ihr gehören? Ist es nicht so, dass selbst dann eigentlich nur wenige den Weg zum ewigen Leben gefunden haben?

6. Gleichgültigkeit gegenüber der Verlorenheit der Menschen

Wir haben uns hier in Europa daran gewöhnt, dass die meisten Menschen, mit denen wir im Alltag zusammen sind, ewig verloren sind. Diese Tatsache berührt uns kaum mehr. Ab und zu werden wir aus unserer Gleichgültigkeit aufgeschreckt, sei es, dass ein Mitarbeiter plötzlich bei einem Unfall getötet wird oder dass ein Nachbar an einem Herzversagen stirbt. Es wird uns plötzlich bewusst, dass diese Menschen jetzt ewig verloren sind. Wir klagen uns einige Tage, vielleicht Wochen, an, dass wir ihnen die Botschaft von der Rettung in Christus nicht gesagt haben. Bald aber verflacht dies und wir begegnen der Verlorenheit unserer Mitmenschen wieder mit Gleichgültigkeit. Hans Kasdorf sagt dazu:

> »Wo Menschen es mit der Sünde nicht ernst nehmen, da nehmen sie es auch mit der Hölle nicht ernst. Da ist ihnen auch der verlorene Zustand der Menschen ohne Christus, ohne Gott und ohne Hoffnung gleichgültig. Da hat weder die missionarische Verkündigung noch das evangelistische Zeugnis irgendwelche Dringlichkeit.«[503]

7. Ausrichtung der Gemeinde auf besondere Gotteserfahrungen

Immer mehr Gläubige suchen frustriert vom Alltag in der Gemeinde nach Gotteserfahrungen, die den grauen und oft schmerzvollen All-

502 McGavran, D. A., Gemeindewachstum verstehen, S. 151 - 153

503 zit. nach Kasdorf, H., Gemeindewachstum als missionarisches Ziel, S. 264

tag vergessen lassen. Es macht sich unter ihnen eine Sucht nach übernatürlichen Erfahrungen breit. Die Gemeinde wird als Ort gesehen, wo man aus dem Alltag aussteigen kann und wo die tiefsten inneren Bedürfnisse befriedigt werden. Diese Ausrichtung vieler Gläubiger auf sich selbst macht sie blind für den evangelistischen Auftrag.

8. Verschiebung der Prioritäten

Wenn in einer Gemeinde die Sicht für die Verlorenheit der Menschen abhanden kommt, kommt es unweigerlich zur Verschiebung der Prioritäten. Die Gläubigen fordern ein stärkeres soziales Engagement. Sie verlangen, dass man sich für den Frieden in dieser Welt und die ökologischen Anliegen einsetzt. Die Verkündigung des Evangeliums wird von den eben genannten Dingen verdrängt.

In einer auf Jesus und sein Wort ausgerichteten Gemeinde hat die evangelistische Verkündigung immer den Vorrang.

9. Popularität

Es gibt Verkündiger, die meinen, dass sie mehr Menschen für Jesus gewinnen könnten, wenn sie in der Öffentlichkeit populärer wären; sie suchen deshalb Wege, um bekannter zu werden. Sie merken nicht, dass das Ringen um öffentliche Anerkennung ein gesundes Gemeindewachstum erschwert oder sogar unmöglich macht.

Die Aufgabe des Verkündigers ist es, den Menschen in seiner Umgebung die Botschaft des Evangeliums zu sagen und sie aufzufordern, sich für Jesus zu entscheiden. Die Erfüllung dieses Auftrags trägt ihm Verachtung, Ablehnung und Hass ein (Mt 10,22; Lk 6,22). Paulus sagt sogar: *»Wenn ich noch Menschen gefiele, so wäre ich nicht Christi Knecht«* (Gal 1,10). Diese Bibelstellen zeigen uns, dass wir uns davor zu hüten haben, populär werden zu wollen. Vielmehr ist es unsere Aufgabe, um Jesu willen auch Verachtung auf uns zu nehmen.[504]

---

[504] ebd., S. 259

10. Sakramentalismus

Man ist in bestimmten Gemeinden davon überzeugt, dass die Kinder durch die Säuglingstaufe zum Heil gelangen und damit Glieder des Leibes Jesu Christi, der Gemeinde, werden. Wer diese Auffassung vertritt, kann den Unterschied zwischen Wiedergeborenen und Nicht-Wiedergeborenen nicht im biblischen Sinn vollziehen, da alle Getauften ja wieder geboren sind.[505] Diese Überzeugung raubt der Gemeinde die evangelistische Ausrichtung in der Verkündigung – es geht dann nur noch um die Festigung und Erbauung der angeblich Gläubigen. Sakramentalismus macht letztlich einen dynamischen Gemeindebau unmöglich.

4.4 Was können wir von der »Gemeindewachstumsbewegung« lernen?

Der Begründer dieser Bewegung ist Donald A. McGavran (1887-1991). C. Peter Wagner, Professor für Gemeindewachstum am Fuller Seminary in Pasadena/USA, ist der heutige Leiter dieser Bewegung.

- Das besondere Verdienst der Gemeindewachstumsbewegung ist, dass sie die evangelikalen Gemeinden aufgerüttelt hat, ganz neu den Missionsbefehl Jesu ernst zu nehmen.[506]
- Die Bewegung weist mit allem Nachdruck darauf hin, dass eine evangelistische Gemeinde in jedem Fall eine Gemeinde ist, die bereit ist, neue Gemeinden zu gründen. Peter Wagner schreibt:

> »Die effektivste evangelistische Methode ist die Gründung neuer Gemeinden.«[507]

---

505 Kunas, A., Das Reich Gottes ist gleich einem Senfkorn. Gemeindeaufbau konkret – ein Erfahrungsbericht, Gießen; Basel 1996, S. 24

506 McGavran, D. A., Gemeindewachstum verstehen, S. 51-63; Wagner, C. P., Eine wachsende Gemeinde leiten, Lörrach 1991, S. 16-19

507 zit. nach Wagner, C. P., Gemeindegründung, S. 28

McGavran setzte sich dafür ein zu zeigen, dass Wachstum das legitime Anliegen jeder evangelikalen Gemeinde sein muss. Er schreibt:

> »Von Anfang bis Ende wurde die Auffassung vertreten, dass das quantitative Wachstum der Gemeinde der Wille Gottes war...«[508]

Weil dies so ist, müssen sich nach Auffassung von McGavran und Peter Wagner alle Gemeinden im Blick auf ihr Wachstum Ziele setzen.[509]

- Zugleich macht uns diese Bewegung darauf aufmerksam, dass wir unsere Kräfte bei der Missionierung eines Landes oder der Welt vor allem dort einsetzen sollen, wo eine große Aufnahmebereitschaft für die Botschaft des Evangeliums vorhanden ist, da die Offenheit für das Evangelium bei verschiedenen Menschengruppen unterschiedlich ist.[510]
- Die Gemeindewachstumsbewegung weist darauf hin, dass von Gemeinden getragene Schulen und Krankenhäuser nur solange eine Berechtigung haben, wie sie bereit sind, Menschen zu Jesus zu führen und sich für den Bau der Gemeinde einsetzen.[511]
- Sie lehrt uns, dass viele Völker außerhalb des abendländischen Kulturkreises von einer Gruppenpsychologie bestimmt werden, d. h. diese Kulturen sind stark miteinander verflochtene Gruppen. Alle Entscheidungen werden gemeinsam von der Gruppe getroffen; individuelle Entscheidungen können sogar als Verrat angesehen werden.

  Es gilt, solche fest gefügten Gruppen als Ganzes zu evangelisieren. Es sollte auf eine Gruppenbekehrung hingearbeitet werden, wie es Petrus in Lydda und Scharon (Apg 9,35) und Paulus in der Provinz Asien erlebt haben (Apg 19,26). Eine Gruppenbekehrung

---

508 zit. nach McGavran, D. A., Gemeindewachstum verstehen, S. 304
509 ebd., S. 298-316; Wagner, C. P., Eine wachsende Gemeinde leiten, S. 201-204
510 McGavran, D. A., Gemeindewachstum verstehen, S. 215
511 ebd., S. 265-266

> schwächt das persönliche Element bei der Bekehrung in keiner Weise ab, im Gegenteil, sie hebt, verstärkt und bereichert es.[512] Die Botschaft des Evangeliums muss den Kommunikationswegen dieser Gruppen angepasst werden. Es kann nur dann eine ganze Gruppe zur Bekehrung geführt werden, wenn man mit der Mentalität dieser Gruppe vertraut ist.[513]

Wir sind der Gemeindewachstumsbewegung zu großem Dank verpflichtet, da sie uns viele entscheidend wichtige Impulse im Blick auf den Bau der Gemeinde gegeben hat und gibt.

4.5 Anfragen an die Gemeindewachstumsbewegung

Ich habe vor allem in zwei Bereichen Anfragen an die Gemeindewachstumsbewegung, und zwar im Bereich der »soziologischen Analyse« und im Bereich der »homogenen Einheit«.

4.5.1 Die soziologische Analyse

Die Gemeindewachstumsbewegung ist bestrebt, die ekklesiologischen Prinzipien des Wortes Gottes mit den Einsichten der modernen Sozial- und Verhaltenswissenschaften in Verbindung zu bringen. Dies hat dazu geführt, dass diese Bewegung wirkungsvolle missionarische Methoden empfiehlt, die aber keine solide theologische Grundlage haben. Edward Rommen schreibt dazu:

> »Die Frage nach Erfolg und wirkungsvollen Methoden hat zu missionarischen Prinzipien geführt, die nicht auf eine solide Theologie

512 Peters, G. W., Evangelisation: total, S. 196-197
513 ebd., S. 231-235

gegründet sind, sondern von den funktionalistischen Sozialwissenschaften Amerikas gestützt werden.«[514]

Wenn eine Gemeinde nicht mehr wächst, wird sie mit Hilfe der soziologischen Analyse untersucht. Ich befürchte aber, dass das Ergebnis der Untersuchung den eigentlichen Tatbestand nicht zu erhellen vermag, da eine soziologische Analyse einem geistlichen Gebilde, wie es die Gemeinde ist, nicht gerecht werden kann. Die Gründe, warum eine Gemeinde nicht wächst, müssten zuerst mit Hilfe einer dogmatischen Analyse erfasst werden, damit die biblischen Gründe klar sichtbar werden. Die Soziologie kann in einem zweiten Schritt beigezogen werden, um gesellschaftlich bedingte Gegebenheiten im Gemeindewachstum aufzuklären.

4.5.2 Das Prinzip der homogenen Einheit

McGavran weist von den Sozialwissenschaften herkommend darauf hin, dass jede Bevölkerung aus »homogenen Einheiten« bestehe. Er benutzt diesen Terminus technicus recht elastisch. Einmal bezeichnet er damit einen Stamm in einer bestimmten Gegend, dann verwendet er diese Bezeichnung für die Mittelschicht einer japanischen Großstadt im Gegensatz zu den Reisbauern der ländlichen Dörfer. In Indien sind die homogenen Einheiten die verschiedenen Kasten und Sprachgebiete. McGavran sagt, dass die Bevölkerung mit einem Mosaik verglichen werden könne. Kein soziologischer Aspekt sei für das Gemeindewachstum so wichtig wie der der homogenen Einheiten, weil Menschen leichter Christen werden könnten, wenn sie keine rassischen, sprachlichen oder klassenbedingten Schranken überwinden müssten.[515]

---

514 zit. nach Rommen, E., Die Notwendigkeit der Umkehr, S. 86
515 Rommen, E., Die Notwendigkeit der Umkehr, S. 74

Gegen diese Überzeugung, dass nur im Rahmen homogener Einheiten jeweils Gemeinden gegründet werden sollten, hat sich heftige Kritik zu Wort gemeldet. Viele Theologen weisen auf die ethischen Konsequenzen dieser Auffassung hin.

– Dadurch würden die Gläubigen der Aufspaltung der ohnehin schon stark zerrissenen Gesellschaft noch Vorschub leisten.
– Die latente Gefahr des Rassismus könnte so unterstützt werden.[516]

Wird hier nicht die Lehre des Neuen Testaments missachtet, dass Menschen aus allen Schichten zur Gemeinde gehören sollen – Sklaven, Freie, Herren, Fürsten (Kol 3,18-4,1)?

Mit diesem sozialwissenschaftlichen Ansatz wird auch nicht ernst genommen, dass das Neue Testament davon ausgeht, dass Menschen aus verschiedenen Völkern und Kulturen – Juden und Griechen (Gal 3,28) – zu derselben Gemeinde gehören sollen. Raymond Bakke ist der Überzeugung, dass multikulturelle Gemeinden ein ganz besonderes Zeichen des Wirkens des Geistes Gottes sind.[517]

Mit dieser Anfrage an die Lehre der homogenen Einheiten möchte ich aber nicht in Frage stellen, dass sich tatsächlich ganze Volksgruppen gemeinsam Jesus zuwenden können. Don Richardson beschreibt in seinem Buch »Friedenskind«, wie die »Sawi-Leute« in West-Irian gemeinsam Jesus als Retter angenommen haben.[518] Es kam bei ihnen zu einer multipersonalen Bekehrung. Auch der ganze Stamm der Quechua-Indianer im Hochland Ecuadors bekehrte sich zu Jesus Christus.[519]

516 ebd., S. 75
517 Bakke, R., Hart, J., Gott in der City, S. 132-135
518 Richardson, D., Friedenskind. Wandlung einer Dschungelkultur grausamer Tücke in Neuguinea, Bad Liebenzell 1976
519 Kasdorf, H., Die Umkehr, S. 123

Weiterführende Literatur

Hübner, U. u. M., Praxisbuch Familie und Gemeinde. Familie im Brennpunkt, Gemeinsam geht's besser, Familienfeste in der Gemeinde, Familien-Gottesdienst, Eltern-Kind-Tag, Neuhausen-Stuttgart 1994

Hybels, B., Bekehre nicht – lebe! So wird Ihr Christsein ansteckend, Wiesbaden; Wuppertal; Zürich 1995

Logan, R. E., Mehr als Gemeindewachstum. Prinzipien und Aktionspläne zur Gemeindeentwicklung, Frankfurt a. M.; New York 1992

McGavran, D. A., Gemeindewachstum verstehen. Eine grundlegende Einführung in die Theologie des Gemeindeaufbaus, Lörrach 1990

Peters, G. W., Gemeindewachstum. Ein theologischer Grundriss, Bad Liebenzell 1982

Petersen, J., Der lebende Beweis. Evangelisation als Lebensstil, Marburg a. d. Lahn 1991

Wagner, C. P., 9 Strategien für den Gemeindebau. Schlüsselerkenntnisse der wirksamen Gemeinde- und Missionsarbeit, Frankfurt a. M. 1991

5. Gemeindegründung

Eine Gemeinde, die qualitativ wächst, hat auch organisches Wachstum. Das heißt: Sie gründet ganz selbstverständlich neue Gemeinden. Wenn sich eine Gemeinde nicht vervielfältigt, ist mit ihr etwas nicht in Ordnung.[520] Wir müssen bedenken, dass wir selbst nur deshalb zu einer Gemeinde gehören können, weil Menschen bereit waren, diese Gemeinde ins Leben zu rufen.

5.1 Jede Gemeinde ist beauftragt, neue Gemeinden zu gründen

Die erste Gemeinde in Jerusalem hatte wohl ihre Region mit der Botschaft des Evangeliums durchdrungen. Ohne es zu merken, hatte sie es aber versäumt, in ganz Judäa und Samaria neue Gemeinden zu gründen, wie es ihr eigentlich aufgetragen war (Apg 1,8). Jesus, der Herr der Gemeinde, griff in diese Situation ein. Er ließ eine Verfolgung der Gemeinde zu. In der Apostelgeschichte lesen wir dann: *»Die Zerstreuten nun gingen umher und verkündigten das Wort. Philippus aber ging hinab in eine Stadt Samarias und predigte ihnen den Christus«* (Apg 8,4.5). Die Verfolgung bewirkte, dass die Gemeinde den Auftrag erfüllte, den Jesus ihr gegeben hatte. In Judäa und Samaria entstanden erste Gemeinden (Apg 8,14-17), denn die Verkündigung des Evangeliums hat immer das Gründen von Gemeinden zum Ziel.

In Cäsarea, im Haus des Kornelius, gründete Petrus die erste aus Heiden bestehende Gemeinde (Apg 10,44-48).

In Phönizien, Cypern und Antiochien entstanden zuerst unter den Juden Gemeinden. In Antiochien kamen auch Heiden zu der Gemeinde (Apg 11,19-21).

---

520 Logan, R.E.; Rast, J., Das Gemeindegründungs-Arbeitsbuch. Wie eine neue Gemeinde entsteht, Buchs; Zürich 1990, S. 164

Auch Paulus gründete mit seinen Begleitern auf den drei Missionsreisen ganz gezielt Gemeinden, die ihrerseits wieder neue Gemeinden gründeten.

- Die Gemeinde in Thessalonich bemühte sich offensichtlich, in Mazedonien und Achaja Gemeinden zu gründen (1. Thess 1, 8).
- Von Ephesus aus sind wohl die Gemeinden in Kolossä, Laodizea und Hierapolis entstanden. Epaphras hat sich vor allem um den Aufbau dieser Gemeinden bemüht (Kol 4, 12-13).

Diese biblischen Ausführungen machen deutlich, dass es Aufgabe einer jeden Gemeinde ist, neue Gemeinden zu gründen. Jede Gemeinde ist beauftragt, sich organisch zu vermehren. Die Gründung von neuen Gemeinden ist der effektivste Weg, die säkulare Gesellschaft mit dem Evangelium zu durchdringen.[521]

Eigentlich sollten die Ältesten und der Verkündiger einer jeden Gemeinde zutiefst davon überzeugt sein, dass dies Jesu Anliegen ist.[522] Es ist dann ihre Aufgabe, die ganze Gemeinde dafür zu gewinnen. Dies ist oft ein langer und mühevoller Weg, vor allem wenn eine Gemeinde stark introvertiert ist. Predigten und Bibelstunden können mithelfen, in einer Gemeinde die Sicht für das Gründen neuer Gemeinden zu wecken. Zugleich vermag eine Studie der Nachbarregionen der Gemeinde aufzuzeigen, wie dringend nötig es ist, neue Gemeinden zu gründen.[523]

Dazu kommt, wie Heinzpeter Hempelmann ganz richtig bemerkt, dass solch überschaubare Gemeinden in unserer postmodernen Lebenswelt enorme missionarische Chancen haben. Hier finden

---

521 Wagner, C. P., 9 Strategien für den Gemeindebau. Schlüsselerkenntnisse der wirksamen Gemeinde- und Missionsarbeit, Frankfurt a. M. 1991, S. 176 und Simson, W., Gottes Megatrends. Sechs Wege aus dem christlichen Ghetto, Emmelsbüll 1995, S. 74

522 Shenk, D. W.; Stutzman, E. R., Neue Gemeinden. Gemeindegründung im Neuen Testament und heute, Lörrach 1992, S. 65

523 Logan, R. E.; Rast, J., Eine Tochtergemeinde gründen. Das Arbeitsbuch zur Multiplikation von Gemeinden, Buchs; Zürich 1992, S. 6-7

entwurzelte Menschen einen festen Halt in Jesus und in einer verbindlichen Gemeinschaft. Die Gemeinde vermittelt ihnen Geborgenheit und Orientierung in unserer säkularen Welt. Menschen, die zum Glauben an Jesus Christus kommen, lernen, wie dieser Glaube in Theorie und Praxis aussieht.[524]

5.2 Die Dringlichkeit der Gründung neuer Gemeinden

Wenn in einem Land ca. 5 Prozent seiner Bevölkerung an Jesus als persönlichen Retter glauben und diesen Glauben auch ausleben, so hat jeder Einwohner die Möglichkeit, mit einem wieder geborenen Menschen in Kontakt zu kommen. Das wären z. B. in der Schweiz mit 6, 5 Mio Einwohnern 325 000 Menschen. Wir müssen nach statistischen Erhebungen davon ausgehen, dass nicht ganz 3 Prozent der Bevölkerung bekehrte Menschen sind.[525] Unsere Aufgabe wäre es demzufolge, in den nächsten Jahren etwa 150 000 Menschen zu Jesus zu führen. Nehmen wir weiter an, dass eine Gemeinde im Schnitt 150 Besucher hat, so müssten 1000 neue Gemeinden gegründet werden. Wollen wir dieses Ziel in 10 Jahren erreichen, so sind das 100 neue Gemeinden pro Jahr. Nur wenn wirklich jede Gemeinde bereit ist, neue Gemeinden zu gründen, kann diese überaus große Arbeit bewältigt werden.

Es scheint mir dringend nötig, dass die bestehenden Gemeinden diese Herausforderung annehmen.

---

524 Hempelmann, H. P., Ein Geist, ein Glaube, eine Gemeinde? Gemeindegründung als Herausforderung und Modell der Volkskirche, idea-Dokumentation, Wetzlar Nr. 4/1995, S. 14

525 Stolz, J., Evangelikalismus und Bekehrung in der deutschen Schweiz. Eine theoretische und quantitativ-empirische Untersuchung, Zürich 1993, S. 27

5.3 Gemeindegründung beginnt mit Gebet

Weil es grundsätzlich Jesus ist, der die Gemeinde baut (Mt 16, 18), muss jede Gemeindegründungsaktivität aus dem Gebet heraus geboren werden. Die ganze Gemeinde soll zum Gebet angespornt werden. Das Gebet ist deshalb notwendig, weil Satan die Entstehung jeder neuen Gemeinde unnachgiebig bekämpft. Das Gründen neuer Gemeinden ist immer mit einem heftigen geistlichen Kampf verbunden.[526] Deshalb sind alle Gemeindegründungsprojekte, die nicht im Gebet vorbereitet und getragen werden, zum Scheitern verurteilt.

5.4 Wo sollen neue Gemeinden gegründet werden?

Jede Gemeinde soll in den Nachbarregionen neue Gemeinden gründen, in denen es noch keine Gemeinden gibt. Eine Gemeindegründung in einer Nachbarregion scheint mir auch dann gerechtfertigt, wenn sich die Gemeinden, die sich in dieser Region befinden, kaum bemühen, die Bevölkerung mit dem Evangelium zu erreichen.

In Großstädten und in dicht besiedelten Regionen müssen auf recht engem Raum neue Gemeinden gegründet werden, damit die Bevölkerung mit dem Evangelium erreicht werden kann (siehe 5.9.2).

Um feststellen zu können, in welcher Nachbarregion eine Gemeinde gegründet werden soll, sind gründliche Vorbereitungen nötig. Man muss sich unter anderem fragen:

- Wie groß ist das Gebiet?
- Wie viele Einwohner hat es? Um eine Gemeinde aufbauen zu können, sollte das Gebiet etwa 10 000 Einwohner haben.
- Wo befindet sich das Zentrum?
- Wie viele Katholiken und Reformierte wohnen dort?

---

526 Logan, R. E.; Rast, J., Eine Tochtergemeinde gründen, S. 147

– Gibt es schon Gemeinden in diesem Gebiet? Bemühen sie sich wirklich, die Bevölkerung mit dem Evangelium zu erreichen?
– Gibt es größere Gruppen von Ausländern?

Wenn diese Fragen geklärt sind und Älteste und die Gemeinde sich durch das Gebet geleitet wissen, kann man sich in einer Gemeindeversammlung für eine bestimmte Region entscheiden. Nach dieser Entscheidung kann die Gemeindeaufbauarbeit auf zwei verschiedene Arten begonnen werden.

5.4.1 Gemeindeglieder wohnen bereits in der Hauptortschaft der Nachbarregion

Es kann sein, dass in der Hauptortschaft der Region, in der die neue Gemeinde gegründet werden soll, schon Gemeindeglieder wohnen. Vielleicht sind es jüngere Ehepaare, Familien und alleinstehende Personen. Diese Gemeindeglieder werden nun von der Gemeindeleitung angefragt, ob sie bereit wären, beim Aufbau einer Gemeinde mitzuhelfen.

Wenn sie einwilligen, übernimmt zunächst der Verkündiger der Muttergemeinde die Hauptverantwortung für die Aufbauarbeit dieser neuen Gemeinde. Er ist der eigentliche Gemeindegründer.

Weil der Verkündiger überfordert wäre, diese Aufbauarbeit alleine zu bewältigen, sucht er in Absprache mit dem Ältestenkreis in der Gemeinde lehrbegabte und evangelistisch ausgerichtete Gemeindeglieder, die bereit sind, mit ihm diese große Arbeit zu erfüllen. Es sollten nur Gemeindeglieder ausgewählt werden, denen das Gründen neuer Gemeinden ein ganz besonderes Anliegen ist. Sie sollten in der Lage sein, das Evangelium so klar zu verkündigen, dass Menschen angesprochen werden und zum Glauben an Jesus Christus finden. Sie sollten auch wissen, wie man Neubekehrte im Glauben weiterführt.[527] Einige unter ihnen sollten in der Lage sein, Mitarbeiter in

[527] ebd., S. 72

den Bereichen Kinder-, Jungschar- und Jugendarbeit zu schulen. Diese bilden zusammen das Gemeindeaufbauteam. Dieses Team trifft sich zumindest alle drei Monate mit den Gemeindegliedern, die schon am Ort wohnen und deshalb die Aufbauarbeit in dieser Region überhaupt ermöglichen. Diese Gemeindeglieder am Ort gehören natürlich auch zum Gemeindeaufbauteam.

Die Zusammenkünfte werden vom Gemeindegründer geleitet. Man nimmt sich Zeit zum Austausch, bespricht die nächsten Schritte, erstellt einen Arbeitsplan und betet zusammen. Die Aufgabe des Gemeindegründers ist es, allen Beteiligten immer wieder das Ziel des Gemeindebaus vor Augen zu halten. Zugleich soll er sie für die Arbeit an der werdenden Gemeinde motivieren.

Damit der Verkündiger diese zusätzliche Arbeit bewältigen kann, sollte er in der Muttergemeinde von den Ältesten, Diakonen und wenn nötig von vollzeitlichen Mitarbeitern in verschiedenen Bereichen entlastet werden. Gerade dieser Umstand, dass der Verkündiger entlastet werden muss, fördert die Einsatzwilligkeit der Verantwortlichen in der Gemeinde.

Eine neue Gemeinde wird nicht ohne Opfer gegründet, die die gründende Gemeinde bringt. Genau diese Opfer belohnt Gott mit Segen, der sich darin zeigt, dass die Gemeinde wächst.

Jeder Verkündiger, der eine neue Gemeinde gründet und aufbaut, braucht den regelmäßigen Austausch mit Predigern, die ebenfalls neue Gemeinden aufbauen. Diese Prediger könnten gegenseitig eine Art supervisorischen Dienst wahrnehmen. Wie diese gegenseitige Supervision ganz praktisch aussehen könnte, wird in der Arbeitsmappe »Eine Tochtergemeinde gründen« gründlich ausgeführt.[528]

---

528 ebd., S. 88-106

5.4.2 Ehepaare sind bereit, in eine Nachbarregion umzusiedeln

Es kann sein, dass in der Hauptortschaft der Nachbarregion, in der eine Gemeindegründung ins Auge gefasst wird, keine oder kaum Gemeindeglieder wohnen.

In einer solchen Situation sollten ein oder zwei Familien, aber auch alleinstehende Personen ermutigt werden, in die Hauptortschaft dieser Region umzuziehen.

Sobald sie sich dort eingelebt haben, kann mit dem Aufbau der Gemeinde begonnen werden. Auch in einer solchen Situation übernimmt der Verkündiger der Muttergemeinde in Zusammenarbeit mit einem Aufbauteam die Hauptverantwortung. Zu dem Aufbauteam gehören auch die umgesiedelten Gemeindeglieder.

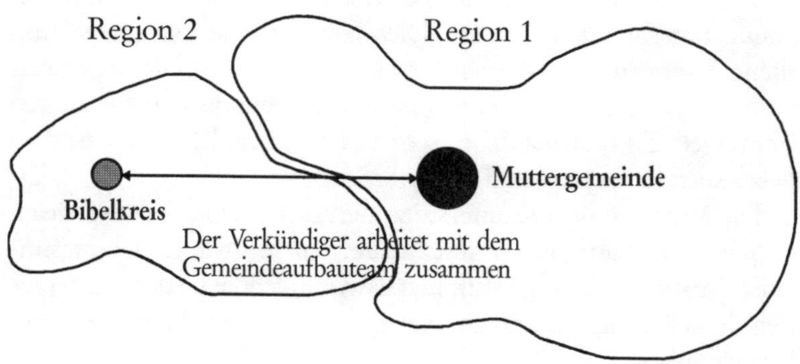

5.4.3 Regionen, die nicht durch benachbarte Gemeinden erreicht werden können

Es gibt in jedem Land Europas viele Regionen, die nicht durch benachbarte Gemeinden erreicht werden können, da es weit und breit gar keine Gemeinden gibt.

Es gilt aber auch in solchen Regionen Gemeinden zu gründen. Wie dies geschehen kann, werde ich unter 5.8 näher ausführen.

5.5 Welche Einzelschritte sind bei der Neugründung einer Gemeinde zu beachten?[529]

Schritt 1

Der Hauskreis, der mit dem Ziel ins Leben gerufen wurde, dass in dieser Region eine Gemeinde entsteht, trifft sich jede Woche einmal am gleichen Abend und am gleichen Ort, meist privat in einem Wohnzimmer. Die Abende haben einen evangelistischen Schwerpunkt. Menschen werden dazu eingeladen, zu denen die dort wohnenden Gemeindeglieder alltägliche Kontakte haben. Die biblischen Ausführungen können von den Anwesenden durch Fragen und Einwände unterbrochen werden. Dies bewirkt eine entspannte und offene Atmosphäre. Die Abende sollten so gut und packend gestaltet werden, dass die Anwesenden gerne ihre Freunde und Bekannten mitbringen. Es braucht daher sehr viel Kraft und Kreativität, dass diese Abende ansprechend bleiben.

Die Muttergemeinde unterstützt die Aufbauarbeit mit evangelistischen Sonderaktionen (Eheseminare, Kurse über Erziehungsfragen, Filmabende, Evangelisationen usw.). Jugendliche der Muttergemeinde helfen beim Aufbau einer evangelistischen Jungschar- und Teenagerarbeit.

Zugleich trägt die Muttergemeinde diese Gemeindegründungsarbeit intensiv im Gebet mit. Ziel ist es, dass sich Menschen aus dieser Gegend bekehren. Nur mit bekehrten Menschen, die sich bewusst von ihrem sündigen Leben abgewandt haben und nun mit der

---

529 Zu diesen Ausführungen habe ich die folgenden Entwürfe mit berücksichtigt: Meier, B., Hinweise zur Gründung einer Gemeinde, Tann-Rüti 1992 (Scriptum); Christen, R., Fünf mögliche Phasen beim Aufbau einer neuen Gemeinde, Wetzikon 1989 (Scriptum).

Hilfe Jesu ein neues Leben leben, kann eine Gemeinde aufgebaut werden.[530]

Die Neubekehrten werden durch die vertieften Kontakte zu Leuten des Aufbauteams in die werdende Gemeinde integriert. Wichtig ist, dass sich für die Neubekehrten innerhalb der Gruppe freundschaftliche Beziehungen ergeben.

Den Neubekehrten wird an den Hauskreisabenden auch gezeigt, wie sie ihre Nächsten, vor allem ihre Familien, Freunde, Arbeitskollegen und Nachbarn mit der Botschaft des Evangeliums erreichen und in den wachsenden Hauskreis führen können. Sie werden ermutigt, ihr Bekehrungserlebnis zeugnishaft weiterzugeben.[531] Gerade sie können mit ihrem Feuer der ersten Liebe zu Jesus am meisten Menschen für Jesus gewinnen.

In diesem Hauskreis werden Hilfen für das Bibellesen, das Gebet, die Gestaltung der Ehe und Familie gegeben. Die Teilnehmer werden auch in das Wesen und den Auftrag der Gemeinde eingeführt.

Die Einheit unter den Gläubigen dieser werdenden Gemeinde sollte neben den wöchentlichen Bibelabenden auch durch gemeinsame Picknicks, Feste, Wochenenden usw. vertieft werden. So ergeben sich ganz ungezwungen tiefere Beziehungen und es entsteht eine gute Atmosphäre.

Je mehr man sich in die Gruppe integriert weiß, desto mehr wächst die Bereitschaft, sich zu engagieren.[532]

Gerade in der Anfangsphase sollten wir darauf achten, dass wir uns nicht nur um Leute mit schweren Problemen – wie Rauschgiftsüchtige, Alkoholiker, Depressive – kümmern. Diese Menschen binden so viele Kräfte, dass die Gruppe nicht mehr weiterwachsen kann. Es ist auch nicht gut, wenn wir nur Frauen in die werdende

530 Lukasse, J., Gemeindebau im nachchristlichen Europa, Greng-Murten 1994, S. 36-37

531 ebd., S. 45

532 Logan, R. E.; Ogne, S. L., Der Gemeindegründungs-Werkzeugkasten. Ein Handbuch zum Selbststudium für Gemeindegründer und Gemeindegründungs-Supervisoren, Wiesbaden 1994, S. 7-3

Gemeinde führen. Wir müssen nach Wegen suchen, wie wir Ehepaare, ja ganze Familien für Jesus gewinnen können.[533]

Gleich von Anfang an muss klar sein, dass in der Gemeinde keine Sünden geduldet werden dürfen. Wir dürfen nicht aus Angst, jemanden aus der noch kleinen Gruppe zu verlieren, vor Gemeindezucht zurückschrecken.[534]

Am Anfang werden die meisten, die zu der werdenden Gemeinde gehören, treu die Gottesdienste in der Muttergemeinde besuchen. Auf diese Weise lernen sie ein normales Gemeindeleben kennen. Sie gelangen zu klaren Zielvorstellungen im Blick auf die Aufbauarbeit, in der sie sich einsetzen.

Schritt 2

Hat der Bibelkreis eine Größe von 15 bis 20 Personen erreicht, sollten zwei bis drei Personen dieses Hauskreises in Absprache mit dem ganzen Kreis bestimmt werden, die nun die Leitung in der werdenden Gemeinde übernehmen. Ein guter Gemeindegründer wird bald merken, wer die Gabe der Leitung hat und somit für diesen wichtigen Dienst geeignet ist.

Diese Leiter treffen sich etwa alle drei Monate und dann immer seltener mit dem Aufbauteam der Muttergemeinde, um die Fragen des weiteren Vorgehens zu besprechen. Zugleich nimmt sich der Verkündiger der Muttergemeinde Zeit, die Leiter für ihre verantwortungsvolle Aufgabe zu schulen. Durch die Schulung und den Dienst gelangen die Leiter nach und nach zur nötigen Reife. Als im Dienst gereifte Leiter können sie später Älteste werden.

Wie sehen die Aufgaben dieser Leiter aus?

- Sie planen mit dem ganzen Hauskreis zusammen evangelistische Aktivitäten.
- Sie tragen die Verantwortung für die entstehenden Aufgabenbereiche in der Gemeinde und suchen geeignete Mitarbeiter oder

533 Lukasse, J., Gemeindebau im nachchristlichen Europa, S. 120-122

534 ebd., S. 125

Mitarbeiterinnen. Einer von ihnen kümmert sich um die Kinder- und Teenagerarbeit – ein anderer um die Neubekehrten. Ein dritter nimmt sich vor allem der diakonischen Aufgaben an. In all diesen Bereichen helfen zunächst noch Leute des Aufbauteams mit. Sie achten darauf, dass alle Gläubigen dieser werdenden Gemeinde eine ihren Gaben entsprechende Aufgabe erfüllen können. Die Mitarbeiter aus dem Aufbauteam bilden die Gläubigen der werdenden Gemeinde ihren Gaben entsprechend in den verschiedenen Aufgabenbereichen aus.

- Sie leiten abwechslungsweise die Zusammenkünfte des Hauskreises.
- Sie verwalten das Geld in Absprache mit dem ganzen Hauskreis. Weil mit Kollektengeld äußerst sorgfältig umgegangen werden muss, sollten gleich von Anfang an immer zwei Personen das eingelegte Geld nach den Veranstaltungen zählen. Es ist angebracht, wenn die werdende Gemeinde der Muttergemeinde für alle ihre Bemühungen monatlich eine angemessene Entschädigung zukommen lässt.

Das Ziel der Leiter muss sein, dass die werdende Gemeinde wächst.

Schritt 3

Ist der Hauskreis auf eine Größe von 20 bis 25 gläubigen Besuchern angewachsen, die regelmäßig kommen, müssen verschiedene Punkte beachtet werden.

- Zuerst sollte sich der Hauskreis bei einer solchen Größe Statuten geben und juristisch Gemeinde werden. Das Aufbauteam der Muttergemeinde kann beim Abfassen der Statuten helfend zur Seite stehen.

  In die Statuten gehören eine Glaubensgrundlage, die Strukturierung der Gemeinde (Älteste mit Verkündiger, Diakone, Aufgabenbereiche und Mitgliederversammlung), die Gemeindeordnung (Mitgliedschaft, Gottesdienst, Taufe, Abendmahl, Kindereinsegnung, Finanzen), die Beziehung zu der Denomination, die diese Gemeinde gegründet hat und die Schlussbestimmungen. In den Statuten sollte nur das Grundsätzliche geregelt werden. Gehen sie zu sehr ins Detail, können sie die Entfaltung der Gemeinde behindern.[335]

Mit der Ausarbeitung der Statuten ist auch die Wahl des Namens verbunden. Dies gibt oft Anlass zu vielen Gesprächen.[336]

Immer, wenn sich eine Gemeinde klare Ordnungen gibt, entstehen oft große Schwierigkeiten. Die Gründe dafür sind sehr unterschiedlich. Es gilt zu beachten, dass hier zumeist Personen mit unterschiedlichen theologischen Hintergründen zusammenfinden müssen. Manchmal ist es richtig, wenn man nicht um jeden Preis alle Beteiligten zusammenhalten will. Zu weit auseinanderliegende Auffassungen, wie die Gemeinde aussehen sollte, können in der Zukunft zu Problemen führen, die das Gemeindewachstum unmöglich machen.

- In einer vom Gemeindegründer geleiteten Gemeindegründungsversammlung müssen die ausgearbeiteten Statuten genehmigt werden.
- An dieser Versammlung sollten auch die ersten Ältesten gewählt werden, die ab jetzt die Hauptverantwortung in dieser jungen Gemeinde tragen. Diese zukünftigen Hauptleiter der Gemeinde sollten möglichst viele der in 1. Tim 3, 1-7 genannten Qualifikationen erfüllen. Natürlich kommen nur solche Männer in Frage, die mit ihren Familien in vorbildlicher Treue die Gemeindeanlässe besuchen.

Damit die neu gegründete Gemeinde sich richtig entfalten kann, sind vor allem drei Dinge wichtig:

1. Mieten von geeigneten Räumlichkeiten

Um sich weiter dynamisch entfalten zu können, muss die Gemeinde sich jetzt nach geeigneten Räumen umsehen. Bei der Suche gilt es

335 Logan, R. E.; Ogne, S. L., Der Gemeindegründungs-Werkzeugkasten, S. 6-7
336 ebd., S. 4-4

darauf zu achten, dass neben einem Hauptraum mit Platz für 50 bis 70 Personen auch genügend Nebenräume für Kinderbetreuung, Sonntagsschule (zwei Klassen) usw. vorhanden sind. Der Standort der Räumlichkeiten – Sichtbarkeit, Zugänglichkeit, Parkmöglichkeiten – ist im Blick auf das Wachstum der Gemeinde ebenfalls wichtig.[537] Klaus Aeschlimann – Inlandmissionar in der Schweiz – macht darauf aufmerksam, dass in ländlichen Gebieten diese Räumlichkeiten nicht im Zentrum neben der Kirche oder dem Wirtshaus stehen sollten, da sonst die Menschen, die wir zu Jesus führen möchten, durch Menschenfurcht abgehalten werden.
Hat die Gemeinde geeignete Räume gefunden, sollten diese öffentlich eingeweiht werden. Wenn irgendwie möglich sollte die werdende Gemeinde selbst für die Mietkosten aufkommen.

2. Die Muttergemeinde stellt der werdenden Gemeinde einen vollzeitlichen Mitarbeiter zur Verfügung

Die Muttergemeinde ist in dieser Phase bereit, einen Mitarbeiter anzustellen, der unter der Verantwortung des Verkündigers der Muttergemeinde (des Gemeindegründers) sich vor allem für die Aufbauarbeit dieser Gemeinde einsetzt.

Die Hauptaufgaben dieses Mitarbeiters sind die Verkündigung und das zielorientierte Leiten der Gemeinde zusammen mit ihren Ältesten. Weiter soll er mit ihnen zusammen Mitarbeiter/Mitarbeiterinnen und Leiter/Leiterinnen heranziehen und schulen. Die Motivation der Gemeinde zu immer neuem evangelistischen Einsatz und die seelsorgerliche Betreuung der Gemeindeglieder gehören ebenfalls zu seinen Aufgaben.

Die werdende Gemeinde zahlt ihren finanziellen Möglichkeiten entsprechend einen ständig wachsenden Anteil am Lohn des Mitarbeiters, so dass die Muttergemeinde finanziell nicht zu stark belastet wird. Sollte die Muttergemeinde nicht in der Lage sein, den Mitarbeiter zu unterstützen, müsste dieser bereit sein, teilzeitlich in seinem

537 Logan, R. E.; Rast, J., Das Gemeindegründungs-Arbeitsbuch, S. 59

Beruf zu arbeiten. Da es heute sehr schwierig ist, eine Anstellung in Teilzeit zu finden, sollte die Denomination, zu der die Muttergemeinde gehört, die Möglichkeit haben, finanziell zu helfen.

Begabte Mitarbeiter können so zu Gemeindegründern ausgebildet werden. Sie lernen ganz praktisch unter Anleitung eines Gemeindegründers, wie eine Gemeinde aufgebaut wird. Besonders begabte Mitarbeiter sollten später als Gemeindegründer in vernachlässigten Regionen eingesetzt werden.

3. Einsetzen von Mitarbeitern

Die Ältesten sollen mit dem vollzeitlichen Mitarbeiter der Muttergemeinde zusammen in den verschiedenen Aufgabenbereichen berufene und begabte Mitarbeiter/Mitarbeiterinnen einsetzen. In verschiedenen Arbeitsbereichen (Kinder-, Jungschar- und Jugendarbeit) werden sich Arbeitsgruppen bilden, die von Leitern/Leiterinnen geführt werden müssen. Für die Schulungen dieser Mitarbeiter trägt der vollzeitliche Mitarbeiter die Hauptverantwortung. Bei den Schulungen selbst helfen ihm die Mitarbeiter des Gemeindeaufbauteams. Solche aufgabenorientierten Arbeitsgruppen sind im Blick auf das Wachstum einer Gemeinde unerlässlich.

Hat eine heranwachsende Gemeinde geeignete Räume und neben dem Mitarbeiter der Muttergemeinde gute eigene Mitarbeiter, sollte sie schrittweise das volle Gemeindeprogramm einführen. Zunächst könnte sie mit zwei Sonntagsgottesdiensten im Monat beginnen, an denen parallel Kinderbetreuung und Sonntagsschule angeboten werden.

Wenn das volle Gemeindeprogramm eingeführt wird, kommt es zur endgültigen Ablösung von der Muttergemeinde. Diese sollte in der Muttergemeinde in einem Aussendungsgottesdienst vollzogen werden. Dabei verlassen natürlich immer auch fähige Gemeindeglieder die Muttergemeinde. Robert E. Logan schreibt dazu:

> »Eine Muttergemeinde, die bereitwillig durch die Gründung einer Tochtergemeinde Leute entlässt, wird in der Regel die Erfahrung

machen, dass Gott innerhalb eines Jahres zwei Leute anstelle des einen Ausgesandten setzt.«[538]

Wenn in einer neu gegründeten Gemeinde das volle Gemeindeprogramm eingeführt worden ist, kann das Gemeindeaufbauteam der Muttergemeinde nach gründlicher Absprache mit der Gemeindeleitung und der Gemeinde in einer anderen Region mit einer neuen Gemeindegründungsarbeit beginnen.

Ziel der jungen Gemeinde ist es, zu wachsen, so dass sie bald in der Lage ist, einen Verkündiger (meist den von der Muttergemeinde angestellten Mitarbeiter) finanziell selbst zu tragen. Dieses Ziel ist unseren Verhältnissen entsprechend dann erreicht, wenn etwa 70 bis 80 Gläubige sich treu zur Gemeinde halten. Damit dieses Ziel möglichst bald erreicht wird, soll der Verkündiger in der Gemeinde neben den aufgabenorientierten Arbeitsgruppen noch ein Netz von sich ständig vermehrenden Hauskreisen aufbauen (siehe 3.1.4.4). Nur durch solche Hauskreise ist die helfende Begleitung eines jeden Gemeindeglieds möglich. Zugleich bemüht man sich in diesen Hauskreisen, verlorene Menschen zu Jesus zu führen.

Hat die Gemeinde durch die Finanzierung ihres Predigers ihre Selbstständigkeit erreicht, sollte sie sich der Denomination anschließen, die ihr geholfen hat, selbstständige Gemeinde zu werden.

Warum ist denn die Zugehörigkeit zu einer Denomination überhaupt nötig?

- Zunächst geschieht innerhalb einer Denomination ein befruchtender und korrigierender Austausch in Fragen der Lehre und der Gemeindepraxis. Die Gemeinde wird durch diese helfende Verbindung vor falschen Wegen und den damit verbundenen schmerzlichen Erfahrungen bewahrt.[539]
- Gemeinden, die sich auf einer bestimmten Glaubensgrundlage

538 zit. nach Logan, R. E., Mehr als Gemeindewachstum. Prinzipien und Aktionspläne zur Gemeindeentwicklung, Frankfurt a. M.; New York 1992, S. 253

539 Hempelmann, H. P., Ein Geist, ein Glaube, eine Gemeinde, S. 6

zusammenschließen konnten, können auch gut zusammenarbeiten, insbesondere im Blick auf missionarische Anliegen.
- Zugleich ist die Gemeinde in ihrer Ausrichtung nach außen sowohl für die Gläubigen als auch für die Ungläubigen fassbar. Es wird für alle klar, dass es sich bei dieser neu entstandenen Gemeinde nicht um das Produkt des religiösen Selbstverständnisses eines Einzelnen oder einiger Eigenbrötler handelt, sondern dass sich diese Gemeinde mit vielen anderen verbunden weiß, die dieselben Schwerpunkte von der Bibel her setzen.[540]

Der tiefste Wunsch dieser neuen Gemeinde sollte sein, ebenfalls in einer ihrer Nachbarregionen eine neue Gemeinde zu gründen.[541]

5.6 Weitere Möglichkeiten, Gemeinden zu gründen

Unter Punkt 5.5 habe ich nur einen Weg – aus meiner Sicht einen der idealsten – aufgezeigt, wie neue Gemeinden gegründet werden können. Es gibt natürlich auch verschiedene andere Möglichkeiten. Wenn ich nun einige dieser Möglichkeiten aufzeige, scheint es mir nicht nötig zu sein, jeweils alle einzelnen Schritte auszuführen, da viele sich ähneln.

5.6.1 Die Muttergemeinde beginnt den Aufbau einer neuen Gemeinde von Anfang an mit einem vollzeitlichen Mitarbeiter

Die Muttergemeinde hat sich entschieden, in einer bestimmten Region mit einer Gemeindegründungsarbeit zu beginnen. Sie stellt nun

---

540 Hempelmann, H. P., Gemeindegründung. Perspektive für eine Kirche von morgen? Gießen; Basel 1996, S. 47

541 Logan, R. E.; Ogne, S. L., Der Gemeindegründungs-Werkzeugkasten, S. 1-8

einen Mitarbeiter an, der in der Hauptortschaft dieser Region Wohnsitz nimmt und unter der Verantwortung des Verkündigers der Muttergemeinde diese Aufbauarbeit in die Hand nimmt.

Der Vorteil dieser Vorgehensweise ist, dass es später nicht zu einem mühsamen Ablösungsprozess von der Muttergemeinde kommt. Der Nachteil ist aber, dass die Muttergemeinde selbst wenig in die Gemeindegründungsarbeit einbezogen wird.

5.6.2 Der Verkündiger der Muttergemeinde führt die werdende Gemeinde bis zur Selbstständigkeit

Der werdenden Gemeinde wird bei einer bestimmten Größe kein Mitarbeiter zur Verfügung gestellt, sondern die Muttergemeinde stellt ihren Verkündiger so stark frei, dass er die werdende Gemeinde zur Selbstständigkeit führen kann.

Der Vorteil dieses Vorgehens ist sicherlich, dass die finanzielle Belastung für die Muttergemeinde tragbar ist; auch kann die neu gegründete Gemeinde recht schnell zur Selbstständigkeit gelangen.

Der Nachteil ist aber, dass es in der Muttergemeinde zu großen Spannungen kommen kann, weil der Verkündiger, dem man doch den Lohn zahlt, für die einzelnen Gemeindeglieder manchmal über Jahre kaum Zeit hat. Zugleich kommt auch der Verkündiger bei dieser Doppelbelastung oft an die Grenzen seiner Kräfte.

5.6.3 Die Teilung einer größeren Gemeinde

Wenn in einer größeren Gemeinde die meisten Mitglieder aus zwei verschiedenen Regionen kommen, kann es unter Umständen sinnvoll sein, die Gemeinde in diese beiden Regionen aufzuteilen. Diese Aufteilung muss aber mit größter Sorgfalt vorgenommen werden, weil dadurch gewachsene Beziehungen auseinander gerissen werden. Es braucht viel Gebet und den gründlichen Austausch in der

Gemeinde. Auch müssen viele organisatorische Fragen geklärt werden. Das Ziel ist ja, dass zwei dynamische Gemeinden entstehen, die beide ihre Region noch besser als bisher mit dem Evangelium erreichen.

5.7 Gibt es ein zeitliches Raster für die einzelnen Schritte?

Es ist sehr schwierig, für die einzelnen Schritte eine Zeitspanne anzugeben, doch sollte sich die Entfaltung der Gemeinde nicht zu sehr in die Länge ziehen, sonst geht der nötige Schwung verloren. Meines Erachtens sollte es von der ersten Zusammenkunft des Hauskreises einer werdenden Gemeinde bis zu dem Zeitpunkt, da die gegründete Gemeinde einen eigenen Prediger anstellt, nicht länger dauern als 8-10 Jahre.

5.8 Wie können Gemeinden gegründet werden in Regionen, die nicht durch benachbarte Gemeinden erreicht werden?

Gerade in solchen Regionen, die von jeder Gemeinde weit entfernt liegen, ist es besonders wichtig, Gemeinden zu gründen.
Dies kann besonders auf zwei Arten geschehen:

5.8.1 Eine Denomination sendet Missionsehepaare

Eine Denomination erarbeitet ein Grundkonzept zur Sendung von Missionaren in vernachlässigte Regionen. Ein Missionsrat leitet diese wichtige Arbeit.

Warum sollte es sich um eine Denomination handeln? Peter Wagner meint dazu:

> »Ob es uns gefällt oder nicht: In den meisten Ländern der Erde werden die meisten christlichen Aufgaben innerhalb der denominationellen Strukturen ausgeführt. Das scheint überall auf der Welt so zu sein, dass alle evangelistischen Projekte letztlich nur durch die Strukturen der Denomination in der Praxis umgesetzt werden. Viele Leiter von freien Werken haben das noch nicht erkannt.«[542]

Der Missionsrat der Denomination achtet darauf, dass jedes Ehepaar, das er sendet, eine gründliche bibeltreue theologische Ausbildung absolviert hat.

In einem anschließenden Praktikum muss es in die Schwerpunkte einer Gemeindeaufbauarbeit eingeführt werden. Während des Praktikums zeigt sich dann, ob das Ehepaar sich für einen pionierhaften Gemeindeaufbau eignet. Vor allem sollte der Mann folgende Eigenschaften aufweisen:
- Er ist zutiefst davon überzeugt, dass Jesus ihn brauchen will, Gemeinden zu gründen.
- Eine innere Motivation befähigt ihn zu diesem Dienst.
- Es fällt ihm leicht, mit Menschen gute Kontakte zu knüpfen, und er hat eine ansprechende Art, das Wort Gottes zu verkündigen.
- Er hat immer wieder neue evangelistische Ideen.
- Das Heranbilden begabter Gemeindeglieder zu bestimmten Diensten macht ihm Freude.
- Er lässt sich durch Rückschläge nicht entmutigen.

Seine Frau unterstützt ihn in all seinen Bemühungen und hat für alle, die zur Gemeinde gehören, ein offenes Haus. Zugleich trägt sie seine Arbeit im Gebet.[543]

---

542 zit. nach Montgomery, J., Eine ganze Nation gewinnen. Die DAWN-Strategie, Entstehung – Praxis – Perspektiven, Lörrach 1990, S. 138

543 Logan, R.E.; Rast, J., Eine Tochtergemeinde gründen, S. 50-53

Ein Ehepaar, das die eben genannten Eigenschaften mitbringt, kann in einer Pionierarbeit eingesetzt werden.

Manchmal gibt es an dem Ort, wo das Ehepaar eingesetzt wird, schon eine kleine Gruppe von Gläubigen, mit denen es zusammen die Gemeinde aufbauen kann. Gelegentlich besteht diese kleine Gruppe aus Menschen, die sich enttäuscht von der Landeskirche abgewandt haben. Oft wird es jedoch der Fall sein, dass mit der Gemeindeaufbauarbeit bei Null begonnen werden muss.

Die Einzelschritte, die das Ehepaar in ihrer Pionierarbeit beachten muss, entsprechen den unter 5.5 ausgeführten, nur mit dem Unterschied, dass gleich von Anfang an das volle Gemeindeprogramm (jede Woche Gottesdienst, Bibelstunden, Gebetsstunden usw.) angeboten werden kann.

Die wichtigste Arbeit der Pioniere wird zunächst sein, Kontakte zu knüpfen zu Menschen in der Ortschaft und der Region. Hausbesuche sind eine Möglichkeit, dieses Ziel zu erreichen.[544] Sie achten auch gleich von Anfang an darauf, dass die Gottesdienste schön und ansprechend gestaltet werden.[545] Zugleich sind sie darum besorgt, dass die Kinder der Eltern, die den Gottesdienst besuchen, während des Gottesdienstes in einer Kindergruppe und ansprechenden Sonntagschule gut betreut werden.[546]

> »Persönliches Interesse des Gemeindegründers für die Kinderarbeit ist in diesem Stadium ganz entscheidend. Er muss der Erste sein, der sich um die Kinder und deren Familien kümmert. Dadurch vergrößert sich das Wachstumspotential der Gemeinde ganz erheblich.«[547]

544 Logan, R. E.; Ogne, S. L., Der Gemeindegründungs-Werkzeugkasten., S. 5-2
545 Logan, R. E.; Rast, J., Eine Tochtergemeinde gründen, S. 99-100
546 Strobel, L., Beim Wort zum Sonntag schalt' ich ab. Die Welt eines Kirchendistanzierten verstehen, Wiesbaden; Wuppertal; Zürich 1995, S. 75
547 zit. nach Logan, R. E.; Rast, J., Eine Tochtergemeinde gründen, S. 122

Es ist besonders wichtig, dass sich das Ehepaar in der Gemeindeaufbauarbeit gegenseitig unterstützt und ermutigt.[548]

Der Gemeindegründer muss besonders auf drei Dinge achten:

1. Er soll der kleinen Gruppe, die er zu betreuen hat, nicht nur Lehre, sondern sein Leben – seine Liebe, Zeit, Kraft – mitteilen (1. Thess 2, 7-8).[549] Er soll ein Vorbild sein.
2. Er soll sich davor hüten, alles selbst zu machen. Vielmehr ist es seine Aufgabe, möglichst bald Mitarbeiter und Mitarbeiterinnen heranzuziehen. Diese Mitarbeiter/Mitarbeiterinnen soll er durch sein eigenes Vorbild, durch Schulungen und durch Anleitungen zum selbstständigen Tun in verschiedene Aufgabenbereiche einführen.
3. Er darf die werdende Gemeinde nicht dominieren. Es ist seine Aufgabe, so bald wie möglich fähige Brüder nachzuziehen, die mit ihm zusammen die Angelegenheiten der werdenden Gemeinde besprechen. Johan Lukasse schreibt dazu:

> »Es ist unbedingt notwendig, frühzeitig lokale Leiter zu bestimmen; es verlangt allerdings ein Stück Selbstverleugnung auf Seiten des Gemeindegründers.«[550]

Der Gemeindegründer braucht die helfende Begleitung eines »Supervisors«. Meist ist es so, dass ein Mitglied des Missionsrates bei zwei bis drei Missionaren diesen Dienst des Supervisors wahrnimmt. Er bespricht mit dem Gemeindegründer die Fortschritte, Probleme und Rückschläge in der laufenden Arbeit. Gemeinsam entwickeln sie von klaren Zielvorstellungen her helfende Strategien.[551] Der Supervisor gibt ihm auch die nötige Anerkennung und ermutigt ihn in der oft schwierigen Arbeit.[552]

548 Shenk, D. W.; Stutzman, E. R., Neue Gemeinden, S. 50
549 Lukasse, J., Gemeindebau im nachchristlichen Europa, S. 40
550 zit. nach ebd., S. 47
551 Logan, R. E., Rast, J., Eine Tochtergemeinde gründen, S. 81-82
552 ebd., S. 94-95

Zunächst übernehmen die vielen Gemeinden der Denomination die Finanzierung des Missionsehepaars. Dies ist aber nur dann möglich, wenn einzelne Gemeinden und Gemeindeglieder bereit sind, immer wieder einen festen Betrag für die Arbeit der Inlandmission einzuzahlen. Die werdende und später wachsende Gemeinde muss aber jedes Jahr einen immer größeren Anteil am Gehalt des Gemeindegründers übernehmen, sodass die Denomination finanziell immer stärker entlastet wird, um neue Aufbauarbeiten in Angriff nehmen zu können.

Die Gemeinden der Denomination tragen die Gemeindegründungs- und Aufbauarbeiten auch im Gebet mit. Damit dies möglich ist, müssen die Gemeinden über die Arbeit informiert werden. Dies geschieht einerseits durch ein Mitglied des innergemeindlichen Missionsteams, das für die Arbeit der Inlandmission zuständig ist. Diese Person ist auf dem aktuellen Stand der Arbeit der Inlandmissionsgemeinden und bringt deren Anliegen in das Gemeindegebet ein. Auch werden die Gemeinden durch die denominationelle Zeitschrift über die Anliegen der Inlandmission informiert.

Der Gemeindegründer nimmt sich auch Zeit, in den verschiedenen Gemeinden seiner Denomination seine Arbeit vorzustellen. Auf diese Weise können die Gemeinden am besten zum Gebet und zum Geben motiviert werden.

Die Aufbauarbeit wird bei besonderen evangelistischen Einsätzen von einer Gruppe junger Menschen, die aus der ganzen Denomination kommen, unterstützt. Oft geschieht es, dass einige Teilnehmer bei solchen evangelistischen Einsätzen selbst von Jesus in den vollzeitlichen Dienst gerufen werden.[553]

Oft entscheidet sich auch eine Gemeinde der Denomination, in ganz besonderer Weise hinter einer bestimmten Aufbauarbeit zu stehen. Sie betrachtet sich gewissermaßen als Patengemeinde der werdenden Gemeinde. Schön ist natürlich, wenn in der Gemeindeaufbauarbeit der Zeitpunkt kommt, an dem die Gemeinde in der Lage

553 Sardaczuk, W., Bau mit! Mitarbeit im Reich Gottes, Erzhausen 1992, S. 122

ist, den Gemeindegründer ganz zu bezahlen. Zwischen dem Beginn der Arbeit eines Gemeindegründers und seiner vollen Finanzierung durch die Gemeinde sollten nicht mehr als zehn Jahre verstreichen.[554]

Wenn die aufgebaute Gemeinde ihren Gemeindegründer selbst finanzieren kann, soll sie sich der Denomination anschließen, die ihren Aufbau ermöglicht hat. Sie kann dann ihrerseits innerhalb der Denomination durch finanzielle Beiträge mithelfen, dass in anderen vernachlässigten Regionen Gemeinden aufgebaut werden können.

Die Denomination ist nun wieder frei, in einer anderen unerreichten Region eine Gemeindegründungsarbeit in die Hand zu nehmen.

In einer größeren, finanzkräftigen Denomination können zehn und mehr solcher Gemeindegründungsarbeiten zugleich ausgeführt werden.

Diese Art der Aufbauarbeit wird vom Bund der Freien Evangelischen Gemeinden in der Schweiz praktiziert.

5.8.2 Ein Team gründet neue Gemeinden[555]

Anstatt nur ein Ehepaar in eine vernachlässigte Region auszusenden, wird gleich ein ganzes Team geschickt. Das Team wird durch Schulungen auf seine Aufgabe vorbereitet. Damit ein Team sein Ziel, nämlich die Gründung einer Gemeinde, erreichen kann, ist zuerst ein von Liebe geprägter Umgang der Teammitglieder untereinander unerlässlich (Joh 13,35).

– Das Leiterehepaar eines solchen Teams sollte Erfahrung in der Gemeindegründungs- und Aufbauarbeit haben. Die Stärken des Teamleiters sollten darin bestehen, dass er pionierhaft aus dem

554 Shenk, D. W.; Stutzman, E. R., Neue Gemeinden, S. 180

555 Zu diesem Thema benutzte ich die Ausführungen von Lukasse, J., Überlegungen der Belgischen Evangelischen Mission zur Team-Evangelisation in Belgien, in: Handbuch für Gemeindegründung, hg. v. E. G. Maier, im Auftrag der Konferenz für Gemeindegründung, Groß-Gerau 1988, S. 107-119.

Nichts eine Gemeinde aufbauen und ihr helfende Strukturen geben kann.[556]
- Die Teammitglieder sind gläubige junge Menschen, die bereit sind, ein Jahr ihres Lebens Jesus für den Bau seiner Gemeinde zur Verfügung zu stellen.
- Zur Mitarbeit in einem solchen Team eignen sich besonders Abiturienten, die vor dem Studium ein Jahr aussetzen möchten.
- Ebenso eignen sich junge Menschen, die nicht recht wissen, ob sie in den vollzeitlichen Dienst für Jesus eintreten sollen oder nicht.
- Die Teammitglieder werden zunächst angeleitet, ein Leben mit Jesus zu leben.
- Weiter sollen sie lernen, die Botschaft des Evangeliums so weiterzugeben, dass Menschen den Weg zu Jesus Christus finden können. Damit alle Teammitglieder mit verlorenen Menschen in Kontakt kommen, können sie vorübergehend Mitglied eines sozialen, musikalischen oder sportlichen Vereins werden. Hier können sie das Gelernte anwenden.[557]
- Natürlich müssen sie auch innerhalb des Teams Verantwortung wahrnehmen.

Besonders positiv ist, dass ein solches Team von Anfang an in der Region, in der eine Gemeinde aufgebaut werden soll, gewissermaßen eine solche Gemeinde bildet. Die Neubekehrten werden gleich in eine schon vorhandene Gemeinde aufgenommen.

Die Einzelschritte beim Aufbau der Gemeinde entsprechen den unter 5.5 ausgeführten, nur mit dem Unterschied, dass bei dieser Gemeindeaufbauart gleich von Anfang an das volle Gemeindeprogramm angeboten werden kann.

Das Team hat den Vorteil, dass den Neubekehrten vorbildhaft gezeigt wird, wie das Gemeindeleben ganz praktisch aussieht.

---

556 Logan, R. E.; Rast, J., Eine Tochtergemeinde gründen, S. 70
557 Lukasse, J., Gemeindebau im nachchristlichen Europa, S. 91

- Das Team kann die Neubekehrten gut in die Mitarbeit einführen, da genügend Leute da sind, die zeigen können, wie die geforderte Arbeit ausgeführt wird.
- Bei dieser Art von Gemeindebau ist das Heranbilden von Leiterpersönlichkeiten besonders wichtig, da die Gefahr besteht, dass die Neubekehrten vom Team und seinen Strukturen abhängig bleiben.

Das Ehepaar, welches die Aufbauarbeit leitet, wird von der Denomination bezahlt. Bei den Teammitgliedern erwartet man eine Unterstützung von den Gemeinden, aus denen sie kommen.

Auch bei dieser Gemeindegründungsart sollte die werdende Gemeinde immer mehr vom Lohn des Leiterehepaars tragen.

Wenn die Gemeinde eine bestimmte Größe erreicht hat und verantwortliche Mitarbeiter vorhanden sind, zieht das Leiterehepaar mit dem Team weiter und beginnt mit einer neuen Gemeindegründungsarbeit. Die entstandene Gemeinde wird dann von einem Prediger betreut, der zunächst noch teilzeitlich in seinem Beruf arbeitet, bis die Gemeinde sein volles Gehalt übernehmen kann.

In einem Land sind meist mehrere solche Gemeindegründungs- und Aufbauteams im Einsatz.

Diese Art von Gemeindegründung wird vor allem von der Belgisch-Evangelischen Mission praktiziert, die von Johan Lukasse geleitet wird.

5.9 Das Ziel der Gründung von Gemeinden

5.9.1 In jeder Region des Landes sollte es möglichst bald eine Gemeinde geben

Das Ziel aller Bemühungen im Bereich der Gemeindegründung ist es, dass sich möglichst bald in jeder Region des Landes eine wachsende Gemeinde befindet. Jede Gemeinde hat den Auftrag, ihre Region mit der Botschaft des Evangeliums zu erreichen.

Damit wir dieses Ziel erreichen, ist es nötig, dass alle Denominationen des Landes in gegenseitiger Absprache alle Kräfte mobilisieren, um neue Gemeinden zu gründen.

Heute versucht man in vielen Ländern mit Hilfe der DAWN-Strategie genau dieses Ziel zu verwirklichen. Jim Montgomery ist der Überzeugung, dass es möglich sein sollte, alle Denominationen, Freikirchen, Missionen und freien Werke eines Landes dafür zu gewinnen, dass sie mithelfen, dieses Land zu evangelisieren und überall neue Gemeinden zu gründen.[558]

5.9.2 Städtische und dicht besiedelte Gebiete brauchen viele Gemeinden

Zunächst müssen wir bedenken, dass über die Hälfte aller Menschen in Städten wohnen und dass diese Verstädterung rasant zunimmt.[559] Deshalb ist im Blick auf den Aufbau neuer Gemeinden den Städten besondere Aufmerksamkeit zu schenken.

Es gilt gerade in Großstädten und in dicht besiedelten Gebieten auf recht engem Raum neue Gemeinden zu gründen, damit die Bevölkerung mit dem Evangelium erreicht werden kann.

- In den Großstädten braucht jedes Stadtviertel seine Gemeinde.
- In jedem größeren Vorort der Stadt braucht es eine Gemeinde.
- Außerhalb der städtischen Agglomerationen ist es gerechtfertigt, in jeder Ortschaft mit über 10 000 Einwohnern eine Gemeinde zu gründen.

In städtischen Gebieten können in den schon bestehenden Gemeinden nach gründlichen Überlegungen und Aussprachen geeignete Teams gebildet werden, zu denen etwa vier Ehepaare sowie zwei bis

558 Montgomery, J., Eine ganze Nation gewinnen, S. 152
559 Shenk, D. W.; Stutzman, E. R., Neue Gemeinden, S. 140

drei ledige Personen verschiedenen Geschlechts und Alters gehören. Diese starten dann, unterstützt von der Gemeinde, zu der sie gehören, in einem bestimmten Viertel der Stadt mit dem Aufbau einer neuen Gemeinde.[560] Der Prediger der Muttergemeinde begleitet diese werdende Gemeinde, bis sie eine Größe von etwa 20-30 Personen hat. Jetzt muss ein Mitarbeiter eingesetzt werden, der vom Prediger der Muttergemeinde betreut wird. Damit sich die neue Gemeinde entfalten kann, müssen die für diese Aufbauarbeit Verantwortlichen im Gebet um verlorene Menschen in dieser Stadt ringen.[561]

Eine gründliche Absprache unter den Denominationen könnte das Gründen von Gemeinden in den Städten und ihren Vororten stark beschleunigen.

Nur wenn wir in unseren Städten und größeren Ortschaften (ab 10 000 Einwohnern) neue Gemeinden gründen, können wir die verlorenen Menschenmassen der Völker Westeuropas mit der Botschaft des Evangeliums erreichen. Um die Stadtmenschen wirklich erreichen zu können, muss man ihre Lebenssituation und ihre Probleme kennen. Dies erfordert natürlich von den Gemeindeleitern, dass sie selbst in der Stadt leben. Sie sehen und erleben dann, wie die Stadtmenschen mit den alltäglichen Situationen – enge Wohnung, Störung durch Nachbarn – mit dem ständig pulsierenden Verkehr und mit der Anonymität fertig werden müssen. Sie müssen mit ihnen zusammen die Problematik der Kriminalität, der Prostitution, des Drogenmissbrauchs und des sozialen Elends verkraften.[562] Die Gemeindeleiter sind als Mitbeteiligte in der Lage, von der Bibel her auf diese Umstände einzugehen, und zwar sowohl in der Tat als auch in der Verkündigung.[563]

560 Lukasse, J., Gemeindebau im nachchristlichen Europa, S. 94

561 McClung, F., Mit Gott in der Stadt leben! o. O., 1993, S. 121

562 Filker, H.-G., Evangelisation in der Großstadt: Einführung, in: Evangelisation mit Leidenschaft. Berichte und Impulse vom II. Lausanner Kongress für Weltevangelisation in Manila, hg. v. H. Marquardt; U. Parzany, Neukirchen-Vluyn 1990, S. 240-241

563 Bakke, R., Hart, J., Gott in der City. Die Herausforderung der modernen Stadt und die Antwort des Christentums, Lörrach 1990, S. 105

Es ist ihnen klar, dass es gerade in den Städten die diakonische und seelsorgerliche Hilfe braucht, die die Botschaft des Evangeliums sichtbar werden lässt.

Durch die ansprechende Verkündigung des Evangeliums und den diakonischen Dienst bekommen die Gemeinden in einer Stadt Einfluss im sozialen, wirtschaftlichen, ethischen und oft sogar im politischen Bereich, da immer mehr ihrer Glieder als Bankier, Rechtsanwälte, Lehrer, Beamte, Geschäftsleiter usw. arbeiten. Sie sind wirklich Licht und Salz einer Stadt.[564]

Jede Stadtgemeinde sollte sich in ganz besonderer Weise darum bemühen, die vielen heranwachsenden Kinder mit dem Evangelium zu erreichen. Die oft unter sehr schwierigen Umständen aufwachsenden Kinder sind offen für die Botschaft von der Rettung in Jesus Christus. Diese Botschaft bringt Sinn und Halt in ihr hektisches Leben.[565] Jede Stadtgemeinde sollte ein Netz von Hauskinderstunden aufbauen, die ihre Fortsetzung in Bezirksjungscharen finden. Die heranwachsenden Kinder, die in den Kinderstunden zu Jesus geführt und in der Jungschar weiterbetreut werden, versucht man später in die Jugendgruppe und dadurch in die Gemeinde zu integrieren.

In den Städten sollten auch unter größeren Volksgruppen – Italienern, Spaniern, Türken – Gemeinden ins Leben gerufen werden. Wer sich bemüht, unter diesen Volksgruppen Gemeinden aufzubauen, muss ihre Sprache, Mentalität und ihren Lebensstil gründlich kennen. Am besten ist es, wenn Gläubige aus diesen Volksgruppen selbst diese Gemeinden aufbauen. Diese werdenden Ausländergemeinden sollten die Räumlichkeiten der schon bestehenden Gemeinden benutzen dürfen. Schön wäre ab und zu ein gemeinsamer Gottesdienst.[566] Oft sind solche Gemeinden die Türe zu Ländern, die für

564 McClung, F., Mit Gott in der Stadt leben, S. 152

565 Schmidt, H. J., Großstädte: Die neue Herausforderung der Weltmission, in: Bilanz und Plan: Mission an der Schwelle zum Dritten Jahrtausend, hg. v. H. Kasdorf; K. W. Müller, Bad Liebenzell 1988, S. 475

566 Logan, R. E.; Rast, J., Eine Tochtergemeinde gründen, S. 32-33

die Missionsarbeit nur schwer zugänglich sind (z. B. die Türkei).[567] Deshalb haben die multikulturellen Städte eine wichtige strategische Bedeutung für die Weltmission.[568]

In ländlichen Gebieten wird das Gründen von Gemeinden unter Ausländern kaum möglich sein, da die Gruppen der Ausländer zu klein sind. In einer solchen Situation sollten die Ausländer so gut wie möglich in die Gemeinde integriert werden. Dies kann mit Hilfe einer Simultanübersetzung der Predigten und durch eine gute Betreuung durch Gemeindeglieder, die ein Anliegen für Ausländer haben, erreicht werden.

Weiterführende Literatur

Logan, R. E.; Ogne, S. L., Der Gemeindegründungs-Werkzeugkasten. Ein Handbuch zum Selbststudium für Gemeindegründer und Gemeindegründungs-Supervisoren, Wiesbaden 1994

Logan, R. E; Rast, J., Das Gemeindegründungs-Arbeitsbuch. Wie eine neue Gemeinde entsteht, Buchs; Zürich 1990

– Eine Tochtergemeinde gründen. Das Arbeitsbuch zur Multiplikation von Gemeinden, Buchs; Zürich 1992

Lukasse, J., Gemeindebau im nachchristlichen Europa, Greng-Murten 1994

Schmidt, H. J., Großstädte: Die neue Herausforderung der Weltmission, in: Bilanz und Plan: Mission an der Schwelle zum Dritten Jahrtausend, hg. v. H. Kasdorf; K. W. Müller, Bad Liebenzell 1988

567 Logan, R. E., Mehr als Gemeindewachstum, S. 256

568 Bakke, R., Hart, J., Gott in der City, S. 42

6. Gemeinde und Weltmission

6.1 Anknüpfung an den Evangelisations- und Missionsauftrag der Gemeinde (siehe 4.1.1)

Damit alle ethnischen Gruppen, Stämme und Völker zu Jüngern gemacht werden können, genügt es nicht, wenn eine Gemeinde nur ihre Region oder die Nachbarregionen mit der Botschaft des Evangeliums durchdringt. Sie muss bereit sein, Missionare auszusenden, die den evangelistischen Auftrag an verschiedenen Orten auf der Welt wahrnehmen mit dem Ziel, die Menschen für Jesus zu gewinnen und sie in Gemeinden zu sammeln.

Es gibt aber zu denken, dass 93 Prozent der Missionare und Missionarinnen in bereits evangelisierten Teilen der Welt arbeiten und nur sieben Prozent sich um die unerreichten Gebiete bemühen, von denen die meisten islamisch sind. Wenn Jesus seine Jünger in die ganze Welt schickt, scheint eine Umplazierung der Missionare und Missionarinnen dringend nötig.[569] Schon Paulus waren die unerreichten Völker ein ganz besonderes Anliegen. Deshalb schreibt er: *»So aber setze ich meine Ehre darein, das Evangelium zu verkündigen, nicht da, wo Christus genannt worden ist…«* (Röm 15,20).[570] Wie man heute die unerreichten Völker und Volksgruppen – von denen sich die meisten im sogenannten 10/40-Fenster befinden – mit dem Evangelium erreichen könnte, entfaltet Tetsunao Yamamori in seinem interessanten Buch »Unerreichte Völker«. Er schlägt in diesem Buch vor, dass aus allen Denominationen der Welt 600 000 Missionsspezialisten für die Missionierung dieser unerreichten Volksgruppen

---

569 Teschner, K., Lausanne II, in: Evangelisation mit Leidenschaft. Berichte und Impulse vom II. Lausanner Kongress für Weltevangelisation in Manila, hg. v. H. Marquardt; U. Parzany, Neukirchen-Vluyn 1990, S. 21

570 Schirrmacher, Th., Der Römerbrief als Charta der Weltmission, in: Bibel und Gemeinde, Zeitschrift des Bibelbundes, Reiskirchen Nr. 1/1996, S. 63

eingesetzt werden sollten. Sie benötigten im Blick auf ihren Einsatz eine besondere Schulung. Der Einsatz selbst müsste in ganz besonderer Weise durch das Gebet unterstützt werden. Auch wäre ein reger Austausch unter denen, die diese schwere Pionierarbeit erfüllen, wichtig.[571] Eine Möglichkeit, in unerreichte Gebiete zu gelangen, könnte die Zusammenarbeit mit schon im Land tätigen Hilfsorganisationen sein.[572] Auch könnte man als Student, Arzt, Diplomat oder Hochschullehrer in für das Evangelium verschlossenen Ländern arbeiten.

Jede einzelne Gemeinde sollte an der Missionierung dieser Welt mitwirken, da dieser große Auftrag letztlich nur durch den Einsatz aller Einzelgemeinden erfüllt werden kann.[573]

Der Text aus Mt 24, 14 motiviert die Evangelikalen heute – vor allem seit der Lausanner Missionskonferenz 1974 – wirklich allen Menschen die Botschaft des Evangeliums zu verkündigen, da sie davon überzeugt sind, dass sie sich kurz vor dem Ziel der heilsgeschichtlichen Epoche befinden, in der Jesus seine Gemeinde sammelt und baut. Diese Überzeugung fußt im Ernstnehmen der *»Zeichen der Zeit«* (Mt 24, 3-14; Lk 21, 5-12). Vor allem die Sammlung des Volkes Israel im Land ihrer Väter wird als ein Hinweis gewertet, dass wir Gläubige in die Endphase unserer heilsgeschichtlichen Epoche eingetreten sind (Jer 16, 15; 31, 16.17; Hes 37, 21; Sach 12, 1-9; Lk 21, 24). Dieses Wissen, dass vor dem Kommen Jesu die Missionsarbeit zu ihrer Vollendung gelangt, weckt unter allen Gläubigen heute eine überaus große Motivation zu missionarischem Handeln.[574] Dies ist

---

571 Yamamori, T., Unerreichte Völker. Neue Strategien für einen großen Auftrag, Neuhausen-Stuttgart 1994, S. 84-87

572 ebd., S. 113-118

573 Shenk, D. W.; Stutzman, E. R., Neue Gemeinden. Gemeindegründung im Neuen Testament und heute, Lörrach 1992, S. 202

574 Rommen, E., Die Notwendigkeit der Umkehr. Missionsstrategie und Gemeindeaufbau in der Sicht evangelikaler Missionswissenschaftler Nordamerikas, Gießen; Basel 1987, S. 232-235. Wertvoll sind dazu die Ausführungen von Gassmann, L., Weltmission im Blick auf die Wiederkunft Jesu Christi, in: Werdet meine Zeugen. Weltmission im Horizont von Theologie und Geschichte, hg. v. H. Kasdorf; F. Walldorf; Neuhausen-Stuttgart 1996, S. 250-263

auf das Verlangen der Gläubigen zurückzuführen, sich an der Vollendung des göttlichen Heilsplanes zu beteiligen.[575] Die Gemeinden beten um Arbeiter, die mithelfen, die Ernte einzubringen, die Gott weltweit ausreifen ließ (Mt 9, 37.38). Ich teile mit Paul Wagner den Eindruck, dass der Gebetseifer für die Missionierung der Welt in den Gemeinden Europas unbedingt zunehmen sollte.[576]

Die Gemeinden sollten in ihren Gebetsstunden und in den Hauskreisen z. B. mit Hilfe des Buches »Gebet für die Welt«[577] besonders für ganz bestimmte unerreichte Volksgruppen beten, denn das Erreichen dieser Gruppen mit dem Evangelium hat in den nächsten Jahren höchste Priorität.[578]

Die Gemeindeleitungen der einzelnen Gemeinden sollten sich ganz besonders für das missionarische Anliegen einsetzen. Sie sollten besondere Missionssonntage und andere missionarische Anlässe organisieren mit dem Ziel, dass das missionarische Anliegen in der Gemeinde wächst und junge Menschen von Jesus in den missionarischen Dienst gerufen und gesandt werden. Hans Kasdorf macht die gewichtige Aussage:

> »Eine Gemeinde, die aufhört zu senden, hört auf, Gemeinde zu sein.«[579]

Es ist wichtig, dass sich die verantwortlichen Leiter einer Gemeinde für die Zusammenarbeit mit ganz bestimmten Missionen entscheiden. Sicherlich sind bei dieser Entscheidung besonders die Missionen der Denomination, in der sich die Gemeinde befindet, und die, die mit der Denomination eng zusammenarbeiten, zu berücksichtigen.

---

575 ebd., S. 147

576 Wagner, P., Ein Herz für Weltmission. Berufung, Hindernisse, Möglichkeiten, Neuhausen-Stuttgart 1985, S. 34

577 Johnstone, P. J., Gebet für die Welt. Handbuch für Weltmission, Neuhausen-Stuttgart 1994[6]

578 Yamamori, T., Unerreichte Völker, S. 216-217

579 zit. nach Kasdorf, H., Unaufgebbare Dimensionen der Weltmission, in: Werdet meine Zeugen, S. 279

6.2 Wer soll als Missionar ausgesandt werden?

Wenn ich im weiteren Verlauf meiner Ausführungen vom Missionar rede, meine ich damit auch die Missionarinnen und die Missionarsfamilien.

Um die Frage beantworten zu können, wer als Missionar ausgesandt werden soll, werfen wir kurz einen Blick in das Leben des ersten großen Missionars, nämlich in das Leben von Paulus.

Bevor Paulus von der Gemeinde zum missionarischen Dienst ausgesandt wurde, hatte er bereits eine persönliche Berufung zu diesem Dienst (Apg 22, 21; 26, 16-18; Gal 1, 15.16). Die Aussendung durch die Gemeinde war eigentlich nur eine Bestätigung seiner persönlichen Berufung. Diese persönliche Berufung und die durch den Heiligen Geist geleitete Bestätigung durch die Gemeinde (Apg 13, 1-3) waren für ihn in all den Schwierigkeiten seines missionarischen Dienstes eine wertvolle Stütze.

Nur wer durch den Herrn persönlich zu diesem Dienst berufen wurde, soll als Missionar ausgesandt werden. Der Ruf ist selektiv (Mk 3, 13.14), persönlich und spezifisch (Eph 4, 11). Ab und zu befähigt Jesus auch Älteste, geleitet durch den Heiligen Geist, eine Berufung auszusprechen. Dies ist mit einer großen Verantwortung vor Gott verbunden und sollte deshalb nach viel Gebet mit großer Sorgfalt praktiziert werden.[580] Die Berufung ist deshalb so wichtig, weil sie auf die Begabung zu diesem Dienst hinweist. Jesus ruft nämlich die Gläubigen zu dem Dienst, zu dem er sie begabt hat. Die Begabung besteht u. a. darin, dass der Berufene in der Lage ist, sich in eine andere Kultur einzuleben und in ihr das Evangelium verständlich weiterzugeben, so dass Gemeinde Jesu entstehen und sich entfalten kann.[581] Die

580 Müller, J., Die Verantwortung der Gemeinde für die Weltmission, in: Dokumentation, Informationsdienst der Evangelischen Allianz, Wetzlar Nr. 5/1986, S. 10

581 Wagner, C. P., Die Gaben des Geistes für den Gemeindeaufbau. Wie Sie Ihre Gaben entdecken und einsetzen können, Neukirchen-Vluyn 1993^5, S. 118-119

Berufung ist aber auch nötig, um die Anfechtungen, die mit dem missionarischen Dienst verbunden sind, durchstehen zu können.[582] Diese Berufung wird darin sichtbar, dass der angehende Missionar sein Leben auf die Verwirklichung dieses Rufs ausrichtet. Zuerst sucht er das Gespräch mit den Ältesten, um ihnen mitzuteilen, was in seinem Herzen langsam zur Gewissheit heranreift. Er fordert sie auf diese Weise heraus, ihm zu helfen, sich seiner Berufung gewiss zu werden.[583] Gerade durch ein helfendes und korrigierendes Gespräch mit der Gemeindeleitung könnte die »Ausfallquote« bei den Missionaren nach dem ersten »Term« erheblich gesenkt werden.[584] Er absolviert im Blick auf seinen missionarischen Dienst eine gute Ausbildung an einer bibeltreuen Ausbildungstätte und leitet alles in die Wege, um in dem Land, das Gott ihm gezeigt hat, einen missionarischen Auftrag erfüllen zu können. Er nimmt mit einer entsprechenden Missionsgesellschaft Kontakt auf und beginnt die nötigen Grundsprachen des Landes (in den meisten Fällen entweder Englisch, Französisch, Portugiesisch oder Spanisch) zu lernen. Wenn es sich um eine einheimische Sprache handelt, lernt er sie in der Regel später auf dem Missionsfeld. In einem Wycliff-Kurs eignet er sich die Grundkenntnisse an, wie man eine Sprache erlernt.

Auch bei der Wahl des Ehepartners achtet er darauf, dass dieser sich ebenfalls zum missionarischen Dienst gerufen weiß, gleiche Ziele hat und ähnliche Voraussetzungen mitbringt.[585]

Er macht dann in der Gemeinde, die ihn aussenden wird, ein Praktikum (vgl. den Dienst von Paulus und Barnabas in der Gemeinde in Antiochien während eines Jahres, Apg 11,26). Schön ist, wenn es die Gemeinde ist, in der er aufgewachsen ist; aber dies muss

---

582 Holzhausen, A., Missionsdienst – wer hat das Zeug dazu? in: Mission unter Beschuss. Missionspraktiker antworten auf kritische Fragen, hg. v. A. Holzhausen, Neuhausen-Stuttgart 1996, S. 186-187

583 Müller, J., Die Verantwortung der Gemeinde für die Weltmission, S. 13

584 Herm, D., Gemeinde und Mission, Wuppertal; Zürich 1989, S. 51

585 Wagner, P., Ein Herz für Weltmission, S. 93-94

nicht unbedingt der Fall sein. So war z. B. die Gemeinde in Antiochien weder bei Barnabas noch bei Paulus die Gemeinde, zu der sie gleich von Anfang an eine nähere Beziehung gehabt hatten.[586]

In dieser Zeit sollte sein Ruf durch die Gemeinde bestätigt werden können. Die Gemeinde sollte geleitet durch den Heiligen Geist den Eindruck gewinnen, dass sich dieser Praktikant zum vorgesehenen missionarischen Dienst eignet, denn in einem Praktikum kommen die Eigenschaften zum Vorschein, die für einen missionarischen Dienst wichtig sind. Es wird sichtbar, wie sein persönliches Verhältnis zu Jesus ist. Auch wird deutlich, ob er in der Lage ist, das Wort Gottes so auszulegen, dass die gläubigen Hörer angesprochen sind und Ungläubige sich bekehren. Dem Umgang mit anderen Menschen muss bei einem werdenden Missionar ein besonderes Augenmerk geschenkt werden, da er ja auf dem Missionsfeld meistens mit Missionaren aus anderen Ländern und Kulturen und auch mit einheimischen Mitarbeitern zusammenarbeiten muss.[587] Auch zeigen sich seine charakterlichen Stärken und Schwächen. Es wird sichtbar, ob er bereit ist, in seinem Dienst Leiden zu ertragen (2. Tim 2, 3). Mangelnde Leidensbereitschaft macht untüchtig zum missionarischen Dienst. In dieser Praktikumszeit wird weiter deutlich, ob er Korrektur annehmen kann und ob er bereit ist, Neues dazuzulernen. Beides ist für den Dienst in der Mission wichtig. Sollte er sich rechthaberisch und unnachgiebig benehmen, ist er nicht geeignet für den Missionsdienst.[588] Im Blick auf seine missionarische Tätigkeit muss er ein Beter sein oder werden, denn das, was Gott durch ihn wirkt, ist in erster Linie Antwort auf seine Gebete.

Die helfende und ermutigende Begleitung des Praktikanten durch Verkündiger und Älteste ist von großer Bedeutung.

586 Herm, D., Gemeinde und Mission, S. 46

587 Davies, S., Missionsgeschehen heute, in: Ein Herz für Missionare, hg. v. M. Goldsmith, Marburg a. d. Lahn 1992, S. 70-71

588 Foyle, M. F., Gestresst, verletzt und ausgebrannt. Risiken und Nebenwirkungen des vollzeitlichen Dienstes, Basel; Gießen; Rheineck 1995, S. 130-131

Gerade der Einblick in das Leben des angehenden Missionars sollte in der Gemeinde zur Überzeugung führen, dass er für den missionarischen Dienst geeignet ist.[589] Nur wenn die Gemeinde bei der Berufung eines Missionars mitreden kann, ist sie später auch bereit, verantwortungsvoll hinter ihm zu stehen.

Missionare, die unter unerreichten Volksgruppen arbeiten wollen, brauchen eine gute Berufsausbildung (Krankenpfleger, Arzt, Augenarzt, Tierarzt, Sprachlehrer, Landwirt). Der Beruf macht den Missionar dort, wo er arbeiten wird, zu einer wertvollen Persönlichkeit für die Bevölkerung – natürlich unter dem Vorbehalt, dass er den Zugang zur Bevölkerung findet. Genau dieser Umstand, dass er für die Menschen wertvoll erscheint, ist die Brücke, um diese Menschen mit dem Evangelium zu erreichen.[590]

6.3 Der Auftrag des Missionars

Um herausspüren zu können, ob sich ein Praktikant für den vorgesehenen missionarischen Dienst eignet, muss die Gemeinde wissen, was der Auftrag eines Missionars ist.

Der Missionar ist beauftragt, zuerst das Wort Gottes, das Evangelium, zu verkündigen. Er muss in seinen Botschaften auf Jesus als den gekreuzigten und auferstandenen Christus hinweisen. Er muss aufzeigen, wie man durch das Erlösungswerk Jesu zum Heil gelangen und sich in Buße an Jesus wenden kann. Das Großartige an der Verkündigung des göttlichen Wortes ist, dass es in sich die Kraft

589 Peters, G. W., Missionarisches Handeln und biblischer Auftrag. Eine Theologie der Mission, Bad Liebenzell 1977, S. 319-326. Wenn sich eine Gemeinde eine Person als Missionskandidat oder -kandidatin vorstellen kann, sollte die Missionsgesellschaft vor einer Annahme noch folgende heiklen Fragen klären: Bestehen Neigungen zur Homosexualität? Hat der Bewerber/die Bewerberin schon außereheliche Beziehungen gehabt? Bei einem Ehepaar: Bestehen gegenwärtig Eheprobleme? Vgl. Foyle, M. F., Gestresst, verletzt und ausgebrannt, S. 133-136

590 Yamamori, T., Unerreichte Völker, S. 79-82

besitzt, das Gesagte auch zu bewirken (Jes 55, 10 f.). Deshalb kommt der Verkündigung des Evangeliums in der Mission höchste Priorität zu.[591] Zugleich darf er bei der Weitergabe des Evangeliums mit dem Wirken des Heiligen Geistes rechnen. Der Heilige Geist überführt die Menschen von ihren Sünden und macht ihnen deutlich, dass Jesus sie durch sein Erlösungswerk retten kann. Er ist es auch, der in ihnen das Verlangen weckt, diese ihnen in Christus angebotene Rettung anzunehmen (Joh 16, 7-11). Das verkündigte Wort Gottes hat in sich die gewaltige Kraft, Menschen zu einer Bekehrung zu führen.[592]
Damit die Menschen begreifen können, was der Missionar eigentlich meint, muss er nicht nur ihre Sprache sprechen, sondern auch mit ihrer Kultur – mit ihren Sitten, Bräuchen, ihrer Weltanschauung, Denkweise und Mentalität – vertraut sein, denn er kann sie nur im Rahmen ihres Kulturmilieus zu einer Bekehrung und Wiedergeburt und schließlich in die Nachfolge Jesu führen.[593] Damit die Menschen auf seine Botschaft hören, muss er sich auch in seiner ganzen Lebensweise den kulturellen Gegebenheiten anpassen (1. Kor 9, 19-23). Sie sollen spüren, dass er sie als gleichwertig ernst nimmt. Dazu ist es nötig, dass er mit ihnen tragfähige Beziehungen aufbaut.[594] Vor allem braucht er ein Herz voll Liebe zu den Menschen, die er für Jesus gewinnen möchte, auch wenn sie oft so ganz anders sind.[595] Er wird ihnen aber auch vorbildlich vorleben, wie ein Leben mit Jesus in eben dieser kulturellen Umgebung aussehen kann. Dies ist nur möglich, wenn sein eigenes Leben immer mehr Jesus ähnlich wird.[596]

591 Beyerhaus, P., Er sandte sein Wort. Theologie der christlichen Mission, Bd. 1: Die Bibel in der Mission, Wuppertal; Bad Liebenzell 1996, S. 447

592 Kaiser, B., Mission in der Kraft des Heiligen Geistes, in: Werdet meine Zeugen, S. 118

593 Kasdorf, H., Die Umkehr. Bekehrung in ihren theologischen und kulturellen Zusammenhängen, o. O. 1989, S. 123

594 Krallmann, G., Leidenschaftliche Leiterschaft. Der Auftrag Jesu zur Mission, Wuppertal; Wittenberg 1995, S. 183-184

595 Griffiths, M., Es gibt Größeres. Kursbuch für Weltmission, Gießen; Basel 1981³, S. 54

596 Krallmann, G., Leidenschaftliche Leiterschaft, S. 193-194

Er muss die neu gewonnenen Jünger Jesu in Gemeinden integrieren (Apg 11,22-24). Sind keine Gemeinden vorhanden, wird er so bald wie möglich solche gründen (Apg 14). Wenn wir die unerreichten Volksgruppen mit dem Evangelium erreichen wollen, müssen Missionare in Zukunft Wege finden, in Ländern Gemeinden zu gründen, wo dies offiziell nicht erlaubt ist. Der beste Weg dazu ist die Freundschafts-Evangelisation.[597]

Er wird dann seine ganze Kraft für den Bau und das Wachstum dieser Gemeinden einsetzen (Apg 20,26-32). Solche Gemeinden werden durchaus von der jeweiligen Kultur geprägt sein. Die Anpassung an die einheimische Kultur ist jedoch nur soweit berechtigt, wie sie die biblischen Wertmaßstäbe und Prinzipien für den Gemeindebau nicht verletzt.[598] Damit die Anpassung der einheimischen Gemeinde in biblisch verantwortbarer Weise an die vorgegebene Kultur möglich ist, muss der Missionar zwischen den eigentlichen Schwerpunkten der biblischen Botschaft und ihrer westlichen Ausprägung – z. B. Gesang, Musik, Gottesdienstgestaltung, Gebäude – unterscheiden können.[599]

Der Missionar wird darum besorgt sein, dass in diesen Gemeinden die neuen Gemeindeglieder gründlich in das Wort Gottes eingeführt werden und dass dem Gebet ein hoher Stellenwert beigemessen wird. Auf diese Weise werden die wachsenden Gemeinden bewahrt vor synkretistischen Einflüssen und Irrlehren, die es im Umfeld einer jeden Gemeinde gibt (1. Tim 4,1-5; 6,3-10).[600]

Die neu gegründeten Gemeinden sollten dahin geführt werden, dass sie in sich den Wunsch tragen, neue Gemeinden in den umliegenden Regionen zu gründen und Volksgruppen zu erreichen, die ihnen nahe stehen, bis dahin, das Ende der Erde im Blick zu haben.

597 Yamamori; T., Unerreichte Völker, S. 107
598 Peters, G. W., Gemeindewachstum. Ein theologischer Grundriss, Bad Liebenzell 1982, S. 204
599 Holzhausen, A., Mission zerstört doch nur die wertvolle Kultur der Völker! in: Mission unter Beschuss, S. 78
600 Beyerhaus, P., Er sandte sein Wort, S. 679

Gerade im Bereich des Gemeindebaus sollten möglichst rasch einheimische Verkündiger, Missionare und Leiter herangebildet werden, damit für die ganze Bevölkerung klar wird, dass das Christentum nicht eine Religion des Westens ist und dass keine christliche Neokolonisation angestrebt wird.[601] Diese zukünftigen Leiterpersönlichkeiten können durch Privatunterricht und eine Mentorbeziehung in ihre Aufgabe eingeführt werden, ohne dass sie aus ihrer gewohnten Umgebung herausgerissen werden.[602]

In den meisten Missionsgebieten der Welt bemühen sich heute einheimische Missionare, ihre Landsleute mit dem Evangelium zu erreichen – und zwar für einen Bruchteil der Kosten, die für westliche Missionare aufgewendet werden müssten.[603] Da sie die Denkweise und die Kultur ihrer Landsleute verstehen, können sie ihnen das Evangelium viel besser weitergeben als westliche Missionare. Deshalb besteht die Aufgabe der Mission heute auch darin, die einheimischen Verkündiger, Missionare und Leiter gut auszubilden, so dass sie wachsende Gemeinden führen können und in der Lage sind, neue Gemeinden zu gründen. Die Art der Ausbildung sollte der vorgegebenen Situation angepasst werden. Daniel Herm schreibt dazu:

> »In ähnlicher Weise müssen wir uns davor hüten, die bei uns bestehenden Formen von Zurüstung und Ausbildung einfach in andere Länder zu übertragen, jedoch müssen wir uns fragen, welche Formen der Unterweisung und Zurüstung zum Dienst der Situation der Gemeinden ihren Bedürfnissen und auch den Umweltbedingungen entsprechen.«[604]

---

601 Packer, J., Das Werk des Heiligen Geistes – Überwindung und Bekehrung, in: Evangelisation mit Leidenschaft, S. 187

602 Livingstone, G., Gemeindegründung in der Islamischen Welt. Dynamik der Teamarbeit, Basel; Gießen; Rheineck 1996, S. 197

603 Yohannan, K. P., Weltmission auf neuen Wegen. Eine ungeahnte Chance, Kreuzlingen 1994, S. 56

604 zit. nach Herm, D., Gemeinde und Mission, S. 53

Insbesondere wird die Mission sich darum bemühen, die zukünftigen einheimischen Leiterpersönlichkeiten durch Wort und praktische Anweisung anzuleiten, wie sie das, was das Wort Gottes im Blick auf das persönliche Leben, die Ehe, die Familie, die Gemeinde und die Gesellschaft lehrt, mit Jesu Hilfe in die Tat umsetzen können. Lehre und Erfahrung in der Praxis gehören unzertrennlich zusammen.[605]

Wenn nötig soll die Mission vorübergehend für die Kosten dieser einheimischen Missionare aufkommen, bis die neu gegründeten Gemeinden sie finanziell tragen können. Die Unterstützung einheimischer Missionare erfordert von den Gemeinden des Westens oft eine große Überwindung. Durch diese Unterstützung geschieht in der weltweiten Gemeinde Jesu ein gottgewollter Ausgleich (2. Kor 8, 13-14). Die reichen Gemeinden des Westens helfen mit ihrem Überfluss den armen Gemeinden in den Missionsgebieten. So fällt wiederum der Segen Gottes auf die Gemeinden des Westens.[606]

Und doch braucht es nach wie vor in unerreichten Stämmen und Völkern, aber auch in den Großstädten, Pioniermissionare aus dem Westen.

Das Gründen neuer Gemeinden durch das Hinführen von Menschen zu ihrem Retter, Jesus Christus, und der biblische Bau bestehender Gemeinden ist auf dem Missionsfeld das Allerwichtigste. Alle missionarische Tätigkeit dient letztlich dazu, die einheimische Gemeinde Jesu im Bau ihrer Gemeinden und im Gründen von neuen Gemeinden zu unterstützen. Wenn dies nicht das eigentliche Ziel eines jeden Missionars ist, ist sein Dienst verfehlt.

Im Blick auf dieses Ziel ist auch das diakonische Engagement wichtig, weil viele Menschen körperlich leiden. Das Erbarmen mit diesen Menschen, das Jesus in uns wirkt, bewegt uns, zu ihnen zu gehen und ihnen diakonisch zu helfen. Um dem Hunger zu begegnen, muss

605 Krallmann, G., Leidenschaftliche Leiterschaft, S. 221
606 Yohannan, K. P., Weltmission auf neuen Wegen, S. 73

man der einheimischen Bevölkerung zeigen, wie sie das Land besser bearbeiten kann und zu einer guten Trinkwasserversorgung kommt. Den Kranken können Ärzte und Krankenschwestern in Krankenhäusern und Kliniken helfen. Der eben beschriebene diakonische Dienst wird als eine Brücke verstanden, um Menschen mit der Botschaft des Evangeliums zu erreichen. Für alle, die sich im diakonischen Bereich einsetzen, muss klar sein, dass das Heil – die Vergebung der Sünden und der Empfang eines neuen Lebens – der äußeren Hilfe und der Bemühung um die Heilung bei Kranken vorgeordnet ist.[607] Alle äußere Hilfe hat nur eine zeitlich begrenzte Auswirkung. Dadurch wird sie in keiner Weise nebensächlich, doch kommt ihr nicht die höchste Priorität zu. Oberste Priorität hat immer die Hinführung der Menschen zum Heil, denn ein Mensch, der das ihm in Christus angebotene Heil annimmt, ist ewig gerettet (Röm 5, 8-10).

Überall in der Welt führt der evangelistisch ausgerichtete diakonische Dienst zu einem starken Gemeindewachstum.

Dieser diakonische Dienst an den Ärmsten dieser Welt erfordert von den Gläubigen aus den reichen westlichen Ländern finanzielle Opfer. Doch wenn die Gläubigen der westlichen Welt sich um die Bedürfnisse der Armen in der Welt kümmern würden, würden sie einer säkularisierten Welt die Botschaft des Evangeliums so glaubhaft vorleben, dass diese wieder bereit wäre, darauf zu hören.[608]

Um eine Region und schließlich ein Volk mit der Botschaft des Evangeliums zu durchdringen, kommt der Evangelisation unter den Familienmitgliedern und Freunden die wichtigste Bedeutung zu.[609] In einer späteren Phase können Schulen einen großen Einfluss ausüben. Aus diesem Grund sollten sich die Missionen um den Aufbau von Grundschulen und Gymnasien bemühen. Für eine größere Region

607 Beyerhaus, P., Er sandte sein Wort, S. 563-564

608 Houston, T., Gute Nachricht für die Armen, in: Evangelisation mit Leidenschaft, S. 115

609 Yamamori, T., Unerreichte Völker, S. 100

könnte sogar der Aufbau einer Universität ins Auge gefasst werden. An diesen Schulen muss es darum gehen, das Wort Gottes im ganzen Fächerspektrum als sinnstiftende Mitte weiterzugeben.

- Das Ziel dieser Schulen soll sein, dass die Schüler mit dem Evangelium vertraut gemacht werden, so dass sie Jesus als ihren Retter annehmen können.
- Die gläubigen Schüler sollen in eine Gemeinde integriert werden.

Wir sehen: Wirtschaftliche Hilfe, Krankenhäuser, Kliniken und Schulen sollen dazu dienen, dass die Gemeinde Jesu in diesem Land wächst. Wenn das nicht der Fall ist, wenn von der Mission nur noch fromme Entwicklungshilfe geleistet wird, verpuffen in all diesen Bereichen unnötig Gelder und missionarische Kräfte. K. P. Yohannan formuliert dies so:

> »Es ist ein Verbrechen an der verlorenen Menschheit, im Namen Jesu und der Missionen hinauszugehen und nur soziale Arbeit zu tun, und es dabei zu unterlassen, Menschen zur Buße aufzurufen, ihre Götter und ihre Rebellion aufzugeben und Jesus von ganzem Herzen nachzufolgen« … »Der ursprüngliche Grund für das Leiden in der Welt ist Sünde. Der Kampf gegen Hunger und Armut ist ein geistlicher Kampf, nicht ein physischer oder sozialer Kampf. Die einzige Waffe, die letztendlich diesen Kampf gewinnen wird, ist das Evangelium von Jesus Christus.«[610]

Zugleich soll die wachsende einheimische Gemeinde in allen, auch in den diakonischen Arbeitsbereichen, nach und nach in die Hauptverantwortung eingeführt werden. Nur was von der einheimischen Gemeinde getragen und geführt wird, ist im Blick auf die Zukunft überlebensfähig und kann zu ihrer Auferbauung dienen.[611]

---

610 zit. nach Yohannan, K. P., Weltmission auf neuen Wegen, S. 94.96

611 Griffiths, M., Gottes herrliches Volk. Auftrag, Aufbau und Erneuerung der Gemeinde, Gießen; Basel 1985³, S. 89

ab diesem Zeitpunkt kann sie sich endgültig von den ausländischen Missionaren lösen. Die einheimische Gemeinde ist dann in der Lage, Damit die einheimische Gemeinde in allen Bereichen eigenständig werden kann, braucht sie die Bibel in ihrer eigenen Sprache. Erst sich das Wort Gottes unter der Leitung des Heiligen Geistes immer wieder neu anzueignen und es umzusetzen.[612]

Im Blick auf das Selbstständigwerden der einheimischen Gemeinde muss ein Missionar in allen Bereichen, in denen er arbeitet, grundsätzlich zur Zusammenarbeit mit einheimischen Mitarbeitern oder Vorgesetzten bereit sein. Er sollte sich als dienender Partner verstehen. Dies erfordert von ihm Zurückhaltung, Geduld und Demut; für Besserwisserei bleibt kein Platz. In einer solchen Zusammenarbeit geschieht gegenseitige Ermutigung, Beratung, Hilfe und Korrektur.

Ein Missionar, der unter unerreichten Volksgruppen arbeitet, muss besondere Einschränkungen, Gefahren und Einsamkeit auf sich nehmen. Die unerreichten Regionen unserer Erde sind oft schmutzig und korrupt. Gerade in solchen Gebieten ist es wichtig, dass ein Missionar flexibel ist. Er sollte aus jeder Begebenheit das Beste im Blick auf die Missionierung dieser Menschen machen können.[613] Auf was ein Missionar unter unerreichten islamischen Volksgruppen achten muss, zeigt Greg Livingstone in seinem Buch »Gemeindegründung in der Islamischen Welt«. Besonders wichtig scheint Livingstone, dass er die Menschen mit dem Evangelium zu erreichen sucht, die ihm kulturell am nächsten stehen.[614] Er empfiehlt, in den Großstädten islamischer Länder mit Gemeindeaufbauteams zu arbeiten, die das Ziel haben, unter den moslemischen Bewohnern Gemeinden aufzubauen mit einer einheimischen Leiterschaft. Die Teams dienen als Prototypen der werdenden Gemeinden, wobei die verschiedenen Teammitglieder sich ihren Gaben entsprechend ergänzen und ermu-

612 Beyerhaus, P., Er sandte sein Wort, S. 88
613 Yamamori, T., Unerreichte Völker, S. 62-64
614 Livingstone, G., Gemeindegründung in der Islamischen Welt, S. 99

tigen können.[615] Die Teammitglieder helfen den Neubekehrten, eine der Kultur angepasste Konvertitengemeinde aufzubauen. Sie bilden zukünftige Leiter heran und begleiten sie.[616]

Was auch immer ein Missionar in dem Land tut, das Gott ihm zuweist, sei es als Verkündiger, als Bibelschullehrer, Arzt, Krankenpfleger, Lehrer, Landwirt usw., so wird er doch mit seinem Dienst zwei Ziele anstreben:

1. Er ist beauftragt, die Menschen, mit denen Gott ihn zusammenführt, zu Jüngern zu machen und in Gemeinden zu integrieren oder mit ihnen Gemeinden aufzubauen. Dies ist nur dann möglich, wenn er mit ihnen kommunizieren kann. Er muss also sowohl die Sprache des Volkes oder der Volksgruppe, in welcher er lebt, als auch ihre Denkweise kennen.[617]
2. Er soll mit seiner Arbeit den selbstständigen Aufbau der einheimischen Gemeinde in allen Bereichen fördern. Die wachsenden Gemeinden verändern die Gesellschaft, in der sie leben, im sozialen, moralischen, wirtschaftlichen und kulturellen Bereich, da sie von den Normen und Werten der Bibel und ihrem Weltbild geprägt sind.[618] Eine Kultur wird besonders stark verändert, wenn die führende Schicht des Volkes den Weg zu Jesus und in die Gemeinde gefunden hat.[619] Jede Gemeinde, die nach den Normen und Wertmaßstäben der Bibel lebt, kommt in Konflikt mit der sie umgebenden Kultur, denn jede Kultur ist mehr oder weniger von Sünde geprägt. Dies gilt auch für Europa, wo der Materialismus, der Individualismus und die Abwertung der Ehe die Kultur prägen. Die Gläubigen versuchen deshalb, die Kultur zu verändern. Veränderung ist aber nicht Zerstörung der Kultur, vielmehr wird

615 ebd. S. 111-127

616 ebd. S. 245

617 Shenk, D. W.; Stutzman, E. R., Neue Gemeinden, S. 126-127

618 Peters, G. W., Gemeindewachstum, S. 220-221; Shenk, D. W.; Stutzman, E. R., Neue Gemeinden, S. 119-120

619 Kasdorf, H., Die Umkehr, S. 137

die vorgegebene Kultur von den Christen von sündlichen Ausprägungen befreit. Weiter versuchen sie, die Kultur mit den biblischen Wertmaßstäben zu durchdringen. Dies geht deutlich aus der Missionsgeschichte hervor. Christen traten überall auf der Welt gegen die Missstände der Kulturen auf wie Kannibalismus, Witwenverbrennungen, Tempelprostitution, Unbarmherzigkeit gegenüber den Armen, Krüppeln, Waisen und Kranken.[620]

Dass sich Missionsarbeit eben gerade nicht kulturzerstörend auswirkt, hat Ka'egso Hery in einem Erlebnisbericht über das indianische Volk der Kaingang im Süden Brasiliens aufgezeigt. Dank des Einsatzes von Missionaren konnte dieses Volk mit seiner Kultur vor dem Untergang gerettet werden.[621]

6.4 Die Aussendung von Missionaren

In Apg 13,3 wird uns modellhaft gezeigt, wie die Aussendung von Missionaren vor sich gehen könnte.

Nachdem die Gemeinde durch den Heiligen Geist davon überzeugt war, dass Barnabas und Saulus zu dem missionarischen Dienst berufen und befähigt waren, unternahmen sie drei Dinge:

1. Sie *»fasteten und beteten«* für die beiden Missionare.

Es scheint mir zunächst wichtig, darauf hinzuweisen, dass die örtliche Gemeinde Missionare aussendet.

Wenn eine Gemeinde – gewirkt durch den Heiligen Geist – von ihrem Praktikanten überzeugt ist, dass er für den missionarischen Dienst berufen und geeignet ist, sollte sie vor dem Aussendungs-

---

620 Holzhausen, A., Mission zerstört doch nur die wertvolle Kultur der Völker! in: Mission unter Beschuss, S. 76

621 Hery, K., Mission und Kultur – ein Erfahrungsbericht, in: Mission unter Beschuss, S. 92-108

gottesdienst für ihn *»fasten und beten«*. Durch Fasten und Beten nimmt die Gemeinde ernst, dass dieser junge Mensch noch viele Hindernisse überwinden muss, bis er in seinem Bestimmungsland seinen missionarischen Auftrag erfüllen kann. Zumeist muss er ja noch eine fremde Sprache lernen und sich in eine andere Kultur einleben. Die Gemeinde sollte, um konkret beten zu können, über das Land, seine Kultur, das Klima und die besonderen Schwierigkeiten, die den Missionar erwarten, informiert werden. Dieses anteilnehmende Fasten und Beten ist für den Missionar eine große Ermutigung. Zugleich darf er wissen, wenn er verheiratet ist, dass Gott die Ehe stärkt und die Kinder im Blick auf ihre Schulung und ihren späteren Beruf helfend umsorgt und sie wunderbar führt.[622] In diesem Zusammenhang gibt Marjory F. Foyle den Missionaren hilfreiche Tips für den Umgang mit ihren Kindern. Sie zeigt auch, wie die schulischen Fragen auf dem Missionsfeld gelöst werden können.[623]

2. Sie *»legten ihnen die Hände auf«*. Das Auflegen der Hände ist zunächst ein Zuspruch des göttlichen Segens. Zugleich ist es aber auch ein Akt der Identifikation. Die Ausgesandten gehen stellvertretend für die ganze Gemeinde.

Den Missionaren sollten auch noch heute von der Gemeinde am Aussendungsgottesdienst die Hände aufgelegt werden. Zwei oder drei Älteste, die vor Gott die Gemeinde repräsentieren, sollten dem Missionar, der Missionarin oder dem Missionarsehepaar die Hände auflegen und im Blick auf ihren Dienst um den Segen Gottes bitten. Dieser Identifikationsakt verpflichtet die Gemeinde auch, den Dienst des Missionars, der stellvertretend für die ganze Gemeinde hingeht, mitzutragen. Dies geschieht zunächst einmal im Gebet. Weiter soll die Gemeinde für einen großen Teil der finanziellen Unterstützung ihres Missionars aufkommen. Die sendende Gemeinde darf sich nicht um diese wichtige Verantwortung drücken.

---

622 Wagner, P., Ein Herz für Weltmission, S. 114-115
623 Foyle, M. F., Gestresst, verletzt und ausgebrannt, S. 80-94

3. Am Schluss von Vers 3 lesen wir: »*Sie entließen sie.*« Sie ließen diese beiden fähigen Brüder los. Diese konnten jetzt ihre missionarische Aufgabe anpacken. Das Freistellen der beiden Brüder zum missionarischen Dienst bedeutete für die Gemeinde ein Opfer.

Wer sich von Jesus in die Mission geführt sieht, hinterlässt in der Gemeinde meistens eine empfindliche Lücke, die nicht so schnell wieder geschlossen werden kann. Darum besteht die Gefahr, dass die Verantwortlichen einer Gemeinde die fähigen Leute in der eigenen Gemeinde behalten möchten. Jesus, der Herr der Gemeinde, will jedoch, dass die Gemeinde die besten Leute für den missionarischen Dienst freistellt. Dies erfordert natürlich von einer Gemeinde, dass sie bereit ist, für die Mission größte Opfer zu bringen. Michael Griffiths schreibt:

> »Wer keine Lücke hinterlässt, ist auch für die Mission unbrauchbar.«[624]

Bei der Aussendung von Missionaren haben wir auch an ihre Eltern zu denken, die bereit sind, ihre Kinder für diesen wichtigen Dienst freizugeben. Wir wollen ihr großes Opfer anerkennen und ihnen danken.[625] Meistens kostet es auch die Missionare viel Überwindung, sich für längere Zeit von den Eltern, Geschwistern, Verwandten und Freunden zu lösen. Wer diese tiefen Verbindungen um Jesu willen loslässt, dem gilt eine großartige Zusage Jesu: »*Wahrlich, ich sage euch: Da ist niemand, der Haus oder Brüder oder Schwestern oder Mutter oder Vater oder Kinder oder Äcker verlassen hat um meinetwillen und um des Evangeliums willen, der nicht hundertfach empfängt, jetzt in dieser Zeit Häuser und Brüder und Schwestern und Mütter und Kinder und Äcker unter Verfolgungen und in dem kommenden Zeitalter ewiges Leben.*« (Mk 10,29.30)

---

624 zit. nach Griffiths, M., Mut zur Mission, Gießen 1975, S. 31
625 Griffiths, M., Es gibt Größeres, S. 89

Leider gibt es Gemeinden, die noch nie einen Missionar an die Enden der Erde ausgesandt haben. Dies mag verschiedene Gründe haben, mit denen man diesen Umstand zu entschuldigen sucht. Keine dieser Entschuldigungen besteht aber letztlich vor dem Wort Gottes. Dieses Wort gibt einer jeden Gemeinde den Auftrag mitzuhelfen, alle Völker mit dem Evangelium zu erreichen.[626]

6.5 Partnerschaft zwischen dem Missionar und der Gemeinde

Zwischen dem ausgesandten Missionar und der sendenden Gemeinde besteht eine Partnerschaft. Ein Missionsteam, das von einem Ältesten geleitet wird, pflegt die wichtigen Kontakte zu den ausgesandten Missionaren mit Hilfe bestimmter Kontaktfamilien. Das Missionsteam wählt mit dem Missionar zusammen die Kontaktfamilie, die dann für eine gute Verbindung zwischen Gemeinde und Missionar verantwortlich ist. Wir betrachten nun die verschiedenen Bereiche dieser Partnerschaft, auf die uns das Neue Testament hinweist:

Die Gemeinde unterstützt ihren Missionar in der Fürbitte. Sie weiß, dass er nur so seinen ihm von Gott gegebenen Auftrag erfüllen kann (Röm 15,30-32; Eph 6,18-20; Kol 4,2-4). Sie braucht aber Informationen, um den Missionar in rechter Weise im Gebet unterstützen zu können. Paulus wusste dies und hat deshalb die ihn aussendende Gemeinde in bestimmten Abständen wieder besucht, um sie über seine missionarische Tätigkeit zu informieren (Apg 14,26-28; 18, 22.23).

Die wohl wichtigste Aufgabe einer Gemeinde ist auch heute noch, dass sie ihren Missionar in der Fürbitte begleitet. Dies geschieht

626 Pirolo, N., Berufen zum Senden. Praktische Tips für verantwortungsbewusste Christen, Neuhausen-Stuttgart 1993, S. 40

im Gebet in der Familie, in den Hauskreisen, aber vor allem in den Gebetsstunden der Gemeinde.

Damit aber die Fürbitte aktuell bleibt, ist der Missionar beauftragt, die Gemeinde zu informieren. Er sendet in vereinbarten regelmäßigen Abständen wichtige Informationen an die Kontaktfamilie. Die für die Gemeinde wichtigsten Dinge werden in den Gebetsstunden vorgelesen. Die allerwichtigsten Anliegen werden an einer Missionswand publiziert, die sich im Foyer der Gemeinde befinden sollte. Der Missionar sendet der Gemeinde auch einen regelmäßigen Rundbrief, den alle interessierten Gemeindeglieder nach Hause nehmen können.

Tetsunao Yamamori ist der Ansicht, dass die Gemeinden viel intensiver für ihre Missionare und ihre Anliegen beten sollten, damit diese in ihrem Dienst die nötige Kraft und Vollmacht haben.[627] Einerseits brauchen sie Kraft, um den ganz anderen Umständen und kulturellen Gegebenheiten gerecht werden zu können. Es gilt in diesem Zusammenhang zu bedenken, dass gerade jüngere Missionare oft nicht mehr so stark belastbar sind, da sie in einer Wohlstandsgesellschaft aufgewachsen sind. Bei vielen Missionaren kommt es zu Beginn ihres Dienstes zu einem Kulturschock, zu dessen Symptomen fehlendes Interesse, Heimweh, gelegentliche Schlafstörungen, Appetitverlust und Konzentrationsschwierigkeiten gehören können.[628]

Andererseits sehnen sich die Missionare danach, dass Gott im Leben der Menschen, die sie mit dem Evangelium erreichen wollen, eine Türe öffnet (Kol 4, 3).[629] Nicht zu unterschätzen ist der geistliche Kampf, in welchem die Missionare stehen. Der Teufel versucht, die Boten des Evangeliums auf alle erdenkliche Weise – durch Überarbeitung, Krankheit, Unfall, Trennung von den Kindern (wegen deren Schulbildung) und durch das Gefühl der geistlichen Dürre – an der Erfüllung ihres Auftrags zu hindern.

---

627 Yamamori, T., Unerreichte Völker, S. 138-139

628 Foyle, M. F., Gestresst, verletzt und ausgebrannt, S. 149-153

629 Pirolo, N., Berufen zum Senden, S. 113-114

Weiter gilt es zu bedenken, dass ledige Missionare und Missionarinnen mit ganz besonderen Problemen wie Einsamkeit, Gestaltung von Freundschaften und dem Umgang mit sexuellen Gefühlen fertig werden müssen.[630]

Die Gemeinschaft mit dem Missionar besteht auch darin, dass man ihn am Gemeindeleben der Heimatgemeinde Anteil haben lässt, damit er im Gebet mit der sendenden Gemeinde verbunden bleibt (2. Kor 7,6.7; Phil 1,3-5).

Die Kontaktfamilie hält den Missionar über das Geschehen in der Gemeinde auf dem Laufenden. Einmal im Monat sendet sie wichtige Informationen – z. B. den Gemeindebrief – mit einem ermutigenden Begleitbrief an den Missionar. In diesem Brief geht sie auch auf die Fragen und Probleme ein, die der Missionar in seinem letzten Brief angesprochen hat. Ab und zu telefoniert die Kontaktfamilie – sofern dies möglich ist – mit dem Missionar, und die Kinder beider Familien schreiben sich möglicherweise Briefe. Sicherlich sollte sich auch der Verkündiger in gewissen Abständen Zeit nehmen, dem Missionar zu schreiben.

Das Team, das in der Gemeinde für die Mission zuständig ist, wacht darüber, dass der Kontakt zu den Missionaren gut funktioniert, indem es z. B. alle drei Monate mit den Kontaktfamilien das Gespräch sucht.

Um der Wichtigkeit der Verbindung zu den Missionaren ein besonderes Gewicht zu geben, wäre es begrüßenswert, wenn der für das Missionsteam verantwortliche Älteste etwa alle vier Jahre die Missionare der Gemeinde auf ihren Missionsfeldern besuchen könnte, natürlich in Absprache mit den verschiedenen Missionsgesellschaften.[631]

630 Foyle, M. F., Gestresst, verletzt und ausgebrannt, S. 39-54
631 Pirolo, N., Berufen zum Senden, S. 59

Die aussendende Gemeinde ist auch dafür verantwortlich, dass der Missionar die nötige finanzielle Unterstützung erhält, damit er seinen Auftrag erfüllen kann (Phil 4,14.15).

Nach meiner Überzeugung sollte die sendende Gemeinde in Absprache mit der Missionsgesellschaft für den größten Teil des Gehalts des ausgesandten Missionars aufkommen. Der Unterstützungsbetrag sollte von der ganzen Gemeinde genehmigt werden. Dazu ist es nötig, über alle Kosten genau zu informieren, damit man sich ein Bild machen kann, was insgesamt geleistet werden muss.[632] Hat eine Gemeinde mehrere Missionarinnen und Missionare ausgesandt, ist dies mit finanziellen Opfern verbunden. Wenn in einer Gemeinde die echte Opferbereitschaft für die Mission zurückgeht, lässt sie auch in anderen Bereichen nach. Nicht nur die Kassen werden leerer, sondern in allen Bereichen des Gemeindelebens kommt es zu Schrumpfungserscheinungen.[633] Gott ist es, der finanzielle Opfer für den Bau seines Reiches reich segnet (2. Kor 9,7.8).

Die finanzielle Unterstützung wird im Normalfall über das Heimatbüro der Missionsgesellschaft abgewickelt, von der der Missionar ausgesandt wurde.

Es ist die besondere Aufgabe des Missionars, andere anzuspornen, ebenfalls den Weg in die Mission zu wählen (1. Kor 4,16; 1. Thess 1,6-8).

Der Missionar ist beauftragt, besonders im Heimaturlaub die jungen und im mittleren Alter stehenden Menschen seiner Heimatgemeinde zu motivieren, ihr Leben Jesus zur Verfügung zu stellen für den missionarischen Dienst. Er muss sich dabei bewusst sein, dass die meisten jüngeren Menschen Mühe haben, sich für einen Dienst in der Mission zu entscheiden, weil sie nur ungern auf Wohlstand und Karriere verzichten.[634] Er wird deshalb denen, die er für den missio-

632 Walter, J., Die Verantwortung der Gemeinde für die Aussendung von Missionaren, in: Dokumentation, Informationsdienst der Evangelischen Allianz, Wetzlar Nr. 5/1986, S. 19

633 Wagner, P., Ein Herz für Weltmission, S. 63

634 ebd., S. 43

narischen Auftrag gewinnen möchte, zeigen, dass alle Missionsarbeit letztlich zur Verherrlichung Gottes dient. Gott vermag überall auf der Erde Menschen durch das Erlösungswerk seines Sohnes Jesus Christus zu retten und zu verändern. Mit diesen Geretteten baut er seine Gemeinde, die einen segensreichen Einfluss auf die sie umgebende Gesellschaft und Kultur hat. Dadurch wird Gott, der Herr der Gemeinde, verherrlicht.

Der Missionar soll darauf achten, dass der Kontakt mit der sendenden Gemeinde im Heimaturlaub wieder gefestigt wird. Selbst Paulus und Barnabas *»verweilten eine nicht geringe Zeit bei den Jüngern«*, als sie von ihrer ersten Missionsreise nach Antiochien zurückkehrten (Apg 14,28).

Damit die Beziehung zwischen sendender Gemeinde und Missionar vertieft werden kann, sollte er den größten Teil seines Heimaturlaubs in der Heimatgemeinde verbringen. Damit dies möglich ist, sollte die Gemeinde – im Speziellen das Missionsteam – im Blick auf den Heimaturlaub ihres Missionars oder der Missionarsfamilie folgendes beachten:

- Es sollte für eine geeignete Wohnung, die mit allem Notwendigen ausgestattet ist, gesorgt werden.
- Gut wäre, wenn der Missionarsfamilie ein Auto zur Verfügung gestellt werden könnte.
- Die Kinder sollten die Möglichkeit haben, geeignete Schulen zu besuchen. Es ist normal, dass die Kinder in den ersten Wochen in den neuen Schulklassen Anpassungsschwierigkeiten haben.

Während des Heimataufenthaltes sollten der Missionarsfamilie echte Freunde aus der Gemeinde helfend und betend zur Seite stehen,[635] denn ein Missionar, der aus einer anderen Kultur zurückkehrt, muss oft einen starken umgekehrten Kulturschock bewältigen.[636]

---

635 Townsend, A., Ein Missionar kehrt heim, in: Ein Herz für Missionare, S. 52-62
636 Pirolo, N., Berufen zum Senden, S. 140-141

Wenn sich der Missionar mit seiner Familie gut erholt und eingelebt hat, wird er durch persönliche Besuche, Zeugnisse, Vorträge und durch seine Verkündigung der Gemeinde zum Segen werden. Wie ein Missionar einer Gemeinde ganz konkret zum Segen wurde, berichtet Jürgen Walter. Seine Gemeinde, in der er heute Pastor ist, war vor vielen Jahren in einer großen Krise. Ein Missionar, der sich gerade im Heimaturlaub befand, konnte der Gemeinde entscheidend helfen, so dass die Krise überwunden werden konnte.[637] Durch eine tiefe, freundschaftliche Beziehung zur Heimatgemeinde können Probleme mit den Missionarskindern, die in der Heimat weiterführende Schulen besuchen möchten, besser geregelt werden, da Familien der Gemeinde die Kinder dann gerne aufnehmen.[638]

Der Missionar sollte die Zeit des Heimaturlaubs auch für helfende Weiterbildungskurse nutzen. Auch bei einer frühzeitigen Rückkehr des Missionars oder der Missionarsfamilie – sei es aus gesundheitlichen Gründen oder weil die Kinder weiterführende Schulen besuchen wollen, steht ihnen die Gemeinde helfend zur Seite.

6.6 Wesen und Auftrag der Missionsgesellschaften

In der Missionsarbeit geht es darum, dass Gemeinden Missionare aussenden. Sie muss, wenn sie den Missionsbefehl ernst nimmt, auf den Bau der Gemeinde Jesu ausgerichtet sein. Unabhängige, von der Gemeinde gelöste Missionsgesellschaften, wie wir sie heute kennen, waren in neutestamentlicher Zeit undenkbar. Es kam deshalb zu diesen von den Gemeinden unabhängigen Missionsgesellschaften, weil die Gemeinden den Missionsauftrag nicht mehr ernst genommen haben.[639]

637 Walter, J., Die Verantwortung der Gemeinde für die Aussendung von Missionaren, S. 17

638 Griffiths, M., Gottes herrliches Volk, S. 98-99

639 Rommen, E., Die Notwendigkeit der Umkehr, S. 219

George W. Peters schreibt dazu:

> »Als die baptistischen Pfarrer Großbritanniens den Missionsaufruf William Careys nicht ernst nahmen, gründeten dreizehn gläubige Männer eine Gesellschaft, und das war der mutige Anfang der großen Pionier-Baptistenmission. In gleicher Weise entstanden die London Missionary Society und Church Missionary Society. Die meisten der kontinental-europäischen Missionsgesellschaften entstanden dergestalt, dass ein Mann oder mehrere im Glauben an Gott und im Gehorsam gegen sein Wort sich zur Gründung entschlossen ... die Gemeinden ... ließen sie sich um sich selbst drehen und in sich selbst abgeschlossen sein.«[640]

Aus dieser Form von Mission ergab sich das große Problem, dass es die Gemeinden auf den Missionsfeldern mit Missionsgesellschaften zu tun hatten, die sie nicht mit den Gemeinden der Länder, wo die Missionare herkamen, in Verbindung brachten.[641] Zugleich wurde den örtlichen Gemeinden die Verantwortung für die Weltmission abgenommen. Die Missionsgesellschaften fanden auch die Kommunikation mit den örtlichen Gemeinden kaum mehr notwendig.[642] Wenn sie personelle oder finanzielle Probleme hatten, wandten sie sich an ihren Freundeskreis.

Nachdem sich in den letzten Jahrzehnten die evangelikalen Gemeinden wieder vermehrt ihres Missionsauftrages bewusst geworden sind, gelangten sie zur Überzeugung, dass Mission Sache der Gemeinden und nicht Sache übergemeindlicher Missionsgesellschaften ist.[643]

Dazu kam noch, dass die jungen Gemeinden auf den Missionsfeldern zu den Gemeinden, die die Missionare aussandten, Beziehungen

---

640 zit. nach Peters, G. W., Missionarisches Handeln, S. 248
641 ebd., S. 237
642 Herm, D., Gemeinde und Mission, S. 33
643 Peters, G. W., Missionarisches Handeln, S. 238

aufbauen wollten. Sie wollten nicht länger nur auf eine Missionsgesellschaft ausgerichtet bleiben.[644]

Dies führte in den letzten Jahren dazu, dass gemeindebezogene Missionsgesellschaften, meist von einer bestimmten Denomination, ins Leben gerufen wurden. In diesen neuen Missionsgesellschaften standen die örtlichen Gemeinden als sendende Gemeinden im Mittelpunkt und nicht mehr ein Freundeskreis. Andererseits erkannten unabhängige Missionsgesellschaften, dass es nötig ist, die Nähe zu einzelnen Gemeinden anzustreben. Meistens suchten sie die Zusammenarbeit mit einem missionarisch ausgerichteten Gemeindeverband.

Diese gemeindenahen Missionsgesellschaften sind nun gewissermaßen der verlängerte Arm der in einer Denomination zusammengeschlossenen Einzelgemeinden, um den missionarischen Auftrag verwirklichen zu können. Die Gemeinden übertragen diesen von ihnen geformten und getragenen Missionsgesellschaften die Autorität im Blick auf die Aussendung, den Einsatz und die Begleitung von Missionaren. Dieses Delegieren von Autorität kannte schon Paulus. Er sandte nämlich Titus, Timotheus, Silvanus und andere Mitarbeiter mit besonderen Aufgaben zu Gemeinden und in bestimmte Gebiete.[645]

Die einzelnen Gemeinden wachen heute darüber, dass ihre Missionsgesellschaften den Grundauftrag, nämlich das Hinführen von Menschen zu Jesus und das Gründen neuer Gemeinden, ernst nehmen. Zugleich pflegen sie mit Hilfe der Missionare den direkten Kontakt mit den Gemeinden auf dem Missionsfeld.

Die Missionsgesellschaft ihrerseits sucht in ihrem Überlegen, wie ein Missionar möglichst effektiv eingesetzt werden kann, das Gespräch mit den Ältesten der sendenden Gemeinde. Es ist schließlich die sendende Gemeinde, welche die Hauptverantwortung für

644 ebd., S. 238
645 ebd., S. 247

den Missionar trägt. Sie sorgt finanziell für ihn und begleitet ihn im Gebet. Der Missionar bleibt rechtmäßiges Glied der Gemeinde. Die Missionsgesellschaft nimmt ihr mit ihrem Spezialwissen wichtige Aufgaben im administrativen Bereich ab, die sie selbst nicht erfüllen könnte – Überweisen des Lohnes, Versicherungen, Absprachen im Blick auf seinen Einsatz usw.[646]

Jede Missionsgesellschaft muss darüber wachen, dass die Verwaltungsausgaben in der Heimat nicht zuviel Geld beanspruchen, damit das gespendete Geld für die eigentliche Missionsarbeit auf dem Missionsfeld eingesetzt werden kann. Dies ist dann möglich, wenn die sendenden Gemeinden vermehrt in die Mitverantwortung gezogen werden.[647]

Man erwartet von einer gemeindebezogenen Missionsgesellschaft, in deren hauptverantwortlichem Gremium auch Gemeindeleiter mitarbeiten, dass sie mit den Gemeinden, die durch ihren missionarischen Dienst auf dem Missionsfeld entstanden sind, eine partnerschaftliche Zusammenarbeit anstrebt; denn alle Gemeinden auf der Erde haben dieselbe Stellung vor Gott. Sie arbeiten gemeinsam einen Strategieplan aus, der zeigt, wie und wo Missionare und Finanzen eingesetzt werden sollen. Die sendenden und empfangenden Gemeinden sollen sich gegenseitig ernst nehmen, achten und ein gemeinsames Handeln anstreben.[648] Zu diesem partnerschaftlichen Miteinander schreibt Friedemann Walldorf:

> »Partnerschaft in der Mission bedeutet vor allem Darstellung der Jesus-Gemeinschaft, zu der wir einladen ... Partnerschaft in der Mission bedeutet gleichsam zu dienen – Jesus Christus, einander und der Welt.«[649]

646 Herm, D., Gemeinde und Mission, S. 57
647 Pirolo, N., Berufen zum Senden, S. 82
648 Peters, G. W., Missionarisches Handeln, S. 255-264
649 siehe nächste Seite

Die Missionsgesellschaft hat dem geistlichen und zahlenmäßigen Wachstum der einheimischen Gemeinde und der Neugründung von neuen Gemeinden immer die erste Priorität zu geben vor allen sozialen Aufgaben. Für den Bereich Gemeindebau sollte mehr Geld eingesetzt werden als für den Aufbau und Erhalt sozialer Werke. Das Geld soll vor allem für die Ausbildungsprogramme einheimischer Prediger und Missionare eingesetzt werden, in welchen ihnen gezeigt wird, wie sie wachsende Gemeinden leiten und neue gründen können.

Damit sich die einheimische Gemeinde dynamisch entfalten kann, sollte die Missionsgesellschaft auch bereit sein, vorübergehend einheimische Verkündiger und Missionare finanziell, aber auch durch Beratung und Begleitung zu unterstützen.[650] Dies wäre missionsstrategisch und finanziell oft sinnvoller, als westliche Missionare auszusenden. Yohannan K. P. schreibt dazu:

> »Christen im Westen sollten von der unbiblischen Idee wegkommen, nur weiße Missionare aus Amerika und Europa zu unterstützen. Es ist absolut notwendig, Missionare zu unterstützen, die von Süd- nach Nordindien gehen, oder von einer philippinischen Insel zur andern, von Korea nach China.«[651]

Diese Unterstützung ist nur solange nötig, bis die einheimischen Gemeinden für das Gehalt ihrer Verkündiger und Missionare selbst aufkommen können. Ein sorgfältig ausgearbeiteter Finanzplan hilft den einheimischen Gemeinden, sich immer mehr an den Lohnkosten zu beteiligen, bis sie schließlich in der Lage sind, diese für ihre Landsleute selbst zu übernehmen.

---

649 zit. nach Walldorf, F., Mission in Partnerschaft: Zum Aufbruch der evangelikalen Missionsbewegung in Afrika, Asien und Lateinamerika, in: Werdet meine Zeugen, S. 246-247

650 Schilling, W., Missionare suchen nur ihre eigene Selbstverwirklichung oder folgen ihrem Hang nach Besserwisserei, Abenteuerlust, Überheblichkeit oder Fanatismus! in: Mission unter Beschuss, S. 182

651 zit. nach Yohannan, K. P., Weltmission auf neuen Wegen, S. 138

Weiterführende Literatur

Beyerhaus, P., Er sandte sein Wort. Theologie der christlichen Mission, Bd. 1: Die Bibel in der Mission, Wuppertal; Bad Liebenzell 1996

Peters, G. W., Missionarisches Handeln und biblischer Auftrag. Eine Theologie der Mission, Bad Liebenzell 1977

Pirolo, N., Berufen zum Senden. Praktische Tips für verantwortungsbewusste Christen, Neuhausen-Stuttgart 1993

Rommen, E., Die Notwendigkeit der Umkehr. Missionsstrategie und Gemeindeaufbau in der Sicht evangelikaler Missionswissenschaftler Nordamerikas, Gießen; Basel 1987

Townsend, A., Ein Missionar kehrt heim, in: Ein Herz für Missionare, hg. v. M. Goldsmith, Marburg a.d. Lahn 1992

Yamamori, T., Unerreichte Völker. Neue Strategien für einen großen Auftrag, Neuhausen-Stuttgart 1994

7. Die übergemeindlichen Beziehungen

In diesem Kapitel geht es um die Frage nach der Beziehung der einzelnen Gemeinde zu anderen Gemeinden. Wir sind davon überzeugt, dass es nicht richtig ist, wenn eine Gemeinde keine Verbindungen zu anderen Gemeinden pflegt. Es drängt sich deshalb die Frage auf, wie diese übergemeindlichen Verbindungen aussehen sollten.

7.1 Was sagt die Bibel über die übergemeindlichen Beziehungen der ersten Gemeinden?

7.1.1 Die Stellung der Einzelgemeinde

Bevor wir über die übergemeindlichen Beziehungen reden, wollen wir uns zuerst darüber Klarheit verschaffen, wie die Bibel die Einzelgemeinde sieht.

- Die Gemeinde wird von Ältesten geleitet, die sie selbst nach den in 1. Tim 3, 1-7 ausgeführten Kriterien wählt (Apg 14, 23).
- Es ist die Gemeinde, die Diakone und Diakoninnen entsprechend den in 1. Tim 3, 8-13 vorgegebenen Anweisungen wählt (Apg 6, 3).
- Jesus schenkt der Gemeinde im Blick auf ihre Aufgaben nach innen und nach außen die nötigen Gaben (1. Kor 1, 7; Eph 1, 3).
- Durch diese Gaben kann jedes Glied dem anderen dienen, so dass die Gemeinde wächst (Eph 4, 16).
- Die Gemeinde ist auch in der Lage zu prüfen, ob das, was der Gemeinde gesagt wird, vom Heiligen Geist oder von einem falschen Geist gewirkt ist (1. Joh 4, 1-3).
- Sie übt in ihrer Mitte Gemeindezucht (Mt 18, 15-17; 1. Kor 5, 1-11).

Es wird deutlich, dass die Gemeinde wichtige Entscheidungen in eigener Verantwortung trifft und durch die von Jesus geschenkten Gaben in sich selbst lebensfähig ist. Die Gemeinde ist also ein selbstständiger Organismus.

7.1.2 Die Bilder der Gemeinde weisen auf übergemeindliche Beziehungen hin

Die Bilder, die das Neue Testament für die Gemeinde verwendet, werden sowohl für die universale als auch für die örtliche Gemeinde gebraucht.

- In Joh 10 verwendet Jesus das Bild der Herde für die universale Gemeinde. Petrus braucht es in 1. Petr 5, 2 für die örtliche Gemeinde.
- In Eph 1, 22.23 steht das Bild vom Leib für die universale Gemeinde, während es in 1. Kor 12, 27 für die örtliche Gemeinde gebraucht wird.

Diese neutestamentlichen Bilder bringen zum Ausdruck, dass die örtliche Gemeinde in ein Beziehungsgeflecht mit anderen Gemeinden gestellt ist. Es ist demzufolge falsch, wenn eine Gemeinde nur auf sich selbst ausgerichtet lebt, ohne Kontakte zu anderen Gemeinden zu pflegen.

Die Gemeinden sind wohl selbstständig, doch hat Gott sie in die Gemeinschaft mit anderen Gemeinden gestellt.

7.1.3 Die Beziehungen der ersten Gemeinden zueinander

Wir haben gesehen, dass schon die Bilder des Neuen Testaments auf eine Beziehung unter den Gemeinden hinweisen. Um aber zu wissen, wie diese Beziehung ganz praktisch aussieht, wollen wir untersuchen, wie die ersten Gemeinden diese Beziehung gelebt haben.

1. Ausrichtung auf die Apostel

Schon die erste Gemeinde war ganz auf die Apostel und ihre Lehre ausgerichtet (Apg 2,42). Paulus gab als von Gott bevollmächtigter Apostel den Gemeinden, die er gegründet hatte, verbindliche Anweisungen (Briefe). Er wandte sich aber auch als Apostel der Nationen (Röm 11,13) an Gemeinden, die er nicht gegründet hatte, und lehrte sie (Römerbrief, Kolosserbrief). Auch Petrus richtete seinen ersten Brief an viele Gemeinden in Kleinasien und gab ihnen verbindliche Lehre weiter (1. Petr 1,1.2). Ebenfalls wandte sich Jakobus mit seinem Brief an mehrere Gemeinden (Jak 1,1) und lehrte sie. Johannes richtete sich in der Offenbarung im Auftrag Jesu an sieben Gemeinden in Kleinasien (Offb 1-3).

Diese Ausrichtung auf die Apostel und ihre für alle Gemeinden verbindliche Lehre wirkte unter den ersten Gemeinden verbindend.

In diesem Zusammenhang ist noch zu beachten, dass Paulus zwei seiner Mitarbeiter in einen übergemeindlichen Dienst einsetzte.

- Timotheus wurde beauftragt, von Ephesus aus in Kleinasien diesen Dienst wahrzunehmen (1. Tim 1,3).
- Titus hatte in Kreta einen übergemeindlichen Dienst zu erfüllen (Tit 1,5).

Die Bibel bezeichnet diese Männer ebenfalls als Apostel. Doch sind sie von den grundlegenden Aposteln zu unterscheiden. Ihr Dienst hatte von der Lehre der grundlegenden Apostel auszugehen. Sie versahen einen »allgemeinen Aposteldienst«, der dazu diente, die Verbindung unter den ersten Gemeinden zu stärken (siehe 3.1.2).

2. Erfüllung gemeinsamer Aufgaben

In den verschiedenen von Paulus gegründeten Gemeinden wurde eine Geldsammlung für die arme Gemeinde in Jerusalem durchgeführt (Röm 15,25-27; 1. Kor 16,1-5; 2. Kor 8 u. 9; Gal 2,10). Es ist erstaunlich, dass Paulus alle Gemeinden von Achaja, Mazedonien bis nach Galatien für ein freiwilliges Opfer gewinnen konnte. Dass diese Sammlung nicht von Paulus erzwungen wurde, steht in Röm 15,26: *»Denn es hat Mazedonien und Achaja wohlgefallen, eine Beisteuer zu* *leisten für die Bedürftigen unter den Heiligen, die in Jerusalem sind.«* Diese freiwillige gemeinsame Sammlung förderte die Beziehung der ersten Gemeinden untereinander. Besonders durch die Wahl zuverlässiger Überbringer der Spende (1. Kor 16, 3.4; 2. Kor 8, 18-24) wurde das Bewusstsein der Zusammengehörigkeit vertieft.[652]

Die Gemeinden in Mazedonien unterstützten Paulus finanziell, als er in Korinth arbeitete (2. Kor 11, 8.9). Die gemeinsame Unterstützung des paulinischen Missionsdienstes festigte die Beziehung unter den mazedonischen Gemeinden.

3. Pflege der Gemeinschaft untereinander

Die Gemeinden kannten sich gegenseitig, weil viele ihrer Glieder aus bestimmten Gründen oft von einer Stadt in die andere zogen und sich dort der jeweiligen Gemeinde anschlossen. So waren z. B. Aquila und seine Frau Priska zuerst in der Gemeinde in Korinth (Apg 18, 1-3), dann in Ephesus (Apg 18, 18.19) und später in Rom (Röm 16, 3-5). Einige Zeit später befinden sie sich wieder in Ephesus (2. Tim 4, 19). Wie gut man sich in den ersten Gemeinden gegenseitig kannte, zeigt Römer 16. Hier steht u. a. in Vers 16 b: »Es grüßen euch alle Gemeinden des Christus.«

Oft baten die Apostel sogar darum, gewissen Gemeindegliedern, die von einer Gemeinde zur andern reisten, das zu geben, was sie nötig hatten (Röm 16, 1. 2; 1. Kor 16, 10-12; Tit 3, 13; 3. Joh 7.8).

Wir sehen, dass die ersten Gemeinden über große Distanzen hinweg eine persönliche Gemeinschaft zu pflegen suchten.[653]

4. Gemeinsame Klärung von Lehrfragen

In Apg 15 wird uns berichtet, wie Judenchristen aus Judäa nach Antiochien kamen und die Gläubigen dieser Gemeinde aufforderten, sich beschneiden zu lassen. Als dies in der Gemeinde zu einem Zwie-

---

652 Kuen, A., ... auf dass sie alle eins seien. Eine biblische Studie über die Einheit der Kirche Jesu Christi, Gießen 1968, S. 119

653 ebd., S. 118

spalt führte, ordnete die Gemeinde an, dass Paulus und Barnabas mit einigen anderen diese Frage mit den Aposteln und Ältesten in Jerusalem klären sollten. Die Apostel, die Ältesten und die ganze Gemeinde in Jerusalem rangen um Klarheit in dieser wichtigen Lehrfrage. Nach heftigem Ringen schenkte Jesus, der Herr der Gemeinde, durch die Leitung des Heiligen Geistes eine Lösung; das Ergebnis wurde schriftlich festgehalten. Dieses Schreiben sollte in den Gemeinden in Antiochien, Syrien und Cilicien vorgelesen werden und in dieser Frage Ruhe bringen (Apg 15,23-29; 16,4).

Die Klärung dieser wichtigen Lehrfrage wirkte sich positiv auf die Beziehung der Gemeinden untereinander aus. Eine drohende Spaltung konnte abgewendet werden.

Wir stellen fest, dass die ersten Gemeinden grundsätzlich selbstständige Gemeinden waren. Trotzdem standen sie untereinander in Beziehungen. Die Pflege dieser Beziehungen wurzelte in der Überzeugung, dass jede örtliche Gemeinde nur ein Teil der ganzen Gemeinde Jesu ist.

Das Fundament der Beziehung war die Lehre der Apostel und ihr unterstützendes und seelsorgerliches Begleiten (2. Kor 11,28; 2. Thess 1,4). Sie nahmen gemeinsame Aufgaben wahr. Zugleich pflegten sie ganz bewusst Gemeinschaft untereinander, so gut es bei diesen großen Distanzen möglich war. Sie versuchten auch gemeinsam bestimmte Lehrfragen zu klären. All diese Dinge förderten und stärkten die Beziehungen untereinander.

Wir sehen, dass die ersten Gemeinden zwischen ihrer Selbstständigkeit und der Pflege der Beziehungen untereinander bis hin zur Bewältigung gemeinsamer Aufgaben eine sorgsame Ausgewogenheit suchten.[654]

---

[654] Peters, G. W., Gemeindewachstum. Ein theologischer Grundriss, Bad Liebenzell 1982, S. 226

7.2 Die übergemeindlichen Beziehungen heute

Wir versuchen jetzt, die in der Bibel entfalteten Grundgedanken in unserer Zeit anzuwenden.

7.2.1 Die Stellung der Einzelgemeinde

Wir sind davon überzeugt, dass jede Einzelgemeinde eine selbstständige Gemeinde ist.

Sie wählt wie die ersten Gemeinden ihre Ältesten (Apg 14,23), die die Gemeinde leiten. Die Ältesten wachen darüber, dass der Verkündigung des Wortes Gottes im Gemeindeleben die Priorität gegeben wird. Die Gemeinde ist es auch, die die Diakone und Diakoninnen für die einzelnen Aufgabengebiete wählt (Apg 6,3; Röm 16,1). Sie versucht, alle ihre Glieder den Gaben entsprechend zum Aufbau der Gemeinde einzusetzen (1. Petr 4,10). Der Einsatz der Gaben in verschiedenen Dienstbereichen bewirkt inneres und äußeres Wachstum (Eph 4,11-16). Sie beachtet auch die verschiedenen von Jesus eingesetzten Ordnungen in der Gemeinde wie Taufe, Abendmahl, Gesang, Gemeindezucht usw. Sie erfüllt treu den von Jesus gegebenen Evangelisations- und Missionsauftrag. Die Gemeinde ist also eine durch das Haupt Jesus geleitete Gemeinschaft von bekehrten Menschen, die in sich selbst lebensfähig und somit selbstständig ist.

Aus dieser Überzeugung wuchs die Idee des Kongregationalismus.

Der Kongregationalismus entstand zu Beginn des 17. Jh. in England in der Auseinandersetzung mit der anglikanischen Kirche. Es ging dieser Bewegung damals und auch heute um die Selbstständigkeit der Einzelgemeinde, um ihre totale Unabhängigkeit vom Staat und von jeglichem Bischofsamt oder einer Synode.[655] Der Kongregationalismus betont m. E. die Autonomie der Einzelgemeinde so

655 siehe nächste Seite

stark, dass die Sicht für übergemeindliche Beziehungen und Zusammenarbeit zu kurz kommt.

7.2.2 Das Wissen um die universale Gemeinde

Vom NT herkommend weiß man heute sehr wohl um den Unterschied der universalen und der örtlichen Gemeinde. Jede Gemeinde, die aus wieder geborenen Menschen besteht, versteht sich als ein Teil der weltweiten Gemeinde Jesu. Sie weiß sich also grundsätzlich in eine Beziehung mit vielen anderen Gemeinden selbst aus anderen Kulturkreisen und Sprachen gestellt.

Obwohl die Einzelgemeinde selbstständig ist, sucht sie die Verbindung mit andern Gemeinden. Die große Frage bleibt nur, wie diese Beziehungen praktisch gelebt werden sollen. Dies versuche ich nun im nächsten Abschnitt zu klären.

7.2.3 Praktische Gestaltung übergemeindlicher Beziehungen

1. Die Lehre der Apostel bildet die Grundlage

Nur die Gemeinden können untereinander ganz praktische Beziehungen pflegen, die die Lehre der Apostel ernst nehmen. Das bedeutet zweierlei:

1. Sie nehmen das, was die Apostel im Neuen Testament getan, berichtet (Apostelgeschichte) und geschrieben haben (Evangelien, Briefe, Offenbarung) als Wort Gottes ernst.
   Weil die Apostel ihre Lehre vom Alten Testament her christologisch entfaltet haben, bejahen sie die ganze Bibel als Offenbarung

---

655 Schmidt, M., Kongregationalismus, in: Die Religion in Geschichte und Gegenwart. Handwörterbuch für Theologie und Religionswissenschaft, hg. v. K. Galling, Bd. 3, Tübingen 1986³ (RGG³), Sp. 1768-1771

Gottes, die in allen Fragen des persönlichen und des Gemeindelebens letzte Autorität hat.

2. Im Zentrum der Lehre der Apostel steht Jesus Christus, wahrer Gott und wahrer Mensch, der für alle Menschen ans Kreuz ging, starb, am dritten Tag auferstanden ist, heute zur Rechten des Vaters thront und wiederkommen wird.

Daraus folgt zunächst: Mit Gemeinden, die sowohl die Bibel als unfehlbares Wort Gottes ernst nehmen als auch Jesus als einzigen Retter und Erlöser anerkennen, ist praktische Gemeinschaft möglich. Mit Gemeinden und Kirchen aber, die diese Grundsätze nicht teilen, ist keine Gemeinschaft denkbar. Hier fordert die Bibel sogar klare Distanz (2. Kor 6, 14-18).

Immer wieder brach in der Geschichte und auch heute die Frage auf: Was gehört zum Unaufgebbaren, zum Verbindlichen der Lehre der Apostel?

- Gehören Strukturfragen auch zu der verbindlichen Lehre der Apostel oder besteht in diesen Fragen Freiheit?
- Wie ist es mit der Beachtung der von Gott gesetzten Ordnungen wie Abendmahl und Taufe? Welchen Stellenwert haben diese im Gemeindeleben?
- In Europa kommt noch die Frage nach dem Verhältnis zur Staatskirche hinzu. Soll ein Gläubiger sich von ihr trennen oder nicht?
- Wie sollen die Gnadengaben im Gemeindeleben praktiziert werden?

Im Ringen darum, was nun im Einzelnen zur verbindlichen Lehre der Apostel gehört, entstanden im Verlauf der Geschichte verschiedene Denominationen.[656]

Bestimmte Gemeinden fanden sich auf einer von allen akzeptierten Grundlage zusammen. Dieses Ja zu einer gemeinsamen, von der

656 Mauerhofer, A., Eine Erweckungsbewegung im 19. Jahrhundert. Karl von Rodt und die Entstehung der Freien Evangelischen Gemeinden in der Schweiz, Gießen; Basel 1987. In diesem Buch wird die Entstehung verschiedener Denominationen in der Schweiz im 19. Jahrhundert beschrieben.

Bibel her entfalteten Grundlage bildete der Ausgangspunkt einer verbindlichen Gemeinschaft.

Bei der Erarbeitung einer gemeinsamen Basis sind zwei Dinge zu bemerken:

1. Zunächst ist dieses Zusammenfinden bestimmter Gemeinden auf einer klaren, gemeinsamen Grundlage, die von der Bibel her erarbeitet und errungen wird, nur zu begrüßen. Dies ist eine gute Voraussetzung für die Pflege einer verbindlichen Gemeinschaft.
2. Es muss aber beachtet werden, dass das Festlegen einer solchen gemeinsamen biblischen Grundlage Stückwerk (1. Kor 13, 9) und damit ergänzungsbedürftig bleibt. Die Apostellehre ist größer und umfassender, als wir sie im Blick auf den Bau der Gemeinden festgelegt haben. Deshalb pflegen wir ganz bewusst auch mit all denen Gemeinschaft, die ebenfalls auf der Grundlage der Apostellehre Gemeinden bauen, aber etwas andere theologische Akzente setzen. Ja wir empfinden diese Gemeinschaft sogar als Bereicherung.

2. Die Erfüllung gemeinsamer Aufgaben

Die Kraft einer Einzelgemeinde reicht nicht aus, um die von Jesus gegebenen Aufträge zu erfüllen, deshalb müssen verschiedene Gemeinden diese zusammen in Angriff nehmen.

Es sind vor allem drei Bereiche, die man gemeinsam bewältigen sollte:

1. Der missionarische Bereich
   Nur gemeinsam kann man das eigene Land, dann Europa und schließlich die ganze Welt mit dem Evangelium erreichen.
2. Der diakonische Bereich
   Der diakonische Auftrag gewinnt in der westlichen Welt immer mehr an Bedeutung, da der Zerfall der Gesellschaft rasch voranschreitet. Außerdem stehen wir in Osteuropa, aber auch in der Dritten Welt vor gewaltigen diakonischen Herausforderungen, die nur gemeinsam bewältigt werden können.

3. Der pädagogisch-didaktische Bereich
   Die Gemeinden sind beauftragt, ihren Leiternachwuchs selbst heranzubilden. Dies beginnt in der Sonntagsschule, führt über die Schulung der Teenager und jungen Erwachsenen und mündet schließlich in die theologische Ausbildung der zukünftigen Gemeindeleiter aus. Auch ist es unser Auftrag, in unserer pluralistischen Gesellschaft den heranwachsenden Kindern eine vom Wort Gottes her geprägte Schulbildung zu ermöglichen.

Damit die Gemeinden, die sich theologisch finden konnten, diese Aufgaben gemeinsam erfüllen können, müssen sie sich eine übergemeindliche Struktur geben. Aus der Kirchengeschichte kennen wir vor allem zwei übergemeindliche Strukturen:

- Da ist zunächst die episkopale Kirchenleitung des Frühchristentums zu erwähnen. Die Kirche wurde hierarchisch geleitet. Der damit verbundene Zentralismus hat die Selbstständigkeit der einzelnen Gemeinden immer stärker beschnitten.
  Den Episkopalismus finden wir heute noch in der katholischen, orthodoxen, anglikanischen, lutherischen und in einigen reformierten Kirchen.[657] Tendenzen zum Episkopalismus sind heute auch in verschiedenen Freikirchen zu finden.
- Weiter ist die presbyteriale Kirchenleitung, die heute noch viele reformierte Kirchen prägt, zu erwähnen. Mit dem Aufbruch der Reformation im 16. Jh. entwickelte sich in Anlehnung an die Gemeindeorganisation des zweiten und dritten Jahrhunderts in den reformierten Kirchen die presbyterianische Kirchenleitung. Die presbyterianischen Kirchen kennen nur eine zweigliedrige Gemeindehierarchie: Diakone und Presbyter. Sie fassen aber die Presbyter (Ältesten) mehrerer Gemeinden zu einer Synode zusammen, die dann eine dritte Leitungsebene darstellt. Die Synode kann die Selbstständigkeit der Einzelgemeinde einschränken. Sie kann sogar einer widerspenstigen Gemeinde bestimmte Ent-

[657] Schirrmacher, Th., Ethik Bd. 2, Neuhausen-Stuttgart 1994, S. 535

scheidungen aufzwingen.[658] Bernd Schlottoff warnt vor diesem System, da es nachweislich die Einzelgemeinden bevormundet, ja weitgehend entmündigt.[659]

Es gibt auch verschiedene Freikirchen mit einer presbyterianischen Leitung.

Keine dieser übergemeindlichen Strukturen vermag zu befriedigen, da beide der Selbstständigkeit der Einzelgemeinde zu wenig Rechnung tragen.

Bei der Bildung einer übergemeindlichen Struktur müssen vor allem drei Dinge beachtet werden:

1. Die Selbstständigkeit der Einzelgemeinde muss unbedingt respektiert werden, denn nur so kann ihre Eigenverantwortlichkeit und ihre Eigendynamik gefördert werden.
2. Die übergemeindlichen Strukturen müssen eine gut organisierte Zusammenarbeit im missionarischen, diakonischen und pädagogisch-didaktischen Bereich ermöglichen.
3. Zugleich sollte die seelsorgerliche Begleitung der Ältesten der einzelnen Gemeinden möglich sein, damit in innergemeindlichen Problemsituationen auf der Basis gegenseitigen Vertrauens geholfen werden kann.

Ich bin überzeugt davon, dass es durchaus möglich ist, Strukturen zu schaffen, welche die eben genannten Bedingungen erfüllen können. Die Bibel gibt uns für die organisatorische Ausgestaltung übergemeindlicher Strukturen einen großen Freiraum. Deshalb können in den Strukturen die drei eben genannten Schwerpunkte berücksichtigt werden.[660] Die nun folgenden Ausführungen zeigen eine mögliche Ausgestaltung solcher Strukturen auf:

---

658 Schmidt, M., Presbyterianer, in: RGG^3, Bd. 5, Sp. 541-544

659 Schlottoff, B., Den Aufbruch wagen. Zehn Thesen zur Zukunft der Kirche, Wuppertal; Zürich 1994, S. 88-89

660 Knöppel, K. H., Wozu ist Gemeinde gut? Fragen und Antworten zur Gemeindepraxis, Wuppertal; Zürich 1995, S. 124

- Es muss zuerst ein Gremium geschaffen werden, in dem alle selbstständigen Gemeinden, die sich auf einer bestimmten biblischen Grundlage finden konnten, angemessen vertreten sind. Ich nenne dieses Gremium Delegiertenversammlung.
- Diese Delegiertenversammlung wählt eine Leitung, die eine übergemeindlich sauber organisierte Zusammenarbeit im missionarischen, diakonischen und pädagogisch-didaktischen Bereich anstrebt. Die Leitung soll die Grundlagen für die Zusammenarbeit in den verschiedenen Bereichen erarbeiten und von der Delegiertenversammlung genehmigen lassen. Wenn die Delegiertenversammlung dem zugestimmt hat, übernimmt ein Mitglied der Leitung die Verantwortung für ein oder zwei Aufgabenbereiche.
- Außerdem begleitet die Leitung die Verantwortlichen einer Gemeinde – meist werden es die Ältesten sein – seelsorgerlich, wie dies Timotheus und Titus taten. Die seelsorgerliche Begleitung der Gemeinden sollte nicht das Leitungsgremium als Ganzes wahrnehmen, sondern nur zwei bis drei dafür begabte Brüder. Sie nehmen einen »allgemeinen Aposteldienst« wahr. Es wird sich nach und nach herausstellen, wer in der Leitung diese Gabe hat. Ich meine, dass Jesus seiner Gemeinde nicht nur Gaben für den Dienst in der Einzelgemeinde, sondern auch für den übergemeindlichen Bereich geschenkt hat.

Eine solche übergemeindliche Struktur, wie ich sie eben vorgestellt habe, unterstützt einerseits die Selbstständigkeit und damit die Eigenverantwortlichkeit der Einzelgemeinden. Andererseits koordiniert sie die Kräfte vieler Gemeinden, um die von Jesus gegebenen Aufträge noch besser erfüllen zu können. Die Gemeinden verstehen sich als eine sich ergänzende Dienstgemeinschaft.[661] Zugleich werden die Gemeinden seelsorgerlich betreut. Ich nenne ein solches Gebilde einen Gemeindebund: Ein Beispiel dafür ist der Bund der Freien Evangelischen Gemeinden in der Schweiz.[662]

661 ebd., S. 125-126
662 siehe nächste Seite

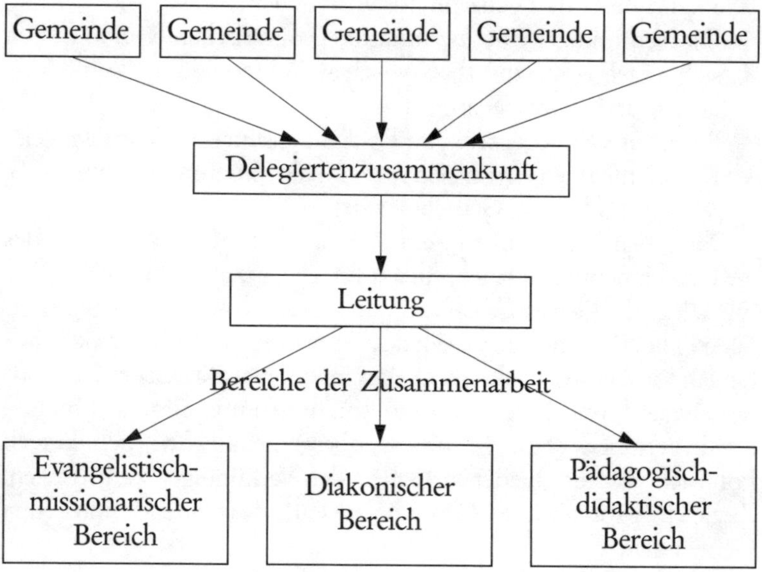

Modell für die übergemeindliche Struktur in einem Gemeindebund

3. Die Pflege der Gemeinschaft

Sicherlich pflegt man besonders intensive Gemeinschaft innerhalb der Gemeinden, die sich auf einer bestimmten biblischen Glaubensgrundlage zusammengefunden haben und strukturell miteinander verbunden sind.

662 Interessant ist an dieser Stelle, dass kürzlich in einer betriebswirtschaftlichen Lizentiatsarbeit die Organisationsstruktur des Bundes FEG in der Schweiz untersucht und aus betriebswirtschaftlicher Sicht als »effizient bis sehr effizient« eingeschätzt wurde, vgl. Tobler, P., Bewertung und Auswahl einer effizienten Struktur in Nonprofit-Organisationen (NPO). Ein Konzept der organisatorischen Effizienz für NPO und seine Anwendung auf den Bund Freier Evangelischer Gemeinden in der Schweiz, Lizentiatsarbeit, Bern 1996, S. 59

Wie kann denn dies ganz praktisch aussehen?

- Die Verkündiger einer bestimmten geografischen Region treffen sich regelmäßig zur theologischen Weiterbildung, zum Austausch und zum Gebet.
- Sie laden sich gegenseitig zu Predigtdiensten oder Vorträgen ein.
- Die Gemeinden organisieren regionale Zusammenkünfte (z. B. Waldgottesdienste, Gemeindetage).
- Man bemüht sich, zumindest einmal im Jahr innerhalb des Gemeindebundes einen Anlass für alle anzubieten.

Die Pflege der Gemeinschaft zeigt sich natürlich auch in der gegenseitigen Hilfe. Es finden innerhalb des Gemeindebundes helfende Schulungen für Älteste, Diakone, Diakoninnen, Hauskreisleiter/-leiterinnen, Jugend- und Jungscharleiter/-leiterinnen und Sonntagschulhelfer/-helferinnen statt. In diesen übergemeindlichen Schulungen kommen die verschiedenen Gaben der Verkündiger zum Tragen. Zugleich wirken diese Schulungen stark verbindend unter den Gemeinden.

George W. Peters schreibt dazu:

> »Die Geschichte scheint die Tatsache zu bestätigen, dass Gemeinden, die sich zusammenschließen und enge Beziehungen untereinander pflegen, schneller und gesünder wachsen als Gemeinden in der Isolation. Gemeinschaft und Zusammenarbeit führen zu Gesundheit, Stärke, Reife und Wachstum der Gemeinden.«[663]

Natürlich sollten Gemeinden auch mit den Gemeinden Kontakte pflegen, die sich außerhalb ihres eigenen Gemeindebundes befinden und die sich bemühen, von der Bibel her auf Jesus ausgerichtete Gemeinde zu bauen.

Genau dieses Anliegen vertritt die im Jahre 1846 in London gegründete Evangelische Allianz, die sich als einen »Bruderbund«

---

663 zit. nach Peters, G. W., Gemeindewachstum, S. 227

derer versteht, die persönlich an Jesus Christus als ihren Herrn und Retter gemäß der Heiligen Schrift glauben.[664]

Die Evangelische Allianz hat durch ihre missionarischen und evangelistischen Aktivitäten, wie durch den Aufruf zum gemeinsamen Gebet, weltweit sehr viel zur Ausbreitung des Evangeliums beigetragen.

Leider werden heute in verschiedenen Sektionen der Evangelischen Allianz nicht nur bekehrte und wieder geborene Menschen aufgenommen. Oft sind es einfach Delegierte einer bestimmten Kirche oder Denomination, die keine persönliche Beziehung zu Jesus haben. Dies finde ich schade, weil das Grundanliegen der Allianz gerade in unserer Zeit seine Berechtigung hat. Wenn die Evangelische Allianz in einer Region nicht mehr ein Forum ist, mit Hilfe dessen die Kontakte unter den an Christus glaubenden Gemeindeleitern gepflegt werden können, werden neue übergemeindliche Begegnungsmöglichkeiten ins Leben gerufen.

Die Pflege der Gemeinschaft mit verschiedensten Gemeinden, die eine klare Grundlage haben, kann sich sehr befruchtend auf das Gemeindeleben auswirken. Alfred Kuen sagt:

> »Man kann diese Zusammenkünfte zwischen Gotteskindern verschiedener Kirchen nur gutheißen; denn sie befreien uns von einer engstirnigen Schau des Leibes Christi. Sie geben ein weites Herz für die Bruderliebe und erweitern unsern gedanklichen Horizont.«[665]

4. Das gemeinsame Ringen um bestimmte Lehrfragen

Jede Zeit hat ihre theologischen Herausforderungen, Fragen und Probleme.

---

664 Schrupp, E., Allianz, Evangelische, in: Evangelisches Gemeindelexikon, hg.v. E. Geldbach; H. Burkhardt; K. Heimbucher, Wuppertal 1978, S. 9-10; vgl. dazu Hauzenberger, H., Einheit auf evangelischer Grundlage. Von Werden und Wesen der Evangelischen Allianz, Gießen; Zürich 1986

665 zit. nach Kuen, A., ... Auf dass sie alle eins seien, S. 123

Folgende Fragen bewegen uns heute in ganz besonderer Weise:

- Wie sollen wir uns der Charismatischen Bewegung gegenüber verhalten?
- Welches ist die Stellung der Frau in der Gemeinde, insbesondere: Kann die Frau Predigerin werden oder nicht?[666]
- Was lehrt die Bibel über Ehescheidung und Wiederheirat?[667]
- Ist die Anwendung von Psychotherapie in biblischer Seelsorge möglich?

Es ist unerlässlich, dass man in diesen theologischen Herausforderungen und Fragen sicherlich einmal innerhalb des Gemeindebundes von der Bibel her nach befriedigenden Antworten sucht. Dieses gemeinsame theologische Ringen und das Finden von Lösungen auf der Grundlage der Bibel fördert die Gemeinschaft der Gemeinden untereinander und ermöglicht auch notwendige Korrekturen.

Bei ganz gewichtigen Fragen könnten mehrere Gemeindebünde zusammen nach biblischen Antworten suchen. Auf diese Weise kann das Bewusstsein der Zusammengehörigkeit des Leibes Jesu Christi in einem Land stärker gefördert werden.

So haben z. B. die Leitungsgremien des Bundes Freier Evangelischer Gemeinden, der Pilgermission St. Chrischona und der Vereinigung Freier Missionsgemeinden in der Schweiz 1994 »Leitlinien für den Umgang mit dem neuen Fragen nach dem Heiligen Geist« herausgegeben.[668]

Mit diesen Leitlinien wollen sie Hilfen für den Umgang mit der Charismatischen Bewegung geben.

---

666 Die Frau in der Gemeinde. Eine theologische Stellungnahme des Bundes Freier Evangelischer Gemeinden in der Schweiz, Niederhünigen 1995

667 Hilfestellung zum Thema Scheidung und Wiederverheiratung mit einem Anhang zum Konkubinat, Bund FEG Schweiz, Niederhünigen o. J.; Stellungnahme zu Ehescheidung und Wiederheirat, VFMG, Wabern 1995

668 Leitlinien für den Umgang mit dem neuen Fragen nach dem Heiligen Geist, hg. v. den Leitungsgremien des Bundes Freier Evangelischer Gemeinden, der Pilgermission St. Chrischona und der Vereinigung Freier Missionsgemeinden in der Schweiz, 1994

Wenn nach gemeinsamem Ringen befriedigende Antworten in gewichtigen Fragen gefunden werden, löst dies gemeinsame evangelistische und missionarische Impulse aus.

7.3 Die Schwerpunkte übergemeindlicher Zusammenarbeit

Die Zusammenarbeit verschiedener Gemeinden soll dazu dienen, die Aufträge besser zu erfüllen, die Jesus seiner Gemeinde gegeben hat. Die Bereiche der Zusammenarbeit sind somit durch Jesus selbst vorgegeben.

Da ist zunächst einmal der Bereich der Evangelisation und Mission (Mt 28,18-20; Joh 20,21; Apg 1,8). Dazu gehört weiter der Bereich der Diakonie. Es gilt, den Menschen die Liebe Gottes ganz praktisch vorzuleben, um sie dann zur Annahme dieser Liebe zu bewegen (Mt 25,34-40). Auch der pädagogisch-didaktische Bereich gehört dazu. Es ist Aufgabe jeder Gemeinde, zuerst die heranwachsenden Kinder zu Jesus zu führen (Mk 10,13-16). Weiter ist es ihre Aufgabe, alle diejenigen zu schulen, die in irgendeinem Bereich Verantwortung tragen oder mitarbeiten, so dass sie in der Lage sind, andere heranzubilden (2. Tim 2,2). Genau dies hat Jesus mit seinen Jüngern praktiziert.

Wir wollen nun betrachten, wie die Zusammenarbeit in den verschiedenen Bereichen ganz praktisch aussieht.

7.3.1 Die Zusammenarbeit im evangelistisch-missionarischen Bereich

Es geht zuerst einmal darum, das eigene Land mit dem Evangelium zu erreichen.

Um dieses Ziel zu erreichen, müssen vor allem sechs Dinge beachtet werden.

1. Der Gemeindebund unterstützt die Gemeinden in ihren evangelistischen Bemühungen. Dazu stellt er einen oder mehrere Evangelisten an, welche den einzelnen Gemeinden helfen, evangelistische Veranstaltungen durchzuführen. Der Evangelist hat einerseits die Gabe, die Gemeinde für evangelistische Bemühungen zu motivieren, und hat andererseits das Charisma, ungläubige Menschen durch seine Botschaften zu einer Entscheidung für Jesus zu führen.

Wenn man eine Stadt oder ein ganzes Land mit dem Evangelium erreichen möchte, ist eine zeitlich begrenzte übergemeindliche und überdenominationelle Zusammenarbeit nötig. Alle Gemeinden, die die Bibel als inspiriertes Wort Gottes ernst nehmen und zu denen man nur durch eine persönliche Glaubensentscheidung für Jesus Christus gehören kann, sollten im Blick auf dieses Ziel zusammenarbeiten.

- In einer ersten Phase sollten alle Gemeinden für einen geistlichen Aufbruch in der Stadt oder im ganzen Land beten.
- Es folgen dann gemeinsame evangelistische Aktionen in allen Vierteln einer Stadt oder in allen Regionen eines Landes:
  - Einsatz von Haus zu Haus
  - Evangelisationen in regionalen Zentren
- Anschließend folgen überregionale Großevangelisationen in großen Hallen und Stadien. Schön ist, wenn die Medien positiv über diese Veranstaltungen berichten.
- Jede Gemeinde macht mit den Neubekehrten eine gründliche und sorgfältige Nacharbeit, in der es darum geht, sie in die Gemeinde zu integrieren. Erst das konkrete Wachstum der einzelnen Gemeinde zeigt, ob sich der riesige Aufwand gelohnt hat.[669]

Erfahrungen aus verschiedenen Teilen der Welt haben gezeigt, dass solche gemeinsame evangelistische Aktionen aller Gläubigen einer Stadt oder eines Landes in keiner Weise die Beziehung zur eigenen Denomination schwächen. Im Gegenteil: Alle hatten den Eindruck, dass ihre Denomination dadurch bereichert und gestärkt wurde.[670]

669 Peters, G. W., Evangelisation: total – durchdringend – umfassend, Bad Liebenzell 1977, S. 78-80; 104-110

670 ebd., S. 136

2. Den Gemeinden stehen begabte Gemeindegründer aus dem Gemeindebund zur Verfügung, die die Gemeindeleitungen motivieren, neue Gemeinden zu gründen. Sie stehen den Gemeindeleitungen dann beim Aufbau einer neuen Gemeinde mit Rat und Tat zur Seite.

3. Der Gemeindebund arbeitet ein Grundkonzept aus, wie begabte Gemeindegründer in unerreichten Regionen des Landes als Missionare eingesetzt werden können. Ein Missionsrat leitet diese wichtige Gemeindegründungsarbeit (siehe dazu 5.8.1). Wichtig ist, dass diese neuen Gemeinden sich später dem Gemeindebund anschließen, der sie aufgebaut hat. David W. Shenk und Ervin R. Stutzman schreiben dazu:

> »Partnerschaft, wie wir sie in der Bibel finden, ist heute durch Angliederung einzelner Gemeinden an einen Gemeindebund möglich. Junge Gemeinden ... sollten nicht versuchen, mit allen konfessionellen Gruppen ... gute und dynamische, partnerschaftliche Beziehungen aufrechtzuerhalten. Ein solches Unternehmen wäre verwirrend und würde viel Kraft und Energie verzehren.«[671]

Der Anschluss an einen Gemeindebund bewahrt die neuen Gemeinden auch vor dem falschen Anspruch, die wahre Gemeinde Jesu zu sein. Zugleich wird dadurch auch einer falschen Selbstherrlichkeit des Gemeindeleiters vorgebeugt.[672] Bedenkenswert ist, was Heinzpeter Hempelmann und Edin Lovas schreiben:

> »Die Gefahr scheinbar geistlicher Tyrannei ist um so größer, je selbstständiger und unabhängiger eine Gemeinde sein will.«[673]
>
> »In solchen Gruppen (unabhängigen Gemeinden, A. M.) wird oft jede Kritik unterdrückt, und selbst ›kleine (Nach)Fragen‹ sind verpönt.

671 zit. nach Shenk, D. W.; Stutzman, E. R., Neue Gemeinden. Gemeindegründung im Neuen Testament und heute, Lörrach 1992, S. 183

672 Hempelmann, H. P., Gemeindegründung. Perspektive für eine Kirche von morgen? Gießen; Basel 1996, S. 50

673 zit. nach ebd., S. 50-51

> Das Ergebnis ist, dass jemand, der auch nur ein bisschen zu opponieren wagt, rausgeekelt wird. Dabei wird die Meinung vertreten, dass er oder sie sich ja gegen Gott selbst auflehnt, indem die Ansicht des Führers mit einem Fragezeichen versehen wird.«[674]

Der oben erwähnte Missionsrat soll im Blick auf Gemeindegründungsprojekte das Gespräch mit anderen Gemeindebünden suchen. Wichtig ist, dass sich die Gemeindegründungsprojekte der verschiedenen Gemeindebünde eines Landes ergänzen und nicht in falscher Weise konkurrieren. Dazu sind ein reger Austausch und Absprachen nötig.[675]

4. Der Gemeindebund überlegt sich schließlich, wie er die Medien (Zeitungen, Zeitschriften, Radio und Fernsehen) für die Verkündigung des Evangeliums nutzen könnte. Um in diesem Bereich überhaupt etwas zu erreichen, braucht es die Zusammenarbeit mit möglichst allen auf dem Fundament der Bibel stehenden Gemeindebünden. Es ist von größter Wichtigkeit, dass wir uns in den säkularisierten Medien, die das Denken und Leben der Menschen stark beeinflussen, mit der wichtigsten Botschaft, dem Evangelium, deutlich und unüberhörbar zu Worte melden. Die Medien sind dabei auf die Unterstützung der örtlichen Gemeinden angewiesen. Die Medien können wohl Interesse wecken und herausfordern, sind aber kaum in der Lage, genügend individuelle Hilfestellungen zu geben. Evangelistische Sendungen in den Medien sollten von den örtlichen Gemeinden als Aufhänger für persönliche Gespräche aufgegriffen werden.[676]

---

674 zit. nach Lovas, E., Wölfe in Schafspelzen. Machtmenschen in der Gemeinde, Moers 1996, S. 78

675 Simson, W., Gottes Megatrends. Sechs Wege aus dem christlichen Ghetto, Emmelsbüll 1995, S. 83

676 Choi, Ph., Der weltweite Einfluss der Kommunikationstechnologie, in: Evangelisation mit Leidenschaft. Berichte und Impulse vom II. Lausanner Kongress für Weltevangelisation in Manila, hg. v. H. Marquardt; U. Parzany, Neukirchen-Vluyn 1990, S. 172-173

5. Außerdem müssen sich gerade Gemeindebünde in den Ländern Europas fragen, wie sie mithelfen können, die neuheidnischen Länder dieses Kontinents mit dem Evangelium zu erreichen.

Jeder Gemeindebund sollte innerhalb seiner Strukturen eine Mission ins Leben rufen, die es ermöglicht, in den verschiedenen Ländern Europas Gemeinden zu gründen. Diese Mission sendet einerseits Missionare in diese Missionsländer, andererseits unterstützt sie einheimische Missionare, die sich um den Aufbau von Gemeinden bemühen. Die Schulung einheimischer Missionare wird als vordringliche Aufgabe gesehen, denn sie kennen die Sprache, die Mentalität und Kultur der Menschen und können sie besser mit dem Evangelium erreichen als Ausländer. Zugleich sollte in den aufgebauten Gemeinden die Bereitschaft geweckt werden, die eigenen Missionare zu finanzieren.

Unter den Europamissionen der einzelnen Gemeindebünde muss man immer wieder das Gespräch suchen, um sich in dieser riesigen Arbeit bestmöglichst ergänzen zu können.

In Europa kommen durch den Zusammenbruch des kommunistischen Systems die großen Herausforderungen der Ostländer dazu. Auch in diese Länder müssen Missionare ausgesandt werden, die vor allem im Bereich der Schulung eingesetzt werden. Die bestehenden Gemeinden brauchen vor allem Hilfe im Blick auf Gemeindebau.

6. Schließlich muss jeder Gemeindebund die Frage klären, wie er den Auftrag Jesu zur weltweiten Mission erfüllen will.
Er hat zwei Möglichkeiten:

1. Er gründet selbst eine Missionsgesellschaft, die den weltweiten missionarischen Auftrag ausführt.
2. Er arbeitet mit bereits bestehenden Missionsgesellschaften zusammen. Die Grundlagen für die Zusammenarbeit werden gemeinsam erarbeitet. Die Missionsgesellschaften sind dann gewissermaßen der verlängerte Arm der in diesem Gemeindebund zusammengeschlossenen Gemeinden, die den weltweiten Missionsauftrag verwirklichen. Die Gemeinden delegieren diesen Missionsgesell-

schaften die nötige Kompetenz im Blick auf die Aussendung, den Einsatz und die Begleitung der Missionare (siehe dazu 6.6).

7.3.2 Die Zusammenarbeit im diakonischen Bereich

Es geht darum, dass jede Gemeinde die Liebe, die Christus ihr geschenkt hat, ganz praktisch gläubigen und ungläubigen Mitmenschen weiterschenkt.

Die Gläubigen sollen durch diesen Dienst in ihrem Glauben gefestigt werden, und Ungläubige sollen dadurch den Weg zu Jesus und schließlich in die Gemeinde finden.

Damit die einzelnen Gemeinden angeleitet werden können, wie sie diese Aufgabe noch besser erfüllen können, ruft der Gemeindebund eine Kommission ins Leben, die sich eingehend mit diakonischen Fragen beschäftigt.

- Diese Kommission gibt den einzelnen Gemeinden Anregungen, wie sie innergemeindliche diakonische Aufgaben wahrnehmen können. Sie zeigt z. B., wie allein erziehenden Müttern geholfen werden kann, wie man Alleinstehende und alte Menschen begleitet oder wie man depressiven Menschen hilft.
- Sie gibt Ideen weiter, wie man unter ungläubigen Menschen diakonische Aufgaben wahrnehmen kann, z. B. unter Drogensüchtigen, Aidskranken, Alkoholikern, Behinderten usw.

Es kann sogar sein, dass sich ein Gemeindebund von Gott geführt sieht, diakonische Werke ins Leben zu rufen.

- Um den vielen psychisch angeschlagenen Menschen besser helfen zu können, kann ein Seelsorgezentrum aufgebaut werden.
- Ein Haus für Drogensüchtige und Aidskranke kann gegründet werden.
- Ein Heim für milieugeschädigte Kinder kann ins Leben gerufen werden.
- Für die alten Menschen kann ein Alters- und Pflegeheim aufgebaut werden.

In all diesen Werken geht es darum, den Menschen die in Christus empfangene Liebe weiterzuschenken, so dass sie entweder in ihrem Glauben gestärkt werden oder zu Jesus dem Retter finden.

Die Länder Osteuropas brauchen dringend diakonische Hilfe. Wichtig ist aber, dass hier Hilfe zur Selbsthilfe geschieht. Hilfe, die nur die aktuellen Bedürfnisse abdeckt (Lebensmittel, Kleidung), vermag nur im Augenblick zu helfen, bewirkt aber eine Abhängigkeit von außen. Echte diakonische Hilfe im Bereich des Gartenbaus, der Landwirtschaft, handwerklicher Berufe, der Medizin usw. zeigt, wie man sich langfristig selbst helfen kann. Genau diese Hilfe zur Selbsthilfe soll bewirken, dass die Menschen zu Jesus als der eigentlichen Hilfe finden.

Natürlich rufen alle Länder der Dritten Welt, in denen die verschiedenen Missionsgesellschaften arbeiten, nach diakonischer Hilfe. Auch hier gilt es so zu helfen, dass sich die Menschen selbst helfen können, sei es im medizinischen, landwirtschaftlichen, wasserwirtschaftlichen, handwerklichen oder anderen Bereichen. Diese Hilfe zur Selbsthilfe ist gerade in der Dritten Welt nur dann in vollem Sinn möglich, wenn das Leben der Menschen durch Christus neu gemacht wird, so dass sie bereit werden zu lernen und zu arbeiten.

Ich rufe noch einmal in Erinnerung, dass das Ziel aller diakonischen Arbeit darin besteht, dass Gläubige in ihrem Glauben gefestigt werden und ungläubige Menschen den Weg zu Jesus finden und in Gemeinden gesammelt werden.

7.3.3 Die Zusammenarbeit im pädagogisch-didaktischen Bereich

Es ist und bleibt die wichtigste Aufgabe jeder Gemeinde, ihren eigenen Nachwuchs für Jesus und damit für die Gemeinde zu gewinnen. Zugleich muss man sich darum bemühen, die heranwachsende ungläubige Jugend mit dem Evangelium zu erreichen.

Weil dies so überaus wichtig ist, sollte jeder Gemeindebund den einzelnen Gemeinden in ihrer Aufgabe an den Kindern, Teenagern und Jugendlichen helfend zur Seite stehen. Dazu kann er zunächst einmal eine Kommission ins Leben rufen, die darum besorgt ist, dass die Mitarbeiter in den Bereichen der Kinder-, Teenager- und Jugendarbeit für ihre Aufgabe genügend ausgebildet werden. Diese Kommission sollte sich dafür einsetzen, dass der Gemeindebund in all diesen Bereichen ein gutes Schulungsprogramm anbieten kann. Zugleich weist sie auf gutes Material für die Kinderstunden, Sonntagsschule, Jungschar- und Teenagerarbeit und für die Jugendanlässe hin oder erarbeitet es selbst.

Um diese große Aufgabe bewältigen zu können, sollte der Gemeindebund bereit sein, zumindest eine Person vollzeitlich anzustellen. Diese Person muss die pädagogischen Ziele und Grundprinzipien der Bibel kennen, ernst nehmen und umsetzten können.[677]

Der Gemeindebund ist auch darum besorgt, dass alle, die in irgendeinem Bereich der Gemeinde Verantwortung tragen, gefördert werden – seien es Älteste, Diakone oder Diakoninnen, Mitarbeiter in den verschiedenen Aufgabenbereichen. Er sollte den Ältesten und Mitarbeitern der Gemeinden regelmäßige Schulungsanlässe anbieten. Eine Kurzbibelschule und Weiterbildungskurse können eine große Hilfe sein.

Besonders wichtig scheint mir, dass jeder Gemeindebund um die Ausbildung seiner zukünftigen Verkündiger und Gemeindeleiter besorgt ist. Er kann dazu selbst eine Ausbildungsstätte ins Leben rufen oder mit schon bestehenden Ausbildungsstätten zusammenarbeiten. Wichtig ist, dass er nur mit solchen Ausbildungsstätten zusammenarbeitet, die die Bibel als unfehlbares Wort Gottes ernst nehmen und die eine klare christozentrische Ausrichtung haben. Das Ziel dieser Ausbildungsstätten sollte sein, die jungen Menschen für

---

677 Mauerhofer, A., Erziehung aus biblischer Sicht, in: Gemeindegruß, Zeitschrift des Bundes Freier Evangelischer Gemeinden in der Schweiz, Niederhünigen Nr. 2/1994, S. 7-9. In diesem Artikel werden die Ziele und Prinzipien entfaltet.

den Aufbau biblischer Gemeinden zuzurüsten. Bei einer Zusammenarbeit mit schon bestehenden Ausbildungsstätten sollten gemeinsam klare Grundlagen für die Zusammenarbeit festgelegt werden.

Eine Hauptaufgabe des Gemeindebundes ist es, die Praktikanten der verschiedenen Gemeinden, die direkt von der schulischen Ausbildung kommen, praxisnah zu begleiten.

In unserer pluralistischen Gesellschaft sollten sich die Gemeinden überlegen, ob es nicht ihre Aufgabe wäre, den Kindern sowohl aus gläubigen als auch aus ungläubigen Elternhäusern eine schulische Ausbildung zu ermöglichen, die im Inhalt, in ihren Zielen und in der didaktischen Darbietungsweise vom Wort Gottes her geprägt ist.

Schön wäre es, wenn sich Gemeindebünde bereit erklären könnten, freie Werke zu unterstützen, die Schulen auf biblischer Basis – Primar- und Sekundarschulen, Gymnasien und Lehrerseminare – ins Leben gerufen haben[678] (siehe 7.4.3). Das eigentliche Ziel wäre es, eine Universität zu gründen, an der alle Disziplinen der Wissenschaft vertreten sind. Besonders wichtig wäre die Ausbildung von bibeltreuen Theologen, Lehrern, Psychologen usw.[679]

Daneben ist es natürlich die Aufgabe der Gemeindebünde, ihre Kinder und Jugendlichen an den staatlichen Schulen, Gymnasien und Universitäten zu begleiten – sei es, dass sie junge Menschen ermutigen, den Lehrerberuf zu egreifen, um von den biblischen Grundwahrheiten her zu unterrichten, oder indem sie unter den Schülern Bibelgruppen aufbauen.

678 Schule auf biblischer Basis. Grundlagen und Ziele Evangelischer Bekenntnisschulen, hg. v. der Arbeitsgemeinschaft Evangelischer Bekenntnisschulen (AEBS), Neuhausen-Stuttgart 1985

679 v. Padberg, L., Die Bibel. Grundlage für Glauben, Denken und Erkennen, Neuhausen-Stuttgart 1986, S. 118-119

7.4 Zusammenarbeit von Gemeindebünden mit freien Werken

Wenn wir die verschiedenen Bereiche betrachten, in denen innerhalb eines Gemeindebundes eine Zusammenarbeit erwünscht ist, merken wir sofort, dass nie alle Bedürfnisse innerhalb eines einzelnen Gemeindebundes abgedeckt werden können.

Es bricht hier die Frage auf, ob nicht mehrere Gemeindebünde zusammen alle die Bedürfnisse erfüllen sollten, denen ein einzelner Gemeindebund nicht gerecht werden kann. Dazu wären natürlich gründliche überdenominationelle Absprachen nötig, die wiederum von jeder einzelnen Denomination genehmigt werden müssten. Das Ganze würde aber m. E. überaus schwerfällig. Viele Lücken könnten auf diese Weise aus rein administrativen Gründen nicht geschlossen werden. In andern Bereichen müssten so viele Bestimmungen berücksichtigt werden, dass gleich von Anfang an der nötige Schwung fehlen würde.

Es ist nun interessant zu beachten, dass Gott für solche Aufgaben, die ein oder mehrere Gemeindebünde nicht abdecken können, Menschen gerufen hat und ruft, die es als ihre Lebensaufgabe sehen, sich genau für eine dieser Aufgaben einzusetzen. Sie sammeln Menschen um sich, die bereit sind, mit ihnen diese wichtige – in ihren Augen wichtigste – Aufgabe zu erfüllen und gründen ein freies Werk.[680] Die Ausrichtung eines freien Werkes auf ein ganz bestimmtes Ziel vermag ihm eine große Durchschlagskraft zu geben.[681]

Es ist bemerkenswert, dass die meisten freien Werke Bedürfnisse innerhalb der drei Hauptbereiche der übergemeindlichen Zusammenarbeit abzudecken suchen. Ich zähle nun einige von solchen freien Werken auf. Es geht mir nicht darum, alle freien Werke, die im

680 Wagner, C. P., Eine wachsende Gemeinde leiten, Lörrach 1991, S. 139
681 Cassidy, M., Neben den Kirchen auf gemeinsamem Weg, in: Evangelisation mit Leidenschaft, S. 271

deutschsprachigen Raum arbeiten, zu erwähnen, ich möchte vielmehr nur auf einige exemplarisch hinweisen.[682]

7.4.1 Freie Werke im evangelistisch-missionarischen Bereich

Im evangelistischen Bereich sind erwähnenswert: das »Janz-Team«, das Mitte der fünfziger Jahre seine Arbeit in Europa begonnen hat,[683] das von Anton Schulte 1954 ins Leben gerufene Missionswerk »Neues Leben«[684] und das Missionswerk OM: »Operation Mobilisation«, das George Verwer 1957 mit dem Ziel, junge Menschen zu einem missionarischen Lebensstil zu motivieren, gegründet hat.[685]

Im Medienbereich ist auf den Evangeliums-Rundfunk (ERF) hinzuweisen, der 1959 in Wetzlar als deutschsprachiger Zweig von Trans World Radio (TWR) gegründet wurde.[686]

Daneben entstanden viele Missionsgesellschaften, die sich entweder von Gott geführt sehen, in bestimmten Ländern oder Gebieten (Islam) zu arbeiten oder die den Missionaren die Ausreise in das Land, wohin sie sich von Gott gerufen wissen, ermöglichen wollen.[687]

682 Eine Übersicht über die Freien Werke im deutschsprachigen Raum findet sich in: Evangelistisch-missionarische Werke und Einrichtungen im deutschsprachigen Raum. Einzeldarstellungen-Übersichten-Adressen, hg. v. I. Reimer, Stuttgart 1991

683 Steinseifer, W., Janz-Team e.V., in: Evangelisches Gemeindelexikon, S. 274-275

684 Rumler, G., Neues Leben, Missionswerk, in: ebd, S. 386-387

685 Pansford, M., Operation Mobilisation, in: ebd, S. 396

686 Lützenbürger, M., ... aber Gottes Wort ist nicht gebunden. Evangeliums-Rundfunk, Auftrag und Dienst, Wetzlar 1977

687 Arbeitsgemeinschaft Evangelikaler Missionen (AEM) in Deutschland, in: Evangelistisch-missionarische Werke, S. 439-442; Arbeitsgemeinschaft Evangelikaler Missionen (AEM) in der Schweiz, in: ebd., S. 443-445

7.4.2 Freie Werke im diakonischen Bereich

Es gibt für die verschiedensten Bereiche diakonische Werke, die bewusst die Bibel als ihre Grundlage ernst nehmen.[688]

- Es gibt Werke, die sich in Tagesheimen, Krippen, Kinderheimen usw. um Kinder kümmern.
- Zu erwähnen sind die Auffangstationen für Drogensüchtige.
- Andere nehmen sich der Aidskranken an.
- Wieder andere bemühen sich um Alkoholiker.
- Es gibt Übergangshäuser für Strafentlassene.
- Neben Altersheimen gibt es auch Werkstätten für Behinderte und Blinde.
- Krankenhäuser auf biblischer Basis helfen physisch und psychisch kranken Menschen.

Es muss in all diesen diakonischen Werken darüber gewacht werden, dass der diakonische Dienst nicht nach und nach in eine säkulare Sozialarbeit abgleitet. Wichtig scheint mir auch, dass all diese Werke die Nähe zur Gemeinde Jesu immer wieder suchen und sich nicht von ihr distanzieren. Dies ist dann möglich, wenn sie nur Mitarbeiter anstellen, die eine persönliche Beziehung zu Jesus haben und verbindliche Glieder einer Gemeinde sind.

7.4.3 Freie Werke im pädagogisch-didaktischen Bereich

Im Bereich der Kinder-, Teenager- und Jugendarbeit kennen wir vor allem die von Irvin Overholtzer im Jahre 1937 ins Leben gerufene

688 Arbeitsgemeinschaft Christlicher Lebenshilfe (ACL), in: Evangelistisch-missionarische Werke, S. 432 - 424; Weitere diakonische Werke in der Schweiz finden wir im Ehrenkodex-Verzeichnis, hg. v. Schweizerische Evangelische Allianz (SEA), Zürich 1995^3; Soziale Einrichtungen der Heilsarmee in der Schweiz, Nationales Hauptquartier, Sozialabteilung, Bern 1996

Kinder-Evangelisationsbewegung (KEB), die heute auch in verschiedenen Ländern Europas tätig ist,[689] ferner den 1974 von Robert Rahm gegründeten »Bund Evangelischer Schweizer Jungscharen« (BESJ),[690] dann den 1844 von George Williams ins Leben gerufene »Christliche Verein junger Männer« (CVJM)[691] und den »Deutschen Verband der Jugendbünde für entschiedenes Christentum – EC«.[692]

Im Bereich der Ausbildung der zukünftigen Verkündiger und Missionare ist besonders hinzuweisen auf die 1970 von S. Külling gegründete Staatsunabhängige Theologische Hochschule (STH) in Basel, ferner auf die 1974 von C. Rogers ins Leben gerufene Freie Theologische Akademie (FTA) in Gießen,[693] dann auf das 1840 von F. Spittler ins Leben gerufene Theologische Seminar St. Chrischona oberhalb Bettingen[694] und auf das Predigerseminar der Liebenzeller Mission in Bad Liebenzell.[695] Die Bibelschulen Beatenberg, Brake, Wiedenest, das Institut Emmaus, das Seminar Neues Leben und viele andere tun einen sehr guten Dienst.[696]

Es gibt heute viele Werke, die sich zum Ziel gesetzt haben, Primar-, Sekundarschulen und Gymnasien auf biblischer Basis zu gründen. In Deutschland werden diese verschiedenen Initiativen von der 1981 ins Leben gerufenen »Arbeitsgemeinschaft Evangelischer

689 Rinne, G., Kinder-Evangelisationsbewegung in Deutschland e.V., in: Evangelisches Gemeindelexikon, S. 298

690 De Funke, Bund Evangelikaler Schweizer Jungscharen (BESJ), Fällanden 1985, S. 9

691 Kroll, W., Christlicher Verein junger Männer (CVJM-YMCA), in: Evangelisches Gemeindelexikon, S. 112-113

692 Liedholz, M., Handbuch für Jugendarbeit. Unterwegs mit jungen Menschen, Gießen; Basel 1987^4, S. 338

693 Hafner, H., Ausbildung, theologische, a) Theologische Hochschulen, in: Evangelisches Gemeindelexikon, S. 38

694 Schmid, E., Ausbildung, theologische, b) Bibelschulen und Seminare, in: Evangelisches Gemeindelexikon, S. 38-39

695 Vatter, E., Liebenzeller Mission, in: Evangelisches Gemeindelexikon, S. 330-331

696 Angaben über Bibelschulen und Seminare in Deutschland und der Schweiz siehe: Evangelisches Gemeindelexikon, S. 41-44

Bekenntnisschulen« (AEBS) getragen.[697] In der Schweiz sind es die »Arbeitsgemeinschaft für Schulen auf biblischer Basis« (1986), ferner die »Bernische Schule auf biblischer Basis« (1988) und die »Christliche Bekenntnisschule« (1990), die sich bemühen, Schulen zu gründen und aufzubauen.

Es gibt Werke, die an den staatlichen Schulen, Gymnasien und Universitäten Bibelgruppen aufbauen, um die Gläubigen in ihrer Beziehung zu Jesus zu festigen und Ungläubige zu Jesus zu führen.

In Deutschland arbeitet vor allem die 1946 gegründete Studentenmission (SMD) unter Schülern, Gymnasiasten und Studenten. In der Schweiz erfüllen diese Aufgabe die Vereinigten Bibelgruppen (VBG).[698] An den Universitäten setzt sich auch das 1951 von Bill Bright gegründete Missionswerk »Campus für Christus« ein.[699]

7.4.4 Beachtenswerte Schwerpunkte bei der Zusammenarbeit von Gemeindebünden mit freien Werken

Es ist erstaunlich zu sehen, dass es eigentlich für alle Bereiche, die Gemeindebünde nicht abzudecken vermögen, freie Werke gibt. Allerdings ist die Aufgabe der freien Werke, den Gemeindebünden und damit den Einzelgemeinden zu helfen, ihre Aufgaben im evangelistischen, missionarischen, diakonischen und pädagogisch-didaktischen Bereich noch besser zu erfüllen.

Dazu ist es nötig, dass die Leiter der freien Werke immer wieder das Gespräch mit den Verantwortlichen der Gemeindebünde suchen. Im gegenseitigen Austausch wird klar, wie ein helfendes Mit-

---

697 Schule auf biblischer Basis, aaO.

698 Vereinigte Bibelgruppen in Schule, Universität, Beruf (VBG), in: Evangelistisch-missionarische Werke, S. 396-397

699 Gutsche, F., Studentenarbeit, in: Evangelisches Gemeindelexikon, S. 494-495

einander zwischen Gemeinden und freien Werken noch besser gestaltet werden kann.

Gemeindebünde und freie Werke brauchen einander. Es kommt nie die Zeit, da die Gemeindebünde alle Bedürfnisse selbst abzudecken vermögen. Deshalb ist es müßig, über die Daseinsberechtigung der freien Werke zu diskutieren.

Mühsam wird es dann, wenn die freien Werke, statt den Gemeinden zu dienen, sich selbst zu verwirklichen suchen. Leider gibt es solche Werke, die neben den Gemeinden eigene Hauskreise, Kindergruppen, Schülergruppen usw. aufbauen. So entziehen sie den Gemeinden wertvolle Kräfte und finanzielle Mittel, statt sie zu unterstützen.[700] Freie Werke, die die Gemeinden schwächen und ihren Auftrag behindern, verlieren ihre Existenzberechtigung. Gott hat sie durch einen von ihm gerufenen Gründer mit dem Ziel ins Leben gerufen, den Gemeinden zu dienen.

Es muss ganz klar gesehen werden, dass die Gemeinden mit ihren vielfältigen Aufgaben den freien Werken übergeordnet sind. Die freien Werke sollen den Gemeinden helfen, ihre vielen Aufgaben noch besser wahrnehmen zu können.[701]

7.5 Vom Verhältnis evangelikaler Gemeindebünde zur ökumenischen Bewegung

Wenn wir uns mit übergemeindlichen Beziehungen beschäftigen, müssen wir auch die Frage bedenken, wie sich Gemeindebünde, die die Bibel als Wort Gottes ernst nehmen, zur ökumenischen Bewegung stellen sollen.

700 Wagner, C. P., Eine wachsende Gemeinde leiten, S. 137-138

701 Simson, W., Gottes Megatrends, S. 84

7.5.1 Evangelikale Gemeindebünde

Zuerst will ich den Begriff »evangelikal« klären. Der Begriff »evangelikal« als Bezeichnung für konservative Protestanten im deutschsprachigen Raum, entsprechend den englischen und amerikanischen »evangelicals«, erschien erstmalig im Jahr 1965 im Evangelischen Allianzblatt, dem Organ der Deutschen Evangelischen Allianz (DEA). Mitverantwortlich für den Durchbruch des Wortes »evangelikal« im deutschsprachigen Raum war der 1966 in Berlin von amerikanischen Evangelikalen durchgeführte Weltkongress für Evangelisation.[702] Die Evangelikalen sind sich in den fünf folgenden Punkten einig:

1. Die Heilige Schrift ist absolut verbindlich für Lehre und Leben. Die Bibel gilt als das vom Heiligen Geist eingegebene Wort Gottes.
   Zu diesem Punkt muss gesagt werden, dass er leider nicht mehr für alle Evangelikalen uneingeschränkte Bedeutung hat. Es gibt heute Evangelikale, die sich in ihrem exegetischen Arbeiten der historisch-kritischen Methoden bedienen.[703]

2. Bekehrung und Wiedergeburt durch den Glauben an Jesus Christus sind zur Erlangung der ewigen Seligkeit unerlässlich.

3. Sie betonen die Pflege der Gemeinschaft aller von Herzen an Jesus Christus Glaubenden. Es fehlt aber eine klare Gemeindelehre.

4. Ihnen ist die Heiligung des persönlichen Lebens, die Mission durch Verkündigung des Evangeliums verbunden mit Diakonie von größter Wichtigkeit.

---

702 Jung, F., Die deutsche Evangelikale Bewegung – Grundlinien ihrer Geschichte und Theologie, Frankfurt a. M.; Berlin; Bern; New York; Paris; Wien 1992, S. 6-7

703 Ahonen, R., Evangelisation als Aufgabe der Kirche. Theologische Grundlegung kirchlicher Evangelisation, Frankfurt a. M. 1996, S. 55

5. Die Erwartung der sichtbaren Wiederkunft Jesu Christi und die Hoffnung auf ein ewiges Leben im Reich Gottes machen die Evangelikalen gegenüber allen Versuchen, allein aus menschlicher Kraft ein irdisches Friedensreich zu errichten, sehr zurückhaltend.[704]

Mit dem Festhalten an diesen fünf Grundpositionen wissen sich die Evangelikalen ganz in der neutestamentlichen und reformatorisch-pietistischen Linie. Sie wollen ganz einfach biblisch fundierte Christen sein.[705]

Ein Teil dieser evangelikalen Christen hat sich von der Landeskirche als Institution gelöst und baut ganz bewusst biblische Gemeinden, die sich je nach theologischer Schwerpunktsetzung in verschiedenen Gemeindebünden zusammengeschlossen haben. Diese biblischen Gemeinden betonen als Einzelne und als Bünde in dieser Welt vor allem den evangelistisch-missionarischen Auftrag, verbunden mit diakonischer Hilfe.

7.5.2 Die Ökumenische Bewegung

Das Wort »Ökumene« bedeutet ursprünglich »die bewohnte Erde« (vgl. Luk 2,1). Im christlichen Sprachgebrauch verengte sich die Bedeutung auf »die Kirche als Ganzes«. Daher werden die ersten sieben Konzile auch »ökumenische Konzile« genannt.

Voraussetzung für die moderne ökumenische Bewegung war der zunehmende Zerfall der Christenheit in verschiedene Kirchen und Denominationen im Gefolge der Reformation.

– Zunächst versuchte man im Blick auf die Mission unter den verschiedenen Kirchen eine Einheit anzustreben. 1910 kam es zu der von John Mott geleiteten Weltmissionskonferenz in Edinburgh. Daraus entstand 1921 der Internationale Missionsrat.

---

704 Jung, F., Die deutsche Evangelikale Bewegung, S. 8
705 ebd. S. 9

- Eine andere Gruppe strebte um Nathan Söderblum die Einheit unter den Kirchen an, um in brennenden wirtschaftlichen, sozialen und politischen Fragen vom christlichen Standpunkt aus mitreden und mithelfen zu können. Es wurde 1925 die »Allgemeine Konferenz der Kirche Christi für praktisches Christentum« (Life and Work) in Stockholm ins Leben gerufen.
- Charles Brent befasste sich mit den Lehrgrundlagen der zwischenkirchlichen Zusammenarbeit. Hieraus entstand der dritte Strang der ökumenischen Bewegung, die Weltkonferenz für Glaube und Kirchenverfassung (Faith and Order), die 1927 erstmals in Lausanne zusammentrat.

Die Stränge »Life and Work« und »Faith and Order« gründeten 1948 den Ökumenischen Rat der Kirchen (ÖRK) in Amsterdam, dem 1961 in New Delhi der Internationale Missionsrat beitrat. Zu den aus der Reformation hervorgegangenen Mitgliedskirchen kamen die altkatholische Kirche und verschiedene orthodoxe Kirchen hinzu. Seit dem 2. Vatikanischen Konzil kam es zwischen dem ÖRK und der römisch-katholischen Kirche zu einer starken Annäherung. Katholische Theologen arbeiten heute in Sektionen und Programmen des ÖRK mit.

Oberstes Beratungsorgan des ÖRK ist die Vollversammlung, in die die Kirchen ihre Delegierten entsenden. Der von der Vollversammlung gewählte Zentralausschuss ist für die Geschäfte zwischen den Vollversammlungen mit Hilfe des Sekretariats in Genf zuständig.[706]

706 Geldbach, B., Ökumenische Bewegung, in: Evangelisches Gemeindelexikon, S. 389-394

7.5.3 Das Verhältnis evangelikaler Gemeindebünde zum Ökumenischen Rat der Kirchen

Was viele evangelikale Gemeindebünde stört, ist das unbiblische Verständnis von Einheit.

Die Bibel kennt eine Einheit all derer, die durch den Glauben an das Erlösungswerk Jesu bekehrt und wieder geboren sind. Diese in Christus durch den Heiligen Geist geschenkte Einheit gründet sich auf die Bibel, die ewiggültig ist.

In der ökumenischen Bewegung bilden alle die eine Einheit, die Glieder des ÖRK geworden sind, gleichgültig, ob die einzelnen Glieder dieser Kirchen Christus als Retter angenommen haben oder nicht. So sollen die Glieder der altkatholischen Kirchen, der orthodoxen Kirchen, der lutherischen, reformierten, methodistischen Kirchen aufgrund einer äußerst schmalen Glaubensgrundlage, die die einzelnen Gliedkirchen nicht einmal anerkennen müssen, eine Einheit bilden.[707]

Außerdem finden Evangelikale bedenklich, dass der ÖRK eine immer stärkere Zusammenarbeit mit der römisch-katholischen Kirche sucht und um einen Weg ringt, wie es zu einer geeinten Christenheit kommen könnte.[708] Ein Zusammengehen mit der römisch-katholischen Kirche wird allerdings erst dann möglich sein, wenn die Mitgliedkirchen des ÖRK den Papst als Stellvertreter Christi auf dieser Erde anerkennen.[709] Ein solches Einheitsverständnis lehnen evangelikale Gemeindebünde grundsätzlich ab.

Was den Evangelikalen ganz besonders Mühe macht, ist der Wandel des Missionsverständnisses des ÖRK seit der Vollversammlung in Neu-Delhi 1961. Dieser Wandel ist von der historisch-kritischen Bibelbetrachtungsweise getragen. Die Bibel wird nur noch als ein

707 Kuen, A., … auf dass sie alle eins seien, S. 69-75
708 Rehse, Th., Ökumene – woher und wohin? Asslar 1983, S. 176-180
709 Morrison, A., Ökumene. Das Trojanische Pferd in der Gemeinde, Dillenburg 1994, S. 52

Komplex von im Fluss befindlichen Traditionen verstanden, mit denen man jeweils von der eigenen geschichtlichen Situation ausgehend in einen Dialog tritt. Dieser hermeneutische Ansatz führte u. a. zur Befreiungstheologie, zur materialistischen und feministischen Bibelinterpretation und zu verschiedenen kontextuellen Volkstheologien.[710] Mission wird nur noch vom menschlichen Erwartungshorizont bestimmt.[711] Im Blick auf dieses gewandelte Missionsverständnis sehen sich die evangelikalen Gemeindebünde, die an der verbindlichen Autorität des göttlichen Wortes festhalten, gezwungen, vor allem drei Vorwürfe zu erheben:[712]

1. Der ÖRK rückt ab vom Absolutheitsanspruch Jesu Christi, der einzige Weg zu Gott zu sein, weil er behauptet, dass die anderen Religionen auch als Wege zu Gott akzeptiert werden müssen.[713] Die Frage nach der Wahrheit innerhalb der Religionen wird vom ÖRK bewusst ausgeblendet. Deshalb setzt sich der ÖRK auch für das Dialogprogramm mit den anderen Religionen ein und lehnt ihre Missionierung ab. Vielmehr sollte nach der Vorstellung führender Ökumeniker eine Konföderation aller Religionen angestrebt werden.[714]

Evangelikale betonen demgegenüber, dass die Bekehrung durch den Glauben an den von der Bibel bezeugten Jesus Christus – den Sohn Gottes – der einzige Weg ist, um gerettet zu werden.[715] Sie nehmen ernst, dass die Menschen, da sie Sünder sind, getrennt und entfremdet von Gott der ewigen Verlorenheit entgegengehen. Nur der

---

710 Beyerhaus, P., Er sandte sein Wort. Theologie der christlichen Mission, Bd. 1: Die Bibel in der Mission, Wuppertal; Bad Liebenzell 1996, S. 212-217

711 ebd., S. 267

712 Im Setzen dieser Schwerpunkte folge ich den Ausführungen von F. Jung, Die deutsche Evangelikale Bewegung, S. 196-197

713 Künneth, W., Der Bekenntnischarakter der Berliner Ökumene-Erklärung, in: Reich Gottes oder Weltgemeinschaft? hg. v. W. Künneth; P. Beyerhaus, Bad Liebenzell 1975, S. 44

714 Morrison, A., Ökumene, S. 36-37

715 Lausanner Verpflichtung von 1974, Artikel 3

Glaube an das Erlösungswerk Jesu vermag sie zu retten.[716] Im Manila-Manifest (1989) des Lausanner Komitees für Weltevangelisation werden die eben entfalteten Gedanken treffend so formuliert:

> »Wir bekräftigen, dass andere Religionen und Ideologien keine anderen möglichen Wege zu Gott sind. Die nicht von Christus erlöste Religiosität des Menschen führt nicht zu Gott, sondern ins Gericht; denn Christus ist der einzige Weg zum Vater.«[717] (-) »Es gibt nur ein Evangelium, weil es nur einen Christus gibt, der durch seinen Tod und seine Auferstehung der einzige Weg der Erlösung ist. Wir verwerfen darum sowohl den Relativismus, der alle Religionen und Ausdrucksformen von Spiritualität als gleichwertige Wege zu Gott wertet, wie auch den Synkretismus, der versucht, den Glauben an Christus mit anderen Religionen zu vermischen.«[718]

2. Evangelikale sind erstaunt darüber, dass der ÖRK nicht nur eine Welteinheitskirche anstrebt, sondern sich auch für eine Einheit der ganzen Menschheit einsetzt, die in Frieden und Freiheit zusammenleben soll.[719] Die konsequente anthropologische Ausrichtung der Bibelinterpretation innerhalb des ÖRK hat zu dieser Ideologisierung der Missionstheologie geführt.[720] Der ÖRK sieht seine Aufgabe darin, diese Welt aus eigener Kraft in das Reich Gottes umzuwandeln.[721]

Zur Erlangung dieses Zieles schreckt der ÖRK auch nicht vor der Unterstützung gewaltanwendender Gruppierungen zurück, die einen gesellschaftlichen Umsturz anstreben.[722]

---

716 Scheunemann, D., Bibeltreue als Motiv der Weltmission, in: Bibel und Gemeinde, Zeitschrift des Bibelbundes, Reiskirchen Nr. 1/1996, S. 50

717 zit. nach Das Manifest von Manila (1989), in: Evangelisation mit Leidenschaft, S. 330

718 zit. nach ebd., S. 335

719 Reich Gottes oder Weltgemeinschaft? S. 444 - 448

720 Beyerhaus, P., Er sandte sein Wort, S. 273 - 277

721 Morrison, A., Ökumene, S. 47

722 Reich Gottes oder Weltgemeinschaft? S. 422 - 426

Evangelikale halten daran fest, dass der in Sünde gefallene Mensch nie in der Lage ist, eine heile Welt zu schaffen, sondern dass erst der wiederkommende Christus dieser Welt Gerechtigkeit und Frieden bringt. Bis dahin ist aber die Gemeinde Jesu beauftragt, die Liebe Jesu im zwischenmenschlichen Bereich, im Konflikt zwischen Volksgruppen und Völkern zu praktizieren.[723]

3. Evangelikale Gemeindebünde werfen schließlich dem ÖRK vor, dass er die Verkündigung des Evangeliums vernachlässigt und durch den Ruf nach sozialpolitischer Befreiung zu ersetzen sucht.[724] Statt sich für die Verkündigung des Evangeliums einzusetzen, unterstützt er die Befreiungstheologie, die Friedensbewegung und die Gedanken des Feminismus.[725]

Für Evangelikale ist die Botschaft vom Kreuz und der Aufruf zur Bekehrung zu Jesus Christus zentraler Inhalt jeder missionarischen Arbeit, die allerdings von der diakonischen Tat, dem sozialen Engagement, begleitet sein soll.[726]

Das unbiblische Verständnis von Einheit und das falsche Missionsverständnis des ÖRK führten dazu, dass die meisten evangelikalen Gemeindebünde eine sehr distanzierte bis ablehnende Haltung gegenüber der Genfer Ökumene einnehmen.[727]

---

723 Frankfurter Erklärung zur Grundlagenkrise der Mission von 1970, These 7

724 Reich Gottes oder Weltgemeinschaft? S. 417-419; Ahonen, R., Evangelisation als Aufgabe der Kirche, S. 43-45

725 Morrison, A., Ökumene, S. 20-22

726 Die Berliner Ökumene-Erklärung. Freiheit und Gemeinschaft in Christus, von 1974, These 6; Lausanner Verpflichtung von 1974, Artikel 5

727 Information und Stellungnahme des Bundes FEG zur Europäischen Ökumenischen Versammlung (EÖV) »Frieden in Gerechtigkeit« vom 15.-21. Mai 1989 in Basel, Zürich 1989; Stellungnahme der Pilgermission St. Chrischona zur Ökumene und römisch-katholischen Kirchen, hg. v. Pilgermission St. Chrischona, Bettingen o. J.

Die vorliegenden Ausführungen zeigen deutlich, dass es mit dem ÖRK keine Zusammenarbeit geben kann, ohne dass man die Überzeugung von der biblischen Wahrheit zugunsten einer von Menschen angestrebten Einheit preisgibt, die auf dem Fundament einer historisch-kritischen und kontextuellen Bibelauslegung beruht.[728]

Weiterführende Literatur

Das Manifest von Manila (1989) in: Evangelisation mit Leidenschaft. Berichte und Impulse vom II. Lausanner Kongress für Weltevangelisation in Manila, hg. v. H. Marquardt; U. Parzany, Neukirchen-Vluyn 1990

Evangelistisch-missionarische Werke und Einrichtungen im deutschsprachigen Raum. Einzeldarstellungen – Übersichten – Adressen, hg. v. I. Reimer, Stuttgart 1991

Jung, F., Die deutsche Evangelikale Bewegung – Grundlinien ihrer Geschichte und Theologie, Frankfurt a.M; Berlin; Bern; New York; Paris; Wien 1992

Knöppel, K. H., Wozu ist Gemeinde gut? Fragen und Antworten zur Gemeindepraxis, Wuppertal; Zürich 1995

Morrison, A., Ökumene. Das Trojanische Pferd in der Gemeinde, Dillenburg 1994

728 Beyerhaus, P., Er sandte sein Wort, S. 281-282

Literaturverzeichnis

Adeyemo, T., Evangelium und Heil, in: Evangelisation mit Leidenschaft. Berichte und Impulse vom II. Lausanner Kongress für Weltevangelisation in Manila, hg. v. H. Marquardt; U. Parzany, Neukirchen-Vluyn 1990

Ahonen, R., Evangelisation als Aufgabe der Kirche. Theologische Grundlegung kirchlicher Evangelisation, Frankfurt a. M. 1996

Anderson, J., Missionarische Schulung nach dem Modell Jesu Christi, in: Werdet meine Zeugen. Weltmission im Horizont von Theologie und Geschichte, hg. v. H. Kasdorf; F. Walldorf, Neuhausen-Stuttgart 1996

Arn, W. u. Ch., Gemeindebau: Liebe in Aktion, Neukirchen-Vluyn 1994[2]

Baker, D., Vergeben und vergessen? Die heilende Wirkung biblischer Gemeindezucht. Ein Fallbeispiel, Basel; Gießen 1989

Bakke, R.; Hart, J., Gott in der City. Die Herausforderung der modernen Stadt und die Antwort des Christentums, Lörrach 1990

Bamberger, R., Leben das Kreise zieht. Praxis-Handbuch für missionarisches und diakonisches Engagement, Wetzikon 1995

Bauer, W., Wörterbuch zum Neuen Testament, bearbeitet v. K. u. B. Aland, Berlin; New York 1988[6]

Bäumer, U., Wir wollen nur deine Seele. Rockszene und Okkultismus: Daten – Fakten – Hintergründe, Wuppertal 1987[5]

Bergfeld, M., Mitarbeiterführung und Leitungsverantwortung in der Gemeinde, in: Arbeiten und arbeiten lassen. Prinzipien geistlicher Leitung, hg. v. H. Chr. Rust, Wuppertal; Kassel 1993

Beutel, M., Leidenschaft einüben. Ein geistliches Energieprogramm, Emmelsbüll; Wuppertal; Kassel 1995

Nehemia – Das zehnfache Geheimnis seines Leitungsdienstes, in: Arbeiten und arbeiten lassen. Prinzipien geistlicher Leitung, hg. v. H. Chr. Rust, Wuppertal; Kassel 1995

Über Mauern springen. Wie man Gemeinden für Kirchendistanzierte baut, Wuppertal; Kassel 1995

Beutel, M.; Hinze, C., Gottesdienste kreativ gestalten. Wie Sie mit Theater, Musik und zeitgemässer Predigt interessante Gottesdienste für Kirchendistanzierte gestalten können, Wuppertal; Kassel 1996

Beyer, H., »διακονέω, διακονία, διάκονος«, in: Theologisches Wörterbuch zum Neuen Testament, hg. v. G. Kittel, Bd. 2, Stuttgart; Berlin; Köln 1990

Beyerhaus, P., Er sandte sein Wort. Theologie der christlichen Mission, Bd. 1: Die Bibel in der Mission, Wuppertal; Bad Liebenzell 1996

Zehn Jahre Lausanner Komitee für Weltevangelisation – und wie geht es weiter? in: Bilanz und Plan: Mission an der Schwelle zum Dritten Jahrtausend, hg. v. H. Kasdorf; K. W. Müller, Bad Liebenzell 1988

Bittner, W. J., Kirche wo bist Du? Plädoyer für das Kirche-Sein unserer Kirche, Zürich 1995[2]

Bockmühl, K., Glauben und Handeln. Beiträge zur Begründung evangelischer Ethik, Gießen 1975

Bohren, R., Predigtlehre, München 1986[5]

de Boor, W., Der erste Brief an die Korinther. Wuppertaler Studienbibel, Wuppertal 1974

Bosch, R.; Jenni, H.; Kurth, R., Handbuch für Leitungsaufgaben in Gemeinde und Beruf, Buchs 1992[2]

Brezinka, W., Erziehung heute – Elternhaus und Schule in gemeinsamer Verantwortung, in: Pädagogische Rundschau, Frankfurt a. M.; Bern; New York; Paris, Nr. 4/1991

Brunner, E., Das Missverständnis der Kirche, Stuttgart 1951

Bugbee, B., Auf mich kannst du bauen. Mein Dienst in der Gemeinde im Einklang von Neigungen, Stärken und Talenten, Wiesbaden; Wuppertal 1996

Cassidy, M., Neben den Kirchen auf gemeinsamem Weg, in: Evangelisation mit Leidenschaft. Berichte und Impulse vom II. Lausanner Kongress für Weltevangelisation in Manila, hg. v. H. Marquardt; U. Parzany, Neukirchen-Vluyn 1990

Choi, Ph., Der weltweite Einfluss der Kommunikationstechnologie, in: Evangelisation mit Leidenschaft. Berichte und Impulse vom II. Lausanner Kongress für Weltevangelisation in Manila, hg. v. H. Marquardt; U. Parzany, Neukirchen-Vluyn 1990

Christen, R., Fünf mögliche Phasen beim Aufbau einer neuen Gemeinde, Wetzikon 1989 (Scriptum)

Clinton, J. R., Der Werdegang eines Leiters. Lektionen und Stufen in der Entwicklung zur Leiterschaft, Greng – Murten 1992

Coenen, L., Kirche, in: Theologisches Begriffslexikon zum Neuen Testament, hg. v. L. Coenen; E. Beyreuther; H. Bietenhard, Bd. 2, Wuppertal 1972[3]

Coleman, R. E., Des Meisters Plan der Evangelisation, Neuhausen-Stuttgart 1989[3]

Colvin, F., Sicher ans Ziel – Gemeindezucht aus biblischer Sicht, in: Gemeindegründung. Mitteilungen der Konferenz für Gemeindegründung, Rasdorf Nr. 44/1995

Das Manifest von Manila (1989), in: Evangelisation mit Leidenschaft. Berichte und Impulse vom II. Lausanner Kongress für Weltevangelisation in Manila, hg. v. H. Marquardt; U. Parzany, Neukirchen-Vluyn 1990

Davies, S., Missionsgeschehen heute, in: Ein Herz für Missionare, hg. v. M. Goldsmith, Marburg a. d. Lahn 1992

Der ALPHA-Kurs, Teilnehmerheft, deutsch Wiesbaden 1996

De Funke, Bund Evangelikaler Schweizer Jungscharen (BESJ), Fällanden 1985

Die Berliner Oekumene-Erklärung. Freiheit und Gemeinschaft in Christus von 1974

Die Frau in der Gemeinde. Eine theologische Stellungnahme des Bundes Freier Evangelischer Gemeinden in der Schweiz, Niederhünigen 1995

Dobson, E., Der Offene Gottesdienst. Wie traditionelle Gemeinden Kirchendistanzierte erreichen können, Wiesbaden; Wuppertal; Zürich 1996

van Dooren, L. A. T., Gebet, das lebensnotwendige Atmen der Christen, Frutigen 1975

Dünnebeil, W., Pastor sein ist auch nicht leicht. Seinen Pastor besser verstehen lernen, Marburg a. d. Lahn 1995

Ehrenkodex-Verzeichnis, hg. v. Schweizerische Evangelische Allianz (SEA), Zürich 1995[3]

Eichenberger, R., Klartext reden. Wie Sie wirkungsvoll kommunizieren, Asslar 1992

Epochen der Heilsgeschichte, Beiträge zur Förderung heilsgeschichtlicher Theologie, hg. v. H. Stadelmann, Wuppertal 1984

Erdlenbruch, E. W., Gemeindestrukturen für die neunziger Jahre, in: Gärtner-Forum Nr. 52, Witten 1990

Erste Schritte im Neuen Leben, hg. v. Campus für Christus, Zürich o. J.

Evangelistisch-missionarische Werke und Einrichtungen im deutschsprachigen Raum. Einzeldarstellungen-Übersichten-Adressen, hg. v. I. Reimer, Stuttgart 1991

Filker, H.-G., Evangelisation in der Großstadt: Einführung, in: Evangelisation mit Leidenschaft. Berichte und Impulse vom II. Lausanner Kongress für Weltevangelisation in Manila, hg. v. H. Marquardt; U. Parzany, Neukirchen-Vluyn 1990

Foyle, M. F., Gestresst, verletzt und ausgebrannt. Risiken und Nebenwirkungen des vollzeitlichen Dienstes, Basel; Gießen; Rheineck 1995

Frankfurter Erklärung zur Grundlagenkrise der Mission von 1970

Gassmann, L., Evangelische Kirche wohin? Ein Ruf zur Besinnung und Umkehr, Uhldingen 1995

Weltmission im Blick auf die Wiederkunft Jesu Christi, in: Werdet meine Zeugen. Weltmission im Horizont von Theologie und Geschichte, hg. v. H. Kasdorf; F. Walldorf, Neuhausen-Stuttgart 1996

Geldbach, E., Ökumenische Bewegung, in: Evangelisches Gemeindelexikon, hg. v. E. Geldbach; H. Burkhardt; K. Heimbucher, Wuppertal 1978

George, C. F., Gemeindemodell für die Zukunft: Die Meta-Gemeinde. Wie eine Gemeinde wächst und dennoch familiär bleibt, Frankfurt a. M. 1994

Gerber, S., Gemeindezucht, Frankfurt a. M., o. J.

Getz, G. A., Die Gemeinde aus biblischer Sicht, Kreuzlingen 1981

Real Prosperity – Biblical Principles of Material Possessions, Chicago 1990

Glogauer, W., Kriminalisierung von Kindern und Jugendlichen durch Medien, Baden-Baden 1991

Godet, F., Kommentar zum Brief an die Römer, 2. Teil, Hannover 1893[2]

Kommentar zu dem Evangelium des Lukas, Gießen; Basel 1986

Goetzmann, J.; Laubach, F., Bekehrung, Buße, Reue, in: Theologisches Begriffslexikon zum Neuen Testament, hg. v. L. Coenen; E. Beyreuther; H. Bietenhard, Bd. 1, Wuppertal 1970[2]

Graham, B., Biblische Richtlinien für Evangelisten. Bemerkungen zu den fünfzehn Verpflichtungen, zu denen sich die Teilnehmer bei der Internationalen Konferenz für reisende Evangelisten in Amsterdam, Niederlande, im Juli 1983 bekannten, Neuhausen-Stuttgart 1986

Green, M., Ich sehe deine Herrlichkeit. Unser Leben entscheidet sich im Gebet, Basel; Gießen 1994

Griffiths, M., Es gibt Größeres. Kursbuch für Weltmission, Gießen; Basel 1981[3]

Gottes herrliches Volk. Auftrag, Aufbau und Erneuerung der Gemeinde, Gießen; Basel 1985[3]

Mit anderen Zungen. Zur Diskussion über die Frage der Geistesgaben, Gießen; Basel o.J.

Mut zur Mission, Gießen 1975

Gronemeyer, R., Wozu noch Kirche? Berlin 1995

Gudjons, H., Pädagogisches Grundwissen, Bad Heilbrunn 1993

Guinness, O., Mission angesichts der modernen Welt, in: Evangelisation mit Leidenschaft. Berichte und Impulse vom II. Lausanner Kongress für Weltevangelisation in Manila, hg. v. H. Marquardt; U. Parzany, Neukichen-Vluyn 1990

Gumbel, N., Fragen an das Leben. Eine praktische Einführung in den christlichen Glauben, Wiesbaden 1993

Gutsche, F., Studentenarbeit, in: Evangelisches Gemeindelexikon, hg. v. E. Geldbach; H. Burkhardt; K. Heimbucher, Wuppertal 1978

Hafner, H., Ausbildung, theologische, a) Theologische Hochschulen, in: Evangelisches Gemeindelexikon, hg. v. E. Geldbach; H. Burkhardt; K. Heimbucher, Wuppertal 1978

Hasenöder, R., Aus der eigenen Biographie lernen, in: Seelsorge – Lebensäußerung der Gemeinde. Ein Grundkurs, hg. v. H. Petersen; H. Welscher, Gießen; Basel 1997

Gaben und Aufgaben eines Seelsorgers, in: Seelsorge – Lebensäußerung der Gemeinde. Ein Grundkurs, hg. v. H. Petersen; H. Welscher, Gießen; Basel 1997

Hauzenberger, H., Einheit auf evangelischer Grundlage. Von Werden und Wesen der Evangelischen Allianz, Gießen; Zürich 1986

Hempelmann, H. P., Ein Geist, ein Glaube, eine Gemeinde? Gemeindegründungen als Herausforderung und Modell der Volkskirche, idea-Dokumentation, Wetzlar Nr. 4/1995

Gemeindegründung. Perspektive für eine Kirche von morgen? Gießen; Basel 1996

Kirche und Homosexualität. Sieben Perspektiven, in: Betrifft: Kirche und Homosexualität, U. Eibach; K. Haacker; H. P. Hempelmann u. a., Wuppertal; Zürich; Dillenburg 1995

Wie kann heute evangelisiert werden? Wie ist Gemeindegründung möglich? idea-Dokumentation, Wetzlar Nr. 1/1994

Hennig, P., Altenarbeit, in: Gemeindepädagogisches Kompendium, hg. v. G. Adam; R. Lachmann, Göttingen 1987

Herm, D., Gemeinde und Mission, Wuppertal; Zürich 1989

Herrmann, A., In dir steckt mehr als du denkst. Entdecke dein Leiterpotential, Buchs; Wiesbaden 1991

Hery, K., Mission und Kultur – ein Erfahrungsbericht, in: Mission unter Beschuss. Missionspraktiker antworten auf kritische Fragen, hg. v. A. Holzhausen, Neuhausen-Stuttgart 1996

Hilfestellung zum Thema Scheidung und Wiederverheiratung mit einem Anhang zum Konkubinat, Bund FEG Schweiz, Niederhünigen o. J.

Hille, R., Evangelikale Theologie – als missionarische Herausforderung und missiologisches Programm, in: Evangelikale Missiologie, Korntal Nr. 1/1995

Hoffmann, E., Die Gnaden- und Geistesgaben in ihrer Darstellung durch Paulus, in: Wenn jemand hinwegnimmt... Geistesgaben heute, hg. v. S. Külling, Riehen 1988

Holthaus, S., Trends in den 90ern: Eine Analyse unserer Zeit, in: Bibel und Gemeinde, Zeitschrift des Bibelbundes, Reiskirchen Nr. 4/1996

Holzhausen, A., Ist es nicht eine Überheblichkeit ohnegleichen, wenn die Christen behaupten, die alleinige Wahrheit zu besitzen? in: Mission unter Beschuss. Missionspraktiker antworten auf kritische Fragen, hg. v. A. Holzhausen, Neuhausen-Stuttgart 1996

Missionsdienst – wer hat das Zeug dazu? in: Mission unter Beschuss. Missionspraktiker antworten auf kritische Fragen, hg. v. A. Holzhausen, Neuhausen-Stuttgart 1996

Mission zerstört doch nur die wertvolle Kultur der Völker! in: Mission unter Beschuss. Missionspraktiker antworten auf kritische Fragen, hg. v. A. Holzhausen, Neuhausen-Stuttgart 1996

Houston, T., Gute Nachricht für die Armen, in: Evangelisation mit Leidenschaft. Berichte und Impulse vom II. Lausanner Kongress für Weltevangelisation in Manila, hg. v. H. Marquardt; U. Parzany, Neukirchen-Vluyn 1990

Hübner, U. u. M., Praxisbuch Familie und Gemeinde. Familie im Brennpunkt, Gemeinsam geht's besser, Familienfeste in der Gemeinde, Familien-Gottesdienst, Eltern-Kind-Tag, Neuhausen-Stuttgart 1994

Hübner, M.; Grumbach, K. D., Praxisbuch Jungschararbeit. So wird's gemacht! Programmideen, Mitarbeitergewinnung, Umgang mit Jungscharlern, Familien- und Elternarbeit, Gestaltung der Jungscharstunde, Spielvorschläge, Minimodelle, Neuhausen-Stuttgart 1990

Huntemann, G., Biblisches Ethos im Zeitalter der Moralrevolution, Neuhausen-Stuttgart 1995

Diese Kirche muss anders werden! Ende der Volkskirche – Zukunft der Bekenntniskirche, Bad Liebenzell 1979

Gottes Gebot oder Chaos – was bringt Europas Zukunft? Der politische Auftrag des Christen in der sogenannten Wendezeit, Lahr-Dinglingen 1992

Hybels, B., Bekehre nicht – lebe! So wird Ihr Christsein ansteckend, Wiesbaden; Wuppertal; Zürich 1995

Hybels, B.; Harney, K. u. Sh., Gemeinschaft. In Gottes Familie hineinwachsen, Wiesbaden 1997

idea Spektrum, Nachrichten und Meinungen aus der evangelischen Welt, hg. v. Informationsdienst der Evangelischen Allianz, Wetzlar Nr. 7/1997

Imhof, F., Wir müssen von der Zwei-Drittel-Welt lernen, in: idea-magazin, Luzern Nr. 10/1992

Information und Stellungnahme des Bundes FEG zur Europäischen Ökumenischen Versammlung (EÖV) »Frieden in Gerechtigkeit« vom 15.-21. Mai 1989 in Basel, Zürich 1989

Johnstone, P. J., Gebet für die Welt, Handbuch für Weltmission, Neuhausen-Stuttgart 1994[6]

Jordy, G., Die Ältesten in der Gemeinde, Wuppertal; Zürich 1988

Jung, F., Die deutsche Evangelikale Bewegung – Grundlinien ihrer Geschichte und Theologie, Frankfurt a. M; Berlin; Bern; New York; Paris; Wien 1992

Kaiser, B., Mission in der Kraft des Heiligen Geistes, in: Werdet meine Zeugen. Weltmission im Horizont von Theologie und Geschichte, hg. v. H. Kasdorf; F. Walldorf, Neuhausen-Stuttgart 1996

Kasdorf, H., Die Umkehr. Bekehrung in ihren theologischen und kulturellen Zusammenhängen, o. O., 1989

Gemeindewachstum als missionarisches Ziel. Ein Konzept für Gemeinde- und Missionsarbeit, Bad Liebenzell 1976

Unaufgebbare Dimensionen der Weltmission, in: Werdet meine Zeugen. Weltmission im Horizont von Theologie und Geschichte, hg. v. H. Kasdorf; F. Walldorf, Neuhausen-Stuttgart 1996

Kiermeier, G., Den Frauen aber sage ich ... Die Stellung der Frau in der Gemeinde, Marburg 1993

Kistenfeger, H.; Robers, N., Glaube ohne Kirche, in: FOCUS, München Nr. 15/1996

Knöppel, K. H., Wozu ist Gemeinde gut? Fragen und Antworten zur Gemeindepraxis, Wuppertal; Zürich 1995

Kopfermann, W., Gemeinde Jesu als Kontrastgesellschaft, in: Eine ganze Nation gewinnen. Strategie-Konferenz für Evangelisation und Gemeindemultiplikation, 24.-27. Mai 1992, Zürich, Buchs 1992

Kraft, V., Gemeinde – nur Männersache? Wie Frauen zum Gemeindewachstum beitragen können, Kehl 1995

Krallmann, G., Leidenschaftliche Leiterschaft. Der Auftrag Jesu zur Mission, Wuppertal; Wittenberg 1995

Kroll, W., Christlicher Verein Junger Männer (CVJM – YMCA), in: Evangelisches Gemeindelexikon, hg. v. E. Geldbach; H. Burkhardt; K. Heimbucher, Wuppertal 1978

Kuen, A., ... auf dass sie alle eins seien. Eine biblische Studie über die Einheit der Kirche Jesu Christi, Gießen 1968

Die Dienste in der Gemeinde, in: Fundamentum, Zeitschrift der Freien Evangelisch-Theologischen Akademie Basel, Riehen Nr. 2, 3, 4/1982

Die Gemeinde. Neutestamentliche Lehre und heutige Praxis, Wuppertal 1996

Gemeinde nach Gottes Bauplan, Frutigen 1975

Ihr müsst von neuem geboren werden, Wuppertal 1969

Külling, S. R., Für die sog. historisch-kritische Schultheologie gibt es kein reformatorisches Schriftprinzip mehr, in: Fundamentum, Zeitschrift der Staatsunabhängigen Theologischen Hochschule Basel, Riehen, Nr. 2/1995

Kunas, A., Das Reich Gottes ist gleich einem Senfkorn. Gemeindeaufbau konkret – ein Erfahrungsbericht, Gießen; Basel 1996

Künneth, W., Der Bekenntnischarakter der Berliner Ökumene-Erklärung, in: Reich Gottes oder Weltgemeinschaft? hg. v. W. Künneth; P. Beyerhaus, Bad Liebenzell 1975

Mitte und Struktur biblischer Heilsgeschichte, in: Epochen der Heilsgeschichte. Beiträge zur Förderung heilsgeschichtlicher Theologie, hg. v. H. Stadelmann, Wuppertal 1984

Laub, P.; Frey, R.; Georg, J.; Trommer, F., Handbuch für Teenagerarbeit. Grundlagen, Ideen, Programme, Gießen 1990

Lausanner Verpflichtung von 1974

Lean, G., John Wesley – Modell einer Revolution ohne Gewalt, Gießen; Basel 1974^3

Leitlinien für den Umgang mit dem neuen Fragen nach dem Heiligen Geist, hg. v. den Leitungsgremien des Bundes Freier Evangelischer Gemeinden, der Pilgermission St. Chrischona und der Vereinigung Freier Missionsgemeinden in der Schweiz, 1994

Liebschner, S., Geistliche Leitung – eine biblisch-theologische Orientierung, in: Arbeiten und arbeiten lassen. Prinzipien geistlicher Leitung, hg. v. H. Chr. Rust, Wuppertal; Kassel 1993

»Wenn ihr aber zusammenkommt«. Die Erneuerung des Gottesdienstes aus dem Heiligen Geist, in: Neue Wege gehen, hg. v. H. Chr. Rust, Wuppertal; Kassel 1991

Liedholz, M., Handbuch für Jugendarbeit. Unterwegs mit jungen Menschen, Gießen; Basel 1987[4]

Livingstone, G., Gemeindegründung in der Islamischen Welt. Dynamik der Teamarbeit, Basel; Gießen; Rheineck 1996

Logan, R. E., Mehr als Gemeindewachstum. Prinzipien und Aktionspläne zur Gemeindeentwicklung, Frankfurt a. M.; New York 1992

Logan, R. E.; George, C., Das Geheimnis der Gemeindeleitung, Wiesbaden 1987

Logan, R. E.; Ogne, S. L., Der Gemeindegründungs-Werkzeugkasten. Ein Handbuch zum Selbststudium für Gemeindegründer und Gemeindegründungs-Supervisoren, Wiesbaden 1994

Logan, R. E.; Rast, J., Das Gemeindegründungs-Arbeitsbuch. Wie eine neue Gemeinde entsteht, Buchs; Zürich 1990

Eine Tochtergemeinde gründen. Das Arbeitsbuch zur Multiplikation von Gemeinden, Buchs; Zürich 1992

Lovas, E., Wölfe in Schafspelzen. Machtmenschen in der Gemeinde, Moers 1996

Lukasse, J., Gemeindebau im nachchristlichen Europa, Greng-Murten 1994

Überlegungen der Belgischen Evangelischen Mission zur Team-Evangelisation in Belgien, in: Handbuch für Gemeindegründung, hg. v. E. G. Maier, im Auftrag der Konferenz für Gemeindegründung, Groß-Gerau 1988

Luther Deutsch. Die Werke Martin Luthers in neuer Auswahl für die Gegenwart, hg. v. K. Aland, Bd. 6, Stuttgart; Göttingen 1966[2]

Lützenbürger, H., ... aber Gottes Wort ist nicht gebunden. Evangeliums-Rundfunk, Auftrag und Dienst, Wetzlar 1977

Maier, G., Biblische Hermeneutik, Wuppertal; Zürich 1990

Er wird kommen. Was die Bibel über die Wiederkunft Jesu sagt, Wuppertal; Zürich 1995

Geleitwort, in: Epochen der Heilsgeschichte. Beiträge zur Förderung heilsgeschichtlicher Theologie, hg. v. H. Stadelmann, Wuppertal 1984

Mains, D., Hoffnung für Gemeinde. Wie Beziehungen in der Gemeinde heilen können, Marburg a. d. Lahn 1994

Masemann, H., Hauskreise – Bausteine der Gemeindearbeit, Gießen; Basel 1992

Mauerhofer, A., Bilder der Gemeinde Jesu, Frutigen 1979

Der Bau der Gemeinde Jesu – Ziel des Theologiestudiums, in: Fundamentum, Zeitschrift der Staatsunabhängigen Theologischen Hochschule Basel, Festschrift zum 25jährigen Bestehen der Staatsunabhängigen Theologischen Hochschule Basel (bisher FETA Basel), Riehen Nr. 3/1995

Eine Erweckungsbewegung im 19. Jahrhundert, Karl von Rodt und die Entstehung der Freien Evangelischen Gemeinden in der Schweiz, Gießen; Basel 1987

Erziehung aus biblischer Sicht, in: Gemeindegruß, Zeitschrift des Bundes Freier Evangelischer Gemeinden der Schweiz, Niederhünigen Nr. 2/1994

Gemeindepädagogik – Der Beitrag der Gemeinde im Blick auf die Erziehung der Kinder, Teenager und Jugendlichen, Scriptum 1997

... und sehe eure Ordnung. Struktur, Auftrag, Probleme der Gemeinde Jesu, Wetzlar 1977

Mauerhofer, E., Der Brief an die Epheser, 24. Teil: 2, 20, in: Fundamentum, Zeitschrift der Staatsunabhängigen Theologischen Hochschule Basel, Riehen Nr. 4/1995

Die neutestamentliche Ekklesia in der heutigen Universitätstheologie und an der FETA Basel, in: Fundamentum, Zeitschrift der Freien Evangelisch-Theologischen Akademie Basel, Riehen Nr. 1.3.4/1991

Dogmatikvorlesungen, 9. Ekklesiologie, Scriptum o. J.

1. Frage zur Stellung der Frau in der Gemeinde, in: Fundamentum, Zeitschrift der Freien Evangelisch-Theologischen Akademie Basel, Riehen Nr. 3/1992

Heiligung als Geschenk und Aufgabe, in: Fundamentum, Zeitschrift der Staatsunabhängigen Theologischen Hochschule Basel, Festschrift zum 25jährigen Bestehen der Staatsunabhängigen Theologischen Hochschule Basel (bisher FETA Basel), Riehen Nr. 3/1995

McClung, F., Mit Gott in der Stadt leben! o. O., 1993

Wirksame Evangelisation. Wie kann ich meinen Glauben bezeugen? Frankfurt a. M., 1990

McGavran, D. A., Gemeindewachstum verstehen. Eine grundlegende Einführung in die Theologie des Gemeindebaus, Lörrach 1990

McQuilkin, J. R., Problems of Normativeness in Scripture: Cultural Versus Permanent, in: Hermeneutics, Inerrancy and the Bible, Papers from ICBI, Summit II, hg. v. E. D. Radmacher; R. D. Preus, Grand Rapids 1984

Meier, B., Hinweise zur Gründung einer Gemeinde, Tann-Rüti 1992 (Scriptum)

Schule – Die große Herausforderung, Rüti 1993

Meiss, K., Kleine Kreise – große Wirkung. Hauskreisarbeit in der Gemeinde, Marburg a. d. Lahn 1995

Hauskreisarbeit, Marburg a. d. Lahn 1990

Michel, O., Das Zeugnis des Neuen Testaments von der Gemeinde, Gießen; Basel 1986[3]

Miegel, M.; Wahl, S., Das Ende des Individualismus. Die Kultur des Westens zerstört sich selbst, Bonn 1994[2]

Montgomery, J., Eine ganze Nation gewinnen. Die DAWN-Strategie, Entstehung – Praxis – Perspektiven, Lörrach 1990

Morrison, A., Ökumene. Das Trojanische Pferd in der Gemeinde, Dillenburg 1994

Müller, H., Gemeinde im Umbruch. Was ich von meiner Gemeinde erwarte, Neuhausen-Stuttgart 1995

Müller, J., Die Verantwortung der Gemeinde für die Weltmission, in: Dokumentation, Informationsdienst der Evangelischen Allianz, Wetzlar Nr. 5/1986

Neighbour, R. W. Jr., Wie geht es weiter? Ein Leitfaden für die Zellen-Gemeinde, Kreuzlingen 1996

Neufeld, A., Fatalismus als missionstheologisches Problem. Die Kontextualisation des Evangeliums in einer Kultur fatalistischen Denkens. Das Beispiel Paraguay, Bonn; Asuncion 1994

Newbigin, L., Salz der Erde. Fragen an die Kirchen heute, Neukirchen-Vluyn 1985

Nitsche, W., Verbindliche Gemeinschaft. Eine Einführung in den biblischen Gemeindebau, Berneck 1994

Nüesch, S., Konflikte analysieren, lösen, verhindern. Ein Arbeitsheft für die Gemeindeleitung, Niederhünigen 1995

Ott, C., Das Trainingsprogramm für Mitarbeiter. Biblische Grundsätze, Didaktische Hinweise, Praktische Modelle, Gießen; Basel 1996

Ouweneel, W. J., Herz und Seele. Gibt es eine christliche Psychologie? Dillenburg 1991

Pache, R., Der Heilige Geist. Person und Werk, Wuppertal 1970

Die Wiederkunft Jesu Christi, Wuppertal 1968[5]

Packer, J., Das Werk des Heiligen Geistes – Überwindung und Bekehrung, in: Evangelisation mit Leidenschaft. Berichte und Impulse vom II. Lausanner Kongress für Weltevangelisation in Manila, hg. v. H. Marquardt; U. Parzany, Neukirchen-Vluyn 1990

v. Padberg, L., Die Bibel. Grundlage für Glauben, Denken und Erkennen, Neuhausen-Stuttgart 1986

Padilla, R., Geistliche Auseinandersetzung, in: Zukunftsperspektiven. Evangelikale nehmen Stellung, hg. v. R. Padilla, Wuppertal 1977

Pannenberg, W., Angst um die Kirche, in: Angst um die Kirche? hg. v. K. F. Daiber; M. Karrer; D. Mendt; W. Pannenberg, Weimar; Jena 1994

Pentecost, J. D., Bibel und Zukunft. Untersuchung endzeitlicher Aussagen der Heiligen Schrift, Dillenburg 1993

Peters, G. W., Die Theologie des Paulus im Rahmen seines Missionsauftrags, in: Epochen der Heilsgeschichte. Beiträge zur Förderung heilsgeschichtlicher Theologie, hg. v. H. Stadelmann, Wuppertal 1984

Evangelisation: total – durchdringend – umfassend, Bad Liebenzell 1977

Gemeindewachstum. Ein theologischer Grundriss, Bad Liebenzell 1982

Missionarisches Handeln und biblischer Auftrag. Eine Theologie der Mission, Bad Liebenzell 1977

Petersen, J., Der lebende Beweis. Evangelisation als Lebensstil, Marburg a. d. Lahn 1991

Pflaum, L., Mission in heilsgeschichtlicher Perspektive, in: Bilanz und Plan: Mission an der Schwelle zum Dritten Jahrtausend, hg. v. H. Kasdorf; K. W. Müller, Bad Liebenzell 1988

Pirolo, N., Berufen zum Senden. Praktische Tips für verantwortungsbewusste Christen, Neuhausen-Stuttgart 1993

Pöhlmann, H. G., Abriss der Dogmatik. Ein Kompendium, Gütersloh 1985[4]

Praxisbuch Jugendarbeit, So wird's gemacht! Jugendliche in der Gemeinde. Gestaltung der Jugendarbeit, Leitung und Mitarbeit, Jugendevangelisation, Seelsorge, Programmideen, Minimodelle, Tips und Hilfen, hg. v. R. Zelewske, Neuhausen-Stuttgart 1991

Prime, D., Frauen in der Gemeinde. Dienst und Stellung der Frau in der Gemeinde, Erzhausen 1993

Prince, D., Die Zukunft Israels und der Gemeinde, Solingen 1994[2]

Ramm, B., Biblische Hermeneutik, Asslar 1991

Rehse, Th., Ökumene – woher und wohin? Asslar 1983

Reich Gottes oder Weltgemeinschaft? hg. v. W. Künneth; P. Beyerhaus, Bad Liebenzell 1975

Ridderbos, H., Begründung des Glaubens. Heilsgeschichte und Heilige Schrift, Wuppertal 1963

Richardson, D., Friedenskind. Wandlung einer Dschungelkultur grausamer Tücke in Neuguinea, Bad Liebenzell 1976

Rinne, G., Kinder-Evangelisationsbewegung in Deutschland e. V., in: Evangelisches Gemeindelexikon, hg. v. E. Geldbach; H. Burkhardt; K. Heimbucher, Wuppertal 1978

Robinson, M., Kirche für Entkirchlichte. Lernen von Willow Creek, Wuppertal; Wittenberg 1995

Rommen, E., Die Notwendigkeit der Umkehr. Missionsstrategie und Gemeindeaufbau in der Sicht evangelikaler Missionswissenschaftler Nordamerikas, Gießen; Basel 1987

Rüegger, H., Kirche als seelsorgerliche Gemeinschaft: Dietrich Bonhoeffers Seelsorgeverständnis im Kontext seiner bruderschaftlichen Ekklesiologie, Bern; Frankfurt a. M.; New York; Paris; Wien 1992

Rumler, G., Neues Leben, Missionswerk, in: Evangelisches Gemeindelexikon, hg. v. E. Geldbach; H. Burkhardt; K. Heimbucher, Wuppertal 1978

Rush, M., Management – der biblische Weg, Asslar 1988

Mitarbeiter führen – der biblische Weg, Asslar 1990

Sardaczuk, W., Bau mit! Mitarbeit im Reich Gottes, Erzhausen 1992

Sauer, E., Das Morgenrot der Welterlösung. Ein Gang durch die alttestamentliche Offenbarungsgeschichte, Gütersloh 1937[3]

Schaeffer, F. A., Die große Anpassung. Der Zeitgeist und die Evangelikalen, Asslar 1988

Scheffbuch, K., Andere verstehen – andere gewinnen. Impulse zur Gesprächsführung, Neuhausen-Stuttgart 1995[4]

Scheunemann, D., Bibeltreue als Motiv der Weltmission, in: Bibel und Gemeinde, Zeitschrift des Bibelbundes, Reiskirchen Nr. 1/1996

Scheunemann, K. S., Kirche für Distanzierte. Das Erfolgsgeheimnis der Willow Creek Gemeinde, Wiesbaden; Wuppertal; Zürich 1995

Scheunemann, V., Licht am Horizont. Weltuntergang oder Weltvollendung – was geschieht mit uns? Neuhausen-Stuttgart 1995[2]

Schilling, W., Missionare suchen nur ihre eigene Selbstverwirklichung oder folgen ihrem Hang nach Besserwisserei, Abenteuerlust, Überheblichkeit oder Fanatismus! in: Mission unter Beschuss. Missionspraktiker antworten auf kritische Fragen, hg. v. A. Holzhausen, Neuhausen-Stuttgart 1996

Schirrmacher, Th., Der Römerbrief als Charta der Weltmission, in: Bibel und Gemeinde, Zeitschrift des Bibelbundes, Reiskirchen Nr. 1/1996

Ethik, Bd. 2, Neuhausen-Stuttgart 1994

Schlatter, A., Die Kirche der Griechen im Urteil des Paulus. Eine Auslegung seiner Briefe an Timotheus und Titus, Stuttgart 1958[2]

Schlottoff, B., Den Aufbruch wagen. Zehn Thesen zur Zukunft der Kirche, Wuppertal; Zürich 1994

Schmid, E., Ausbildung, theologische, b) Bibelschulen und Seminare, in: Evangelisches Gemeindelexikon, hg. v. E. Geldbach; H. Burkhardt; K. Heimbucher, Wuppertal 1978

Schmidt, H. J., Großstädte: Die neue Herausforderung der Weltmission, in: Bilanz und Plan: Mission an der Schwelle zum Dritten Jahrtausend, hg. v. H. Kasdorf; K. W. Müller, Bad Liebenzell 1988

Schmidt, M., Kongregationalismus, in: RGG3, Bd. 3, Sp. 1768-1771

Presbyterianer, in: RGG3, Bd. 5, Sp. 541-544

Schnabel, E. J., Das Reich Gottes als Wirklichkeit und Hoffnung, Wuppertal; Zürich 1993

Die Gemeinde des Neuen Bundes in Kontinuität und Diskontinuität zur Gemeinde des Alten Bundes, in: Israel in Geschichte und Gegenwart. Beiträge zur Geschichte Israels und zum jüdisch-christlichen Dialog, hg. v. G. Maier, Wuppertal; Gießen; Basel 1996

Inspiration und Offenbarung. Die Lehre vom Ursprung und Wesen der Bibel, Wuppertal 1986

Schneider, F. E., Freundschaftsevangelisation, Dillenburg 1994

Schrupp, E., Allianz, Evangelische, in: Evangelisches Gemeindelexikon, hg. v. E. Geldbach; H. Burkhardt; K. Heimbucher, Wuppertal 1978

Die Heilsgeschichte bei Erich Sauer, in: Epochen der Heilsgeschichte. Beiträge zur Förderung heilsgeschichtlicher Theologie, hg. v. H. Stadelmann, Wuppertal 1984

Schule auf biblischer Basis. Grundlagen und Ziele Evangelischer Bekenntnisschulen, hg. v. der Arbeitsgemeinschaft evangelischer Bekenntnisschulen (AEBS), Neuhausen-Stuttgart 1985

Schwarz, Ch. A., Die natürliche Gemeindeentwicklung nach den Prinzipien, die Gott selbst in seine Schöpfung gelegt hat, Rothrist 1996

Die Dritte Reformation. Paradigmenwechsel in der Kirche, Neukirchen-Vluyn; Emmelsbüll 1993

Schwarz, F.; Schwarz, Ch. A., Theologie des Gemeindeaufbaus. Ein Versuch, Neukirchen-Vluyn 1987[3]

Schwarzwäller, K., Um die wahre Kirche. Ekklesiologische Studien, Frankfurt a. M. 1996

Schweizer, E., Gemeinde und Gemeindeordnung im Neuen Testament, Zürich 1962[2]

Schwengeler, B., Verschobene Proportionen, Heerbrugg 1975

Sheely, S., Serendipity Training. Deutsche Bearbeitung: A. Pfeifer; R. Gyger, Was Gruppenleiter wissen müssen, Gießen; Basel 1996[2]

Shenk, D. W.; Stutzman, E. R., Neue Gemeinden. Gemeindegründung im Neuen Testament und heute, Lörrach 1992

Simson, W., Gottes Megatrends. Sechs Wege aus dem christlichen Ghetto, Emmelsbüll 1995

Sorg, Th., Berufung und Vollmacht, Gießen; Basel 1985[2]

Soziale Einrichtungen der Heilsarmee in der Schweiz. Nationales Hauptquartier, Sozialabteilung, Bern 1996

Stadelmann, H., Die Frau als »Pastorin« – Ja oder Nein? Was sagt das Neue Testament dazu? in: Bibel und Gemeinde, Zeitschrift des Bibelbundes, Reiskirchen Nr. 3/1995

Gemeindeaufbau nach dem Neuen Testament als Ziel der Mission, in: Werdet meine Zeugen. Weltmission im Horizont von Theologie und Geschichte, hg. v. H. Kasdorf; F. Walldorf, Neuhausen-Stuttgart 1996

Grundlinien eines bibeltreuen Schriftverständnisses, Wuppertal 1985

Schriftgemäß predigen. Plädoyer und Anleitung für die Auslegungspredigt, Wuppertal; Zürich 1990

Stanley, P. D.; Clinton, J. R., Mentoring. Wir brauchen geistliche Väter und Mütter, Greng-Murten 1994

Steinseifer, W., Janz-Team e. V., in: Evangelisches Gemeindelexikon, hg. v. E. Geldbach; H. Burkhardt; K. Heimbucher, Wuppertal 1978

Stellungnahme der Pilgermission St. Chrischona zur Ökumene und römisch-katholischen Kirche, hg. v. Pilgermission St. Chrischona, Bettingen o. J.

Stellungnahme zu Ehescheidung und Wiederheirat, VFMG, Wabern 1995

Stellungnahme zur Seelsorge an okkult verstrickten Menschen. Arbeitspapier des Bundes FEG Schweiz, Niederhünigen 1987

Stolz, J., Evangelikalismus und Bekehrung in der deutschen Schweiz. Eine theoretische und quantitativ-empirische Untersuchung, Zürich 1993

Stott, J. R. W., Reich Gottes und Gemeinschaft, in: Das Himmelreich hat schon begonnen. Reich Gottes in unserer Zeit, hg. v. K. Runia; J. R. W. Stott, Wuppertal 1977

Stricker, H., Gemeindeleitung – ein charismatischer Dienst im Volk Gottes, in: Arbeiten und arbeiten lassen. Prinzipien geistlicher Leitung, hg. v. H. Chr. Rust, Wuppertal; Kassel 1993

Strobel, L., Beim Wort zum Sonntag schalt' ich ab. Die Welt eines Kirchendistanzierten verstehen, Wiesbaden; Wuppertal; Zürich 1995

Strong, A. H., Systematic theology. A compendium designed for the use of theological students, Valley Forge 1979

Teschner, K., Lausanne II, in: Evangelisation mit Leidenschaft. Berichte und Impulse vom II. Lausanner Kongress für Weltevangelisation in Manila, hg. v. H. Marquardt; U. Parzany, Neukirchen Vluyn 1990

Theobald, D. u. V., Gott liebt nicht nur große Leute. Handbuch für Kinderarbeit, Gießen; Basel 1984^5

Tobler, P., Bewertung und Auswahl einer effizienten Struktur in Nonprofit-Organisationen (NPO). Ein Konzept der organisatorischen Effizienz für NPO und seine Anwendung auf den Bund Freier Evangelischer Gemeinden in der Schweiz, Lizentiatsarbeit, Bern 1996

Townsend, A., Ein Missionar kehrt heim, in: Ein Herz für Missionare, hg. v. M. Goldsmith, Marburg a. d. Lahn 1992

Vatter, E., Liebenzeller Mission, in: Evangelisches Gemeindelexikon, hg. v. E. Geldbach; H. Burkhardt; K. Heimbucher, Wuppertal 1978

Velten, D., Herausforderung für die christliche Erziehung in Europa, in: Informationsbrief, Arbeitsgemeinschaft für Schulen auf biblischer Basis, Nr. 24/1992

Volkskirche am Abgrund? Eine Dokumentation über evangelikale Pfarrer und die bibeltreuen Christen in der Volkskirche, hg. v. R. Möckel; W. Nestvogel, Neuhausen-Stuttgart 1996

Wagner, C. P., Die Gaben des Geistes für den Gemeindeaufbau. Wie Sie Ihre Gaben entdecken und einsetzen können, Neukirchen-Vluyn 1993[5]

Eine wachsende Gemeinde leiten, Lörrach 1991

Gemeindegründung. Die Zukunft der Kirche, Mainz-Kastel 1990

Lektionen aus der weltweiten Erweckung. Geistliche Vollmacht im Gemeindeaufbau, Mainz-Kastel 1986

9 Strategien für den Gemeindebau. Schlüsselerkenntnisse der wirksamen Gemeinde- und Missionsarbeit, Frankfurt a. M. 1991

Wagner, E., Rhetorik in der christlichen Gemeinde, Stuttgart 1992

Wagner, P., Ein Herz für Weltmission. Berufung, Hindernisse, Möglichkeiten, Neuhausen-Stuttgart 1985

Walldorf, F., Mission in Partnerschaft: Zum Aufbruch der evangelikalen Missionsbewegungen in Afrika, Asien und Lateinamerika, in: Werdet meine Zeugen. Weltmission im Horizont von Theologie und Geschichte, hg. v. H. Kasdorf; F. Walldorf, Neuhausen-Stuttgart 1996

Walker, R., Evangelium ist nicht Politik. Kritische Überlegungen zur politischen Theologie, Neuhausen-Stuttgart 1994

Walter, J., Die Verantwortung der Gemeinde für die Aussendung von Missionaren, in: Dokumentation, Informationsdienst der Evangelischen Allianz, Wetzlar Nr. 5/1986

Watson, D., Ich glaube an Evangelisation, Wiesbaden 1994

Waymire, B.; Wagner, C. P., Handbuch für Gemeindeanalyse, Lörrach 1991[2]

Wegenast, K.; Lämmermann, G., Gemeindepädagogik. Kirchliche Bildungsarbeit als Herausforderung, Stuttgart; Berlin; Köln 1994

Welker, M., Kirche im Pluralismus, Gütersloh 1995

Welscher, H., Jesus Christus, der Seelsorger, in: Seelsorge – Lebensäußerung der Gemeinde. Ein Grundkurs, hg. v. H. Petersen; H. Welscher, Gießen; Basel 1997

Sorge um die eigene Seele, in: Seelsorge – Lebensäußerung der Gemeinde. Ein Grundkurs, hg. v. H. Petersen; H. Welscher, Gießen; Basel 1997

Weyel, H., So stell' ich mir Gemeinde vor. Kennzeichen der Gemeinde Jesu Christi; biblische Strukturen und modernes Profil, Gießen; Basel 1997

Werner, R., Homosexualität und die Vollmacht der christlichen Gemeinde, in: Betrifft: Kirche und Homosexualität, U. Eibach; K. Haacker; H. P. Hempelmann u. a., Wuppertal; Zürich; Dillenburg 1995

Weth, R., Kirche in der Sendung Jesu Christi. Missionarische und diakonische Existenz der Gemeinde im nachchristlichen Zeitalter, Neukirchen-Vluyn 1993

Wimber, J., Vollmächtige Evangelisation, Hochheim 1986

Yamamori, T., Unerreichte Völker. Neue Strategien für einen großen Auftrag, Neuhausen-Stuttgart 1994

Yohannan, K. P., Weltmission auf neuen Wegen. Eine ungeahnte Chance, Kreuzlingen 1994